开心题典

全程导读 帮助学生构建名著阅读体系

经典演练 引导学生掌握名著精要考点

郭淑琴◎主编

中考十二部名著 读考练

吉林大学出版社

图书在版编目（CIP）数据

开心题典／郭淑琴主编. —长春：吉林大学出版社，2020.4

ISBN 978-7-5692-6405-0

Ⅰ. ①开… Ⅱ. ①郭… Ⅲ. ①阅读课－初中－习题集－升学参考资料 Ⅳ. ①G634.335

中国版本图书馆 CIP 数据核字(2020)第 065895 号

书　　名　开心题典
　　　　　KAIXIN TIDIAN

作　　者　郭淑琴　主编
策划编辑　曲天真
责任编辑　邵宇彤
责任校对　张宏亮
装帧设计　林　雪
出版发行　吉林大学出版社
社　　址　长春市人民大街 4059 号
邮　　编　130021
发行电话　0431－89580028/29/21
网　　址　http://www.jlup.com.cn
电子邮箱　jdcbs@jlu.edu.cn
印　　刷　三河市南阳印刷有限公司
开　　本　787mm×1092mm　1/16
印　　张　22.5
字　　数　600 千字
版　　次　2020 年 4 月第 1 版
印　　次　2020 年 10 月第 2 次
书　　号　ISBN 978-7-5692-6405-0
定　　价　50.00 元

序言

《语文新课程标准》强调，语文课程应致力于形成、发展和提高学生的语文素养。而要全面提高学生的语文素养，离不开阅读，特别是经典名著的阅读，任何一个国家和民族的学生都概莫能外。

“经典名著犹如一棵棵大树，繁盛的枝叶过滤着浮躁、平庸、虚无的沙尘，深茂的根系汲取着宏大、高尚、开阔的精神营养。让学生认真阅读经典作品，可以提高他们的思想、情感和道德素质，丰富他们的文学艺术素养，让这些作品所展现的崇高境界，帮助孩子抵抗丑恶与残暴，改造贫乏和平庸，远离虚无和轻浮，同时也获得对于古典美、现代美的认识与理解，从而更好地去提升自我，创造世界。”

“部编版”语文教材从2012年开始编纂，历时5年，由来自全国各地五六十名专家、学者、教研员、老师共同打造，是中国教育史上基础最雄厚、内容最全面，最受中央重视的教材。与其他版本原有的课程标准教材相比，“部编版”语文教材更加重视“经典名著选读”的内容。在这套教材里，设置必读名著十二部，推荐自主阅读二十四部。把名著阅读课程化。用教材主编温儒敏教授的话来说就是“新编语文教材主治读书少”。

面对部编版教材的这一变化，语文中考也势必加强对名著阅读的考查。但是初中学生由于知识水平和理解能力有限，对原著的深入理解还有相当的难度，

而且初中三年三十六部名著的阅读对学生也是一个时间和精力的挑战，所以作为教师的我们编写了《部编中考十二名著开心题典》，精心策划了“全程导读”“经典演练”两大部分，一方面帮助学生构建名著阅读体系，另一方面也引导学生掌握精要考点，使他们在提高语文素养的同时，也赢得中考，赢得未来。

具体体例介绍如下：

第一部分，“全程导读”，其中的“作者介绍”“作品主题”“艺术特色”，带领学生走进文本；“人物形象”“故事梗概”“章节概括”等简要分析主要人物的特点、梳理全书的主要内容、主要情节，连起来就是对整本书的缩写，可以帮助学生快速把握全书内容；“片段赏析”摘录书中精彩神韵之笔，通过鉴赏与分析得出理性的认识，引导学生根据自己的思想感情、生活经验、艺术观点和艺术兴趣对形象加以补充和完善。达到速读后全书重点可回顾，细读后全书精华已深悟的效果。

第二部分，“经典演练”，精选近年来中考题型，分为“填空”“简答”“重点情节阅读”三种中考常见题型，教师们精心筛选考点、截取重要情节、巧妙设置问题，并给出规范答案，力图覆盖全书重点，助力广大学子高效阅读名著，快速提高答题能力，学以致用、学必实用。

有人说，经典名著代表着人类精神的复杂性，标志着我们共同的先辈曾经抵达过的精神高度和思想深度。希望我们编写的这部开心题典，能缩短同学们与经典名著的距离，提升阅读速度，拓展眼界心胸，拥有不一样的人生格局。我们也期待与同学们一起阅读经典名著，聆听山巅之城的智者们穿越时空的遥远回响，一起见证你们人生第一个转折点（中考）的傲人成绩！祝大家在理想的阶梯上步步高升！

编写组
2020 年 2 月

目　录

傅雷家书

钢铁是怎样炼成的

艾青诗选

水浒传

儒林外史

简·爱

朝花夕拾

全程导读

一、作者简介

鲁迅（1881—1936），原名周樟寿，1898 年改为周树人。字豫才。浙江绍兴人。1918 年发表第一篇白话小说《狂人日记》，始用笔名鲁迅。他是 20 世纪中国重要作家，新文化运动的领导人，左翼文化运动的支持者。主要成就包括杂文、小说、散文、诗歌、翻译作品等。有杂文集《坟》《且介亭杂文》《华盖集》《华盖集续编》《而已集》《二心集》《三闲集》等；小说集《呐喊》《彷徨》《故事新编》；散文集《朝花夕拾》；散文诗集《野草》等。对于五四运动以后的中国文化与中国文学产生了深刻的影响，成为中国现代文化界的精神领袖。毛泽东评价他是伟大的无产阶级的文学家、思想家、革命家，是中国文化革命的主将，也被人民称为“民族魂”。

二、作品主题

《朝花夕拾》原名《旧事重提》，是现代文学家鲁迅的散文集，收录鲁迅于 1926 年创作的 10 篇回忆性散文，1928 年由北京未名社初版，现编入《鲁迅全集》第 2 卷。

在《朝花夕拾》里，作者用夹叙夹议的方法，以青少年时代的生活经历为线索，饱含深情地追忆那些难以忘怀的人和事，真实生动地叙写了自己从农村到城镇，从家庭到社会，从国内到国外的一组生活经历，抒发了对往日亲友和师长的怀念之情。同时，也对封建制度和封建礼教进行了无情批判，对当时的北洋军阀统治和反动势力进行了有力的打击，使革命青年从文章中得到了战斗的热情和反抗旧势力的决心和勇气。

三、艺术特色

（一）把记叙、描写、抒情和议论有机地融合为一体，充满诗情画意。如描写百草园的景致，绘声绘色，令人神往。

（二）在对往事深情地回忆时，作者无法忘却现实，时不时插入一些“杂文笔法”（即对现实的议论），显示了鲁迅先生真实而丰富的内心世界。如《狗·猫·鼠》一文既有作者对童年时拥有过的一只可爱的小隐鼠的深情回忆，又有对祖母讲述的民间故事生动的记叙，同时揭示了现实中那些像极了“猫”的正人君子的真实面目。

（三）常摄取生活中的小细节，以小见大，写人则写出人物的神韵，写事则写出事件的本质。如在《无常》中，从无常也有老婆和孩子的事实中，作者既写出了无常富于人情味的特点，又巧妙地讽刺了生活中那些虚伪的知识分子，入木三分。

（四）作者在批判、讽刺封建旧制度、旧道德时，多用反讽手法，又称“双关”。表面上很冷静地叙述事件的始末，其实是反话正说，在叙述中暗含着“言在此而意在彼”的巧妙讽刺。如在《父亲》中，对庸医的行医过程细细道来，没有正面指责与讽刺，但字里行间处处蕴含着作者激愤的批判和讽刺；又例如在《藤野先生》中，作者用了“标致”来讽刺清国留学生的丑态；用“精通时事”来讽刺清国留学生所“精通”的“时事”其实是些无聊的事；用“爱国青年”来反讽当时日本一些受军国主义思想影响而妄自尊大、盲目忠君、思想狭隘的青年；用“何尝”来加强反语的语气从而加强肯定等等。

（五）作者在散文中常用对比手法。如《五猖会》通过我前后心境的对比表达了对封建社会的反感和批判；《无常》通过无常这个“鬼”和现实中的“人”对比，深刻地刻画出了现实生活中某些“人格”不如“鬼格”的人的丑恶面目；《狗·猫·鼠》作者对小隐鼠的爱和对猫的强烈憎恨形成了鲜明的对比。

四、人物形象

长妈妈

有愚昧迷信的一面，但她身上保存着朴实善良的爱，令作者永生难忘。从长妈妈的身上，我们看到了鲁迅对底层劳动人民的感情：他既揭示他们身上愚昧麻木的一面，也歌颂他们身上美好善良的一面。（质朴善良、愚昧麻木、勤劳、粗俗无知）

藤野先生

一位日本医学教授，因为表现出平等待人的态度，关心弱国子民的学业，所以他朴素而伟大的人格令人肃然起敬。他所做的一切都很平凡，没有民族歧视，如果我们设身处地地想象鲁迅当时的处境，便不难感受到这位老师的伟大之处。（治学严谨、平等待人、和蔼可亲）

范爱农

一位觉醒的知识分子，但是无法在黑暗社会立足。他无法与狂人一样，最终与这个社会妥协，也无法像N次方先生一样忘却，所以他的内心痛苦、悲凉，我们和鲁迅先生一样，疑心他是自杀的。（正直、倔强）

父亲

父亲曾让童年鲁迅困惑过，因为在他兴高采烈地要去看五猖会时，勒令他背书。但是，鲁迅从来没有指责过自己的父亲，他忏悔的是自己没有让父亲安静地死去，这让他的心灵永远不安永远痛苦（在父亲去世之际，听从衍太太的指示，一直在床边大喊大叫）。由此我们可以感受到鲁迅先生对父亲强烈的爱。（严厉、慈爱）

衍太太

给鲁迅看不健康的画，唆使鲁迅偷母亲的首饰变卖。而衍太太自己的孩子顽皮弄脏了自己的衣服，衍太太却是要打骂的。鲁迅表面上赞扬她，实际心中却是鄙视衍太太的，因为这

是个自私自利，多嘴多舌，喜欢使坏的妇人。（自私、阴险）

寿镜吾

方正、质朴、博学、严而不厉，是鲁迅先生颇为敬畏之人。

五、故事梗概

《朝花夕拾》是作者写童年、少年和青年时期的回忆性散文集，有着丰富的思想内容，提供了一个关于风俗、琐事和人物的美丑的价值观念。

故乡的自然风物，童年生活中的人和事都给作者留下了好多美好的回忆。睡觉时，保姆长妈妈会讲美女蛇吃人的故事，还能做“别人不肯做，或不能做的事”，给童年时的“我”买来带图画的“三哼经”；小伙伴闰土的父亲善于在雪地里捕鸟；邻居衍太太又圆滑又阴诡等等。坐三道明瓦窗的大船去东关看“五猖会”，正月十四夜等着看花纸上画的“老鼠成亲”那样尖腮细腿的仪仗队的出现，都使他“极其神往”的。他津津有味地讲述看目连戏里无常时的种种情形，并由衷地喜欢那通人情的“鬼而人，理而情，恐怖而可爱的无常”。

六、章节概括

《狗·猫·鼠》

在这篇文章里，鲁迅先生清算猫的罪行：第一，猫对自己捉到的猎物，总是尽情玩弄够了，才吃下去；第二，它与狮虎同族，却天生一副媚态；第三，它老在配合时嗥叫，令人心烦；第四，它吃了我小时候心爱的一只小隐鼠。虽然后来证实并非猫所害，但我对猫是不会产生好感的，何况它后来确实吃了小兔子！这篇文章取了“猫”这样一个类型，尖锐而又形象地讽刺了生活中与猫相似的人。

《阿长与〈山海经〉》

阿长是鲁迅小时候的保姆。文中记述儿时与阿长相处的情景，描写了长妈妈善良、朴实而又迷信、唠叨、“满肚子是麻烦的礼节”的性格；对她寻购赠送自己渴求已久的绘图《山海经》之情，充满了尊敬和感激。文章用深情的语言，表达了对这位劳动妇女的真诚的怀念。

《二十四孝图》

所谓《二十四孝图》是一本讲中国古代二十四个孝子故事的书，配有图画，主要目的是宣扬封建的孝道。鲁迅先生从自己小时候阅读《二十四孝图》的感受入手，重点描写了在阅读“老莱娱亲”和“郭巨埋儿”两个故事时所引起的强烈反感，形象地揭露了封建孝道的虚伪和残酷。

《五猖会》

五猖会是一个迎神赛会，在童年的“我”的心目中是一个节日。记述儿时盼望观看迎神赛会的急切、兴奋的心情以及被父亲强迫背诵《鉴略》的扫兴而痛苦的感受。指出强制的封建教育对儿童天性的压制和摧残。

《无常》

无常是个具有人情味的鬼，去勾魂的时候，看到母亲哭死去的儿子那么悲伤，决定放儿子“还阳半刻”，结果被顶头上司阎罗王打了四十大棒。文章在回忆无常的时候，时不时加进几句对现实所谓正人君子的讽刺，虚幻的无常给予当时鲁迅寂寞悲凉的心些许的安慰。

《从百草园到三味书屋》

描述了儿时在家中百草园得到的乐趣和在三味书屋读书的乏味生活，揭示儿童广阔的生活趣味与束缚儿童天性的封建书橱教育的尖锐矛盾，表达了应让儿童健康活泼地成长的合理要求。

《父亲的病》

父亲被庸医治死，一直是埋在鲁迅心中的痛苦。文章重点回忆儿时为父亲延医治病的情景，描述了几位“名医”的行医态度、作风、开方等种种表现，揭示了这些人巫医不分、故弄玄虚、勒索钱财、草菅人命的实质。

《琐记》

鲁迅在这篇文章里主要回忆了自己离开绍兴去南京求学的过程。作品描述了当时的江南水师学堂和矿务铁路学堂的种种弊端和求知的艰难，批评了洋务派办学的“乌烟瘴气”。作者记述了最初接触进化论的兴奋心情和不顾老辈反对，如饥如渴地阅读《天演论》的情景，表现出探求真理的强烈欲望。

《藤野先生》

记录作者在日本留学时期的学习生活，叙述在仙台医专受日本学生歧视、侮辱和决定弃医从文的经过。作者突出地记述了日本老师藤野先生的严谨、正直、热诚、没有民族偏见的高尚品格，表达了对藤野先生深情的怀念。

《范爱农》

追叙作者在日留学时和回国后与范爱农接触的几个生活片段，描述了范爱农在革命前不满黑暗社会、追求革命，辛亥革命后又备受打击迫害的遭遇，表现了对旧民主革命的失望和对这位正直倔强的爱国者的同情和悼念。

七、片段赏析

1. 它的性情就和别的猛兽不同，凡捕食雀、鼠，总不肯一口咬死，定要尽情玩弄，放走，又捉住，捉住，又放走，直待自己玩厌了，这才吃下去，颇与人们的幸灾乐祸，慢慢地折磨弱者的坏脾气相同。（《狗·猫·鼠》）

【赏析】说明了作者不喜欢猫的原因。作品在夹叙夹议中，对反动、守旧势力进行了抨击和嘲讽。《狗·猫·鼠》是针对“正人君子”的攻击引发的，嘲讽了他们散布的“流言”，表述了对猫“尽情折磨”弱者、“到处嗥叫”、时而“一副媚态”等特性的憎恶；追忆童年时救养的一只可爱的隐鼠遭到摧残的经历和感受。表现了对弱小者的同情和对暴虐者的憎恨。

2. 我似乎遇着了一个霹雳，全体都震悚起来；赶紧去接过来，打开纸包，是四本小小的书，略略一翻，人面的兽，九头的蛇，……果然都在内。（《阿长与〈山海经〉》）

【赏析】说明“我”听到以后很震惊、很感动，别人做不到的事，这样一个不识字的普通人居然做到了，“我”也由此对她“发生新的敬意了”，别人不肯做，或不能做的事，她却能够做成功。她确有伟大的神力。谋害隐鼠的怨恨，从此完全消失了。

3. 我忐忑着，拿了书来了。他使我同坐在堂中央的桌子前，教我一句一句地读下去。我担着心，一句一句地读下去。

两句一行，大约读了二三十行罢，他说：——

“给我读熟。背不出，就不准去看会。”

他说完，便站起来，走进房里去了。

我似乎从头上浇了一盆冷水。但是，有什么法子呢？自然是读着，读着，强记着，——而且要背出来。

【赏析】描写了“我”对五猖会的热切盼望和父亲的阻难，表现了父亲对儿童心理的无知和隔膜，含蓄地批判了封建思想习俗的不合理。鲁迅说出了孩子在父母毫不顾及孩子心理时的无奈和厌烦。

4. 只要望见一顶白纸的高帽子和他手里的破芭蕉扇的影子，大家就都有些紧张，而且高兴起来了。人民之于鬼物，惟独与他最为稔熟，也最为亲密，平时也常常可以遇见他。死无常黑脸、黑衣，谁也不爱看。在“阴死间”里也有的，胸口靠着墙壁，阴森森地站着，那才真真是“碰壁”。

【赏析】洋溢着作者对活无常的敬佩及赞美之情，先写小时候对他的害怕，和现在对他的敬佩作对比，也拿阎罗王的昏庸和死无常的可怕与之作对比，突出活无常的善心。

5. 人呢，能直立了，自然是一大进步；能说话了，自然又是一大进步；能写字作文了，自然又是一大进步。然而也就堕落，因为那时也开始了说空话。说空话尚无不可，甚至于连自己也不知道说着违心之论，则对于只能嗥叫的动物，是在免不得“颜厚有忸怩”。

【赏析】人类总是在赞扬着自己的进步，以自己那些自己有禽兽没有的能力而自豪骄傲，以自己能思考而洋洋得意。虽然人类的确值得为这些高兴欢喜，但是却不曾认真想过，正因为人类所拥有的这些能力使得人类社会变得如此的复杂，甚至使得我们开始向往那些头脑简单的禽兽的单纯的世界。鲁迅在此说明这些道理，也是让人们反省一下，自己所拥有的这些能力，不是让我们用来说空话昧良心的！

6. 我总要上下四方寻求，得到一种最黑，最黑，最黑的咒文，先来诅咒一切反对白话，妨害白话者。即使人死了真有灵魂，因这最恶的心，应该堕入地狱，也将绝不改悔，总要先来诅咒一切反对白话，妨害白话者。

【赏析】这段话虽没有什么华丽的辞藻或者优美的语句，甚至相反的是一种似于骂人的话，可我们从这段话中却深深地感受到了鲁迅先生的那种气愤和对于那些顽固者的无奈，他发展白话文是为了下一代，也是为了文学的新篇章的开启！

7. 在百静中，我似乎头里要伸出许多铁钳，将什么“生于太荒”之流夹住；也听到自己急急诵读的声音发着抖，仿佛深秋的蟋蟀，在夜中鸣叫似的。

【赏析】这是鲁迅先生在即将去东关看五猖会时，却被父亲突然叫住，让他背完一篇古文才准许一家人去的时候心里的感慨。从“在百静中”“仿佛深秋的蟋蟀，在夜中鸣叫似的”这些语句中深深体会到了作者的无助无奈以及扫兴。

8. 但是，和无常开玩笑，是大家都有此意的，因为他爽直，爱发议论，有人情，——要寻真实的朋友，倒还是他妥当。

【赏析】这句话透露出鲁迅先生对活无常的敬佩和喜爱之情，借无常的“重人情”来启示我们：作为一个人，要像活无常先生一样富有浓烈的同情心和善心。

经典演练

一、填空题

1.《朝花夕拾》是鲁迅先生1926年所作的回忆散文集，共10篇。初中阶段，我们学过其中的《______________》和《______________》。

2.《朝花夕拾》是一部________集，写于1926年，最初在莽原上发表时名为《旧事重提》。作者是________，他是我国现代伟大的无产阶级文学家、__________、__________。

3. 作者在《琐记》中提到喜欢看的一本书是《__________》。

4.《五猖会》中，父亲让“我”背《______________》，让我感到痛苦。

5. 鲁迅小时候最喜欢在______________中玩耍。

6.《二十四孝图》中，__________、__________、__________等都是孝道故事的名称。

7. 鲁迅在仙台学医时发生了____________件重大的事。

8.“赛神会”中“我”和许多人喜欢看__________。

9. 鲁迅在《琐记》中记叙为了“寻别一类人们去”，又选择了无须学费的南京__________________________。

10.“好。那么，走罢！”而去“寻别一类人们去”一语出自鲁迅的《______________》。

11. 鲁迅在《琐记》一文中，用了“__________”一词来讥讽洋务派的办学。

12. 鲁迅在《琐记》中写自己一有空闲，就照例地吃侉饼，花生米，辣椒，看《天演论》，表现出鲁迅探求真理的____________。

13.《范爱农》一文中，作者追述了在日本留学和回国后与范爱农接触的几个__________。

14.《藤野先生》记叙了作者在日本留学时的学习生活，记叙了与藤野先生相识、相处、分别的几个片段，并说明了在仙台医专时______________的一生中重要的经历。

15. 鲁迅在《二十四孝图》里，针对“______________、______________、______________”等孝道故事做了分析，揭示了封建孝道的虚伪和残酷。

16.《五猖会》记述了作者儿时盼望观看__________________的急切兴奋的心情，揭露了封建教育对儿童天性的压制。

17. 鲁迅在《________》中深切表达了对日本没有民族偏见的正直热诚的先生的怀念。

18. 作者回忆少年读了《二十四孝图》后，觉得其中“自然也有可以勉力仿效的故事”，如“____________”“____________”“____________”之类。而“________”的故事则有些可疑，还有“________”的故事，如模仿则有性命之忧了。

19.《二十四孝图》中“甚于洪水猛兽，非常广大，也非常长久，能使全中国化成一个麻胡，凡有孩子都死在他肚子里”，表达了鲁迅先生对“______________”的愤怒之情。

20. 鲁迅首次知道“赫胥黎”，接触“物竞天择”，“苏格拉底”等人的思想是在矿路学堂，这段经历在《__________________》中提及。

21.《朝花夕拾》中鲁迅先生说起儿时生活常常出现对迎神赛会、看戏等情节的回忆，如《______________》《______________》。

22. 在《琐记》一文中鲁迅先生曾描述了____________的区别。
23. 鲁迅在《无常》一文中，通过对____________的描述，指出“公正的裁判是在阴间”，以讽刺当时社会上的“正人君子”之流。
24. 鲁迅寓居的东墙上，一直挂着他的老师____________的照片。
25. 鲁迅在日本留学时认识的一位朋友，当时彼此都没有什么好感，但回国偶遇之后，交往甚密，这位朋友是____________。

二、简答题

1. 你怎么评价范爱农？

2. 作者憎恨猫的哪些特性？

3. 你认为藤野先生是个怎样的老师？

4. 从《五猖会》中父亲强迫“我”背《鉴略》这一事中，可以看出父亲怎样的特点？

三、重点情节阅读

【情节一】

其实人禽之辨，本不必这样严。在动物界，虽然并不如古人所幻想的那样舒适自由，可是噜苏做作的事总比人间少。它们适性任情，对就对，错就错，不说一句分辩话。虫蛆也许是不干净的，但它们并没有自命清高；鸷禽猛兽以较弱的动物为饵，不妨说是凶残的罢，但它们从来就没有竖过“公理”“正义”的旗子，使牺牲者直到被吃的时候为止，还是一味佩服赞叹它们。人呢，能直立了，自然是一大进步；能说话了，自然又是一大进步；能写字作文了，自然又是一大进步。然而也就堕落，因为那时也开始了说空话。说空话尚无不可，甚至于连自己也不知道说着违心之论，则对于只能嗥叫的动物，实在免不得“颜厚有忸怩”。

1. 作者借动物来说明人，这样写有何用意？

2. 作者在文中写“虫蛆、鸷禽猛兽”的目的是什么？

3. 这段文字表达了作者怎样的思想感情？

【情节二】

这确是先前所没有料想到的。现在我已经记不清当时是怎样一个感想，但和猫的感情却终于没有融和；到了北京，还因为它伤害了兔的儿女们，便旧隙夹新嫌，使出更辣的辣手。“仇猫”的话柄，也从此传扬开来。然而在现在，这些早已是过去的事了，我已经改变态度，对猫颇为客气，倘其万不得已，则赶走而已，决不打伤它们，更何况杀害。这是我近几年的进步。经验既多，一旦大悟，知道猫的偷鱼肉，拖小鸡，深夜大叫，人们自然十之九是憎恶的，而这憎恶是在猫身上。假如我出而为人们驱除这憎恶，打伤或杀害了它，它便立刻变为可怜，那憎恶倒移在我身上了。所以，目下的办法，是凡遇猫们捣乱，至于有人讨厌时，我便站出去，在门口大声叱曰：“嘘！滚！”小小平静，即回书房，这样，就长保着御侮保家的资格。其实这方法，中国的官兵就常在实做的，他们总不肯扫清土匪或扑灭敌人，因为这么一来，就要不被重视，甚至于因失其用处而被裁汰。我想，如果能将这方法推广应用，我大概也总可望成为所谓“指导青年”的“前辈”的罢，但现下也还未决心实践，正在研究而且推敲。

1. “这确是先前所没有料想到的”中“没有料想到的”是指什么事？

2. 作者都憎恨猫的哪些特性？

3. 《狗·猫·鼠》一文作者写猫有何象征意义？

【情节三】

那时的《二十四孝图》，早已不知去向了，目下的是日本人画的本子，叙老莱子事云：“行年七十，言不称老，常著五色斑斓之衣，为婴儿戏于亲侧。又常取水上堂，诈跌仆地，作婴儿啼，以娱亲意。”大意与旧本差不多，而招我反感的便是“诈跌”。无论忤逆，无论孝顺，小孩子多不愿意“诈”作，听故事也不喜欢是谣言，这是凡有稍稍留心儿童心理的都知道的。

然而在较古的书上一查，却还不至于如此虚伪。《太平御览》云，“老莱子……常衣斑斓之衣，为亲取饮，上堂脚跌，恐伤父母之心，僵仆为婴儿啼。”较之今说，似稍近于人情。不知怎地，后之君子却一定要改得他“诈”起来，心里才能舒服。邓伯道弃子救侄，想来也不过“弃”而已矣，昏妄人也必须说他将儿子捆在树上，使他追不上来才肯歇手。正如将“肉麻当作有趣”一般，以不情为伦纪，诬蔑了古人，教坏了后人。老莱子即是一例，道学先生以为他白璧无瑕时，他却已在孩子的心中死掉了。

1. 结合选文内容，分析《戏彩娱亲》不受儿童欢迎的原因。

2. 文中第一段和第二段都提到老莱子的孝亲故事，两者有何区别?

3. 作者认为古今版本的变化说明了什么问题?

【情节四】

至于玩着“摇咕咚”的郭巨的儿子，却实在值得同情。他被抱在他母亲的臂膊上，高高兴兴地笑着；他的父亲却正在掘窟窿，要将他埋掉了。说明云，“汉郭巨家贫，有子三岁，母尝减食与之。巨谓妻曰，贫乏不能供母，子又分母之食。盍埋此子?”但是刘向《孝子传》所说，却又有些不同：巨家原是富的，他都给了两弟，让母亲跟自己一起受苦；孩子是才生的，并没有到三岁。结末又大略相象了，“及掘坑二尺，得黄金一釜，上云：天赐郭巨，官不得取，民不得夺!”

我最初实在替这孩子捏一把汗，待到掘出黄金一釜，这才觉得轻松。然而我已经不但自己不敢再想做孝子，并且怕我父亲去做孝子了。家景正在坏下去，常听到父母愁柴米；祖母又老了，倘使我的父亲竟学了郭巨，那么，该埋的不正是我么?如果一丝不走样，也掘出一釜黄金来，那自然是如天之福，但是，那时我虽然年纪小，似乎也明白天下未必有这样的巧事。

1. 结合选文第一段，说说郭巨为什么要埋儿?

2. 请你谈谈对选文中画线句子的理解。

3. 请你根据原文内容，结合现代观念，对“郭巨埋儿”进行评论。

【情节五】

因为东关离城远，大清早大家就起来。昨夜预定好的三道明瓦窗的大船，已经泊在河埠头，船椅、饭菜、茶炊、点心盒子，都在陆续搬下去了。我笑着跳着，催他们要搬得快。忽然，工人的脸色很谨肃了，我知道有些蹊跷，四面一看，父亲就站在我背后。

“去拿你的书来。”他慢慢地说。

这所谓“书”，是指我开蒙时候所读的《鉴略》。因为我再没有第二本了。我们那里上学的岁数是多拣单数的，所以这使我记住我其时是七岁。

我忐忑着，拿了书来了。他使我同坐在堂中央的桌子前，教我一句一句地读下去。我担着心，一句一句地读下去。

两句一行，大约读了二三十行罢，他说：——

“给我读熟。背不出，就不准去看会。”

他说完，便站起来，走进房里去了。

我似乎从头上浇了一盆冷水。但是，有什么法子呢？自然是读着，读着，强记着，——而且要背出来。

粤有盘古，生于太荒，

首出御世，肇开混茫。

就是这样的书，我现在只记得前四句，别的都忘却了；那时所强记的二三十行，自然也一齐忘却在里面了。记得那时听人说，读《鉴略》比读《千字文》《百家姓》有用得多，因为可以知道从古到今的大概。知道从古到今的大概，那当然是很好的，然而我一字也不懂。“粤自盘古”就是“粤自盘古”，读下去，记住它，“粤自盘古”呵！“生于太荒”呵！……

1. 从全文看，作者心情的变化经历了哪几个阶段？

2. “忽然，工人的脸色很谨肃了，我知道有些蹊跷”句中的“谨肃”“蹊跷”是什么意思？为什么工人的脸色忽然变“谨肃”了？这说明了什么？

3. 文中画线句的情景，使我们想起了《从百草园到三味书屋》中读书的情景，你还记得作者是怎样描述的吗？请写出来。

【情节六】

应用的物件已经搬完，家中由忙乱转成静肃了。朝阳照着西墙，天气很清朗。母亲、工人、长妈妈即阿长，都无法营救，只默默地静候着我读熟，而且背出来。在百静中，我似乎头里要伸出许多铁钳，将什么“生于太荒”之流夹住；也听到自己急急诵读的声音发着抖，仿佛深秋的蟋蟀，在夜中鸣叫似的。

他们都等候着；太阳也升得更高了。

我忽然似乎已经很有把握，便即站了起来，拿书走进父亲的书房，一气背将下去，梦似的就背完了。

“不错。去罢。”父亲点着头说。

大家同时活动起来，脸上都露出笑容，向河埠走去。工人将我高高地抱起，仿佛在祝贺我的成功一般，快步走在最前头。

我却并没有他们那么高兴。开船以后，水路中的风景，盒子里的点心，以及到了东关的五猖会的热闹，对于我似乎都没有什么大意思。

1. “朝阳照着西墙，天气很清朗”“太阳也升得更高了”两句运用了怎样的描写方法？其作用是什么？

2. “我”一口气把书背了下来，且“梦似的就背完了”，这里的“梦”有哪些含义？

3. 文末两段写大家高兴，而“我”却觉得“似乎都没有什么大意思”，这里用了怎样的手法？有什么作用？

【情节七】

凡有一处地方，如果出了文士学者或名流，他将笔头一扭，就很容易变成“模范县”。我的故乡，在汉末虽曾经虞仲翔先生揄扬过，但是那究竟太早了，后来到底免不了产生所谓“绍兴师爷”，不过也并非男女老小全是“绍兴师爷”，别的“下等人”也不少。这些“下等人”，要他们发什么“我们现在走的是一条狭窄险阻的小路，左面是一个广漠无际的泥潭，右面也是一片广漠无际的浮砂，前面是遥遥茫茫荫在薄雾的里面的目的地”那样热昏似的妙语，是办不到的，可是在无意中，看得住这“荫在薄雾的里面的目的地”的道路很明白：求婚，结婚，养孩子，死亡。但这自然是专就我的故乡而言，若是“模范县”里的人民，那当然又作别论。他们——敝同乡“下等人”——的许多，活着，苦着，被流言，被反噬，因了积久的经验，知道阳间维持“公理”的只有一个会，而且这会的本身就是“遥遥茫茫”，于是乎势不得不发生对于阴间的神往。人是大抵自以为衔些冤抑的；活的“正人君子”们只能骗鸟，若问愚民，他就可以不假思索地回答你：公正的裁判是在阴间！想到生的乐趣，生固然可以留恋；但想到生的苦趣，无常也不一定是恶客。无论贵贱，无论贫富，其时都是“一双空手见阎王”，有冤的得伸，有罪的就得罚。然而虽说是“下等人”，也何尝没有反省？自己做了一世人，又怎么样呢？未曾“跳到半天空”么？没有“放冷箭”么？无常的手里就拿着大算盘，你摆尽臭架子也无益。对付别人要滴水不羼的公理，对自己总还不如虽在阴司里也还能够寻到一点私情。然而那又究竟是阴间，阎罗天子、牛首阿旁，还有中国人自己想出来的马面，都是并不兼差，真正主持公理的脚色，虽然他们并没有在报上发表过什么大文章。当还未做鬼之前，有时先不欺心的人们，遥想着将来，就又不能不想在整块的公理中，来寻一点情面的末屑，这时候，我们的活无常先生便见得可亲爱了，利中取大，害中取小，我们的古哲墨翟先生谓之“小取”云。

1. 文中说“但想到生的苦趣，无常也不一定是恶客”，如何理解这句话的含义？

2. 文中的“正人君子”指哪些人？

3. 鲁迅写《无常》有何用意？

【情节八】

我还记得自己坐在这一种戏台下的船上的情形，看客的心情和普通是两样的。平常愈夜深愈懒散，这时却愈起劲。他所戴的纸糊的高帽子，本来是挂在台角上的，这时预先拿进去了；一种特别乐器，也准备使劲地吹。这乐器好象喇叭，细而长，可有七八尺，大约是鬼物所爱听的罢，和鬼无关的时候就不用；吹起来，Nhatu，nhatu，nhatututuu 地响，所以我们叫它“目连瞎头”。在许多人期待着恶人的没落的凝望中，他出来了，服饰比画上还简单，不拿铁索，也不带算盘，就是雪白的一条莽汉，粉面朱唇，眉黑如漆，蹙着，不知道是在笑还是在哭。但他一出台就须打一百零八个嚏，同时也放一百零八个屁，这才自述他的履历。可惜我记不清楚了，其中有一段大概是这样：

“……

大王出了牌票，叫我去拿隔壁的癞子。

问了起来呢，原来是我堂房的阿侄。

生的是什么病？伤寒，还带痢疾。

看的是什么郎中？下方桥的陈念义 la 儿子。

开的是怎样的药方？附子、肉桂，外加牛膝。

第一煎吃下去，冷汗发出；

第二煎吃下去，两脚笔直。

我道 nga 阿嫂哭得悲伤，暂放他还阳半刻。

大王道我是得钱买放，就将我捆打四十！”

他口里的阎罗天子仿佛也不大高明，竟会误解他的人格，——不，鬼格。但连“还阳半刻”都知道，究竟还不失其“聪明正直之谓神”。不过这惩罚，却给了我们的活无常以不可磨灭的冤苦的印象，一提起，就使他更加蹙紧双眉，捏定破芭蕉扇，脸向着地，鸭子浮水似的跳舞起来。

Nhatu，nhatu，nhatu－nhatu－nhatututuu！目连瞎头也冤苦不堪似的吹着。他因此决定了：

“难是弗放者个！

那怕你，铜墙铁壁！

那怕你，皇亲国戚！

……”

1. “他口里的阎罗天子仿佛也不大高明，竟会误解他的人格，——不，鬼格。”作者这里先说成“人格”后又改为“鬼格”，有何目的？

2. “那怕你，铜墙铁壁！那怕你，皇亲国戚！”表现了活无常的什么性格特点？

3．文中的阎王是个什么样的形象？请举例说明。

【情节九】

大约十多年前罢，S城中曾经盛传过一个名医的故事：

他出诊原来是一元四角，特拔十元，深夜加倍，出城又加倍。有一夜，一家城外人家的闺女生急病，来请他了，因为他其时已经阔得不耐烦，便非一百元不去。他们只得都依他。待去时，却只是草草地一看，说道“不要紧的”，开一张方，拿了一百元就走。那病家似乎很有钱，第二天又来请了。他一到门，只见主人笑面承迎，道，“昨晚服了先生的药，好得多了，所以再请你来复诊一回。”仍旧引到房里，老妈子便将病人的手拉出帐外来。他一按，冷冰冰的，也没有脉，于是点点头道，“唔，这病我明白了。”从从容容走到桌前，取了药方纸，提笔写道：

“凭票付英洋壹百元正。”下面是署名，画押。

“先生，这病看来很不轻了，用药怕还得重一点罢。”主人在背后说。

“可以，”他说。于是另开了一张方：

“凭票付英洋贰百元正。”下面仍是署名，画押。

这样，主人就收了药方，很客气地送他出来了。

我曾经和这名医周旋过两整年，因为他隔日一回，来诊我的父亲的病。

1．文中这位“名医”有何特点？

2．“他一按，冷冰冰的，也没有脉”说明什么？这位名医给开的方子上只有“凭票付英洋壹百元正”和“凭票付英洋贰百元正”又说明了什么？

3．联系全篇，说说这位“名医”给作者父亲诊治两年的结果怎样？作者此文要表达的主题是什么？

【情节十】

中西的思想确乎有一点不同。听说中国的孝子们，一到将要“罪孽深重祸延父母”的时候，就买几斤人参，煎汤灌下去，希望父母多喘几天气，即使半天也好。我的一位教医学的先生却教给我医生的职务道：可医的应该给他医治，不可医的应该给他死得没有痛苦。——但这先生自然是西医。

父亲的喘气颇长久，连我也听得很吃力，然而谁也不能帮助他。我有时竟至于电光一闪似的想道：“还是快一点喘完了罢……。”立刻觉得这思想就不该，就是犯了罪；但同时又觉得这思想实在是正当的，我很爱我的父亲。便是现在，也还是这样想。

早晨，住在一门里的衍太太进来了。她是一个精通礼节的妇人，说我们不应该空等着。

于是给他换衣服；又将纸锭和一种什么《高王经》烧成灰，用纸包了给他捏在拳头里……。

"叫呀，你父亲要断气了。快叫呀！"衍太太说。

"父亲！父亲！"我就叫起来。

"大声！他听不见。还不快叫？！"

"父亲！！！父亲！！！"

他已经平静下去的脸，忽然紧张了，将眼微微一睁，仿佛有一些苦痛。

"叫呀！快叫呀！"她催促说。

"父亲！！！"

"什么呢？……不要嚷。……不……。"他低低地说，又较急地喘着气，好一会，这才复了原状，平静下去了。

"父亲！！！"我还叫他，一直到他咽了气。

我现在还听到那时的自己的这声音，每听到时，就觉得这却是我对于父亲的最大的错处。

1. 在"觉得这思想就不该，就是犯了罪"这句中，"思想"是指什么？"犯了罪"是从什么角度说的？

2. "这思想实在是正当的，我很爱我的父亲。"这句中作者为什么说这思想是正当的？

3. 选文最后一段表达了一种什么情绪？

【情节十一】

父亲故去之后，我也还常到她家里去，不过已不是和孩子们玩耍了，却是和衍太太或她的男人谈闲天。我其实觉得很有许多东西要买，看的和吃的，只是没有钱。有一天谈到这里，她便说道，"母亲的钱，你拿来用就是了，还不就是你的么？"我说母亲没有钱，她就说可以拿首饰去变卖；我说没有首饰，她却道，"也许你没有留心。到大厨的抽屉里，角角落落去寻去，总可以寻出一点珠子这类东西……。"

这些话我听去似乎很异样，便又不到她那里去了，但有时又真想去打开大厨，细细地寻一寻。

大约此后不到一月，就听到一种流言，说我已经偷了家里的东西去变卖了，这实在使我觉得有如掉在冷水里。流言的来源，我是明白的，倘是现在，只要有地方发表，我总要骂出流言家的狐狸尾巴来，但那时太年轻，一遇流言，便连自己也仿佛觉得真是犯了罪，怕遇见人们的眼睛，怕受到母亲的爱抚。

1. 画线句运用了什么修辞方法？有什么好处？

2. “她”在选文中做了什么事，由此可以看出她的哪些特点？

3. 结合全文，说说“她”还做了哪些事？写出两件。

【情节十二】

但第二年的总办是一个新党，他坐在马车上的时候大抵看着《时务报》，考汉文也自己出题目，和教员出的很不同。有一次是《华盛顿论》，汉文教员反而惴惴地来问我们道：“华盛顿是什么东西呀？……”

看新书的风气便流行起来，我也知道了中国有一部书叫《天演论》。星期日跑到城南去买了来，白纸石印的一厚本，价五百文正。翻开一看，是写得很好的字，开首便道：——

“赫胥黎独处一室之中，在英伦之南，背山而面野，槛外诸境，历历如在机下。乃悬想二千年前，当罗马大将恺撒未到时，此间有何景物？

惟有天造草昧……”

哦，原来世界上竟还有一个赫胥黎坐在书房里那么想，而且想得那么新鲜？一口气读下去，“物竞”“天择”也出来了，苏格拉底、柏拉图也出来了，斯多葛也出来了。学堂里又设立了一个阅报处，《时务报》不待言，还有《译学汇编》，那书面上的张廉卿一流的四个字，就蓝得很可爱。

“你这孩子有点不对了，拿这篇文章去看去，抄下来去看去。”一位本家的老辈严肃地对我说，而且递过一张报纸来。接来看时，“臣许应骙跪奏……”，那文章现在是一句也不记得了，总之是参康有为变法的，也不记得可曾抄了没有。

仍然自己不觉得有什么“不对”，一有闲空，就照例地吃侉饼、花生米、辣椒，看《天演论》。

1. 从选文第一段汉文教员不知华盛顿这件小事，反映了当时怎样的社会现实？

2. 请概括选文的主要内容。

3.《天演论》是新书，哪些想法让“我”觉得新鲜？喜欢看这本书的“我”有什么特点？

【情节十三】

不知怎地我们便都笑了起来，是互相的嘲笑和悲哀。他眼睛还是那样，然而奇怪，只这几年，头上却有了白发了，但也许本来就有，我先前没有留心到。他穿着很旧的布马褂，破布鞋，显得很寒素。谈起自己的经历来，他说他后来没有了学费，不能再留学，便回来了。回到故乡之后，又受着轻蔑，排斥，迫害，几乎无地可容。现在是躲在乡下，教着几个小学生糊口。但因为有时觉得很气闷，所以也乘了航船进城来。他又告诉我现在爱喝酒，于是我们便喝酒。从此他每一进城，必定来访我，非常相熟了。我们醉后常谈些愚不可及的疯话，连母亲偶尔听到了也发笑。一天我忽而记起在东京开同乡会时的旧事，便问他：——“那一天你专门反对我，而且故意似的，究竟是什么缘故呢？”“你不知道？我一向就讨厌你的，——不但我，我们。”“你那时之前，早知道我是谁么？”“怎么不知道。我们到横滨，来接的不就是子英和你么？你看不起我们，摇摇头，你自己还记得么？”我略略一想，记得的，虽然是七八年前的事。

1. 作者和范爱农在东京相识相别，又在故乡重逢，二人相认后都笑了起来，你怎样理解作者所说的笑“是互相的嘲笑和悲哀”？

2. “那一天你专门反对我”句中“那一天”发生了什么事？请简述事情的经过。

3. 从选文中可以看出，范爱农和作者在东京分别后有着怎样的经历和境遇？

【情节十四】

不久，忽然从同乡那里得到一个消息，说他已经掉在水里，淹死了。我疑心他是自杀。因为他是浮水的好手，不容易淹死的。夜间独坐在会馆里，十分悲凉，又疑心这消息并不确，但无端又觉得这是极其可靠的，虽然并无证据。一点法子都没有，只做了四首诗，后来曾在一种日报上发表，现在是将要忘记完了。只记得一首里的六句，起首四句是：“把酒论天下，先生小酒人，大圜犹酩酊，微醉合沉沦。”中间忘掉两句，末了是“旧朋云散尽，余亦等轻尘”。

后来我回故乡去，才知道一些较为详细的事。爱农先是什么事也没得做，因为大家讨厌他。他很困难，但还喝酒，是朋友请他的。他已经很少和人们来往，常见的只剩下几个后来认识的较为年青的人了，然而他们似乎也不愿意多听他的牢骚，以为不如讲笑话有趣。“也许明天就收到一个电报，拆开来一看，是鲁迅来叫我的。”他时常这样说。

1. 得到范爱农的死讯，作者先“疑心这消息并不确”，却又觉得“极其可靠”，前后表述是否矛盾？请简要分析。

2. 作者写“也许明天就收到一个电报，拆开来一看，是鲁迅来叫我的”一句的用意是什么？

3. 结合全文内容说说范爱农是个怎样的人？对于他的死作者表达了怎样的感情？

西游记

全程导读

一、作者简介

吴承恩（1500 年—约 1583 年），字汝忠，号射阳山人。汉族，淮安府山阳县人。吴承恩著有《西游记》《禹鼎记》《射阳集》四册四卷、《春秋列传序》。吴承恩的诗文多散佚，有后人辑集的《射阳先生存稿》4 卷存世。

吴承恩一生官场的失意，生活的困顿，使他加深了对封建科举制度、黑暗社会现实的认识，促使他运用志怪小说的形式来表达内心的不满和愤懑。他自言："虽然吾书名为志怪，盖不专明鬼，实记人间变异，亦微有鉴戒寓焉。"吴承恩还写过一部短篇小说集《禹鼎志》，不过已经失传，只能看到一篇自序。

二、作品主题

《西游记》主要写孙悟空、猪八戒、沙僧三人保护唐僧西行取经，沿途遇到八十一难，一路降妖伏魔，化险为夷，最后到达西天，取得真经的故事。向人们展示了一个绚丽多彩的神魔世界，塑造了一个敢于反对天宫、地府统治者，专"与人间抱不平"，"济困扶危，恤孤念寡"的英雄形象，表现出人民不屈不挠的斗争精神和战胜一切困难的必胜信念，同时也表现出了封建社会里的黑暗势力的特点，暗含了作者对封建社会最高统治者的批判态度。

三、艺术特色

（一）塑造的人物既有个性，又有共性；既有魔气，又有人气、仙气，这些是融为一体的。如孙悟空这个形象，他一出生就具有仙气，他是花果山的一个仙石，里头含了仙胎，迎风化为石猴，一出生就会走路爬行，两眼露金光，射冲斗府，惊动了上天，从这些描写就能看出仙气。但同时他又具有魔气，他的长相是尖嘴缩腮，火眼金睛，而且下巴颏有个素囔，这恰好是猴的特点，高兴起来就抓耳挠腮，手舞足蹈，完全是一个魔的形象、猴的形象。但孙悟空又能谈诗悟玄，知道如何和人往来，具有人性，这样就把魔气、仙气和人气都集中在孙悟空的身上了。

（二）巧妙结合故事情节，在尖锐的矛盾冲突中，充分显示人物复杂内心世界，突出人物性格，使其有血有肉，栩栩如生。斗争越复杂，人物内心展现就越充分。作者用瑰丽的幻想翅膀把我们带入一个又一个的神仙洞府，带到深山恶水中，展开一次又一次的殊死搏斗，在这种斗争中塑造人物形象。孙悟空的形象就是在不断地和妖魔鬼怪的斗争中逐渐成熟、充实、完善的。

（三）用幽默、讽刺的手法来抨击现实，增添了故事情趣。《西游记》书中幽默、讽刺的手法处处都见，所以胡适当年说它“游戏笔墨”。我们看孙悟空，既是个英雄，又很幽默，他不显得古板，而是跟谁都诙谐，开玩笑。到天宫见到玉帝，求人办事，也是唱个喏便走，不是很有礼貌，而且如果他的要求没被满足，就折腾，连玉帝也怕他。他去借丹，太上老君说不借，他说，那好，你说不借那就好，可就别怪我了。太上老君害怕，赶紧掏出一粒丹给他了。因为太上老君知道不给这一粒丹，说不定多少粒丹都没有了。

（四）用生动贴切的对话，来突出人物性格。如孙悟空脾气比较急，急猴子嘛，有时又急功好利，喜欢听人说些奉承话，所以猪八戒几次都用话挤对他。孙悟空被撵走，但猪八戒用言语一激将，又回来了，最后把师父从黄袍怪那救了出来。

（五）小说虽然是长篇巨作，但是却是由许许多多的短篇小故事连缀而成。郑振铎曾说，这个组织像是个蚯蚓似的，每节都能独立，砍去其一节一环，仍可以生存。所谓八十一难，细细琢磨，完整的故事也就四十几个。作者就是通过这样既相互联系又各自独立的四十几个小故事组成了五光十色的西行历险图，构置出它艺术大厦的长廊，让人目不暇接。

四、人物形象

（一）顽皮机智的孙悟空

花果山是孙悟空的诞生之地。美丽的山水、飘香的花果养育了聪明机智富有灵性的悟空，也造就了他不惧任何艰难险阻的大无畏精神的英雄气概。在他被压在五行山下之前，确是一个天真浪漫、调皮任性的“野猴”。且看他的屡屡“战功”：夺走老龙王的镇海之宝——定海神针；游乐地府撕碎阎王爷的“生死簿”；大闹天宫，高喊玉帝为“玉帝老儿”；回归花果山，高挂的旗号是“齐天大圣”……这个时期的孙悟空正如林语堂老先生所说的那样：“他代表了人类精神中最顽皮的部分”。但是从五行山下出来以后的悟空，虽说是顽猴的“劣性”不改，但那让他头晕目眩的紧箍咒使得他归顺、听话了。孙悟空的超级本领在这时才有了用途，一路保驾师父到西天取回三十五部真经。其实这也是悟空聪明机智的一面，如果不听话，就要上“紧箍”，甚至被赶回花果山，完成不了保驾师父西天取经的任务。林语堂说这代表“不甘约束的人类精神与神圣的规范之间的冲突”。孙悟空——美猴王，聪明勇敢的化身，我们心中崇高的形象。

（二）功利憨厚的猪八戒

提起《西游记》中的猪八戒，人们总是将他与“好吃懒做、自私自利”，“损人利己、见利忘义”等不好听的词汇联系在一起。的确，猪八戒也干过“搬起石头砸自己脚”的事情。在“猪八戒吃西瓜”这一情节中他的这一特点表现得最为突出。你看他为了自己的利益（口渴），总是在一次次地原谅自己的贪婪（先后吃了悟空、沙僧、唐僧的西瓜），最后掉进自己设置的陷阱里（在一个个西瓜皮上摔跟斗）。但在为师父西去取经的曲折道路上，虽然没有悟空神通广大的超常本领，却也立下了不少战功。你看他在智取芭蕉扇、四探无底洞、大战盘丝洞中，真是悟空斗魔降妖的好帮手。猪八戒，是吴老先生笔下的一个戏剧性人物，虽然有着许多的缺点，但我们一点儿也不觉得他丑陋和令人厌恶。相反地，在他的这些缺点背后，透露出来的憨厚老实富有人情味的一面，却给我们留下了深刻的印象。正如林语堂先生所说他是一个“充满人欲的艺术形象”。猪八戒，让我们觉得可亲又可爱。

（三）严格执着的唐僧

唐僧取经原是一个真实的历史事件。唐太宗贞观年间，僧人玄奘不顾禁令，前去天竺国取经，费时十七年，经历百余国，克服了许多难以想象的困难，终于取回真经，影响深远，为我国的佛教文化做出了巨大贡献。而在《西游记》小说中，作者把唐僧这一坚忍不拔、执着追求的性格进行了进一步的刻画，成为多少人为之学习的楷模。作为师父，他对徒弟要求很严，经常教导徒儿“要以慈悲为怀”。

大徒弟尽管机智不凡，本领高强，但在连伤“良家三人性命”后，师父也不能顾及情面，而将他逐回老家。作为僧侣，他行善好施，为民除害，为人们播撒着善良的种子；作为求学者，令人们赞叹不已的是他那坚强的意志和执着追求的精神。他不仅对徒弟要求严格，而且也从不懈怠自己。不为财色迷惑，不为死亡征服。不达目的誓不罢休的坚强信念，使他终成正果。唐僧，给我们的启示是：“世上无难事，只怕有心人。”

（四）忠心耿耿的沙和尚

沙和尚是唐僧取经途中的一个忠诚卫士，也是让师父操心最少的一个徒儿。肩挑千里重担，没有半句怨言。师兄闹矛盾时，他从中调停和解；师父遇难时，他挺身而出，以死相救。尽管平时少言寡语，但在保护师父的战斗中冲锋陷阵，英勇无比。沙和尚，忠心耿耿任劳任怨的态度，永远值得我们学习和借鉴。

五、故事梗概

《西游记》是中国古典四大名著之一，是一部优秀的神魔小说，也是一部规模宏伟、结构完整、用幻想形式来反映社会矛盾的巨著。小说以整整七回的“大闹天宫”故事开始，把孙悟空的形象提到全书首要的地位。第八至十二回写如来说法，观音访僧，魏征斩龙，唐僧出世等故事，交代取经的缘起。从十三回到全书结束，讲述了五百年后，观音向孙悟空道出自救的方法：他须随唐三藏到西方取经，做其徒弟，修成正果之日便得救。孙悟空遂紧随唐三藏上路，途中屡遇妖魔鬼怪，二人与猪八戒、沙僧等合力对付，展开一段艰辛的取经之旅。作品写于明朝中期，当时社会经济虽繁荣，但政治日渐败坏，百姓生活困苦。作者对此不合理的现象，通过故事提出批评。此作品共一百回，六十余万字。分回标目，每一回目以整齐对偶展现。故事叙述唐三藏与徒弟孙悟空、猪八戒、沙僧、白龙马经过九九八十一次磨难，到西天取经的过程。

全书故事大多情节曲折，扣人心弦，其中的大闹天宫、三打白骨精、大战红孩儿、车迟国斗法、女儿国遇难、真假美猴王、三调芭蕉扇等故事尤为精彩。

六、章节概括

第一回　灵根育孕源流出　心性修持大道生

东胜神洲傲来国海中有花果山，山顶上一仙石孕育出一石猴。石猴在所居涧水源头寻到名为“水帘洞”的石洞，被群猴拥戴为王。又过三五百年，石猴忽为人生无常，不得久寿而悲啼。根据一老猴指点，石猴经南赡部洲到西牛贺洲，上灵台方寸山，入斜月三星洞，拜见须菩提祖师，被收为徒，起名曰孙悟空。

第二回　悟彻菩提真妙理　断魔归本合元神

悟空从祖师学得长生之道、七十二般变化及“筋斗云”。一日，悟空受众人挑唆，变为松树，引起祖师不快，被逐出洞。回到花果山，与占山妖魔厮斗取胜，带回被掳的众猴与物品。

第三回　四海千山皆拱伏　九幽十类尽除名

悟空使摄法将傲来国库馆里兵器搬进山中，操演群猴。山中妖、兽纷纷拜悟空为尊。悟空向龙王讨得重一万三千五百斤的如意金箍棒。在幽冥界勾掉猴属在生死簿上的姓名。龙王和阎王表奏玉帝，请伏妖猴。玉帝派太白金星赴花果山招安悟空。

第四回　官封弼马心何足　名注齐天意未宁

悟空被授以“弼马温”之官，他得知此官为末等职，回花果山。玉帝命托塔李天王与其子哪吒太子擒悟空，被悟空打败。金星再次招来悟空，玉帝命造齐天大圣府，让悟空居住。

第五回　乱蟠桃大圣偷丹　反天宫诸神捉怪

悟空管理蟠桃园，吃尽园中大桃。又赴瑶池，喝光仙酒；吃尽太上老君葫芦内的金丹，逃回花果山。玉帝令托塔天王率天兵去捉拿悟空。悟空打退了众天神。

第六回　观音赴会问原因　小圣施威降大圣

南海观音徒弟木叉助天王，被战败。观音又荐二郎神。二郎神与悟空大战，太上老君在天观战，丢下金刚套，击中悟空。众神押其回上界。玉帝传旨处死。

第七回　八卦炉中逃大圣　五行山下定心猿

太上老君将悟空置入炼丹炉烧炼，四十九天后，悟空出来，大闹天宫。玉帝请来如来佛。孙悟空一路筋斗云，跳不出佛掌。如来将五指化为大山，压住悟空。命土地神用铁丸铜汁饲喂悟空。

第八回　我佛造经传极乐　观音奉旨上长安

五百年后，如来佛欲寻一信徒取经，以使佛法永传东土。观音率木叉，带着袈裟、锡杖和金、紧、禁三个箍，驾云前往。一路上收服沙悟净、猪悟能和小白龙；劝化孙悟空，让他们共保取经人。

附录　陈光蕊赴任逢灾　江流僧复仇报本

陈光蕊喜中状元，招为宰相女婿，被任为江州州主。上任途中被船家刘洪害死，其妻被抢，刘洪冒保赴任。陈被龙王救活，收于龙宫。其妻生子，抛于江中。被金山寺长老所救；起名江流，后又起法名玄奘。长老为其说知身世。玄奘寻见母亲。后径往京师，找外祖诉冤。刘洪被处极刑。陈光蕊还阳。玄奘入洪福寺继续修行。

第九回　袁守诚妙算无私曲　老龙王拙计犯天条

泾河龙王为使袁守诚预卜落空，私改降雨时辰、雨量。又以所占失准捣毁袁守诚卦铺。袁守诚断言龙王因违旨将被唐丞相魏征处斩。并让龙王向唐太宗求生路。太宗梦龙王求情，许之，命魏征入朝随侍，使其不能斩龙。

第十回　二将军宫门镇鬼　唐太宗地府还魂

魏征与太宗对弈时，梦斩老龙。当晚太宗梦龙王索命，自此身心不安而患病。为防鬼祟，他令尉迟恭、秦叔宝夜守宫门。太宗不久亡故，在阴间遇魏征旧友，现为阴间判官的崔珏。崔珏为太宗添寿二十年。还阳途中，太宗被冤鬼纠缠，散金银给众鬼而脱身。

第十一回　还受生唐王遵善果　度孤魂萧瑀正空门

唐太宗还魂，登朝宣布大赦天下，严禁毁僧谤佛。众人推举陈玄奘主持水陆大会，太宗许之。

第十二回　玄奘秉诚建大会　观音显象化金蝉

观音菩萨变成疥癞游僧，将锡杖袈裟献给太宗。太宗将其赐予玄奘。观音上台对玄奘言大乘佛法的妙处，玄奘愿去西天，太宗封其为“御弟圣僧”，赐号为“三藏”。三藏唐僧出关而去。

第十三回　陷虎穴金星解厄　双叉岭伯钦留僧

唐僧骑马西行。山边城，夜登双叉岭，被虎魔王部下生擒。太白金星搭救了唐僧。唐僧行至两界山，忽听喊声如雷：“我师父来也!”

第十四回　心猿归正　六贼无踪

叫喊者正是孙悟空。唐僧收悟空为徒。西行路上，悟空打死六个剪径的强盗，唐僧抱怨不已。悟空纵云离开唐僧。观音授唐僧紧箍咒，悟空接受龙王劝告，重来保护唐僧，戴上了紧箍咒，表示不再违背师言。

第十五回　蛇盘山诸神暗佑　鹰愁涧意马收缰

途径蛇盘山，马匹被鹰愁涧中之龙吞食。观音召出恶龙，将其变为白马赐给唐僧当坐骑。

第十六回　观音院僧谋宝贝　黑风山怪窃袈裟

行到观音禅院，老住持为谋占袈裟，欲纵火烧死唐僧师徒，悟空从天界借鉴是避火罩罩住唐僧，自己在一边鼓风，使火烧净禅院。黑风山的熊罴怪趁火偷走袈裟。悟空上山寻妖索要袈裟。

第十七回　孙行者大闹黑风山　观世音收伏熊罴怪

悟空见一黑汉正与一道士和一白衣秀士商量开佛衣会事，遂打死白衣秀士蛇怪，与黑汉熊精相斗。悟空在洞外打死一小妖，得到请帖，变为老住持赴会。因被识破，只好请来观音。观音变为道士，劝熊怪服下悟空变的仙丹。悟空在肚内使熊怪痛不可忍，只好交回袈裟皈依佛门。

第十八回　观音院唐僧脱难　高老庄大圣除魔

高老庄高太公因妖怪入赘其家请求降妖。悟空变为太公之女，迷惑妖怪。又现出原身。妖怪化作狂风而逃，悟空紧追。

第十九回　云栈洞悟空收八戒　浮屠山玄奘受心经

那怪入洞取出九齿钉钯与悟空大战，当听悟空说为保护唐僧取经过此，那怪丢下钉钯，跟悟空去拜见唐僧，被取名为猪八戒。三人到浮屠山，逢乌巢禅师，从其处得《心经》一卷。

第二十回　黄风岭唐僧有难　半山中八戒争先

黄风岭的黄风怪先锋虎精，将唐僧摄往洞中。悟空、八戒赶往洞口搦战。虎先锋难抵败逃，被八戒一钯筑死。

第二十一回　护法设庄留大圣　须弥灵吉定风魔

悟空斗不过黄风怪，败下阵来。请来灵吉，抓住黄毛貂鼠变的妖精，救出唐僧。

第二十二回　八戒大战流沙河　木叉奉法收悟净

流沙河中妖怪径抢唐僧，八戒悟空去战，妖怪钻入水中，不肯上岸。悟空去见观音，观音让木叉与悟空同去。木叉叫出妖怪悟净。悟净以颈下骷髅结成法船，渡唐僧过河。

第二十三回　三藏不忘本　四圣试禅心

骊山老母与观音、普贤、文殊菩萨变成母女四人，意在试探四众禅心是否坚固，唯八戒禅心不坚被捆。

第二十四回　万寿山大仙留故友　五庄观行者窃人参

万寿山庄观中有树结人参果，吃后长生不老。观主镇元子让二童子以人参果款待唐僧，唐僧误认人参果为婴儿而未敢食。悟空偷果三个，与八戒、沙僧分食。八戒嫌少，絮絮叨叨。二童子大骂唐僧。

第二十五回　镇元仙赶捉取经僧　孙行者大闹五庄观

悟空难忍毁骂，将树弄倒。二童子设计把唐僧师徒锁入正殿。师徒们夜间逃走。镇元子纵云赶上，以袍袖将唐僧一行尽笼而回。夜间师徒再次逃出，又被捉回。镇元子命将悟空下锅油炸，却被悟空以石狮变成自身将锅砸穿。

第二十六回　孙悟空三岛求方　观世音甘泉活树

悟空为医活果树，拜见观音，观音与悟空同来，复活果树。镇元子开人参果会，款待观音、诸仙与唐僧师徒，并与悟空结为兄弟。

第二十七回　尸魔三戏唐三藏　圣僧恨逐美猴王

唐僧遣悟空去化斋饭。山中妖精，一变美女，二变老妇，三变老翁，迷惑唐僧。悟空打死妖精，唐僧大怒，逐走悟空。

第二十八回　花果山群妖聚义　黑松林三藏逢魔

悟空回到花果山，播风扬石，砸死上山捕猴的众猎户。唐僧误入妖穴被擒。八戒、沙僧与老妖黄袍怪在半空中乱杀。

第二十九回　脱难江流来国土　承恩八戒转山林

唐僧在洞内见一妇人，自称是宝象国公主，十三年前被黄袍怪摄来。公主劝老妖释放唐僧。行到宝象国，唐僧向国王递上妇人所托书信。国王恳求八戒、沙僧降妖救女，二人应诺，往战黄袍怪，八戒难敌，钻入草丛躲藏。沙僧被黄袍怪擒入洞中。

第三十回　邪魔侵正法　意马忆心猿

黄袍怪变为一美男子，前往宝象国探望岳丈国王，将唐僧变为猛虎。白龙马变为宫娥，举刀暗算黄袍怪，被打中后腿。八戒要回高老庄，白龙马劝他去找悟空。悟空拒绝，八戒下山大骂，被众猴捉回。

第三十一回　猪八戒义激猴王　孙行者智降妖怪

八戒用激将法使悟空当下随他前来。悟空变成公主痛哭，吞下妖怪的内丹舍利，现出本相，一路棍棒打得妖怪无影无踪。悟空去天界查访，星神念动咒语，将那私自下凡作怪的奎木狼收回。悟空将公主带回国，并使唐僧恢复原身。

第三十二回　平顶山功曹传信　莲花洞木母逢灾

行至一山，悟空听说有妖，撺掇师父让八戒去巡山。八戒要躲懒睡觉，编谎骗人，但被变成虫的悟空一一听知，当面戳穿其谎言。八戒只得再去探路。两妖之一的银角大王率众妖出洞巡逻，捉住八戒。

第三十三回　外道迷真性　天神助本心

银角大王变作一跌折腿的道士躺在路上，唐僧让悟空将其背起。那妖遣来三座大山压住悟空，将唐僧、沙僧拿到洞中。土地、山神等搬开大山，使悟空脱身。悟空变成老道士，在哪吒太子帮助下，用假葫芦换了妖怪装人的真葫芦。

第三十四回　魔王巧算困心猿　大圣腾挪骗宝贝

悟空变老妖进洞，被吊起的八戒识出走了风声。银角大王与悟空大战。悟空抛出从老妖处得的幌金绳将对手捆住。银角大王念松绳咒解脱，反用绳捆住悟空。悟空变出钢锉，锉断绳子脱身。又变成小妖偷走幌金绳。银角大王用葫芦装了悟空。悟空骗魔开启葫芦，乘机逃出，再潜入洞，偷得葫芦。

第三十五回　外道施威欺正性　心猿获宝伏邪魔

银角大王被悟空用葫芦装入，顷刻便化为水。金角大王用扇扇出烈火击败悟空。悟空钻入洞内，窃得净瓶和扇子。将老魔装入净瓶，太上老君说受观音之托，让童子化为两位妖魔考验唐僧师徒。二童子复活归天。

第三十六回　心猿正处诸缘伏　劈破傍门见月明

来到一座破寺，师徒四人在庭院赏月。唐僧思乡，悟空以月为喻，为其点明“见佛空易，返故田亦易”之理，唐僧解悟，满心欢喜。八戒、沙僧观月，于佛理亦各有所得。

第三十七回　鬼王夜谒唐三藏　悟空神化引婴儿

唐僧梦到一人前来，自称是此地乌鸡国国王，三年前被一道士推入御花园井中害死，道士变为国王篡位。又交给唐僧一玉珪，作为告知亲生太子的表记。唐僧从梦中惊醒，但阶下却真有一玉珪。悟空变为白兔，将出城打猎的太子引入寺中。又变成一矮人为太子言明其父王事，并请他回去向母验证。

第三十八回　婴儿问母知邪正　金木参玄见假真

母后和太子经过对证，确认现今君王为妖所变。悟空八戒来到御花园，在芭蕉树下找到已被掩埋的井。八戒下井，得国王尸身，背回寺中。并挑唆师父念紧箍咒逼悟空将死者医活。

第三十九回　一粒金丹天上得　三年故主世间生

悟空向太上老君索得一粒还魂丹，救活国王，假国王大恐，变为唐僧，但因不会念紧箍咒而被识破。文殊菩萨对悟空说，国王曾将自己在御水河中浸了三日，故派遣坐骑来浸国王三年，以报前恨。

第四十回　婴儿戏化禅心乱　猿马刀归木母空

红孩儿纵风将唐僧摄走。悟空得知红孩儿是自己五百年前结拜的兄长牛魔王之子，欲借此关系向他讨还师父。

第四十一回　心猿遭火败　木母被魔擒

红孩儿不信悟空所说，从口鼻中喷出烟火烧退悟空八戒。龙王弟兄被请来向红孩儿喷水，反使一身烟火的悟空几乎被激死。八戒去请观音，被那怪假扮观音，赚入洞内。

第四十二回　大圣殷勤拜南海　观音慈善缚红孩

悟空变做牛魔王被红孩儿问出破绽，纵筋斗云径投南海，请观音收服了红孩儿。

第四十三回　黑河妖孽擒僧去　西洋龙子捉鼍回

黑水河中妖怪变成船家，将乘船的唐僧、八戒摄去水底。沙僧潜水与那怪大战，不能获胜。悟空问罪于龙王。龙王命太子摩昂前去收服。

第四十四回　法身元运逢车力　心正妖邪度脊关

行至车迟国。国王兴道灭佛，僧人都被罚做苦工。悟空监工道士，放走诸僧，又叫醒八戒、沙僧，鼓风吹散道士之会，推倒观内塑像，变为三清大吃供品。

第四十五回　三清观大圣留名　车迟国猴王显法

众道士将三人当作降临的三清祈拜，以求圣水。三人将尿施与，纵云而回。三大仙向国王奏说悟空等打死道士、冒充三清事。国王命唐僧等与三大仙赌赛求雨。虎力大仙先登坛弄法，招来风、云、雾诸神和四海龙王，被悟空使法力阻住，无雨降下。悟空登坛，风雷大作，暴雨倾盆。

第四十六回　外道弄强欺正法　心猿显圣灭诸邪

虎力与唐僧各在一高台上坐禅。虎力变出臭虫咬唐僧，悟空变成蜈蚣叮虎力大仙，使他跌下；赌猜柜中之物，赌砍头剖腹油锅洗澡等：由于悟空使计，三大仙皆输。

第四十七回　圣僧夜阻通天水　金木垂慈救小童

前方到八百里的通天河。四人夜宿在河边村里一老者家，听说此地有一灵感大王，惯施甘雨，唯每年需吃一对童男女，今年轮到吃自已之女与其弟之子。悟空变童男，让八戒变童女，在庙里等候那妖。

第四十八回　魔弄寒风飘大雪　僧思拜佛履层冰

那怪被八戒举钯筑下两片鱼鳞，逃回水宫。妖怪冻结河面。诱唐僧踏冰过河，使其落入水中。被藏于宫后石匣内。八戒、沙僧、白马和悟空会齐，返回村庄。

第四十九回　三藏有灾沉水宅　观音救难现鱼篮

八戒、沙僧将怪引出水面，悟空抡棒便打，那怪潜入水中不出。观音被悟空请来，收服妖怪，言明那怪是自己池中金鱼走脱成精。河中老鼋驮唐僧师徒过河，并托唐僧去西天问佛祖自己将来之事。

第五十回　情乱性从因爱欲　神昏心动遇魔头

悟空以金箍棒画一阻妖之圈，让唐僧等坐在圈内，便去化斋。唐僧三人不耐等候，遂出圈行至前方人家，误入独角兕大王之魔洞。悟空忙赶去与魔交战，却被那魔抛出一个圈子，将金箍棒套去。

第五十一回　心猿空用千般计　水火无功难炼魔

悟空上天查访那怪来历无果，先后请来托塔天王父子、火神、黄河神等助战，皆未取胜。悟空发怒，以毫毛变出三五十小猴，又被套走，悟空变苍蝇飞入洞，拿起金箍棒一路打了出去。

第五十二回　悟空大闹金岘洞　如来暗示主人公

悟空变成促织入洞，拿了诸神被套去的兵器出来，又被那怪使圈子套走。如来佛遣十八罗汉来，亦斗怪不过。一罗法言，如来曾示意去问太上老君降怪之法。悟空请来老君，用芭蕉扇扇出那怪原相，原来是老君坐骑青牛，其圈为老君的金刚琢。

第五十三回　禅主吞餐怀鬼孕　黄婆运水解邪胎

唐僧和八戒饮了河水而怀胎。悟空往索落胎泉水，如意真仙因其侄红孩儿被悟空而降生恨。悟空教沙僧趁自己诱开真仙之机，取走泉水。唐僧八戒饮水解胎。

第五十四回　法性西来逢女国　心猿定计脱烟花

到都城城关，一行人被女官接入馆驿，女王欲招唐僧为夫。悟空让唐僧假意应承。四人入城，女王在宫中设宴款待，宴后，倒换关文，差三徒前往西天。唐僧邀女王同乘龙车出城为三徒送行，趁机与三徒共投西方，路旁忽闪出一女，弄风摄走唐僧。

第五十五回　色邪淫戏唐三藏　性正修持不坏身

三徒赶至一座高山，见山中有洞。悟空变蜂入一山洞，正逢女妖挑逗唐僧，与怪相斗，被螫头部。八戒被螫了嘴。观音让悟空请天神昴日星官，治好八戒、悟空之伤，又现出大雄鸡原身，吓死那怪，原来是一母蝎成精。

第五十六回　神狂诛草寇　道昧放心猿

唐僧被一伙强盗吊在树上，悟空救下唐僧，打死二人。当晚投宿一老者家，老者之子引来强盗，欲谋财报仇。老者报信，师徒走脱，强盗追来，被悟空打得非死即伤，老者之子亦被打死，唐僧大惊，念起紧箍咒，使悟空疼痛难忍，又赶走了他。

第五十七回　真行者落伽山诉苦　假猴王水帘洞誊文

悟空去见观音被留。假悟空打倒唐僧，抢去包袱。在花果山念包袱内的文牒，并声言自己将去西天取经，沙僧见了，去南海拜见观音。忽见悟空在旁，于是掣杖便打，并向观音述说自己所见。观音遣悟空沙僧同去花果山。

第五十八回　二心搅乱大乾坤　一体难修真寂灭

悟空见假悟空而发怒，两个舞棒在空中恶战，真假难辨。如来认出假悟空是六耳猕猴，使他现了原身，悟空一棒将其打死。又被观音送回唐僧处。

第五十九回　唐三藏路阻火焰山　孙行者一调芭蕉扇

前方火焰山挡路，悟空向牛魔王妻罗刹女借扇，罗刹女因其子红孩儿被悟空降伏，一扇悟空扇到五万里外的灵吉菩萨处。悟空得到定风丹再到索战，被扇不动；接着变成虫子入洞，飞到茶水中，被罗刹女饮下肚，在腹内翻腾。罗刹女只得将扇借给悟空。悟空扇火不熄，方知假扇。

第六十回　牛魔王罢战赴华筵　孙行者二调芭蕉扇

悟空到积雷山找到入赘玉面公主的牛魔王借扇；牛魔王被请走赴宴。悟空偷了牛魔王坐骑金睛兽，变成牛魔王到芭蕉洞，骗得真扇，依罗刹女所教之法将扇变大，却不会变小。牛魔王失金睛兽，忙赶回芭蕉洞。

第六十一回　猪八戒助力败魔王　孙行者三调芭蕉扇

牛魔王变成八戒，接过宝扇，现出本相与悟空相斗。在众护法神将帮助下，牛魔王败走。诸金刚与天兵天将，将牛魔王收服。悟空用罗刹女交出的宝扇扇熄山火，师徒翻越火焰山。

第六十二回　涤垢洗心惟扫塔　缚魔归正乃修身

四人随披枷戴锁的和尚们来到金光寺。悟空得知国宝舍利为龙王驸马九头虫所盗，受国王之托前去擒妖取宝。

第六十三回　二僧荡怪闹龙宫　群圣除邪获宝贝

那妖怪是一个九头巨鸟。悟空在二郎神与梅山六圣帮助下，斗败那妖，骗得塔宝。

第六十四回　荆棘岭悟能努力　木仙庵三藏谈诗

八戒开路行至荆棘岭上，被一自称荆棘岭土地的老者，化作阴风将唐僧摄去。那老者同另外三老者是柏、桧、竹、松之精。四老扬道，唐僧主佛。杏仙女前来要与唐僧匹偶。众徒寻来，树精化为树木。八戒将诸树筑倒。

第六十五回　妖邪假设小雷音　四众皆遭大厄难

唐僧进“雷音寺”拜佛，和悟空、八戒、沙僧一起被合在金铙之内，揭谛上天请来星神，亢金龙用角沿铙缝钻入，救出悟空。悟空打碎金铙，老妖忙用褡包将众神尽皆装入。夜半，悟空放出师父，师弟与诸神。那妖追出，又装去唐僧师徒与众神。悟空走脱，去请武当山真武大帝来搭救。

第六十六回　诸神遭毒手　弥勒缚妖魔

真武派出的五龙、龟蛇及盱眙山小张太子和四大神将，将妖魔装入褡包。悟空正凄惨时，弥勒佛忽然降临，称那怪是自己司磬的黄眉童成精。悟空依弥勒计钻入那怪腹内翻腾摆布。弥勒将怪装入袋内。

第六十七回　拯救驼罗禅性稳　脱离秽污道心清

七绝山一蟒成精作怪，悟空乘其张口来吞，借势钻入其腹，将金箍棒从背上搠出，那怪死于土中。八戒现成巨猪，沿稀柿衕一路拱去，唐僧一行翻越七绝山。

第六十八回　朱紫国唐僧论前世　孙行者施为三折肱

师徒一行入朱紫国。国王患病求医。众官依八戒之言请悟空上朝给国王治病。

第六十九回　心主夜间修药物　君主筵上论妖邪

国王被悟空医好病，说出病根是因三年前端午，麒麟山妖精赛太岁掠走皇后金圣所致，说话间妖怪骤临，悟空让八戒、沙僧在此护持，自己急纵祥云，跳将上去。

第七十回　妖魔宝放烟沙火　悟空计盗紫金铃

悟空打跑赛太岁派来的先锋，打死了去朱紫国下战书的小妖，携其尸回国。国王把皇后曾戴的黄金串交给悟空作为表记。悟空变成被打死的小妖进山入洞交差，将宝串交给皇后，并托她将那怪放烟、沙、火的三个金铃骗来，刚要盗走，惊动那怪，只好丢下金铃，变成苍蝇藏身。

第七十一回　行者假名降怪犼　观音现象伏妖王

悟空使计骗得妖怪金铃，溜出洞外挑战，引出那怪，用铃摇出烟、沙、火，使那怪走投无路。观音洒甘露救火，并言此怪是自己坐骑金毛犼，因报国王射伤孔雀大明王菩萨子女之恨，来此拆散国王鸾凤。

第七十二回　盘丝洞七情迷本　濯垢泉八戒忘形

盘丝洞中七女妖把进来化斋的唐僧吊上房梁，又从脐冒出丝绳，将庄门漫住。悟空变苍蝇见七女在庵旁温泉洗浴，遂变饿鹰，叼走其衣。八戒下水变成鲇鱼乱钻，然后现出本相，举钯便筑。众女盘丝绊倒八戒回洞。悟空用毫毛变众鸟，灭了守洞毒虫，救出唐僧，七女已走脱。

第七十三回　情因旧恨生灾毒　心主遭魔幸破光

七女妖去师兄道观避难，见唐僧等来，暗请道士为己报仇。道士以毒茶毒死唐僧、八戒和沙僧。悟空撞破蛛网，打死七女妖的原身大蜘蛛。那道士两胁下千眼齐放金光，罩住悟空。悟空与之相斗，根据黎山老母所说，请来毗蓝婆菩萨，用金针破金光，入观救活唐僧三人，又将道士现出的原身大蜈蚣带走。

第七十四回　长庚传报魔头狠　行者施为变化能

太白金星来说山中三位魔王很神通。悟空变成一小妖声言孙悟空要来打死众妖。众妖魂飞魄散，哄然而去。

第七十五回　心猿钻透阴阳窍　魔王还归大道真

悟空进洞，见狮怪、象怪和鹏怪，但不慎被鹏怪看破捆翻，装入宝瓶。瓶内相继出现烈火、蛇和火龙，他忙拔下观音赐给的救命毫毛变成钻子钻透瓶底钻出，被狮怪张嘴吞下。狮怪饮药酒欲毒死悟空。悟空饮酒后撒起酒疯，将狮怪折磨得死去活来。

第七十六回　心神居舍魔归性　木母同降怪体真

悟空迫使狮怪答应送唐僧过山。象怪拦住，以鼻卷去八戒，卷住悟空。悟空以棒捅其鼻孔而被摔放，又拿住象鼻将其牵回，迫他答应让唐僧过路。三魔定计，在前面城市拦住三徒大战，众小妖趁机将唐僧抢入城内。

第七十七回　群魔欺本性　一体拜真如

八戒被怪咬住，沙僧被象卷住，悟空纵筋斗云欲走，被鹏怪飞上抓住。三怪将师徒入笼内蒸时，悟空脱身，救出唐僧等，却被魔头察觉，又将唐僧等人捉回。悟空拜请如来，如来令文殊、普贤二菩萨分别收服自己的坐骑青狮和白象。如来使鹏怪落在自己头上，现了原身。

第七十八回　比丘怜子遣阴神　金殿识魔谈道德

师徒四人途径比丘国，发现家家门前都放着一个装有小孩的鹅笼。驿丞说，国王贪爱道士献来的美女而身染重病，又听道士之言，欲以一千余小儿心肝为药引治病延寿。悟空识得那道士是妖邪，令诸神将鹅笼藏起。那道士得知做药引的儿童全被风刮走，又跟国王说唐僧心肝强过一千小儿的心肝。悟空为救唐僧，将其变成自己的模样，自己变做唐僧的嘴脸进宫面圣。

第七十九回　寻洞擒妖逢老寿　当朝正主救婴儿

比丘王向假唐僧寻求黑心肝做药引，假唐僧将自己的胸腹剖开，滚出一堆心来，唯缺道士所要的黑心，而后现出本相，说要掏国丈的黑心做药引，国丈急忙逃跑。后国王道出原委，悟空得土地指点找寻妖处柳林坡清华庄，妖怪再败，投东而走。此时，南极寿星来了，用寒光罩住妖怪，给悟空说妖怪是他的脚力，趁他下棋时溜走，本相是白鹿。悟空打死化为美女的白面狐狸，回城令诸神送归小儿。国王吃了南极寿星赠送的枣儿，顿觉病愈。国王叫城里人把各自小孩领回家，全城百姓感谢唐僧师徒。

第八十回　姹女育阳求配偶　心猿护主识妖邪

悟空见山中黑松林内有黑邪之气，劝唐僧不要救被绑在树上的妖女，唐僧不听，带女子到禅林寺。寺中老喇嘛请师徒入内，并引出七八十个小喇嘛相见。

第八十一回　镇海寺心猿知怪　黑松林三众寻师

悟空听众僧说有妖魔在此伤人，夜间变成一小僧，一位美女来引诱，他现出原身，抡棒就打。那女子摄走唐僧。山神、土地跪告陷空山无底洞中之妖摄去唐僧。悟空让八戒入山探路。

第八十二回　姹女求阳　元神护道

八戒探明那妖与唐僧晚间成亲。唐僧用悟空之计，邀那怪入后花园，摘下悟空所变红桃奉与妖怪。悟空入肚，迫使那怪送唐僧出洞。

第八十三回　心猿识得丹头　姹女还归本性

那怪出洞变作花鞋为替身敌住三徒，复摄唐僧入洞。悟空发现那怪供奉的父兄托塔天王与哪吒牌位，不禁大喜，执牌位上天，先向玉帝告天王纵女精害人罪，又随金星到天王府。天王父子随悟空下天界。那怪是曾被天王父子降伏，拜为父的鼠精。见到哪吒，磕头求命。

第八十四回　难灭伽持圆大觉　法王成正体天然

灭法国国王专嗜杀僧。悟空趁夜纵云入城，变成灯蛾飞入一客店，拿走众客衣服，复驾云出城。师徒乔装至客店，睡在大木柜内。店内伙计听悟空说带有许多银两，伙同贼盗，将大柜抬出城去。官兵夺回大柜。悟空变出小悟空，将国王、嫔妃及众官均剃成光头。

第八十五回　心猿妒木母　魔主计吞禅

君臣表示不再杀戮和尚。师徒从柜中跳出，倒换关文。行至一座高山，八戒与妖怪相斗而取胜，那怪以三小妖变成自己替身，敌住三徒，自己趁机抓去唐僧，悟空见师父被抓，不由大惊。

第八十六回　木母助威征怪物　金公施法灭妖邪

八戒将妖洞之门筑破。妖怪抛出树根做成的唐僧头，被悟空识破。又抛出真人头，骗过三徒。悟空、八戒决心报仇，与那怪相战。悟突变成瞌睡虫，使众妖睡倒，又去后园解下师父再次入洞将怪绑出。八戒一钯将其筑死，原来是一豹精。

第八十七回　凤仙郡冒天止雨　孙大圣劝善施霖

凤仙郡郡官张榜悬赏，祈雨除久旱。原来郡侯不敬天，故被降灾。悟空劝郡侯归佛教，上天径访九天应元天尊，借来雷、电、雨诸神，降雨三尺。郡侯为四众建生祠。

第八十八回　禅到玉华施法会　心猿木母授门人

到天竺国玉华城，三徒为三个前来寻衅的王子演示身手，使他们折服。玉华王恳请悟空三人收三子为徒，并借三人兵器为王子依样制作。三兵器在厂坊夜放异彩，被附近虎口洞妖怪看见摄走。

第八十九回　黄狮精虚设钉钯宴　金木土计闹豹头山

悟空入山侦知妖王欲买猪羊祝得到兵器，与八戒变成二小妖，让沙僧扮作贩猪羊者，三人进入洞中，各抓兵器，边打边走。妖王黄狮怪至竹节山盘桓洞其祖翁九头狮处告急。祖翁率众狮怪来城。

第九十回　师狮授受同归一　盗道缠禅静九灵

九头狮噙走唐僧和玉华王父子，叼上八戒。悟空也被叼入洞中。悟空打死看守的小妖走脱，又根据土地所说，访九头狮之主太乙天尊。天尊降了九头狮。王子随悟空三人习武。

第九十一回　金平府元夜观灯　玄英洞唐僧供状

师徒入金平府城慈云寺宿下，又随寺僧入城看灯。空中忽现妖怪所变的三尊佛身，将唐僧摄走。悟空斗不过三怪，对八戒、沙僧言说那三怪似是三头犀牛成精。

第九十二回　三僧大战青龙山　四星挟捉犀牛怪

八戒、沙僧相继被擒。悟空上天请来角木蛟、斗木獬、奎木狼与井木犴四星降妖，三妖落荒而逃。直至西洋大海。龙太子拿了一犀，井星现出原身，咬死一犀，众神又捉一犀。

第九十三回　给孤园问古谈今　天竺国朝王遇偶

前行到布金禅寺。寺僧道：此即是当年给孤独长者请佛讲经，金砖布地的祇园。入夜，寺主言去年风刮来一自称天竺国公主之女子入寺至今，并托唐僧去国中打听。次日，师徒入城，一妖变成的公主正投绣球选驸马，击中唐僧。

第九十四回　四僧宴乐御花园　一怪空怀情欲喜

国王降旨，让唐僧师徒先去御花园安歇用斋。至婚日，悟空让唐僧应承婚事。国王在关文上画押用印，打发三徒回驿馆。悟空变成蜜蜂，飞入朝中，落在唐僧帽上。

第九十五回　假合真形擒玉兔　真阴归正会灵元

公主为妖邪所变，因敌不过悟空，钻入山洞，被悟空寻见。太阴星君称那是月宫中玉兔，将其带回。国王传旨绘下唐僧四人真容供养。

第九十六回　寇员外喜待高僧　唐长老不图富贵

师徒又入一城，前往性喜斋僧的寇员外家。唐僧帮助寇员外做满了斋僧一万的圆满道场，寇员外为唐僧师徒送行，大哭而返。

第九十七回　金酬外护遭魔蛰　圣显幽魂救本原

强盗夜入寇家踢死员外。其妻与子赴官府诬告唐僧一行。悟空缚那伙强盗。师徒欲将财物送还寇家，却被官兵押入城中。至五更时，悟空变蜢虫飞入寇家，叮在棺材上假冒员外之魂说话，让其妻撤回诉状；又飞入刺史住宅，冒充其伯考之魂，令释放唐僧一行。天明时，从半空里伸下一只脚，将县堂踊满，令众官立即放出唐僧。师徒被释，悟空径闯森罗殿索回寇员外魂，使其死而复生。

第九十八回　猿熟马驯方脱壳　功成行满见真知

到玉真观，受到金顶大仙迎接。次早，四众登灵山。逢大河，唐僧失足落水，凡体肉胎脱下成为水中一尸。一行上山直至如来佛之雷音寺，拜见如来。阿傩、迦叶奉如来命去检取佛经，但趁机索取礼物，唐僧未备，拿到无字经书。唐僧再来求佛，阿傩、迦叶得到唐僧的紫金钵后，方传真经。

第九十九回　九九数完魔灭尽　三三行满道归根

观音菩萨查僧所受之灾，见距九九八十一之数尚缺其一，故令揭谛再生一难。遣送四众的八大金刚接到观音法旨，遂使腾云的四众坠落于通天河西岸。老鼋驮四众渡河，但因唐僧忘记向如来问他所托之事而将师徒四人和马匹抛在水中。诸阴魔兴风作雨欲夺经而未成功。天明后，庄上人见唐僧师徒归来盛情款待。夜至三更，师徒离去。

第一百回　径回东士　五圣成真

四众回到长安，受到唐太宗和众官欢迎。次日，太宗升朝，作《圣教序》以谢唐僧取经之功，又纳萧瑀之议，请唐僧去雁塔寺演诵经法。唐僧捧经登台，忽听八大金刚召唤，便腾空而去西天。如来授唐僧为旃檀功德佛；孙悟空为斗战胜佛；猪八戒为净坛使者；沙僧为金身罗汉；白龙马为八部天龙马。

七、片段赏析

1. 这大圣一条棒，抵住了四大天王与李托塔，哪吒太子，俱在半空中，杀够多时，大圣见天色将晚，既拔毫毛一把，丢在口中，嚼碎了，喷将出去，叫声“变!”就变了千百个大圣，都使的是金箍棒，打退了哪吒太子，战败了五个天王。

【赏析】这段写出了孙悟空英勇善战，打退了哪吒太子和五个天王。

2. 大圣行时，忽见有五根肉红柱子，撑着一股青气。他道：“此间乃尽头路了。这番回去，如来作证，灵霄宫定是我坐也。”又思量说：“且住！等我留下些记号，方好与如来说话。”拔下一根毫毛，吹口仙气，叫“变!”变做一管浓墨双毫笔，在那中间柱子上写一行大字云：“齐天大圣，到此一游。”写毕，收了毫毛。又不庄尊，却在第一根柱子下撒了一泡猴尿。

【赏析】这段话写出了孙悟空的自以为是，也表现了他淘气、可爱的本性。

3. 这菩萨近前来，拍着宝台，厉声高叫道：“那和尚，你只会谈‘小乘教法’，可会谈‘大乘教法’么?”玄奘闻言，心中大喜，翻身下台来，对菩萨起手道：“老师父，弟子失瞻，多罪。见前的盖众僧人，都讲的是‘小乘教法’，却不知‘大乘教法’如何。”

【赏析】这一段表现了玄奘谦虚，尊重老者的性格特点。

4. 众僧们灯下议论佛门定旨上西天取经的原由。有的说水远山高，有的说路多虎豹，有的说峻岭陡崖难度，有的说毒魔恶怪难降。三藏箝口不言，单一手指自心，点头几度。众僧们莫解其意，合掌请问道：“法师指心点头者，何也?”三藏答曰：“心生，种种魔生；心灭，种种魔灭。我弟子曾在化生寺对佛设下洪誓大愿，不由我不尽此心。这一去，定要到西天，见佛求经，使我们法轮回转，愿圣主皇图永固。”

【赏析】这段话说明了哪怕水远山高，路多虎豹，峻岭陡崖难度，毒魔恶怪难降，三藏去西天取经的想法都很坚定，是不可动摇的。

5. 势镇汪洋，威宁瑶海。势镇汪洋，潮涌银山鱼入穴；威宁瑶海，波翻雪浪蜃离渊。水火方隅高积土，东海之处耸崇巅。丹崖怪石，削壁奇峰。丹崖上，彩凤双鸣；削壁前，麒麟独卧。峰头时听锦鸡鸣，石窟每观龙出入。林中有寿鹿仙狐，树上有灵禽玄鹤。瑶草奇花不谢，青松翠柏长春。仙桃常结果，修竹每留云。一条涧壑藤萝密，四面原堤草色新。正是百川会处擎天柱，万劫无移大地根。

【赏析】长短句结合，一路对偶下来，让人叹服作者高超的语言驾驭能力。字里行间，现出一个美丽神奇、钟灵毓秀的花果山来。

经典演练

一、填空题

1. 《西游记》，长篇________体小说，是我国________中成就最高、最受读者喜爱的一部，但这部作品并非全无依傍，它有着历史真实的影子，即唐贞观年间____________的事件。

2. 《西游记》的作者是________，字________，号________，________代人。

3. 全书________回，基本由两个故事组成，第 1 至 7 回，写孙悟空出世至________，表现的是孙悟空对自由的无限追求和斗争最终失败的悲剧，体现出了人性的自由本质与现实生活的约束的矛盾处境。第 8 至________回总写唐僧师徒历经________难，去西天大雷音寺取经，蕴含着__________________________的人生真谛。
4. 全书共分三大部分：前 7 回写________的故事，是全书的精华部分，表现孙悟空的反抗精神；8 ~ 12 回写__________的来历、魏征斩蛇、唐太宗入冥府，交代取经的缘起；第 13 ~ 100 回写____。
5. 《西游记》中所写天下所分的四大洲分别是：____________，______________，_______________，___________________。
6. 孙悟空的第一个师傅是____________，它的兵器原是大禹治水的____________，又唤______________，大闹天宫后被如来佛祖压在__________. 后皈依佛门，唐僧为他取名____________。为西天取经立下汗马功劳，后被封为____________。
7. 猪八戒又叫__________，原为管理天河水兵的__________，获罪下凡，误投猪胎，曾占__________________为妖，后经菩萨点化，保唐僧取经，得成正果，封为__________。
8. 沙僧也叫________，原为天宫中的____________，被贬下界，在__________为妖，后保唐僧取经，得成正果，封为________________。
9. 白龙马原是____________之三太子小白龙，因违逆父命被囚鹰愁涧，后化作白马驮负唐僧取经，被封为____________。后在化龙池中得复原身，盘绕在大雷音寺的_______________上。
10. “东胜神洲海外有一国土，名曰傲来国。海中有一名山，山上有一仙石，受日月精华，遂有灵通之意。内遇仙胎，一日迸裂，……”这段文字出自四大名著之一的《________》，本书中你最喜欢的一个情节是：________________。
11. 《西游记》中孙悟空从菩提祖师处学到________、________等神通，又从龙宫索取________作为兵器，因大闹天宫被________压在五行山下，受苦五百年，后受________规劝皈依佛门，给唐僧做了大徒弟，取名________。
12. 在护送唐僧去西天取经途中，机智灵活、疾恶如仇的是________；憨态可掬、好耍小聪明的是________，法名是________；忠诚老实、勤勤恳恳的是________。
13. 《西游记》中有许多脍炙人口的故事，如三打________、大闹________、真假________、三借________等。
14. 古典文学名著《西游记》中，孙悟空最具有反抗精神的故事情节是：________。
15. 《西游记》全书共________回，孙悟空自号________。
16. 请写出《西游记》中你印象最深的一个回目的题目：第________回______________________________________。

二、简答题

1. 谈谈你对这部小说所反映的主题的理解。

2. 结合相关情节，说说孙悟空的性格特点。

3. 结合具体情节说说唐僧的性格特点。

4. 分别简述沙僧、猪八戒的性格特点。

三、重点情节阅读

【情节一】

美猴王一见，倒身下拜，磕头不计其数，口中只道："师父，师父！我弟子志心朝礼！志心朝礼！"祖师道："你是那方人氏？且说个乡贯姓名明白，再拜。"猴王道："弟子乃东胜神洲傲来国花果山水帘洞人氏。"祖师喝令："赶出去！他本是个撒诈捣虚之徒，那里修什么道果！"猴王慌忙磕头不住道："弟子是老实之言，决无虚诈。"祖师道："你既老实，怎么说东胜神洲？那去处到我这里，隔两重大海，一座南赡部洲，如何就得到此？"猴王叩头道："弟子飘洋过海，登界游方，有十数个年头，方才访到此处。"祖师道："既是逐渐行来的也罢。你姓什么？"猴王又道："我无性。人若骂我，我也不恼，若打我，我也不嗔，只是陪个礼儿就罢了，一生无性。"祖师道："不是这个性。你父母原来姓什么？"猴王道："我也无父母。"祖师道："既无父母，想是树上生的？"猴王道："我虽不是树上生，却是石里长的。我只记得花果山上有一块仙石，其年石破，我便生也。"祖师闻言暗喜，道："这等说，却是个天地生成的，你起来走走我看。"猴王纵身跳起，拐呀拐的走了两遍。

祖师笑道："你身躯虽是鄙陋，却像个食松果的猢狲。我与你就身上取个姓氏，意思教你姓'猢'。猢字去了个兽旁，乃是个古月。古者，老也；月者，阴也。老阴不能化育，教你姓'狲'倒好。狲字去了兽旁，乃是个子系。子者，儿男也，系者，婴细也，正合婴儿之本论，教你姓'孙'罢。"猴王听说，满心欢喜，朝上叩头道："好，好，好！今日方知姓也。万望师父慈悲，既然有姓，再乞赐个名字，却好呼唤。"祖师道："我门中有十二个字，分派起名，到你乃第十辈之小徒矣。"猴王道："那十二个字？"祖师道："乃'广、大、智、慧、真、如、性、海、颖、悟、圆、觉'十二字。排到你，正当'悟'字。与你起个法名叫做'孙悟空'，好么？"猴王笑道："好，好，好！自今就叫做孙悟空也！"（第一回）

1. 选文出自我国古典文学名著____________，作者是明代小说家____________。
2. 美猴王从东胜神洲经过南赡部洲，来到西牛贺洲拜师学艺，体现了美猴王哪些优秀的品质？

3. 孙悟空的师傅叫什么，他为什么给美猴王起名叫"孙悟空"？

【情节二】

东海龙王敖广即忙起身，与龙子、龙孙、虾兵、蟹将出宫迎道：“上仙请进，请进！”直至宫里相见，上坐献茶毕，问道：“上仙几时得道，授何仙术？”悟空道：“我自生身之后，出家修行，得一个无生无灭之体。近因教演儿孙，守护山洞，奈何没件兵器。久闻贤邻享乐瑶宫贝阙，必有多余神器，特来告求一件。”龙王见说，不好推辞，即着鳜都司取出一把大捍刀奉上。悟空道：“老孙不会使刀，乞另赐一件。”龙王又着鲌太尉，领鳝力士，抬出一捍九股叉来。悟空跳下来，接在手中，使了一路，放下道：“轻，轻，轻！又不趁手！再乞另赐一件。”龙王笑道：“上仙，你不曾看这叉，有三千六百斤重哩！”悟空道：“不趁手，不趁手！”龙王心中恐惧，又着鳊提督、鲤总兵抬出一柄画杆方天戟。那戟有七千二百斤重。悟空见了，跑近前接在手中，丢几个架子，撒两个解数，插在中间道：“也还轻，轻，轻！”老龙王一发害怕道：“上仙，我宫中只有这根戟重，再没甚么兵器了。”悟空笑道：“古人云，愁海龙王没宝哩！你再去寻寻看。若有可意的，一一奉价。”龙王道：“委的再无。”

正说处，后面闪过龙婆、龙女道：“大王，观看此圣，决非小可。我们这海藏中那一块天河定底的神珍铁，这几日霞光艳艳，瑞气腾腾，敢莫是该出现，遇此圣也？”龙王道：“那是大禹治水之时，定江海浅深的一个定子，是一块神铁，能中何用？”龙婆道：“莫管他用不用，且送与他，凭他怎么改造，送出宫门便了。”老龙王依言，尽向悟空说了。悟空道：“拿出来我看。”龙王摇手道：“扛不动，抬不动！须上仙亲去看看。”悟空道：“在何处？你引我去。”龙王果引导至海藏中间，忽见金光万道。龙王指定道：“那放光的便是。”悟空撩衣上前，摸了一把，乃是一根铁柱子，约有斗来粗，二丈有余长。他尽力两手挝过道：“忒粗忒长些，再短细些方可用。”说毕，那宝贝就短了几尺，细了一围。悟空又颠一颠道：“再细些更好。”那宝贝真个又细了几分。悟空十分欢喜，拿出海藏看时，原来两头是两个金箍，中间乃一段乌铁，紧挨箍有镌成的一行字，唤做“如意金箍棒”，重一万三千五百斤。心中暗喜道：“想必这宝贝如人意！”一边走，一边心思口念，手颠着道：“再短细些更妙！”拿出外面，只有丈二长短，碗口粗细。你看他弄神通，丢开解数，打转水晶宫里，唬得老龙王胆战心惊，小龙子魂飞魄散，龟鳖鼋鼍皆缩颈，鱼虾鳌蟹尽藏头。

（第三回）

1. 选文出自我国古典文学名著《西游记》，作者是______（朝代）小说家吴承恩。小说中唐僧的三个徒弟的法号是__________、__________、__________。
2. 选文第一段，通过孙悟空和东海龙王的对话，表现了孙悟空的什么特点？

3. 俗话说，好马配好鞍，美猴王有七十二变这样的通天本领，就是没有一件如意的兵器，请结合选文简述孙悟空是怎样从敖广那里得到如意金箍棒的？

【情节三】

太白金星，领着美猴王，到于灵霄殿外。不等宣诏，直至御前，朝上礼拜。悟空挺身在旁，且不朝礼，但侧耳以听金星启奏。金星奏道："臣领圣旨，已宣妖仙到了。"玉帝垂帘问曰："那个是妖仙？"悟空却才躬身答道："老孙便是！"仙卿们都大惊失色道："这个野猴！怎么不拜伏参见，辄敢这等答应道：'老孙便是！'却该死了！该死了！"玉帝传旨道："那孙悟空乃下界妖仙，初得人身，不知朝礼，且姑恕罪。"众仙卿叫声"谢恩！"猴王却才朝上唱个大喏。玉帝宣文选武选仙卿，看那处少甚官职，着孙悟空去除授。旁边转过武曲星君，启奏道："天宫里各宫各殿，各方各处，都不少官，只是御马监缺个正堂管事。"玉帝传旨道："就除他做个'弼马温'罢。"众臣叫谢恩，他也只朝上唱个大喏。玉帝又差木德星君送他去御马监到任。

当时猴王欢欢喜喜，与木德星官径去到任。事毕，木德星官回宫。他在监里，会聚了监丞、监副、典簿、力士，大小官员人等，查明本监事务，止有天马千匹。

不觉的半月有余，一朝闲暇，众监官都安排酒席，一则与他接风，二则与他贺喜。正在欢饮之间，猴王忽停杯问曰："我这'弼马温'是个甚么官衔？"众曰："官名就是此了。"又问："此官是个几品？"众道："没有品从。"猴王道："没品，想是大之极也。"众道："不大，不大，只唤做'未入流'。"猴王道："怎么叫做'未入流'？"众道："末等。这样官儿，最低最小，只可与他看马。似堂尊到任之后，这等殷勤，喂得马肥，只落得道声'好'字，如稍有些尫羸，还要见责；再十分伤损，还要罚赎问罪。"猴王闻此，不觉心头火起，咬牙大怒道："这般藐视老孙！老孙在那花果山，称王称祖，怎么哄我来替他养马？养马者，乃后生小辈，下贱之役，岂是待我的？不做他！不做他！我将去也！"忽喇的一声，把公案推倒，耳中取出宝贝，幌一幌，碗来粗细，一路解数，直打出御马监，径至南天门。众天丁知他受了仙箓，乃是个弼马温，不敢阻当，让他打出天门去了。（第四回）

1. 选文中作者分别描写了凌霄殿内的仙卿和美猴王，他们各有什么特点？作者这样写的目的是什么？

2. 孙悟空在花果山自封齐天大圣，现在玉帝只着他做了个弼马温，他欢欢喜喜，而且把天马喂得膘肥体壮，这说明孙悟空怎样的特点？

3. 孙悟空来到天庭高高兴兴做了弼马温，后来为什么又打出南天门，大闹天宫？

【情节四】

悟空迎近前来问曰："你是谁家小哥？闯近吾门，有何事干？"哪吒喝道："泼妖猴！岂不认得我？我乃托塔天王三太子哪吒是也。今奉玉帝钦差，至此捉你。"

悟空笑道："小太子，你的奶牙尚未退，胎毛尚未干，怎敢说这般大话？我且留你的性命，不打你。你只看我旌旗上是甚么字号，拜上玉帝：是这般官衔，再也不须动众，我自皈依；若是不遂我心，定要打上灵霄宝殿。”哪吒抬头看处，乃“齐天大圣”四字。哪吒道：“这妖猴能有多大神通，就敢称此名号！不要怕！吃吾一剑！”悟空道：“我只站下不动，任你砍几剑罢。”那哪吒奋怒，大喝一声，叫“变！”即变做三头六臂，恶狠狠，手持着六般兵器，乃是斩妖剑、砍妖刀、缚妖索、降妖杵、绣球儿、火轮儿，丫丫叉叉，扑面来打。悟空见了，心惊道：“这小哥倒也会弄些手段！莫无礼，看我神通！”好大圣，喝声“变”也变做三头六臂；把金箍棒幌一幌，也变作三条；六只手拿着三条棒架住。这场斗，真是个地动山摇，好杀也：

六臂哪吒太子，天生美石猴王，相逢真对手，正遇本源流。那一个蒙差来下界，这一个欺心闹斗牛。斩妖宝剑锋芒快，砍妖刀狠鬼神愁；缚妖索子如飞蟒，降妖大杵似狼头；火轮掣电烘烘艳，往往来来滚绣球。大圣三条如意棒，前遮后挡运机谋。苦争数合无高下，太子心中不肯休。把那六件兵器多教变，百千万亿照头丢。猴王不惧呵呵笑，铁棒翻腾自运筹。以一化千千化万，满空乱舞赛飞虬。唬得各洞妖王都闭户，遍山鬼怪尽藏头。神兵怒气云惨惨，金箍铁棒响飕飕。那壁厢，天丁呐喊人人怕；这壁厢，猴怪摇旗个个忧。发狠两家齐斗勇，不知那个刚强那个柔。三太子与悟空各骋神威，斗了个三十回合。那太子六般兵器，变做千千万万；孙悟空金箍棒，变作万万千千。半空中似雨点流星，不分胜负。原来悟空手疾眼快，正在那混乱之时，他拔下一根毫毛，叫声“变！”就变做他的本相，手挺着棒，演着哪吒；他的真身，却一纵，赶至哪吒脑后，着左膊上一棒打来。哪吒正使法间，听得棒头风响，急躲闪时，不能措手，被他着了一下，负痛逃走；收了法，把六件兵器，依旧归身，败阵而回。

（第四回）

1. 请写出一个哪吒的故事。

2. “悟空迎近前来问曰：‘你是谁家小哥？闯近吾门，有何事干？’”“悟空笑道：‘小太子，你的奶牙尚未退，胎毛尚未干，怎敢说这般大话？我且留你的性命，不打你。’”通过这两句话，你能看出孙悟空的什么特点？

3. “悟空见了，心惊道：‘这小哥倒也会弄些手段！莫无礼，看我神通！’”孙悟空和哪吒大战了三十回合，表现了孙悟空什么样的心理和特点？

【情节五】

那里铺设得齐齐整整，却还未有仙来。这大圣点看不尽，忽闻得一阵酒香扑鼻，急转头，见右壁厢长廊之下，有几个造酒的仙官，盘糟的力士，领几个运水的道人，烧火的童子，在那里洗缸刷瓮，已造成了玉液琼浆，香醪佳酿。大圣止不住口角流涎，就要去吃，奈何那些人都在这里，他就弄个神通，把毫毛拔下几根，丢入口中嚼碎，喷将出去，念声咒语，叫“变！”即变做几个瞌睡虫，奔在众人脸上。你看那伙人，手软头低，闭眉合眼，丢了执事，都去盹睡。大圣却拿了些百味八珍，佳肴异品，走入长廊里面，就着缸，挨着瓮，放开量，痛饮一番。吃勾了多时，酕醄醉了，自揣自摸道：“不好，不好！再过会，请的客来，却不怪我？一时拿住，怎生是好？不如早回府中睡去也。”好大圣，摇摇摆摆，仗着酒，任情乱撞，一会把路差了，不是齐天府，却是兜率天宫。一见了，顿然醒悟道：“兜率宫是三十三天之上，乃离恨天太上老君之处，如何错到此间？也罢，也罢！一向要来望此老，不曾得来，今趁此残步，就望他一望也好。”即整衣撞进去。那里不见老君，四无人迹。原来那老君与燃灯古佛在三层高阁朱陵丹台上讲道，众仙童、仙将、仙官、仙吏都侍立左右听讲。这大圣直至丹房里面，寻访不遇，但见丹灶之旁，炉中有火。炉左右安放着五个葫芦，葫芦里都是炼就的金丹。大圣喜道：“此物乃仙家之至宝。老孙自了道以来，识破了内外相同之理，也要炼些金丹济人，不期到家无暇。今日有缘，却又撞着此物，趁老子不在，等我吃他几丸尝新。”他就把那葫芦都倾出来，就都吃了，如吃炒豆相似。一时间丹满酒醒，又自己揣度道：“不好，不好！这场祸，比天还大，若惊动玉帝，性命难存。走，走，走！不如下界为王去也！”他就跑出兜率宫，不行旧路，从西天门，使个隐身法逃去。即按云头，回至花果山界。（第五回）

1. 选文共写了几件事？请用简洁的语言分别概括出来，并说一说体现了孙悟空怎样的性格特点。

2. 文中画线句子写出了孙悟空怎样的情态？这样写好在哪里？

3. 酒醒后孙悟空是如何认识自己的行为的？他的解决方法是什么？你认为他这样的做法能否解决问题，并说出自己的理由。

【情节六】

却说真君与大圣变做法天象地的规模，正斗时，大圣忽见本营中妖猴惊散，自觉心慌，收了法象，掣棒抽身就走。真君见他败走，大步赶上道：“那里走？趁早归降，饶你性命！”大圣不恋战，只情跑起。将近洞口，正撞着康、张、姚、李四太尉，郭申、直健二将军，一齐帅众挡住道：“泼猴，那里走！”大圣慌了手脚，就把金箍棒捏做绣花针，藏在耳内，摇身一变，变作个麻雀儿，飞在树梢头钉住。那六兄弟，慌慌张张，前后寻觅不见，一齐吆喝道：“走了这猴精也，走了这猴精也！”正嚷处，真君到了问：“兄弟们，赶到那厢不见了？”众神道：“才在这里围住，就不见了。”二郎圆睁凤目观看，见大圣变了麻雀儿，钉在树上，就收了法象，撇了神锋，卸下弹弓，摇身一变，变作个饿鹰儿，抖开翅，飞将去扑打。大圣见了，搜的一翅飞起去，变作一只大鹚老，冲天而去。二郎见了，急抖翎毛，摇身一变，变作一只大海鹤，钻上云霄来嗛。大圣又将身按下，入涧中，变作一个鱼儿，淬入水内。二郎赶至涧边，不见踪迹，心中暗想道：“这猢狲必然下水去也，定变作鱼虾之类。等我再变变拿他。”果一变变作个鱼鹰儿，飘荡在下溜头波面上。等待片时，那大圣变鱼儿，顺水正游，忽见一只飞禽，似青鹞，毛片不青；似鹭鸶，顶上无缨；似老鹳，腿又不红：“想是二郎变化了等我哩！”急转头，打个花就走。二郎看见道：“打花的鱼儿，似鲤鱼，尾巴不红；似鳜鱼，花鳞不见；似黑鱼，头上无星；似鲂鱼，鳃上无针。他怎么见了我就回去了，必然是那猴变的。”赶上来，刷的啄一嘴。那大圣就撺出水中，一变，变作一条水蛇，游近岸，钻入草中。二郎因嗛他不着，他见水响中，见一条蛇撺出去，认得是大圣，急转身，又变了一只朱绣顶的灰鹤，伸着一个长嘴，与一把尖头铁钳子相似，径来吃这水蛇。水蛇跳一跳，又变做一只花鸨，木木樗樗的，立在蓼汀之上。二郎见他变得低贱——花鸨乃鸟中至贱至淫之物，不拘鸾、凤、鹰、鸦都与交群，故此不去拢傍，即现原身，走将去，取过弹弓拽满，一弹子把他打个蹦踵。那大圣趁着机会，滚下山崖，伏在那里又变，变了一座土地庙儿，大张着口，似个庙门，牙齿变做门扇，舌头变做菩萨，眼睛变做窗棂。只有尾巴不好收拾，竖在后面，变做一根旗竿。真君赶到崖下，不见打倒的鸨鸟，只有一间小庙，急睁凤眼，仔细看之，见旗竿立在后面，笑道：“是这猢狲了！他今又在那里哄我。我也曾见庙宇，更不曾见一个旗竿竖在后面的。断是这畜生弄喧！他若哄我进去，他便一口咬住。我怎肯进去？等我掣拳先捣窗棂，后踢门扇！”大圣听得，心惊道：“好狠，好狠！门扇是我牙齿，窗棂是我眼睛。若打了牙，捣了眼，却怎么是好？”扑的一个虎跳，又冒在空中不见。（第六回）

1. 孙悟空和二郎真君真是棋逢对手，将遇良材，为什么孙悟空却先败下阵来？

2. 选文中哪一句话写出了大圣的急切之情？

3. 悟空变成土地庙时遇到了什么问题？这样设计情节有什么好处？

【情节七】

众将果退，大圣也收了法象，现出原身近前，怒气昂昂，厉声高叫道：“你是那方善士，敢来止住刀兵问我？”如来笑道：“我是西方极乐世界释迦牟尼尊者，南无阿弥陀佛。今闻你猖狂村野，屡反天宫，不知是何方生长，何年得道，为何这等暴横？”大圣道：“我本：天地生成灵混仙，花果山中一老猿。水帘洞里为家业，拜友寻师悟太玄。炼就长生多少法，学来变化广无边。因在凡间嫌地窄，立心端要住瑶天。灵霄宝殿非他久，历代人王有分传。强者为尊该让我，英雄只此敢争先。”

佛祖听言，呵呵冷笑道：“你那厮乃是个猴子成精，焉敢欺心，要夺玉皇上帝龙位？他自幼修持，苦历过一千七百五十劫。每劫该十二万九千六百年。你算，他该多少年数，方能享受此无极大道？你那个初世为人的畜生，如何出此大言！不当人子，不当人子！折了你的寿算！趁早皈依，切莫胡说！但恐遭了毒手，性命顷刻而休，可惜了你的本来面目！”大圣道：“他虽年劫修长，也不应久占在此。常言道：‘皇帝轮流做，明年到我家。’只教他搬出去，将天宫让与我，便罢了；若还不让，定要搅攘，永不清平！”佛祖道：“你除了长生变化之法，再有何能，敢占天宫胜境？”大圣道：“我的手段多哩！我有七十二般变化，万劫不老长生。会驾筋斗云，一纵十万八千里。如何坐不得天位？”佛祖道：“我与你打个赌赛：

你若有本事，一筋斗打出我这右手掌中，算你赢，再不用动刀兵苦争战，就请玉帝到西方居住，把天宫让你；若不能打出手掌，你还下界为妖，再修几劫，却来争吵。”

那大圣闻言，暗笑道：“这如来十分好呆！我老孙一筋斗去十万八千里。他那手掌，方圆不满一尺，如何跳不出去？”急发声道：“既如此说，你可做得主张？”佛祖道：“做得！做得！”伸开右手，却似个荷叶大小。那大圣收了如意棒，抖擞神威，将身一纵，站在佛祖手心里，却道声：“我出去也！”你看他一路云光，无影无形去了。佛祖慧眼观看，见那猴王风车子一般相似不住，只管前进。大圣行时，忽见有五根肉红柱子，撑着一股青气。他道：“此间乃尽头路了。这番回去，如来作证，灵霄宫定是我坐也。”又思量说：“且住！等我留下些记号，方好与如来说话。”拔下一根毫毛，吹口仙气，叫“变！”变作一管浓墨双毫笔，在那中间柱子上写一行大字云：“齐天大圣，到此一游。”写毕，收了毫毛。又不庄尊，却在第一根柱子根下撒了一泡猴尿。翻转筋斗云，径回本处，站在如来掌内道：“我已去，今来了。你教玉帝让天宫与我。”如来骂道：“我把你这个尿精猴子！你正好不曾离了我掌哩！”大圣道：“你是不知。我去到天尽头，见五根肉红柱，撑着一股青气，我留个记在那里，你敢和我同去看么！”如来道：“不消去，你只自低头看看。”那大圣睁圆火眼金睛，低头看时，原来佛祖右手中指写着“齐天大圣，到此一游”。大指丫里，还有些猴尿臊气，大圣吃了一惊道：“有这等事！有这等事！我将此字写在撑天柱子上，如何却在他手指上？莫非有个未卜先知的法术。我决不信！不信！等我再去来！”

好大圣，急纵身又要跳出，被佛祖翻掌一扑，把这猴王推出西天门外，将五指化作金木水火土五座联山，唤名“五行山”，轻轻的把他压住。众雷神与阿傩、迦叶一个个合掌称扬道：善哉！善哉！（第七回）

1. 大圣道：“他虽年劫修长，也不应久占在此。常言道：‘皇帝轮流做，明年到我家。’……”从这句话中可以看出孙悟空有着怎样的思想？

2. 从如来佛祖对孙悟空谈及玉皇大帝二亿二千六百八十万年的一千七百五十劫遭遇中，你得到了什么启示？

3. 孙悟空本想凭借着自己的本领和如来斗法，结果没有逃出如来的手掌心，这让我们懂得了什么道理？

【情节八】

那猴道：“这山顶上有我佛如来的金字压帖。你只上山去将帖儿揭起，我就出来了。”三藏依言，回头央浼刘伯钦道：“太保啊，我与你上出走一遭。”伯钦道：“不知真假何如！”那猴高叫道：“是真！决不敢虚谬！”伯钦只得呼唤家僮，牵了马匹。他却扶着三藏，复上高山，攀藤附葛，只行到那极巅之处，果然见金光万道，瑞气千条，有块四方大石，石上贴着一封皮，却是“唵、嘛、呢、叭、咪、吽”六个金字。三藏近前跪下，朝石头，看着金字，拜了几拜，望西祷祝道："弟子陈玄奘，特奉旨意求经，果有徒弟之分，揭得金字，救出神猴，同证灵山；若无徒弟之分，此辈是个凶顽怪物，哄赚弟子，不成吉庆，便揭不得起。"祝罢，又拜。拜毕，上前将六个金字轻轻揭下。只闻得一阵香风，劈手把"压帖儿"刮在空中，叫道："吾乃监押大圣者。今日他的难满，吾等回见如来，缴此封皮去也。"吓得个三藏与伯钦一行人，望空礼拜。径下高山，又至石匣边，对那猴道："揭了压帖矣，你出来么。"那猴欢喜，叫道："师父，你请走开些，我好出来，莫惊了你。"伯钦听说，领着三藏，一行人回东即走。走了五七里远近，又听得那猴高叫道："再走！再走！"三藏又行了许远，下了山，只闻得一声响亮，真个是地裂山崩。众人尽皆悚惧，只见那猴早到了三藏的马前，赤淋淋跪下，道声"师父，我出来也！"对三藏拜了四拜，急起身，与伯钦唱个大喏道："有劳大哥送我师父，又承大哥替我脸上薅草。"谢毕，就去收拾行李，扣背马匹。……

三藏见他意思，实有好心，真个象沙门中的人物，便叫："徒弟啊，你姓甚么？"猴王道："我姓孙。"三藏道："我与你起个法名，却好呼唤。"猴王道："不劳师父盛意，我原有个法名，叫做孙悟空。"三藏欢喜道："也正合我们的宗派。你这个模样，就象那小头陀一般，我再与你起个混名，称为行者，好么？"悟空道："好！好！好！"自此时又称为孙行者。

（第十四回）

1. 孙悟空自五行山下被救出后，"急起身，与伯钦唱个大喏道：'有劳大哥送我师父，又承大哥替我脸上薅草。'"这一细节描写说明了什么？表现出他怎样的特点？

2. 从文中唐僧的言行可以看出他是一个怎样的人？

3. "三藏见他意思，实在好心"，选文中的哪些内容表现出悟空的"好心"？

【情节九】

那怪道："你这猴子，我记得你闹天宫时，家住在东胜神洲傲来国花果山水帘洞里，到如今久不闻名，你怎么来到这里上门子欺我？莫敢是我丈人去那里请你来的？"行者道："你丈人不曾去请我。因是老孙改邪归正，弃道从僧，保护一个东土大唐驾下御弟，叫做三藏法师，往西天拜佛求经，路过高庄借宿，那高老儿因话说起，就请我救他女儿，拿你这馕糠的夯货！"那怪一闻此言，丢了钉钯，唱个大喏道："那取经人在那里？累烦你引见引见。"行者道："你要见他怎的？"那怪道："我本是观世音菩萨劝善，受了他的戒行，这里持斋把素，教我跟随那取经人往西天拜佛求经，将功折罪，还得正果。教我等他，这几年不闻消息。今日既是你与他做了徒弟，何不早说取经之事，只倚凶强，上门打我？"……

三藏净了手焚香，望南礼拜道："多蒙菩萨圣恩！"那几个老儿也一齐添香礼拜。拜罢，三藏上厅高坐，教："悟空放了他绳。"行者才把身抖了一抖，收上身来，其缚自解。那怪从新礼拜三藏，愿随西去。又与行者拜了，以先进者为兄，遂称行者为师兄。三藏道：“既从吾善果，要做徒弟，我与你起个法名，早晚好呼唤。”他道：“师父，我是菩萨已与我摩顶受戒，起了法名，叫做猪悟能也。”三藏笑道：“好！好！你师兄叫做悟空，你叫做悟能，其实是我法门中的宗派。”悟能道：“师父，我受了菩萨戒行，断了五荤三厌，在我丈人家持斋把素，更不曾动荤。今日见了师父，我开了斋罢。”三藏道：“不可！不可！你既是不吃五荤三厌，我再与你起个别名，唤为八戒。”那呆子欢欢喜喜道：“谨遵师命。”因此又叫做猪八戒。（第十九回）

1. 孙悟空和猪八戒的经历有哪些相似之处？

2. 请说一说猪八戒名字的由来。

3. 悟空与八戒受惩罚的原因分别是什么？

【情节十】

行者即纵筋斗云，径上南海。咦！那消半个时辰，早望见普陀山境。须臾间坠下筋斗，到紫竹林外，又只见那二十四路诸天，上前迎着道：“大圣何来？”行者道：“我师有难，特来谒见菩萨。”诸天道：“请坐，容报。”那轮日的诸天，径至潮音洞口报道：“孙悟空有事朝见。”菩萨正与捧珠龙女在宝莲池畔扶栏看花，闻报，即转云岩，开门唤入。大圣端肃皈依参拜，菩萨问曰：“你怎么不保唐僧？为甚事又来见我？”行者启上道：“菩萨，我师父前在高老庄，又收了一个徒弟，唤名猪八戒，多蒙菩萨又赐法讳悟能。才行过黄风岭，今至八百里流沙河，乃是弱水三千，师父已是难渡。河中又有个妖怪，武艺高强，甚亏了悟能与他水面上大战三次，只是不能取胜，被他拦阻，不能渡河。因此特告菩萨，望垂怜悯。济渡他一济渡。”菩萨道：“你这猴子，又逞自满，不肯说出保唐僧的话来么？”行者道：“我们只是要拿住他，教他送我师父渡河。水里事，我又弄不得精细，只是悟能寻着他窝巢，与他打话，想是不曾说出取经的勾当。”菩萨道：“那流沙河的妖怪，乃是卷帘大将临凡，也是我劝化的善信，教他保护取经之辈。你若肯说出是东土取经人呵，他决不与你争持，断然归顺矣。”行者道：“那怪如今怯战，不肯上崖，只在水里潜踪，如何得他归顺？我师如何得渡弱水？”

菩萨即唤惠岸，袖中取出一个红葫芦儿，吩咐道：“你可将此葫芦，同孙悟空到流沙河水面上，只叫悟净，他就出来了。先要引他归依了唐僧，然后把他那九个骷髅穿在一处，按九宫布列，却把这葫芦安在当中，就是法船一只，能渡唐僧过流沙河界。”惠岸闻言，谨遵师命，当时与大圣捧葫芦出了潮音洞，奉法旨辞了紫竹林。有诗为证，诗曰：五行匹配合天真，认得从前旧主人。炼已立基为妙用，辨明邪正见原因。金来归性还同类，木去求情共复沦。二土全功成寂寞，调和水火没纤尘。（第二十二回）

1．悟空为何事找菩萨？从选文可以看出悟空遇到这个麻烦的根本原因是什么？

2．沙僧在流沙河做水怪之前是什么身份？为何流落到流沙河做水怪？

3．观音菩萨给沙僧起的法名叫什么？又唤作什么？

【情节十一】

诗曰：

处世须存心上刃，修身切记寸边而。常言刃字为生意，但要三思戒怒欺。

上士无争传亘古，圣人怀德继当时。刚强更有刚强辈，究竟终成空与非。

却说那镇元大仙用手搀着行者道："我也知道你的本事，我也闻得你的英名，只是你今番越理欺心，纵有腾那，脱不得我手。我就和你讲到西天，见了你那佛祖，也少不得还我人参果树。你莫弄神通！"行者笑道："你这先生好小家子样！若要树活，有甚疑难！早说这话，可不省了一场争竞？"大仙道："不争竞，我肯善自饶你？"行者道："你解了我师父，我还你一颗活树如何？"大仙道："你若有此神通，医得树活，我与你八拜为交，结为兄弟。"行者道："不打紧，放了他们，老孙管教还你活树。"大仙谅他走不脱，即命解放了三藏、八戒、沙僧。沙僧道："师父啊，不知师兄捣得是什么鬼哩。"八戒道："什么鬼！这叫做'当面人情鬼'！树死了，又可医得活？他弄个光皮散儿好看，者着求医治树，单单了脱身走路，还顾得你和我哩！"三藏道："他决不敢撒了我们，我们问他那里求医去。"遂叫道："悟空，你怎么哄了仙长，解放我等？"行者道："老孙是真言实语，怎么哄他？"三藏道："你往何处去求方？"行者道："古人云，方从海上来。我今要上东洋大海，遍游三岛十洲，访问仙翁圣老，求一个起死回生之法，管教医得他树活。"三藏道："此去几时可回？"行者道："只消三日。"三藏道："既如此，就依你说，与你三日之限。三日里来便罢，若三日之外不来，我就念那话儿经了。"行者道："遵命，遵命。"你看他急整虎皮裙，出门来对大仙道："先生放心，我就去就来。你却要好生伏侍我师父，逐日家三茶六饭，不可欠缺。若少了些儿，老孙回来和你算帐，先捣塌你的锅底。衣服禳了，与他浆洗浆洗。脸儿黄了些儿，我不要；若瘦了些儿，不出门。"那大仙道："你去，你去，定不教他忍饿。"

（第二十六回）

1．选文中的诗歌是一首字谜诗，其中暗含了那两个字？

2．选文中哪个句子最能表现孙悟空对师傅的忠心和孝顺？

3. 从师徒四人的对话中你读出了他们对孙悟空此行抱有怎样的态度?

【情节十二】

唐僧在马上见了，心中欢喜道：“阿弥陀佛！西方真是福地！那公公路也走不上来，逼法的还念经哩。”八戒道：“师父，你且莫要夸奖，那个是祸的根哩。”唐僧道：“怎么是祸根?”八戒道：“行者打杀他的女儿，又打杀他的婆子，这个正是他的老儿寻将来了。我们若撞在他的怀里呵，师父，你便偿命，该个死罪；把老猪为从，问个充军；沙僧喝令，问个摆站；那行者使个遁法走了，却不苦了我们三个顶缸?”行者听见道：“这个呆根，这等胡说，可不唬了师父？等老孙再去看看。”他把棍藏在身边，走上前，迎着怪物，叫声：“老官儿，往那里去？怎么又走路，又念经?”那妖精错认了定盘星，把孙大圣也当做个等闲的，遂答道：“长老啊，我老汉祖居此地，一生好善斋僧，看经念佛。命里无儿，止生得一个小女，招了个女婿，今早送饭下田，想是遭逢虎口。老妻先来找寻，也不见回去，全然不知下落，老汉特来寻看。果然是伤残他命，也没奈何，将他骸骨收拾回去，安葬茔中。”行者笑道：“我是个做齧虎的祖宗，你怎么袖子里笼了个鬼儿来哄我？你瞒了诸人，瞒不过我！我认得你是个妖精!”那妖精唬得顿口无言。行者掣出棒来，自忖思道：“若要不打他，显得他倒弄个风儿；若要打他，又怕师父念那话儿咒语。”又思量道：“不打杀他，他一时间抄空儿把师父捞了去，却不又费心劳力去救他？还打的是！就一棍子打杀他，师父念起那咒，常言道，虎毒不吃儿。凭着我巧言花语，嘴伶舌便，哄他一哄，好道也罢了。”好大圣，念动咒语，叫当坊土地、本处山神道：“这妖精三番来戏弄我师父，这一番却要打杀他。你与我在半空中作证，不许走了。”众神听令，谁敢不从？都在云端里照应。那大圣棍起处，打倒妖魔，才断绝了灵光。（第二十七回）

1. 白骨精先后三次分别变为哪些人物来哄骗唐僧，但都被孙悟空一一识破?

2. 从这段文字中可以看出唐僧的哪些性格特征?

3. 三叠法是古典小说中常用的写法，请你再举出《西游记》中运用这种方法的一个经典情节。

【情节十三】

那唐僧在马上，又唬得战战兢兢，口不能言。八戒在旁边又笑道：“好行者！风发了！只行了半日路，倒打死三个人!”唐僧正要念咒，行者急到马前，叫道：“师父，莫念！莫念！你且来看看他的模样。”却是一堆粉骷髅在那里。唐僧大惊道：“悟空，这个人才死了，怎么就化作一堆骷髅?”行者道：“他是个潜灵作怪的僵尸，在此迷人败本，被我打杀，他就现了本相。他那脊梁上有一行字，叫做‘白骨夫人’。”唐僧闻说，倒也信了。怎禁那八戒旁边唆嘴道："师父，他的手重棍凶，把人打死，只怕你念那话儿，故意变化这个模样，掩你的眼目哩！"唐僧果然耳软，又信了他，随复念起。行者禁不得疼痛，跪于路旁，只叫："莫念！莫念！有话快说了罢！"唐僧道："猴头！还有甚说话！出家人行善，如春园之草，不见其长，日有所增；行恶之人，如磨刀之石，不见其损，日有所亏。你在这荒郊野外，一连打死三人，还是无人检举，没有对头。倘到城市之中，人烟凑集之所，你拿了那哭丧棒，一时不知好歹，乱打起人来，撞出大祸，教我怎的脱身？你回去罢！"行者道："师父错怪了我也。这厮分明是个妖魔，他实有心害你。我倒打死他，替你除了害，你却不认得，反信了那呆子谗言冷语，屡次逐我。常言道：'事不过三。'我若不去，真是个下流无耻之徒。我去我去！——去便去了，只是你手下无人。"唐僧发怒道："这泼猴越发无礼！看起来，只你是人，那悟能、悟净就不是人？"（第二十七回）

1. 选文中的猪八戒是怎样煽风点火，一再陷害行者的？

2. 文中画线句子表现了行者怎样的心理和感情？

3. "三打白骨精"这一情节在全书中起到了怎样的作用？

【情节十四】

那大圣一闻得说他两个是人，止不住伤情凄惨，对唐僧道声"苦啊！你那时节，出了长安，有刘伯钦送你上路；到两界山，救我出来，投拜你为师，我曾穿古洞，入深林，擒魔捉怪，收八戒，得沙僧，吃尽千辛万苦；今日昧着惺惺使糊涂，只教我回去：这才是'鸟尽弓藏，兔死狗烹'！罢，罢，罢！但只是多了那紧箍儿咒。"唐僧道："我再不念了。"行者道："这个难说：若到那毒魔苦难处不得脱身，八戒、沙僧救不得你，那时节，想起我来，忍不住又念诵起来，就是十万里路，我的头也是疼的；假如再来见你，不如不作此意。"

唐僧见他言言语语，越添恼怒，滚鞍下马来，叫沙僧包袱内取出纸笔，即于涧下取水，石上磨墨，写了一纸贬书，递于行者道："猴头，执此为照！再不要你做徒弟了！如再与你相见，我就堕了阿鼻地狱！"行者连忙接了贬书道："师父，不消发誓，老孙去罢。"他将书折了，留在袖中，却又软款唐僧道："师父，我也是跟你一场，又蒙菩萨指教；今日半途而废，不曾成得功果，你请坐，受我一拜，我也去得放心。"唐僧转回身不睬，口里唧唧哝哝的道："我是个好和尚，不受你歹人的礼！"大圣见他不睬，又使个身外法，把脑后毫毛拔了三根，吹口仙气，叫"变"！即变了三个行者，连本身四个，四面围住师父下拜。那长老左右躲不脱，好道也受了一拜。

大圣跳起来，把身一抖，收上毫毛，却又吩咐沙僧道："贤弟，你是个好人，却只要留心防着八戒言语，途中更要仔细。倘一时有妖精拿住师父，你就说老孙是他大徒弟：西方毛怪，闻我的手段，不敢伤我师父。"唐僧道："我是个好和尚，不提你这歹人的名字。你回去罢。”那大圣见长老三番两覆，不肯转意回心，没奈何才去。你看他：

噙泪叩头辞长老，含悲留意嘱沙僧。
一头拭迸坡前草，两脚蹬翻地上藤。
上天下地如轮转，跨海飞山第一能。
顷刻之间不见影，霎时疾返旧途程。

你看他忍气别了师父，纵筋斗云，径回花果山水帘洞去了。独自个凄凄惨惨，忽闻得水声聒耳。大圣在那半空里看时，原来是东洋大海潮发的声响。一见了，又想起唐僧，止不住腮边泪坠，停云住步，良久方去。（第二十七回）

1. 唐僧喝退悟空时态度十分果决，然而悟空为什么还要“止不住伤情凄惨”，连声喊“苦啊”呢？

2. 孙悟空借“鸟尽弓藏，兔死狗烹”这句话表达了怎样的心情？

3. 唐僧和孙悟空经过一番口角终于解除了师徒关系，但这仅是“话说两头，暂表一半”。本文为孙悟空日后还能做唐僧的大徒弟留有哪些伏笔？

【情节十五】

八戒道：“那怪变做个俊俏文人入朝，与国王认亲，把师父变作老虎。又亏了白龙马夜现龙身，去寻师父。师父倒不曾寻见，却遇着那怪在银安殿饮酒。他变一宫娥，与他巡酒舞刀，欲乘机而砍，反被他用满堂红打伤马腿。就是他教我来请师兄的，说道：‘师兄是个有仁有义的君子，君子不念旧恶，一定肯来救师父一难。’万望哥哥念‘一日为师、终身为父’之情，千万救他一救！”

行者道：“你这个呆子！我临别之时，曾叮咛又叮咛，说道：‘若有妖魔捉住师父，你就说老孙是他大徒弟。’怎么却不说我？”八戒又思量道：“请将不如激将，等我激他一激。”道：“哥啊，不说你还好哩。只为说你，他一发无状！”行者道：“怎么说？”八戒道：“我说：‘妖精，你不要无礼，莫害我师父！我还有个大师兄，叫做孙行者。他神通广大，善能降妖。他来时教你死无葬身之地！’那怪闻言，越加忿怒，骂道：‘是个什么孙行者，我可怕他？他若来，我剥了他皮，抽了他筋，啃了他骨，吃了他心！饶他猴子瘦，我也把他剁碎着油烹！’”行者闻言，就气得抓耳挠腮，暴躁乱跳道：“是那个敢这等骂我！”八戒道：“哥哥息怒，是那黄袍怪这等骂来，我故学与你听也。”行者道：“贤弟，你起来。不是我去不成，既是妖精敢骂我，我就不能不降他，我和你去。老孙五百年前大闹天宫，普天的神将看见我，一个个控背躬身，口口称呼大圣。这妖怪无礼，他敢背前面后骂我！我这去，把他拿住，碎尸万段，以报骂我之仇！报毕，我即回来。”八戒道：“哥哥，正是，你只去拿了妖精，报了你仇，那时来与不来，任从尊意。”（第三十一回）

1. 猪八戒用了怎样的方法说服孙悟空出山前去搭救师父？

2. “身在花果山，心随取经人。”孙悟空对师父的忠心从未改变。选文中那些语句最能表现他对师傅的牵挂和关心？

3. 这一情节对悟空和八戒的关系发展有着怎样的作用？

【情节十六】

那妖魔见他下问，越弄虚头，眼中噙泪，叫道：“师父呀，山西去有一条枯松涧，涧那边有一庄村，我是那里人家。我祖公公姓红，只因广积金银，家私巨万，混名唤做红百万。年老归世已久，家产遗与我父。近来人事奢侈，家私渐废，改名唤做红十万，专一结交四路豪杰，将金银借放，希图利息。怎知那无籍之人，设骗了去啊，本利无归。我父发了洪誓，分文不借。那借金银人，身贫无计，结成凶党，明火执杖，白日杀上我门，将我财帛尽情劫掳，把我父亲杀了，见我母亲有些颜色，拐将去做什么压寨夫人。那时节，我母亲舍不得我，把我抱在怀里，哭哀哀，战兢兢，跟随贼寇，不期到此山中，又要杀我，多亏我母亲哀告，免教我刀下身亡，却将绳子吊我在树上，只教冻饿而死，那些贼将我母亲不知掠往那里去了。我在此已吊三日三夜，更没一个人来行走。不知那世里修积，今生得遇老师父，若肯舍大慈悲，救我一命回家，就典身卖命，也酬谢师恩，致使黄沙盖面，更不敢忘也。”三藏闻言，认了真实，就教八戒解放绳索，救他下来。那呆子也不识人，便要上前动手。

行者在旁，忍不住喝了一声道：“那泼物！有认得你的在这里哩！莫要只管架空捣鬼，说谎哄人！你既家私被劫，父被贼伤，母被人掳，救你去交与谁人？你将何物与我作谢？这谎脱节了耶！”那怪闻言，心中害怕，就知大圣是个能人，暗将他放在心上，却又战战兢兢，滴泪而言曰：“师父，虽然我父母空亡，家财尽绝，还有些田产未动，亲戚皆存。”行者道：“你有什么亲戚？”妖怪道：“我外公家在山南，姑娘住居岭北。涧头李四，是我姨夫；林内红三，是我族伯。还有堂叔堂兄都住在本庄左右。老师父若肯救我，到了庄上，见了诸亲，将老师父拯救之恩，一一对众言说，典卖些田产，重重酬谢也。”八戒听说，扛住行者道：“哥哥，这等一个小孩子家，你只管盘诘他怎的！他说得是，强盗只打劫他些浮财，莫成连房屋田产也劫得去？若与他亲戚们说了，我们纵有广大食肠，也吃不了他十亩田价。救他下来罢。”呆子只是想着吃食，那里管什么好歹，使戒刀挑断绳索，放下怪来。那怪对唐僧马下，泪汪汪只情磕头。长老心慈，便叫：“孩儿，你上马来，我带你去。”那怪道：“师父啊，我手脚都吊麻了，腰胯疼痛，一则是乡下人家，不惯骑马。”唐僧叫八戒驮着，那妖怪抹了一眼道：“师父，我的皮肤都冻熟了，不敢要这位师父驮。他的嘴长耳大，脑后鬃硬，搠得我慌。”唐僧道：“教沙和尚驮着。”那怪也抹了一眼道：“师父，那些贼来打劫我家时，一个个都搽了花脸，带假胡子，拿刀弄杖的。我被他唬怕了，见这位晦气脸的师父，一发没了魂了，也不敢要他驮。”唐僧教孙行者驮着，行者呵呵笑道：“我驮！我驮！”

（第四十回）

1. 选段出自经典情节孙悟空大战红孩儿。联系全书看，该情节为后文中的哪个情节做好了铺垫？

2. 唐僧最终被劫走，红孩儿的阴谋之所以得逞的原因是什么？

3. 从选段中，你读出了怎样的一个唐僧？

【情节十七】

那物在空中，明明看着，忍不住心头火起道：“这猴和尚，十分惫懒！就作我是个妖魔，要害你师父，却还不曾见怎么下手哩，你怎么就把我这等伤损！早是我有算计，出神走了，不然，是无故伤生也。若不趁此时拿了唐僧，再让一番，越教他停留长智。”好怪物，就在半空里弄了一阵旋风，呼的一声响亮，走石扬沙，诚然凶狠。好风：

淘淘怒卷水云腥，黑气腾腾闭日明。岭树连根通拔尽，野梅带干悉皆平。

黄沙迷目人难走，怪石伤残路怎平。滚滚团团平地暗，遍山禽兽发哮声。

刮得那三藏马上难存，八戒不敢仰视，沙僧低头掩面。孙大圣情知是怪物弄风，急纵步来赶时，那怪已骋风头，将唐僧摄去了无踪无影，不知摄向何方，无处跟寻。

一时间，风声暂息，日色光明。行者上前观看，只见白龙马战兢兢发喊声嘶，行李担丢在路下，八戒伏于崖下呻吟，沙僧蹲在坡前叫唤。行者喊：“八戒！”那呆子听见是行者的声音，却抬头看时，狂风已静，爬起来，扯住行者道：“哥哥，好大风啊！”沙僧却也上前道：“哥哥，这是一阵旋风。”又问：“师父在那里？”八戒道：“风来得紧，我们都藏头遮眼，各自躲风，师父也伏在马上的。”行者道：“如今却往那里去了？”沙僧道：“是个灯草做的，想被一风卷去也。”行者道：“兄弟们，我等自此就该散了！”八戒道：“正是，趁早散了，各寻头路，多少是好。那西天路无穷无尽，几时能到得！”沙僧闻言，打了一个失惊，浑身麻木道：“师兄，你都说的是那里话。我等因为前生有罪，感蒙观世音菩萨劝化，与我们摩顶受戒，改换法名，皈依佛果，情愿保护唐僧上西方拜佛求经，将功折罪。今日到此，一旦俱休，说出这等各寻头路的话来，可不违了菩萨的善果，坏了自己的德行，惹人耻笑，说我们有始无终也！”行者道：“兄弟，你说的也是，奈何师父不听人说，我老孙火眼金睛，认得好歹，才然这风，是那树上吊的孩儿弄的。我认得他是个妖精，你们不识，那师父也不识，认作是好人家儿女，教我驮着他走。是老孙算计要摆布他，他就弄个重身法压我。是我把他掼得粉碎，他想是又使解尸之法，弄阵旋风，把我师父摄去也。因此上怪他每每不听我说。故我意懒心灰，说各人散了。既是贤弟有此诚意，教老孙进退两难。八戒，你端的要怎的处？”八戒道：“我才自失口乱说了几句，其实也不该散。哥哥，没及奈何，还信沙弟之言，去寻那妖怪救师父去。”行者却回嗔作喜道：“兄弟们，还要来结同心，收拾了行李马匹，上山找寻怪物，搭救师父去。”三个人附葛扳藤，寻坡转涧，行经有五七十里，却也没个音信，那山上飞禽走兽全无，老柏乔松常见。孙大圣着实心焦，将身一纵，跳上那巅险峰头，喝一声叫“变！”变作三头六臂，似那大闹天宫的本象，将金箍棒，幌一幌，变作三根金箍棒，劈哩扑辣的，往东打一路，往西打一路，两边不住的乱打。八戒见了道：“沙和尚，不好了，师兄是寻不着师父，恼出气心风来了。” （第四十回）

1．红孩儿虽为妖怪，但在小说中毕竟是以孩童的身份登场。作者给他安排了一个怎样的归宿？

2．文中画线诗句有何作用？

3．西天取经途中，沙僧在取经队伍里扮演着怎样的角色？

【情节十八】

那八戒抖擞精神，束一束皂锦直裰，搴着钯，即与土地纵起云雾，径回东方而去。正行时，忽听得喊杀声高，狂风滚滚。八戒按住云头看时，原来孙行者与牛王厮杀哩。土地道：“天蓬还不上前怎的？”呆子掣钉钯，厉声高叫道：“师兄，我来也！”行者恨道：“你这夯货。误了我多少大事！”八戒道：“师父教我来迎你，因认不得山路，商议良久，教土地引我，故此来迟；如何误了大事？”行者道：“不是怪你来迟。这泼牛十分无礼！我向罗刹处弄得扇子来，却被这厮变作你的模样，口称迎我，我一时欢悦，转把扇子递在他手，他却现了本像，与老孙在此比并，所以误了大事也。”八戒闻言大怒。举钉钯，当面骂道：“我把你这血皮胀的遭瘟！你怎敢变作你祖宗的模样，骗我师兄，使我兄弟不睦！”你看他没头没脸的使钉钯乱筑。那牛王，一则是与行者斗了一日，力倦神疲；二则是见八戒的钉钯凶猛，遮架不住，败阵就走。只见那火焰山土地，帅领阴兵，当面挡住道：“大力王，且住手。唐三藏西天取经，无神不保，无天不佑，三界通知，十方拥护。快将芭蕉扇来扇息火焰，教他无灾无障，早过山去；不然，上天责你罪愆，定遭诛也。”牛王道：“你这土地，全不察理！那泼猴夺我子，欺我妾，骗我妻，番番无道，我恨不得囫囵吞他下肚，化作大便喂狗，怎么肯将宝贝借他！”说不了，八戒赶上骂道：“我把你个结心癀！快拿出扇来，饶你性命！”那牛王只得回头，使宝剑又战八戒。孙大圣举棒相帮。这一场在那里好杀。 （第六十一回）

1．牛魔王不肯将芭蕉扇借给悟空的原因是什么？请用原文语句回答。

2．牛魔王为何要变作猪八戒的模样？用一句俗语概括牛魔王对悟空的这一方法。

3. 文中哪处表现了八戒对悟空的兄弟之情？请用原文回答。

【情节十九】

行者看罢，回复道："师父，那去处是便是座寺院，却不知禅光瑞蔼之中，又有些凶气，何也。观此景象，也似雷音，却又路道差池。我们到那厢，决不可擅入，恐遭毒手。"唐僧道："既有雷音之景，莫不就是灵山？你休误了我诚心，担搁了我来意。"行者道："不是，不是！灵山之路，我也走过几遍，那是这路途！"八戒道："纵然不是，也必有个好人居住。"沙僧道："不必多疑。此条路未免从那门首过，是不是一见可知也。"行者道："悟净说得有理。"

那长老策马加鞭，至山门前，见"雷音寺"三个大字，慌得滚下马来，倒在地下。口里骂道："泼猢狲！害杀我也！现是雷音寺，还哄我哩！"行者陪笑道："师父莫恼，你再看看。山门上乃四个字，你怎么只念出三个来，倒还怪我？"长老战兢兢的爬起来再看，真个是四个字，乃"小雷音寺"。三藏道："就是小雷音寺，必定也有个佛祖在内。经上言三千诸佛，想是不在一方：似观音在南海，普贤在峨眉，文殊在五台。这不知是那一位佛祖的道场。古人云：'有佛有经，无方无宝。'我们可进去来。"行者道："不可进去。此处少吉多凶。若有祸患，你莫怪我。"三藏道："就是无佛，也必有个佛像。我弟子心愿，遇佛拜佛，如何怪你。"即命八戒取袈裟，换僧帽，结束了衣冠，举步前进。（第六十五回）

1. 结合原文，指出悟空不想让唐僧进入小雷音寺的原因是什么？

2. 为什么唐僧把山门上的四个字只看作三个？

3. 悟空最后为何未能阻拦唐僧等人进寺？请谈谈你的理解。

【情节二十】

行者听说，心中暗惊道："妖魔倒也不怕，只是仔细防他瓶儿。"又应声道："三个大王的本事，你倒也说得不差，与我知道的一样；但只是那个大王要吃唐僧哩？"小钻风道："长官，你不知道？"行者喝道："我比你不知些儿！因恐汝等不知底细，吩咐我来着实盘问你哩！"小钻风道："我大大王与二大王久住在狮驼岭狮驼洞。三大王不在这里住。他原住处离此西下有四百里远近。那厢有座城，唤做狮驼国。他五百年前吃了这城国王及文武官僚，满城大小男女也尽被他吃了干净，因此上夺了他的江山。如今尽是些妖怪。不知那一年打听得东土唐朝差一个僧人去西天取经，说那唐僧乃十世修行的好人，有人吃他一块肉，就延寿长生不老；只因怕他一个徒弟孙行者十分利害，自家一个难为，径来此处与我这两个大王结为兄弟，合意同心，打伙儿捉那个唐僧也。"（第七十四回）

1. 为什么小钻风对悟空道出了三个大王的底细？

2. 为什么三魔联合一处，结为兄弟？

3. 选文第二段主要运用了哪些描写方法？表现了孙悟空的哪些性格特征？

【情节二十一】

好妖精，不动绳索，把几声善言善语，用一阵顺风，嘤嘤的吹在唐僧耳内。你道叫的甚么？他叫道："师父啊，你放着活人的性命还不救，昧心拜佛取何经？"唐僧在马上听得又这般叫唤，即勒马叫："悟空，去救那女子下来罢。"行者道："师父走路，怎么又想起他来了？"唐僧道："他又在那里叫哩。"行者问："八戒，你听见么？"八戒道："耳大遮住了，不曾听见。"又问："沙僧，你听见么？"沙僧道："我挑担前走，不曾在心，也不曾听见。"行者道："老孙也不曾听见。师父，他叫甚么？偏你听见。"唐僧道："他叫得有理。说道：'活人性命还不救，昧心拜佛取何经？''救人一命，胜造七级浮屠。'快去救他下去，强似取经拜佛。"行者笑道："师父要善将起来，就没药医。你想你离了东土，一路西来，却也过了几重山场，遇着许多妖怪，常把你拿将进洞，老孙来救你，使铁棒，常打死千千万万；今日一个妖精的性命，舍不得，要去救他？"唐僧道："徒弟呀，古人云：'勿以善小而不为，勿以恶小而为之。'还去救他救罢。"行者道："师父既然如此，只是这个担儿，老孙却担不起。你要救他，我也不敢苦劝你；劝一会，你又恼了。任你去救。"唐僧道："猴头莫多话！你坐着，等我和八戒救他去。"（第八十回）

1. 为什么妖精只把话送到唐僧的耳朵里？

2. "勿以善小而不为"，结合选文内容，谈一谈唐僧的"为善"是否正确。

3. 悟空已经说明"顺风传话"之人是妖精，为什么唐僧仍然坚持去救？

【情节二十二】

说不了，天王轮过刀来，望行者劈头就砍。早有那三太子赶上前，将斩腰剑架住，叫道："父王息怒。"天王大惊失色。——噫！父见子以剑架刀，就当喝退，怎么返大惊失色？原来天王生此子时，他左手掌上有个"哪"字，右手掌上有个"吒"字，故名哪吒。这太子三朝儿就下海净身闯祸，踏倒水晶宫，捉住蛟龙要抽筋为绦子。天王知道，恐生后患，欲杀之。哪吒奋怒，将刀在手，割肉还母，剔骨还父，还了父精母血，一点灵魂，径到西方极乐世界告佛。佛正与众菩萨讲经，只闻得幢幡宝盖有人叫道："救命！"佛慧眼一看，知是哪吒之魂，即将碧藕为骨，荷叶为衣，念动起死回生真言，哪吒遂得了性命。运用神力，法降九十六洞妖魔，神通广大，后来要杀天王，报那剔骨之仇。天王无奈，告求我佛如来。如来以和为尚，赐他一座玲珑剔透舍利子如意黄金宝塔，那塔上层层有佛，艳艳光明。唤哪吒以佛为父，解释了冤仇。所以称为托塔李天王者，此也。今日因闲在家，未曾托着那塔，恐哪吒有报仇之意，故吓个大惊失色。却即回手，向塔座上取了黄金宝塔，托在手间问哪吒道："孩儿，你以剑架住我刀，有何话说？" （第八十三回）

1. 请用一个成语来形容哪吒的此一经历。

2. 哪吒和父亲为何结仇？

3. 哪吒"割肉还母，剔骨还父"的目的是什么？

【情节二十三】

行者道："我这条路且是走熟了。只是这个洞叫做个无底洞，周围有三百余里，妖精窠穴甚多。前番我师父在那两滴水的门楼里，今番静悄悄，鬼影也没个，不知又搬在何处去也。"天王道："任他设尽千般计，难脱天罗地网中。到洞门前，再作道理。"大家就行。咦，约有十余里，就到了那大石边。行者指那缸口大的门儿道："兀的便是也。"天王道："不入虎穴，安得虎子！谁敢当先？"行者道："我当先。"三太子道："我奉旨降妖，我当先。"那呆子便莽撞起来，高声叫道："当头还要我老猪！"天王道："不须罗噪，但依我分摆：孙大圣和太子同领着兵将下去，我们三人在口上把守，做个里应外合，教他上天无路，入地无门，才显出些手段。"众人都答应了一声"是"。

你看那行者和三太子，领了兵将，望洞里只是一溜。驾起云光，闪闪烁烁，抬头一望，果然好个洞啊：依旧双轮日月，照般一望山川。珠渊玉井暖韬烟，更有许多堪羡。迭迭朱楼画阁，嶷嶷赤壁青田。三春杨柳九秋莲，兀的洞天罕见。顷刻间，停住了云光，径到那妖精旧宅。挨门儿搜寻，吆吆喝喝，一重又一重，一处又一处，把那三百里地草都踏光了，那见个妖精？那见个三藏？都只说："这孽畜一定是早出了这洞，远远去哩。"那晓得在那东南黑角落上，望下去，另有个小洞。洞里一重小小门，一间矮矮屋，盆栽了几种花，檐傍着数竿竹，黑气氲氲，暗香馥馥，老怪摄了三藏，搬在这里逼住成亲，只说行者再也找不着。

谁知他命合该休，那些小怪在里面，一个个哜哜嘈嘈，挨挨簇簇。中间有个大胆些的，伸起颈来，望洞外略看一看，一头撞着个天兵，一声嚷道："在这里！"那行者恼起性来，捻着金箍棒，一下闯将进去，那里边窄小，窝着一窝妖精。三太子纵起天兵，一齐拥上，一个个那里去躲？行者寻着唐僧，和那龙马，和那行李。那老怪寻思无路，看着哪吒太子，只是磕头求命。 （第八十三回）

1. 请结合前文内容回答：为什么“天王”李靖与哪吒三太子前来相助孙悟空等降伏无底洞的妖精？

2. 找出选文中两处典型的环境描写，并说说这样写有怎样的作用。

3. 孙悟空“四探无底洞”，最终借助天兵天将才降伏了妖怪，这说明了什么？

【情节二十四】

话说那国王早朝，文武多官俱执表章启奏道：“主公，望赦臣等失仪之罪。”国王道：“众卿礼貌如常，有何失仪？”众卿道：“主公啊，不知何故，臣等一夜把头发都没了。”国王执了这没头发之表，下龙床对群臣道：“果然不知何故，朕宫中大小人等，一夜也尽没了头发。”君臣们都各汪汪滴泪道：“从此后，再不敢杀戮和尚也。”王复上龙位，众官各立本班。……那国王看见是四个和尚，忙下龙床，宣召三宫妃后，下金銮宝殿，同群臣拜问道：“长老何来？”三藏道：“是东土大唐驾下差往西方天竺国大雷音寺拜活佛取真经的。”国王道：“老师远来，为何在这柜里安歇？”三藏道：“贫僧知陛下有愿心杀和尚，不敢明投上国，扮俗人，夜至宝方饭店里借宿。因怕人识破原身，故此在柜中安歇。不幸被贼偷出，被总兵捉获抬来，今得见陛下龙颜，所谓拨云见日。望陛下赦放贫僧，海深恩便也！”国王道：“老师是天朝上国高僧，朕失迎迓。朕常年有愿杀僧者，曾因僧谤了朕，朕许天愿，要杀一万和尚做圆满。不期今夜皈依，教朕等为僧。如今君臣后妃，发都剃落了，望老师勿吝高贤，愿为门下。”八戒听言，呵呵大笑道：“既要拜为门徒，有何贽见之礼？”国王道：“师若肯从，愿将国中财宝献上。”行者道：“莫说财宝，我和尚是有道之僧。你只把关文倒换了，送我们出城，保你皇图永固，福寿长臻。”那国王听说，即着光禄寺大排筵宴，君臣合同，拜归于一，即时倒换关文，求三藏改换国号。行者道：“陛下法国之名甚好，但只灭字不通，自经我过，可改号钦法国，管教你海晏河清千代胜，风调雨顺万方安。”国王谢了恩，摆整朝銮驾，送唐僧四众出城西去。君臣们秉善归真不题。（第八十五回）

1. 用选文中的原话回答：灭法国国王为什么要杀害和尚？

2. 孙悟空用什么办法使灭法国国王潜心改过，不再枉杀无辜？

3. 悟空谏请国王将国号由“灭法国”改为“钦法国”，这仅仅一字的更改能说明什么问题？

【情节二十五】

“老鼋，好生走稳着。”那老鼋蹬开四足，踏水面如行平地，将他师徒四众，连马五口，驮在身上，径回东岸而来。诚所谓：不二门中法奥玄，诸魔战退识人天。本来面目今方见，一体原因始得全。秉证三乘随出入，丹成九转任周旋。挑包飞杖通休讲，幸喜还元遇老鼋。老鼋驮着他们，蹶波踏浪，行经多半日，将次天晚，好近东岸，忽然问曰：“老师父，我向年曾央到西方见我佛如来，与我问声归着之事，还有多少年寿，果曾问否？”原来那长老自到西天玉真观沐浴，凌云渡脱胎，步上灵山，专心拜佛及参诸佛菩萨圣僧等众，意念只在取经，他事一毫不理，所以不曾问得老鼋年寿，无言可答，却又不敢欺，打诳语，沉吟半晌，不曾答应。老鼋即知不曾替问，他就将身一幌，唿喇的淬下水去，把他四众连马并经，通皆落水。咦！还喜得唐僧脱了胎，成了道，若似前番，已经沉底。又幸白马是龙，八戒、沙僧会水，行者笑巍巍显大神通，把唐僧扶驾出水，登彼东岸。只是经包、衣服、鞍辔俱湿了。

……少顷，太阳高照，却移经于高崖上，开包晒晾，至今彼处晒经之石尚存。他们又将衣鞋都晒在崖旁，立的立，坐的坐，跳的跳。真个是：一体纯阳喜向阳，阴魔不敢逞强梁。须知水胜真经伏，不怕风雷烱雾光。自此清平归正觉，从今安泰到仙乡。晒经石上留踪迹，千古无魔到此方。

……三藏懊悔道：“是我们怠慢了，不曾看顾得！”行者笑道：“不在此！不在此！盖天地不全，这经原是全全的，今沾破了，乃是应不全之奥妙也，岂人力所能与耶！”

（第九十九回）

1. 老鼋为什么将唐僧等人掀下河去？这是唐僧等人经历的第几场灾难？

2. 唐僧是不守信用之人吗？说说你的见解。

3. “行者笑道：‘不在此！不在此！盖天地不全，这经原是全全的，今沾破了，乃是应不全之奥妙也，岂人力所能与耶！’”行者此番话有何深意？

【情节二十六】

唐僧谢了恩，骑上马，大圣轮金箍棒紧随，八戒、沙僧俱扶马挑担，随驾后共入长安。真个是：当年清宴乐升平，文武安然显俊英。水陆场中僧演法，金銮殿上主差卿。关文敕赐唐三藏，经卷原因配五行。苦炼凶魔种种灭，功成今喜上朝京。

……早有当驾官请宴，即下殿携手而行，又问：“高徒能礼貌乎？”三藏道：“小徒俱是山村旷野之妖身，未谙中华圣朝之礼数，万望主公赦罪。”太宗笑道：“不罪他，不罪他，都同请东阁赴宴去也。”三藏又谢了恩，招呼他三众，都到阁内观看。果是中华大国，比寻常不同。你看那：门悬彩绣，地衬红毡。异香馥郁，奇品新鲜。琥珀杯，玻璃盏，镶金点翠；黄金盘，白玉碗，嵌锦花缠。烂煮蔓菁，糖浇香芋。蘑菇甜美，海菜清奇。几次添来姜辣笋，数番办上蜜调葵。面筋椿树叶，木耳豆腐皮。石花仙菜，蕨粉干薇。花椒煮莱菔，芥末拌瓜丝。几盘素品还犹可，数种奇稀果夺魁。核桃柿饼，龙眼荔枝。宣州茧栗山东枣，江南银杏兔头梨。榛松莲肉葡萄大，榧子瓜仁菱米齐。橄榄林檎，苹婆沙果。慈菇嫩藕，脆李杨梅。无般不备，无件不齐。还有些蒸酥蜜食兼嘉馔，更有那美酒香茶与异奇。说不尽百味珍馐真上品，果然是中华大国异西夷。师徒四众与文武多官俱侍列左右，太宗皇帝仍正坐当中，歌舞吹弹，整齐严肃，遂尽乐一日。正是：君王嘉会赛唐虞，取得真经福有余。千古流传千古盛，佛光普照帝王居。（第一百回）

1. “苦炼凶魔种种灭，功成今喜上朝京。”这两句诗概述了怎样的内容？

2. 选文中极尽笔墨描绘“百味珍馐”，这样写有什么目的？

3. 选文中两次强调“中华大国”，表现了作者怎样的思想感情？

【情节二十七】

却说八大金刚，驾香风，引着长老四众，连马五口，复转灵山，连去连来，适在八日之内。此时灵山诸神，都在佛前听讲。

八金刚引他师徒进去，对如来道：“弟子前奉金旨，驾送圣僧等，已到唐国，将经交纳，今特缴旨。”遂叫唐僧等近前受职。如来道：“圣僧，汝前世原是我之二徒，名唤金蝉子。因为汝不听说法，轻慢我之大教，故贬汝之真灵，转生东土。今喜皈依，秉我迦持，又乘吾教，取去真经，甚有功果，加升大职正果，汝为旃檀功德佛。孙悟空，汝因大闹天宫，吾以甚深法力，压在五行山下，幸天灾满足，归于释教，且喜汝隐恶扬善，在途中炼魔降怪有功，全终全始，加升大职正果，汝为斗战胜佛。猪悟能，汝本天河水神，天蓬元帅，为汝蟠桃会上酗酒戏了仙娥，贬汝下界投胎，身如畜类，幸汝记爱人身，在福陵山云栈洞造孽，喜归大教，入吾沙门，保圣僧在路，却又有顽心，色情未泯，因汝挑担有功，加升汝职正果，做净坛使者。”八戒口中嚷道：“他们都成佛，如何把我做个净坛使者？”如来道：“因汝口壮身慵，食肠宽大。盖天下四大部洲，瞻仰吾教者甚多，凡诸佛事，教汝净坛，乃是个有受用的品级，如何不好！沙悟净，汝本是卷帘大将，先因蟠桃会上打碎玻璃盏，贬汝下界，汝落于流沙河，伤生吃人造孽，幸皈吾教，诚敬迦持、保护圣僧，登山牵马有功，加升大职正果，为金身罗汉。”又叫那白马：“汝本是西洋大海广晋龙王之子，因汝违逆父命，犯了不孝之罪，幸得皈身皈法，皈我沙门，每日家亏你驮负圣僧来西，又亏你驮负圣经去东，亦有功者，加升汝职正果，为八部天龙马。”长老四众，俱各叩头谢恩。马亦谢恩讫，仍命揭谛引了马下灵山后崖化龙池边，将马推入池中。须臾间，那马打个展身，即退了毛皮，换了头角，浑身上长起金鳞，腮颔下生出银须，一身瑞气，四爪祥云，飞出化龙池，盘绕在山门里擎天华表柱上，诸佛赞扬如来的大法。

孙行者却又对唐僧道：“师父，此时我已成佛，与你一般，莫成还戴金箍儿，你还念甚么《紧箍咒》儿掯勒我？趁早儿念个松箍儿咒，脱下来，打得粉碎，切莫叫那甚么菩萨再去捉弄他人。”唐僧道：“当时只为你难管，故以此法制之。今已成佛，自然去矣，岂有还在你头上之理！你试摸摸看。”行者举手去摸一摸，果然无之。此时旃檀佛、斗战佛、净坛使者、金身罗汉，俱正果了本位，天龙马亦自归真。有诗为证，诗曰：一体真如转落尘，合和四相复修身。五行论色空还寂，百怪虚名总莫论。正果旃檀皈大觉，完成品职脱沉沦。经传天下恩光阔，五圣高居不二门。（第一百回）

1. 唐僧师徒及白龙马最终都修成了正果，他们分别被赐予了什么封号？

2. 选文第二段中，如来佛祖令唐僧师徒听封，并详解各人功过。这段叙述有怎样的作用？告诉我们一个怎样的道理？

3. 唐僧一行最终功德圆满，立地成佛。从中你得到了怎样的启示？

骆驼祥子

全程导读

一、作者简介

老舍，本名舒庆春，字舍予，笔名老舍。1899 年 2 月 3 日出生。北京满族正红旗人。中国现代著名小说家、文学家、戏剧家。“文革”期间受到迫害，1966 年 8 月 24 日深夜，老舍含冤自沉于北京西北的太平湖，终年 67 岁。

老舍一生共写了约计 800 余万字的作品，被称为“人民艺术家”。1924 年夏应聘到英国伦敦大学东方学院当中文讲师。在英期间开始文学创作。长篇小说《老张的哲学》是第一部作品，由 1926 年 7 月起在《小说月报》杂志连载，立刻震动文坛。以后陆续发表了长篇小说《赵子曰》和《二马》。奠定了老舍作为新文学开拓者之一的地位。

老舍的主要著作有：长篇小说《二马》《猫城记》，中篇小说《我这一辈子》《月牙儿》，短篇小说集《赶集》《樱海集》《东海巴山集》《蛤藻集》《火车集》《贫血集》，剧本《龙须沟》《茶馆》《西望长安》。另有《老舍剧作全集》《老舍散文集》《老舍诗选》《老舍文艺评论集》和《老舍文集》等。

二、作品主题

《骆驼祥子》是老舍的代表作，以北平（今北京）一个人力车夫祥子的行踪为线索，以 20 世纪 20 年代末期的北京市民生活为背景，以人力车夫祥子的坎坷、悲惨的生活遭遇为主要情节，深刻揭露了旧中国的黑暗，控诉了统治阶级对劳动者的剥削、压迫，表达了作者对劳动人民的深切同情，向人们展示军阀混战、黑暗统治下的北京底层贫苦市民生活于痛苦深渊中的图景。

三、艺术特色

（一）结构紧凑，落笔谨严

作品以祥子的“三起三落”为发展线索，以他和虎妞的“爱情”纠葛为中心，两相交织，单纯中略有错综。既通过祥子与周围人的关系，把笔触伸向更广大的不同阶级、不同家庭的生活面貌，真实地反映了社会的黑暗景象，又借此自然地揭示了祥子悲剧的必然性与社会意义。

（二）丰富、多变、细腻的心理描写

祥子的个性沉默、坚韧乃至木讷，心理描写就补充了祥子不善言语的个性。以动作、情状写心理；从语言方面写心理；通过作者直接的剖析，托出祥子心理的变化；通过别人的眼睛观察祥子的心理；借助祥子眼中景物的变化来衬托心理。

（三）鲜明突出的“京味儿”

祥子及其周围各种人物的描写被置于一个老舍所熟悉的北平下层社会中。虎妞筹备婚礼的民俗的交代；北平景物的情景交融的描写到祥子拉车路线的详细叙述，都使小说透出北平特有的地方色彩。在烈日与暴雨下拉车的祥子，对瞬息间变化莫测的大自然的感受，既切合北平的自然地理情况，又与祥子这个特定人物的身份相一致。

“京味儿”还强烈地体现在小说的语言上。提炼了北京口语，生动鲜明地描绘北京的自然景物和社会风情，准确传神地刻画北平下层社会民众的言谈心理，简洁朴实、自然明快。人物语言，都是个性化的；叙述语言也多用精确流畅的北京口语。

四、人物形象

祥子

十八岁，身材高大，年轻力壮的洋车夫。为全书灵魂人物。祥子是个个性格鲜明的普通车夫，在他身上具有劳动人民许多优良的品质。他善良纯朴，热爱劳动，对生活具有骆驼一般的积极性和坚韧的精神，但他也不讲理，满嘴谎话，好占便宜，还出卖人命。平常好像能忍受一切委屈，但在他的性格中也蕴藏有反抗的要求。他一贯要强和奋斗，不安于卑贱的社会地位。但祥子被旧社会摧残压迫，他的愿望一次又一次地被这个黑暗的社会所打破。祥子的悲惨生活深深揭露了旧中国的黑暗，反映了当时军阀混战、黑暗统治下的北京底层贫苦市民生活于痛苦深渊中的图景。

虎妞

车厂老板刘四爷的女儿，三十七八岁，虎妞是一个流氓资本家的性格鲜明的女儿，她长得虎头虎脑，外表丑陋，小说中说她像一个大黑塔，不讲仁义，粗俗凶悍。她在书中是一个有些矛盾的人物，一方面她是一个财主的女儿，可是另一方面她又是一个车夫的妻子，待人泼辣，用祥子的话来说，她做哥们儿好，但难把她当作一个女人看待，对外人她不讲理，但是对祥子，她的确是真心爱他的。她想在祥子身上找回被自私父亲剥夺的青春。

刘四爷

六十九岁，人和车行的老板，为人苛刻，祥子的雇主。旧社会的袍哥人物，改良办起了车场，为人耿直，性格刚强，从不肯在外场失面子。因为愧于女儿虎妞，凡事都让她几分，可他实在不愿辛苦成果被祥子继承去，就跟女儿闹翻了，后来变卖了一些车享福去了。直到祥子偶然拉他才知道女儿死了，真正感到了孤独。

曹先生

祥子的雇主，爱好传统美术，因为信奉社会主义，所以待人宽和，被祥子认为是“圣人”。由于当局说他教书时的思想过激而被认为是革命党，逃到上海去避了避风头又回到了北平。后来又愿意帮助祥子重新生活。

高妈

心地善良、为人要强的老妈子，乐于助人，经历了不幸，学会了在旧社会最底层生活的方法。有自己的想法，常常开导祥子，是一个祥子很佩服的人。她保留了大多数劳动人民的善良、质朴，生活教会了她在社会上为自己找到生路，做事也仔细有心眼，是适应了旧社会的为数不多的劳动人民。

老马

一个一辈子要强，最后无法拯救自己小孙子的车夫。他是将来的祥子的缩影，性格要强，身强力壮，但是没有保住小孙子，眼睁睁看着小孙子死在了自己的怀里。随后，他把这辈子的所有财产——一辆破车给卖了，最后只能靠卖点东西维持自己的生活。他和祥子一样无法摆脱命运，最后悲惨的死在街头。小福子：一个善良的、可悲的人物，先是被父亲卖给了一个军官，军官被调走后她又回到了娘家，母亲已被父亲打死，父亲又酗酒成性，家里没有经济来源，看着两个弟弟挨饿被迫走上了卖身的道路。最后被父亲卖到了窑子里，等不到祥子接她，不堪非人的待遇，自己上吊自杀了。

二强子

一个自暴自弃的车夫，把自己女儿卖了买了车，又风光了一阵，等钱用完了就喝了酒在家发脾气，结果将自己的妻子打死了，卖了车办完事，又开始拉车，天天喝得烂醉，家里的两个孩子也不管。女儿回来后，还逼着女儿卖身养活一家人，时常回家找女儿要钱，要了钱又去喝得烂醉

孙侦探（孙排长）

在祥子第一次买上车后，因一次冒险拉活，被大兵们逮捕，不但丢了车，还得天天伺候这些当兵的，这些个兵的头头就是孙排长，这时孙排长还并未露面。祥子第二次遇到孙排长的时候是在曹先生被搜查的时候，此时孙排长已经成为孙侦探，可成为侦探的他依然摆了祥子一道，从祥子这把他所有的积蓄全都搜刮走了。祥子最后的堕落是因为梦想的破灭，原因有很多，可这个姓孙的就直接的两次使祥子的梦想破灭。

五、故事梗概

《骆驼祥子》这部小说以二十年代末期的北京市民生活为背景，以人力车夫祥子的坎坷悲惨生活遭遇为主要情节，深刻揭露了旧中国的黑暗，控诉了统治阶级对劳动人民的深切同情。祥子是北京20世纪二三十年代一位青年车夫，善良、正直。他的理想是车，拥有一辆属于自己的车。于是，他省吃俭用，起早摸黑。三年之后终于得偿所愿，但是那时是抗战时期，北平乱成一团，祥子稀里糊涂地被抓去打杂，更痛苦的是他的寄托——车，也被夺走了。千辛万苦逃了出来，回到“仁和厂子”继续拉车。但是痛苦还没结束：厂主刘四爷的女儿虎妞看上了祥子，并诱惑他，祥子上了当，不得不娶了虎妞，不多久虎妞就死于难产。

从此以后祥子就堕落了，以前的善良正直不见了，他憎恨任何人。拉车也不去了，吃喝嫖赌的恶习也染上了，他可以为金钱出卖朋友，彻底沦为了行尸走肉。

祥子的悲剧，是他所置身的社会生活环境的产物。小说真实地展现了那个黑暗社会的生活面目，展现了军阀、特务、车厂主们的丑恶面目，如果不是他们的迫害，祥子也不会从充满希望走向堕落，一个曾经勤劳坚忍，有着自己目标的人最后却沦为了社会垃圾。

六、章节概括

第一章　攒钱买车

介绍洋车夫祥子出场，也交代了祥子的背景和他的思想根源，他的梦想就是凭借自己的努力买上一辆属于自己的车，通过个人奋斗走向生命的成功。他善良、淳朴，尽管沉默木讷，却不失为一个可爱的人。开头他凭借自己的努力买上了第一辆车，他的人生拉开了序幕。

第二章　第一次打击

战争在北平使人心惶惶。祥子为了多赚点钱拉客人去了危险地带，结果被无理的警察拉去充军，车也就这么不明不白的没了。祥子跟着军队走了没多久就偷偷地跑了，临走牵走了兵们的骆驼，当作对自己丢了车的补偿。

第三章　去找刘四爷

祥子拉着骆驼艰苦地走回了北平，途中路过一个小村子，用三匹骆驼换了35个大洋，带着对新生活的希望，祥子再次上路了。

第四章　虎妞对祥子好

祥子回到北平在海淀的一家小店住了三四天，梦话被人们听了去，从此得了个“骆驼”的外号，他花了些钱将自己整顿好，又再次干起了拉洋车的营生，这一次他将家安在了刘四爷的车厂。透过刘四爷的车厂，老舍将笔墨展开，开始写到了车厂中其他的洋车夫，而祥子也在这里遇到了之后影响他一生的虎妞。祥子将花剩的30大洋交给刘四爷保存，希望着有一天攒够了钱再次买上自己的车。

第五章　祥子在曹宅

为了买车，祥子茶里饭里的自苦，风里雨里的卖命。而此时，虎妞已经对祥子表现出了大姐般的关爱，很有青睐他的意思，而刘四爷暗地里看着心里却不怎么满意。祥子在杨宅拉上了包月，可这一家人均异常刻薄，拼命使唤祥子令祥子身心疲惫，终因一次侮辱使祥子挺着硬骨气离开。

第六章　车夫老马和小马

离开了杨宅的祥子有点懊恼也有点不知何去何从，虎妞就利用着这一机会诱惑了祥子，祥子在酒精的作用下糊里糊涂办下错事。第二天醒来祥子心里别提多别扭了，他开始对虎妞不知所措，对他们的关系也竭力想忘记而不成。此时碰到了曹先生，再一次替人拉上包月。

第七章　第二次打击

祥子去了曹府，也有着躲避虎妞的意味，他咂摸着最近几个月发生的事情，心里结着千丝万缕的疙瘩。一次祥子在拉车的时候心不在焉，摔了座，也让祥子从烦闷中苏醒过来。

第八章　再次走投无路

曹府管家高妈的一套利是哲学，祥子十分佩服。高妈劝祥子把钱放出去投资或是存银行等等主意，祥子均无动于衷，一心一意只想自己靠拉车攒钱买上车。年节迫近，祥子想着要给刘四爷买点东西好取回自己那30大洋。

第九章　“租给我辆车！”

虎妞的到来打破了祥子的一切美梦，她谎称自己怀了祥子的孩子，出主意要祥子趁着过年给刘四爷认个干儿子，好顺理成章地和祥子结婚，继承下刘四爷的车厂。祥子就这样糊里糊涂地落进了虎妞的陷阱，他感觉到生活的一切都灰暗痛苦，借酒消愁。

第十章　虎妞和刘四爷吵翻了

祥子盘算起和虎妞的这一场闹剧，躲不开，可是若娶了虎妞又不甘心，并且他也知道玩心眼他不是虎妞的对手，祥子感到委屈却又无处可诉，又一次感觉到命运的捉弄。祥子拉车之余上了小茶馆，此处展现了各种各样洋车夫闲暇时的生活面貌，都统一呈现出清苦和苦涩之味来。祥子在这里头一次遇到了老马和小马爷孙俩，祥子同情他们，给快要饿死的爷孙俩买了包子。爷孙俩的命运刺激了祥子的内心，他开始对命运动摇，对靠个人奋斗可以摆脱贫穷产生了怀疑。

第十一章　虎妞"下嫁"祥子

老北平的祭社日子来临，祥子拉着曹先生回家的路上被侦探跟踪，曹先生躲进了左宅，而祥子躲藏的过程中却发现了侦探就是当年充军时认识的孙排长，孙排长借着机会要挟祥子，要他交出所有的积蓄保条命，祥子只得从命。茫茫大雪中，祥子觉得前途也一样的茫茫。

第十二章　还想去拉车

祥子茫茫然走回曹宅，高妈让祥子和她们一起去左宅躲一晚，祥子拒绝了并到了隔壁的王家和车夫老程凑合一晚。这里老舍交代出曹府为何遭此横祸：曹先生的学生阮明原爱和他一次谈论社会革命等事，但两人虽说是可以说得上不少话，但对学业等事也意见相左，此次阮明功课太差被退学就想把曹先生也拉下马，于是祥子就倒霉地碰上了此一遭。晚上祥子琢磨来琢磨去，推醒老程要让他证明自己没拿曹府一分一毫。

第十三章　虎妞掏钱买车

一早起来祥子给曹宅扫了雪就再去寻曹先生一家，无奈曹先生早已卷了包裹逃了，祥子又一个希望破灭，钱丢了人也走尽了。祥子无奈之下又回到了刘四爷的车厂，因着虎妞，祥子心里总觉得噎着一块，心里堵。刘四爷大寿，祥子没少出力，虎妞在刘四爷耳边吹着耳旁风，大伙也都看了出来，虎妞相中了祥子。

第十四章　虎妞怀孕，祥子病倒

刘四爷寿辰，可看着人来人往，他咂摸出了自己心里的寂寞，看着别人家的女眷小孩，心里跟着生气。而这天早上，车夫们拿祥子打哈哈，说他将来必得继承了刘四爷的车厂，祥子就这差点跟大伙打一架。刘四爷把那些话也听在心里，琢磨过来虎妞的意思。到了晚上白天积攒的气儿自然而然就对着虎妞发了出来，虎妞眼看戏已没法唱，索性把一切都抖搂了出来，说她怀了祥子的孩子。

第十五章　第三次打击

虎妞接着劲儿就和祥子糊里糊涂地成了亲，结了婚祥子才知道虎妞"怀"的不过是个枕头，他的天又黑了一半。祥子现在嫌弃了自己，因为虎妞，他觉得一辈子不顺心一辈子抬不起头见人。虎妞想要祥子带她去玩玩，祥子只能再拉上车赚钱。虎妞给祥子出了主意，再去找刘四爷，毕竟那是她爸爸。

第十六章　小福子和祥子

虎妞把祥子养在家里，她自己也吃好的喝好的大把花钱，看不到同院里人的疾苦。祥子不同，他有自己的打算，过了元宵节，他又拉上了车，可身体却明显有了被虎妞亏空的迹象。路过人和车厂（刘四爷的车厂），祥子发现厂子变了样。

第十七章　祥子变了

刘四爷扔了车厂一走了之了，虎妞心里着了慌，没了靠山她感到什么都不再可靠，拿出了一百大洋给祥子买车，她还留了自己的心眼。因为买车，故事到这里又牵扯出了杂院里的二强子，二强子两个月前刚把女儿小福子卖了人，换了钱挥霍了一阵买了车准备自己干，他生行好吃懒做自然买卖也没做起来，他琢磨着把车卖了。过了年，虎妞趁着时机便宜价买了车，祥子对这车虽说不十分顺心，可也就这么一直拉着。到了四月小福子又回到了杂院，她的军阀丈夫把她扔了。小福子成了虎妞的伴儿，为了养家小福子干起了暗娼，虎妞则在暗地里提供房子。

第十八章　最后的希望

虎妞怀了孕。二强子为着小福子干的营生觉得丢脸，可也不阻拦，喝醉了酒他就对着小福子骂，只有虎妞能对付他。六月的天热的发昏，祥子出车感到步履艰难。此处老舍用了很大的篇幅描写了北平的六月，热得令人不想吃饭，下雨是天气说变就变，没人坐车的时候会可怜车夫，祥子就这么艰难地拉着车，充分感受了人间冷暖，世道不公。祥子病了。

第十九章　第四次打击

祥子的这一病就怎么也好不了，想拉车而身体不同意。祥子病了，小福子就失去了干营生的地方，只好降价在自己家里干。虎妞身体已经不大方便活动，见小福子不常来看自己便生了气，早晚的给小福子难堪，小福子给虎妞跪下了，经过一场折腾二人又恢复了友谊，虎妞还是给小福子提供房子。虎妞越来越接近生产，她才想起自己的年纪已大，做事她使唤小福子，吃喝上一点不对自己怠慢，结果反而导致了难产。虎妞带着个死孩子，终于断了气。

第二十章　行尸走肉

祥子买了车葬了虎妞，他心里的积苦也快到了不能承受的时候，而此时的小福子给了他希望，小福子愿意与他同甘苦。二强子不干，小福子也没法说出什么，毕竟她还有家。祥子看透了拉车，日子看看渐渐往堕落里走。他再次拉上了包月，在夏家，他厌恶那家人，尤其是夏太太，她身上藏着虎妞般女人的恶毒与厉害。

第二十一章　打架生事

祥子心里总想着夏太太的诱惑，仿佛她是欲擒故纵，又仿佛是她根本没有那意思，祥子在她身上越来越看出虎妞的意味，干脆逃了。回到车厂，他大病一场，自此后身上的那点子正气再也没有了，祥子堕落，抽烟，耍坏，犯懒，对车也不再爱惜。一次拉车，祥子又碰到了刘四爷，刘四爷问祥子女儿的下落，祥子说死了，也没告诉埋在那里，就这么甩头走了。

第二十二章　告别过去

对刘四爷出过这口恶气，祥子的心又有了气息。他要让那些恶心都死，而祥子得要强地活着，他的生命再次燃起了希望。他又重新找到了曹府，曹先生答应祥子还拉包月，而且愿意把小福子也一并接来。祥子觉得生命又有了希望，他又从死里活了过来。可杂院里再也见不到小福子，祥子又一次心灰意冷，他回到车厂，借烟酒消愁。

第二十三章　精神崩溃

祥子在街上游荡，遇到了老马，他的孙子小马已经死了，老马感叹，一辈子做车夫就是死路一条，穷人活该死，再要强也没用，他建议祥子去白房子（城郊妓院）找找小福子。祥子在白房子得知了小福子上吊自杀的消息，祥子的心自此已沉到了最低，他所有的希望都破灭，再也没有了生活的希望，不能要强就只有使劲堕落。

第二十四章　成末路鬼

祥子为了赚钱用了所有阴狠坏的招，最终他卖了自己的朋友阮明，一个政治上投机倒把过得春风得意的小人。祥子也不再拉车，什么来钱快他干什么，可是从来不出力，在祥子心里，什么事都是“那么回事”，有便宜他不能不占。祥子终于混成了个人主义的末路鬼。

七、片段赏析

1. 六月十五那天，天热得发了狂。太阳刚一出来，地上已经像下了火。一些似云非云似雾非雾的灰气低低地浮在空中，使人觉得憋气。一点风也没有。祥子在院子里看了看那灰红的天，喝了瓢凉水就走出去。

街上的柳树像病了似的，叶子挂着层灰土在枝上打着卷；枝条一动也懒得动，无精打采地低垂着。马路上一个水点也没有，干巴巴地发着白光。便道上尘土飞起多高，跟天上的灰气联接起来，结成一片毒恶的灰沙阵，烫着行人的脸。处处干燥，处处烫手，处处悠闷，整个老城像烧透了的砖窑，使人喘不过气来。狗趴在地上吐出红舌头，骡马的鼻孔张得特别大，小贩们不敢吆喝，柏油路晒化了，甚至于铺户门前的铜牌好像也要晒化。街上非常寂静，只有铜铁铺里发出使人焦躁的一些单调的丁丁当当。拉车的人们，只要今天还不至于挨饿，就懒得去张罗买卖：有的把车放在有些阴凉的地方，支起车棚，坐在车上打盹；有的钻进小茶馆去喝茶；有的根本没有拉出车来，只到街上看看有没有出车的可能。那些拉着买卖的，即使是最漂亮的小伙子，也居然甘于丢脸，不敢再跑，只低着头慢慢地走。每一口井都成了他们的救星，不管刚拉了几步，见井就奔过去，赶不上新汲的水，就跟驴马同在水槽里灌一大气。还有的，因为中了暑，或是发疲，走着走着，一头栽到地上，永不起来。

祥子有些胆怯了。拉着空车走了几步，他觉出从脸到脚都被热气围着，连手背上都流了汗。可是见了座儿他还想拉，以为跑起来也许倒能有点风。他拉上了个买卖，把车拉起来，他才晓得天气的厉害已经到了不允许任何人工作的程度。一跑，就喘不上气来，而且嘴唇发焦，明明心里不渴，也见水就想喝。不跑呢，那毒花花的太阳把手和脊背都要晒裂。好歹拉到了地方，他的裤褂全裹在了身上。拿起芭蕉扇扇扇，没用，风是热的。他已经不知喝了几气凉水，可是又跑到茶馆去。

两壶热茶喝下去，他心里安静了些。茶从嘴里进去，汗马上从身上出来，好像身子已经是空膛的，不会再储藏一点水分。他不敢再动了。

坐下了好久，他心里腻烦了。既不敢出去，又没事可作，他觉得天气仿佛成心跟他过不去。想出去，可是腿真懒得动，身上非常软，好像洗澡没洗痛快那样，汗虽然出了不少，心里还是不舒畅。又坐了会儿，他再也坐不住了，反正坐着也是出汗，不如爽性出去试试。

一出来，才晓得自己错了。天上的那层灰气已经散开，不很憋闷了，可是阳光也更厉害了：没人敢抬头看太阳在哪里，只觉得到处都闪眼，空中，屋顶上，墙壁上，地上，都白亮亮的，白里透着点红，从上至下整个地像一面极大的火镜，每一条光都像火镜的焦点，晒得东西要发火。在这个白光里，每一个颜色都刺目，每一个声响都难听，每一种气味都搀和着地上蒸发出来的腥臭。街上仿佛没了人，道路好像忽然加宽了许多，空旷而没有一点凉气，白花花的令人害怕。祥子不知怎么是好了，低着头，拉着车，慢腾腾地往前走，没有主意，没有目的，昏昏沉沉的，身上挂着一层粘汗，发着馊臭的味儿。走了会儿，脚心跟鞋袜粘在一块，好像踩着块湿泥，非常难过，本来不想再喝水，可是见了井不由得又过去灌了一气，不为解渴，似乎专为享受井水那点凉气，从口腔到胃里，忽然凉了一下，身上的毛孔猛地一收缩，打个冷战，非常舒服。喝完，他连连地打嗝，水要往上漾。

走一会儿，坐一会儿，他始终懒得张罗买卖。一直到了正午，他还觉不出饿来。想去照例地吃点什么，可是看见食物就要恶心。胃里差不多装满了各样的水，有时候里面会轻轻地响，像骡马喝完水那样，肚子里咣咣咣地响动。

正在午后一点的时候，他又拉上个买卖。这是一天里最热的时候，又赶上这一夏里最热的一天。刚走了几步，他觉到一点凉风，就像在极热的屋里从门缝进来一点凉气似的。他不敢相信自己；看看路旁的柳枝，的确微微地动了两下。街上突然加多了人，铺子里的人争着往外跑，都攥着把蒲扇遮着头，四下里找。"有了凉风！有了凉风！凉风下来了！"大家都嚷着，几乎要跳起来。路旁的柳树忽然变成了天使似的，传达着上天的消息。"柳条儿动了！老天爷，多赏点凉风吧！"

【赏析】以上片段选自《骆驼祥子》第 18 章。文中通过祥子在烈日下拼命拉车的情景，真实而深刻地反映了劳动人民的悲惨生活，表达了作者对挣扎在旧社会最底层的劳动人民的深切同情，和对吃人的制度的强烈抗议。

选文中细致地描摹了 6 月 15 日这天天气的酷热，祥子在烈日下拉车所受的煎熬及其心理活动。文中以天"发了狂"为引线，从多方面描写天气的酷热，以及在这样的天气里人们的种种表现，展示了一幅夏季北京街头的风情画。而笔墨的重点则是人力车夫，尤其是主人公祥子变化、矛盾的心态，使人具体地感受到他肉体上的痛苦与心头上的辛酸。

写法上，作者主要是通过写景来突出主题。写景是为了写人，写景是为了表达主题，这是本文写作上显著的特点。文中以大量的篇幅描写阳光之"烈"，而这一系列对自然景观、天气现象的描摹，都是为了表现人、人的感受与命运。因为自然愈恶劣，那么在其中挣扎度日时所受的苦、遭的难就愈多愈厉害，就愈能表现劳动人民在这社会中低下的地位与悲苦的命运，从而愈能突出全文的主题。因此，文中对自然现象的大量描写都始终与人物、与主题关联着。

选段综合运用了大量的修辞手法。如比喻、排比、拟人、夸张等，增强了文章的形象生动性，使烈日下人们的感受跃然纸上，引起读者共鸣，有如身临其境。例如在写烈日下的景物时，把"整个老城"比喻成"像烧透了的砖窑"，极其形象，可见热的程度。接着用夸张手法，"柏油路晒化了，甚至于铺户门前的铜牌好像也要晒化"，写出了太阳的毒热。在这种酷热的环境下，祥子还出车，可见他勤劳，不怕吃苦以及迫于生计而不得不拼命苦干的悲惨遭遇。

2. 祥子的手哆嗦得更厉害了，揣起保单，拉起车，几乎要哭出来。拉到个僻静地方，细细端详自己的车，在漆板上试着照照自己的脸！越看越可爱，就是那不尽合自己的理想的地方也都可以原谅了，因为已经是自己的车了。把车看得似乎暂时可以休息会儿了，他坐在了水簸箕的新脚垫儿上，看着车把上的发亮的黄铜喇叭。他忽然想起来，今年是二十二岁。因为父母死得早，他忘了生日是在哪一天。自从到城里来，他没过一次生日。好吧，今天买上了新车，就算是生日吧，人的也是车的，好记，而且车既是自己的心血，简直没什么不可以把人与车算在一块的地方。

【赏析】祥子为了"买车"而牺牲了许多许多，它用三年时间才买到它，当然激动不已，从他的语言、动作、想法上都可以看出他的心情。至于“祥子买车的日子也是他的生日”，读到这段话，谁都会为祥子的成功而高兴，给他庆祝。这就是老舍这个“人民艺术家”语言的魅力。

3. 外面的黑暗渐渐习惯了，心中似乎停止了活动，他的眼不由的闭上了。不知道是往前走呢，还是已经站住了，心中只觉得一浪一浪的波动，似一片波动的黑海，黑暗与心接成一气，都渺茫，都起落，都恍惚。忽然心中一动，像想起一些什么，又似乎是听见了一些声响，说不清；可是又睁开了眼。他确是还往前走呢，忘了刚才是想起什么来，四外也并没有什么动静。心跳了一阵，渐渐又平静下来。他嘱咐自己不要再闭上眼，也不要再乱想；快快的到城里是第一件要紧的事。可是心中不想事，眼睛就很容易再闭上，他必须想念着点儿什么，必须醒着。他知道一旦倒下，他可以一气睡三天。想什么呢？他的头有些发晕，身上潮渌渌的难过，头发里发痒，两脚发酸，口中又干又涩。他想不起别的，只想可怜自己。可是，连自己的事也不大能详细的想了，他的头是那么虚空昏胀，仿佛刚想起自己，就又把自己忘记了，像将要灭的蜡烛，连自己也不能照明白了似的。再加上四围的黑暗，使他觉得像在一团黑气里浮荡，虽然知道自己还存在着，还往前迈步，可是没有别的东西来证明他准是在哪里走，就很像独自在荒海里浮着那样不敢相信自己。他永远没尝受过这种惊疑不定的难过，与绝对的寂闷。平日，他虽不大喜欢交朋友，可是一个人在日光下，有太阳照着他的四肢，有各样东西呈现在目前，他不至于害怕。现在，他还不害怕，只是不能确定一切，使他受不了。设若骆驼们要是像骡马那样不老实，也许倒能教他打起精神去注意它们，而骆驼偏偏是这么驯顺，驯顺得使他不耐烦；在心神最恍惚的时候，他忽然怀疑骆驼是否还在他的背后，教他吓一跳；他似乎很相信这几个大牲口会轻轻的钻入黑暗的岔路中去，而他一点也不晓得，像拉着块冰那样能渐渐的化尽。

【赏析】首先，选文是从第三人称的角度来写的，便于读者多角度审视人物形象；其次，表现手法上主要以描写为主，表现出故事主人公在历经劫难后的一种疲惫、失落无助的状态以及迷惘彷徨的心理，突出地反映了人物内心的矛盾；另外，“黑暗”的环境渲染出一种诡异、恐怖的气氛，烘托出人物内心的痛苦挣扎，对生活的失望，对生命的绝望。也暗示了社会背景的黑暗。

经典演练

一、填空题

1. 《骆驼祥子》作者________，原名________，________族，________（籍贯）人，有________的称号。
2. 祥子是老舍的长篇代表作《________》中的一个人物形象。这部作品描写来自农村的淳朴、健壮的祥子，到北平谋生创业，________次买车又________次失去，并终于堕落到生活的谷底的故事。
3. ________是《骆驼祥子》的基本线索，与祥子有着密切关系的女主人公是________。
4. 祥子是老舍笔下一个被侮辱、被损害的下层劳动者形象，他本是农民，进城后以______为生。虎妞是祥子的妻子，也是车厂主________的女儿。

5. 祥子的第一辆车被抢走以后，千辛万苦积攒的准备第二次买车的钱被________给洗劫了。
6. “我算明白了，干苦活儿的打算独自一个人混好，比登天还难”是__________的感叹。
7. 《骆驼祥子》中祥子失去土地后流落到________拉车。
8. ________的作品在中国现代小说艺术发展中有十分突出的地位，与茅盾、巴金的长篇创作一起，构成现代长篇小说艺术的三大高峰。
9. 《________》被誉为“抗战前夕中国最佳的长篇小说”。
10. 虎妞的变态情欲，________逼女卖淫的病态行为，以及小福子自杀的悲剧，对祥子来说，都是锁住他的“心狱”。
11. 《骆驼祥子》中的祥子在兵荒马乱中被抢走了车，却冒险牵回了三匹________。
12. 在《骆驼祥子》中，既是剥削者又是被剥削者的是________。
13. 有一个人因一个不及格的分数，告发了曹先生，这个人是________。
14. 《骆驼祥子》的主人公是________________，________是他的外号。
15. 祥子最大的梦想是________________。他买的第二辆车因____________________而被卖掉。
16. 1951 年，老舍因创作优秀话剧《龙须沟》而被授予“______________”的称号。
17. 《骆驼祥子》中的________是一个美丽、要强、勤俭的女子，后因生活所迫沦为娼妓，终因不甘生活的屈辱而含恨自缢。
18. 以旧中国北平为背景，描写了人力车夫由人堕落为“兽”的悲惨遭遇的长篇小说是《__________》。
19. 祥子的车被当兵的拉走后，他一直想拥有一辆属于自己的车。就在祥子在茶馆里等着去看夜场电影的曹先生时，他遇到了____________；他们的悲惨情景把祥子最大的希望给打破了。
20. 他是一个“坚壮、沉默而又有生气”的上等车夫，为了争取起码的生存权利而奋斗、挣扎，最终走上了一条自我毁灭的道路。这部作品是《________》，与人力车夫相关的两位女性是________和________。

二、简答题

1. 祥子是一个什么样的典型？

2. 虎妞是一个什么样的典型？

3. 《骆驼祥子》使用北京方言产生了怎样的艺术效果？

4. 简析《骆驼祥子》这个名字的含义。

三、重点情节阅读

【情节一】

祥子的手哆嗦得更厉害了，揣起保单，拉起车，几乎要哭出来。拉到个僻静地方，细细端详自己的车，在漆板上试着照照自己的脸！越看越可爱，就是那不尽合自己的理想的地方也都可以原谅了，因为已经是自己的车了。把车看得似乎暂时可以休息会儿了，他坐在了水簸箕的新脚垫儿上，看着车把上的发亮的黄铜喇叭。他忽然想起来，今年是二十二岁。因为父母死得早，他忘了生日是在哪一天。自从到城里来，他没过一次生日。好吧，今天买上了新车，就算是生日吧，人的也是车的，好记，而且车既是自己的心血，简直没什么不可以把人与车算在一块的地方。

1. 祥子是________（作者）的长篇代表作《________》中的一个人物。
2. 画线句子中，“几乎要哭出来”表现了祥子怎样复杂的情感？

3. 祥子把买车的日子当作自己的生日，说明了什么？

【情节二】

这么大的人，拉上那么美的车，他自己的车，弓子软得颤悠颤悠的，连车把都微微的动弹；车箱是那么亮，垫子是那么白，喇叭是那么响；跑得不快怎能对得起自己呢，怎能对得起那辆车呢？这一点不是虚荣心，而似乎是一种责任，非快跑，飞跑，不足以充分发挥自己的力量与车的优美。那辆车也真是可爱，拉过了半年来的，仿佛处处都有了知觉与感情，祥子的一扭腰，一蹲腿，或一直脊背，它都就马上应合着，给祥子以最顺心的帮助，他与它之间没有一点隔膜别扭的地方。赶到遇上地平人少的地方，祥子可以用一只手拢着把，微微轻响的皮轮像阵利飕的小风似的催着他跑，飞快而平稳。拉到了地点，祥子的衣裤都拧得出汗来，哗哗的，像刚从水盆里捞出来的。他感到疲乏，可是很痛快的，值得骄傲的，一种疲乏，如同骑着名马跑了几十里那样。

1. 结合语段概括作者小说的语言风格。

2. 文中画线句子是作者对祥子表现的评价，你怎样看待这一评价？

3. “祥子的衣裤都拧得出汗来，哗哗的，像刚从水盆里捞出来的。”体现出祥子的什么特点？

【情节三】

祥子没去端碗，先把钱掏了出来：“四爷，先给我拿着，三十块。”把点零钱又放在衣袋里。

A 用眉毛梢儿问了句：“哪儿来的？”

祥子一边吃，一边把被兵拉去的事说了一遍。

“哼，你这个傻小子！”A 听完，摇了摇头，“拉进城来，卖给汤锅，也值十几多块一头；要是冬天驼毛齐全的时候，三匹得卖六十块！”

祥子早就有点后悔，一听这个，更难过了。可是，继而一想，把三只活活的牲口卖给汤锅去挨刀，有点缺德；他和骆驼都是逃出来的，就都该活着。什么也没说，他心中平静了下去。

1. 选文中 A 指的是谁？

2. 文中说祥子“把兵拉去的事说了一遍”，简述这件事的经过是怎样的。

3. 祥子为什么把钱给刘四爷？

【情节四】

厂子里靠常总住着二十来个车夫；收了车，大家不是坐着闲谈，便是蒙头大睡；祥子，只有祥子的手不闲着。初上来，大家以为他是向 A 献殷勤，狗事巴结人；过了几天，他们看出来他一点没有卖好讨俏的意思，他是那么真诚自然，也就无话可说了。A 没有夸奖过他一句，没有格外多看过他一眼；A 心里有数儿。他晓得祥子是把好手，即使不拉他的车，他也还愿意祥子在厂子里。有祥子在这儿，先不提别的院子与门口永远扫得干干净净。B 更喜欢这个傻大个儿，她说什么，祥子老用心听着，不和她争辩；别的车夫，因为受尽苦楚，说话总是横着来；B一点不怕他们，可是也不愿多搭理他们；B的话，所以，都留给祥子听。当祥子去拉包月的时候，A、B都仿佛失去一个朋友。赶到他一回来，连A骂人也似乎更痛快而慈善一些。

1．选文中的A和B各指的是谁？

2．结合选段，概括祥子的特点。

3．写A、B对祥子的态度对表现人物形象有怎样的作用？

【情节五】

刘老头子的确没替祥子宣传，可是骆驼的故事很快的由海甸传进城里来。以前，大家虽找不出祥子的毛病，但是以他那股子干倔的劲儿，他们多少以为他不大合群，别扭。自从“骆驼祥子”传开了以后，祥子虽然还是闷着头儿干，不大和气，大家对他却有点另眼看待了。有人说他拾了个金表，有人说他白弄了三百块大洋，那自信知道得最详确的才点着头说，他从西山拉回三十匹骆驼！说法虽然不同，结论是一样的——祥子发了邪财！对于发邪财的人，不管这家伙是怎样的“不得哥儿们”，大家照例是要敬重的。卖力气挣钱既是那么不容易，人人盼望发点邪财；邪财既是那么千载难遇，所以有些彩气的必定是与众不同，福大命大。因此，祥子的沉默与不合群，一变变成了贵人语迟；他应当这样，而他们理该赶着他去拉拢。“得了，祥子！说说，说说你怎么发的财？”这样的话，祥子天天听到。他一声不响。直到逼急了，他的那块疤有点发红了，才说，“发财，妈的我的车哪儿去了？”

是呀，这是真的，他的车哪里去了？大家开始思索。但是替别人忧虑总不如替人家喜欢，大家于是忘记了祥子的车，而去想着他的好运气。过了些日子，大伙儿看祥子仍然拉车，并没改了行当，或买了房子置了地，也就对他冷淡了一些，而提到骆驼祥子的时候，也不再追问为什么他偏偏是“骆驼”，仿佛他根本就应当叫作这个似的。

1．大伙儿对祥子的前后态度有了怎样的变化？这变化说明了什么？

2．大家对祥子议论纷纷，传出各种流言，请你说说有哪些流言？从大家的议论中可以看出人们怎样的心理？

3. 选文从哪些方面对祥子进行了描写，刻画了祥子怎样的性格特点？

【情节六】

初秋的夜晚，星光叶影里阵阵的小风，祥子抬起头，看着高远的天河，叹了口气。这么凉爽的天，他的胸脯又是那么宽，可是他觉到空气仿佛不够，胸中非常憋闷。他想坐下痛哭一场。以自己的体格，以自己的忍性，以自己的要强，会让人当作猪狗，会维持不住一个事情，他不只怨恨杨家那一伙人，而渺茫的觉到一种无望，恐怕自己一辈子不会再有什么起色了。拉着铺盖卷，他越走越慢，好像自己已经不是拿起腿就能跑个十里八里的祥子了。

到了大街上，行人已少，可是街灯很亮，他更觉得空旷渺茫，不知道往哪里去好了。上哪儿？自然是回人和厂。心中又有些难过。作买卖的，卖力气的，不怕没有生意，倒怕有了照顾主儿而没作成买卖，像饭铺理发馆进来客人，看了一眼，又走出去那样。祥子明知道上工辞工是常有的事，此处不留爷，自有留爷处。可是，他是低声下气的维持事情，舍着脸为是买上车，而结果还是三天半的事儿，跟那些串惯宅门的老油子一个样，他觉着伤心。他几乎觉得没脸再进人和厂，而给大家当笑话说："瞧瞧，骆驼祥子敢情也是三天半就吹呀，哼！"

1. 赏析选文中画线的句子。

初秋的夜晚，星光叶影里阵阵的小风，祥子抬起头，看着高远的天河，叹了口气。

2. 从选文看，让祥子感到痛苦的原因有哪些？请概括出三点。

3. 选文主要运用哪种方法刻画了祥子怎样的内心感受？

【情节七】

"先生！"祥子低着头，声音很低，可是很有力："先生另找别人吧！这个月的工钱，你留着收拾车吧：车把断了，左边的灯碎了块玻璃；别处倒都好好的呢。"

"先洗洗，上点药，再说别的。"曹先生看着自己的手说，太太正给慢慢的往上缠纱布。

"先洗洗！"高妈也又想起话来。"先生并没说什么呀，你先别倒打一瓩！"

祥子还不动。"不用洗，一会儿就好！一个拉包月的，摔了人，碎了车，没脸再……"他的话不够帮助说完全了他的意思，可是他的感情已经发泄净尽，只差着放声哭了。辞事，让工钱，在祥子看就差不多等于自杀。可是责任，脸面，在这时候似乎比命更重要，因为摔的不是别人，而是曹先生。

……

曹氏夫妇去休息。高妈拿着药瓶，跟出祥子来。到了他屋中，她把药瓶放下，立在屋门口里："待会儿你自己抹抹吧。我说，为这点事不必那么吃心。当初，有我老头子活着的日子，我也是常辞工。一来是，我在外头受累，他不要强，教我生气。二来是，年轻气儿粗，一句话不投缘，散！卖力气挣钱，不是奴才；你有你的臭钱，我泥人也有个土性儿；老太太有个伺候不着！现在我可好多了，老头子一死，我没什么挂念的了，脾气也就好了点。这儿呢——我在这儿小三年子了；可不是，九月九上的工——零钱太少，可是他们对人还不错。咱们卖的是力气，为的是钱；净说好的当不了一回事。可是话又得这么说，把事情看长远了也有好处：三天两头的散工，一年倒歇上六个月，也不上算；莫若遇上个和气的主儿，架不住干日子多了，零钱就是少点，可是靠常儿混下去也能剩俩钱。今儿个的事，先生既没说什么，算了就算了，何必呢。也不是我攀个大，你还是小兄弟呢，容易挂火。一点也不必，火气壮当不了饭吃。像你这么老实巴交的，安安顿顿的在这儿混些日子，总比满天打油飞去强。我一点也不是向着他们说话，我是为你，在一块儿都怪好的！"她喘了口气，"得，明儿见；甭犯牛劲，我是直心眼，有一句说一句！"

1. 结合选段分析主人公祥子的形象。

2. 参考选段，分析曹先生是一个怎样的人，请用简洁的语言回答。

3. 请结合选段分析高妈的形象。

【情节八】

街上慢慢有些年下的气象了。在晴明无风的时候，天气虽是干冷，可是路旁增多了颜色：年画，纱灯，红素蜡烛，绢制的头花，大小蜜供，都陈列出来，使人心中显着快活，可又有点不安；因为无论谁对年节都想到快乐几天，可是大小也都有些困难。祥子的眼增加了亮光，看见路旁的年货，他想到曹家必定该送礼了；送一份总有他几毛酒钱。节赏固定的是两块钱，不多；可是来了贺年的，他去送一送，每一趟也得弄个两毛三毛的。凑到一块就是个数儿；不怕少，只要零碎的进手；他的闷葫芦罐是不会冤人的！晚间无事的时候，他钉坑儿看着这个只会吃钱而不愿吐出来的瓦朋友，低声的劝告："多多的吃，多多的吃，伙计！多咱你吃够了，我也就行了！"

年节越来越近了，一晃儿已是腊八。欢喜或忧惧强迫着人去计划，布置；还是二十四小时一天，可是这些天与往常不同，它们不许任何人随便的度过，必定要作些什么，而且都得朝着年节去作，好像时间忽然有了知觉，有了感情，使人们随着它思索，随着它忙碌。祥子是立在高兴那一面的，街上的热闹，叫卖的声音，节赏与零钱的希冀，新年的休息，好饭食的想象……都使他象个小孩子似的欢喜，盼望。他想好，破出块儿八毛的，得给刘四爷买点礼物送去。礼轻人物重，他必须拿着点东西去，一来为是道歉，他这些日子没能去看老头儿，因为宅里很忙；二来可以就手要出那三十多块钱来。破费一块来钱而能要回那一笔款，是上算的事。这么想好，他轻轻的摇了摇那个扑满，想象着再加进三十多块去应当响得多么沉重好听。是的，只要一索回那笔款来，他就没有不放心的事了！

一天晚上，他正要再摇一摇那个聚宝盆，高妈喊了他一声："祥子！门口有位小姐找你；我正从街上回来，她跟我直打听你。"等祥子出来，她低声找补了句："她像个大黑塔！怪怕人的！"

祥子的脸忽然红得像包着一团火，他知道事情要坏！

1. 选文开头，人们心中都很快活，为什么祥子心里却有些不安？

2. 选文中有很多环境描写，这些环境描写有什么作用？

3. 门口找祥子的那位小姐是谁？

【情节九】

正说到热闹中间，门忽然开了，进来一阵冷气。车夫们几乎都怒目地往外看，看谁这么不得人心，把门推开。

门外的人进来了，也是个拉车的。看样子已有五十多岁，穿着件短不够短、长不够长的棉袄。两个耳朵冻得通红，红得像要落下来的果子；眉上、短须上都挂着些冰珠。一进来，摸住条板凳便坐下了，扎挣着说了句："沏一壶。"

茶还没有沏来，老车夫的头慢慢地往下低，低着低着，全身都出溜下去。

大家马上都立了起来："怎啦？怎啦？"说着，都想往前跑。

"别动！"

茶馆掌柜的有经验，拦住了大家。他独自过去，把老车夫的脖领解开，就地扶起来，用把椅子戗在背后，用手勒着双肩："白糖水，快！"

糖水刚放在老车夫的嘴边上，他哼哼了两声。

"喝点水！"掌柜的对着他耳朵说。

"啊？"老车夫睁开了眼，看见自己是坐在地上，腿蜷了蜷，想立起来。

"先喝点水，不用忙。"掌柜的说。

大家几乎都跑了过来。

“哎！哎！”老车夫向四围看了一眼，双手捧定了茶碗，一口口地吸糖水。

慢慢地把糖水喝完，他又看了大家一眼：“哎，劳诸位的驾！”

说得非常的温柔亲切，绝不像是由那个胡子拉碴的口中说出来的。说完，他又想往起立，过去三四个人忙着往起搀他。他脸上有了点笑意，又那么温和地说：“行，行，不碍！我是又冷又饿，一阵儿发晕！不要紧，不要紧！劳诸位哥儿们的驾！”

1．“老车夫的头慢慢地往下低，低着低着，全身都出溜下去。”这句中的“出溜”一词是北京方言，请推断其含义，并说说运用这个词的好处。

2．茶馆掌柜的处理车夫忽然晕倒的状况很有经验，这说明了什么？

3．围绕老车夫写了哪些事？看出他什么特点？

【情节十】

这时候，老者的干草似的灰发，脸上的泥，炭条似的手，和那个破帽头与棉袄，都像发着点纯洁的光，如同破庙里的神像似的，虽然破碎，依然尊严。大家看着他，仿佛唯恐他走了。祥子始终没言语，呆呆的立在那里。听到老车夫说肚子里空，他猛的跑出去，飞也似又跑回来，手里用块白菜叶儿托着十个羊肉馅的包子。一直送到老者的眼前，说了声：吃吧！然后，坐在原位，低下头去，仿佛非常疲倦。

1．“老者”是谁？画线句子用了什么描写方法？

2．向来没有轻易撒手过一个钱的祥子，居然能给老者买包子，从中能看出他的哪些特点？

3．联系全书分析祥子“坐在原位，低下头去，仿佛非常疲倦”的原因。

【情节十一】

“这可是你说的？可别后悔？”孙侦探的手伸入棉袍中，“看这个，祥子！我马上就可以拿你，你要拒捕的话，我开枪！我要马上把你带走，不要说钱呀，连你这身衣裳都一进狱门就得剥下来。你是明白人，自己合计合计得了！”

“有工夫挤我，干吗不挤挤曹先生？”祥子吭哧了半天才说出来。

“那是正犯，拿住呢有点赏，拿不住担‘不是’。你，你呀，我的傻兄弟，把你放了像放个屁；把你杀了像抹个臭虫！拿钱呢，你走你的；不拿，好，天桥见！别磨烦，来干脆的，这么大的人！再说，这点钱也不能我一个人独吞了，伙计们都得沾补点儿，不定分上几个子儿呢。这么便宜买条命还不干，我可就没了法！你有多少钱？”

祥子立起来，脑筋跳起多高，攥上了拳头。

“动手没你的，我先告诉你，外边还有一大帮人呢！快着，拿钱！我看面子，你别不知好歹！”孙侦探的眼神非常的难看了。

“我招谁惹谁了?!”祥子带着哭音，说完又坐在床沿上。

“你谁也没招；就是碰在点儿上了！人就是得胎里富，咱们都是底儿上的。什么也甭再说了！”孙侦探摇了摇头，似有无限的感慨，“得了，自当是我委屈了你，别再磨烦了！”

祥子又想了会儿，没办法。他的手哆嗦着，把闷葫芦罐儿从被子里掏了出来。

“我看看！”孙侦探笑了，一把将瓦罐接过来，往墙上一碰。

祥子看着那些钱撒在地上，心要裂开。

“就是这点?”

祥子没出声，只剩了哆嗦。

1. 老实本分的祥子为什么遭到孙侦探胁迫、敲诈?

2. 该如何理解孙侦探“把你放了像放个屁；把你杀了像抹个臭虫！”这句话?

3. 根据文中四处画线的句子，说说面对孙侦探的敲诈，祥子有怎样的反应？说明祥子有哪些特点?

【情节十二】

把一支烟烧完，祥子还是想不出道理来，他像被厨子提在手中的鸡，只知道缓一口气就好，没有别的主意。他很愿意和老程谈一谈，可是没话可说，他的话不够表现他的心思的，他领略了一切苦处，他的口张不开，像个哑巴。买车，车丢了；省钱，钱丢了；自己一切的努力只为别人来欺侮！谁也不敢招惹，连条野狗都得躲着，临完还是被人欺侮得出不来气！

先不用想过去的事吧，明天怎样吧？曹宅是不能再回去，上哪里去呢？“我在这儿睡一夜，行吧?”他问了句，好像条野狗找到了个避风的角落，暂且先忍一会儿；不过就是这点事也得要看明白了，看看妨碍别人与否。

“你就在这儿吧，冰天雪地的上哪儿去？地上行吗？上来挤挤也行呀！”

祥子不肯上去挤，地上就很好。

老程睡去，祥子来回的翻腾，始终睡不着。地上的凉气一会儿便把褥子冰得像一张铁，他蜷着腿，腿肚子似乎还要转筋。门缝子进来的凉风，像一群小针似的往头上刺。他狠狠的闭着眼，蒙上了头，睡不着。

1. 选文开头说“祥子还是想不出道理来”，这“道理”指什么？

2. 根据画线句说说祥子领略了哪些苦处？

3. 祥子借宿在车夫老程家的地上，却怎么也睡不着的原因可能有哪些？

【情节十三】

因有雪光，天仿佛亮得早了些。快到年底，不少人家买来鸡喂着，鸡的鸣声比往日多了几倍。处处鸡啼，大有些丰年瑞雪的景况。祥子可是一夜没睡好。到后半夜，他忍了几个盹儿，迷迷忽忽的，似睡不睡的，像浮在水上那样忽起忽落，心中不安。越睡越冷，听到了四外的鸡叫，他实在撑不住了。不愿惊动老程，他蜷着腿，用被子堵上嘴咳嗽，还不敢起来。忍着，等着，心中非常焦躁。好容易等到天亮，街上有了大车的轮声与赶车人的呼叱，他坐了起来。坐着也是冷，他立起来，系好了钮扣，开开一点门缝向外看了看。雪并没有多么厚，大概在半夜里就不下了；天似乎已晴，可是灰渌渌的看不甚清，连雪上也有一层很淡的灰影似的。一眼，他看到昨夜自己留下的大脚印，虽然又被雪埋上，可是一坑坑的还看得很真。

一来为有点事做，二来是消灭痕迹，他一声没出，在屋角摸着把笤帚，去扫雪。雪沉，不甚好扫，一时又找不到大的竹帚，他把腰弯得很低，用力去刮揸；上层的扫去，贴地的还留下一些雪粒，好像已抓住了地皮。直了两回腰，他把整个的外院全扫完，把雪都堆在两株小柳树的底下。他身上见了点汗，暖和，也轻松了一些。跺了跺脚，他吐了口长气，很长很白。

1. 文中说他“忍了几个盹，迷迷糊糊的，似睡不睡的，像浮在水上那样忽起忽落，心中不安”。“他”是谁？又为什么事而心中不安？

2. 从这段文字可以看出“他”是个什么样的人？

3. 选段最后写“他”跺了跺脚，吐了口长气，“很长很白”，“很长很白”是什么意思？

【情节十四】

刘家的事办得很热闹。刘四爷很满意有这么多人来给他磕头祝寿。更足以自傲的是许多老朋友也赶着来贺喜。由这些老友，他看出自己这场事不但办得热闹，而且“改良”。那些老友的穿戴已经落伍，而四爷的皮袍马褂都是新做的。以职业说，有好几位朋友在当年都比他阔，可是现在——经过这二三十年来的变迁——已越混越低，有的已很难吃上饱饭。看着他们，再看看自己的喜棚，寿堂，画着长坂坡的挂屏，与三个海碗的席面，他觉得自己确是高出他们一头，他“改了良”。连赌钱，他都预备下麻将牌，比押宝就透着文雅了许多。

可是，在这个热闹的局面中，他也感觉到一点凄凉难过。过惯了独身的生活，他原想在寿日来的人不过是铺户中的掌柜与先生们，和往日交下的外场光棍。没想到会也来了些女客。虽然虎妞能替他招待，可是他忽然感到自家的孤独，没有老伴儿，只有个女儿，而且长得像个男子。假若虎妞是个男子，当然早已成了家，有了小孩，即使自己是个老鳏夫，或者也就不这么孤苦伶仃的了。是的，自己什么也不缺，只缺个儿子。自己的寿数越大，有儿子的希望便越小，祝寿本是件喜事，可是又似乎应落泪。不管自己怎样改了良，没人继续自己的事业，一切还不是白饶？

1. 这段开篇就写“刘家的事办得很热闹。”“刘家的事”是什么事？

2. 为什么在这个热闹的局面中，他却感到了凄凉和难过呢？

3. 热闹喜庆的日子中，却有点美中不足的地方，联系上下文说说，这美中不足是什么？为什么会这样？

【情节十五】

第二天，祥子很早就出去了。多数的铺户已经开了市，可是还有些家关着门。门上的春联依然红艳，黄的挂钱却有被风吹碎了的。街上很冷静，洋车可不少，车夫们也好似比往日精神了一些，差不离的都穿着双新鞋，车背后还有贴着块红纸儿的。祥子很羡慕这些车夫，觉得他们倒有点过年的样子，而自己是在个葫芦里憋闷了这好几天；他们都安分守己的混着，而他没有一点营生，在大街上闲晃。他不安于游手好闲，可是打算想明天的事，就得去和虎妞——他的老婆商议；他是在老婆——这么个老婆！——手里讨饭吃。空长了那么高的身量，空有那么大的力气，没用。他第一得先伺候老婆，那个红袄虎牙的东西；吸人精血的东西；他已不是人，而只是一块肉。他没了自己，只在她的牙中挣扎着，像被猫叼住的一个小鼠。他不想跟她去商议，他得走；想好了主意，给她个不辞而别。这没有什么对不起人的地方，她是会拿枕头和他变戏法的女怪！他窝心，他不但想把那身新衣扯碎，也想把自己从内到外放在清水里洗一回，他觉得混身都粘着些不洁净的，使人恶心的什么东西，教他从心里厌烦。他愿永远不再见她的面！

1. 结婚本来是件高兴的事，祥子为什么却表现得这么痛苦无奈？

2. “门上的春联依然红艳，黄的挂钱却有被风吹碎了的。”这句话在文中有什么作用？

3. “不安于游手好闲，可是打算想明天的事，就得去和虎妞——他的老婆商议；他是在老婆——这么个老婆！——手里讨饭吃。”这句话里老舍用了三个破折号，又强调了三遍“老婆”，用意是什么？

【情节十六】

拉到了，他的汗劈嗒啪嗒的从鼻尖上，耳朵唇上，一劲儿往下滴嗒。放下车，他赶紧直了直腰，咧了咧嘴。接钱的时候，手都哆嗦得要拿不住东西似的。

在一块儿走过一趟车便算朋友，他们四个人把车放在了一处。祥子们擦擦汗，就照旧说笑了。那个高个子独自了半天，干嗽了一大阵，吐出许多白沫子来，才似乎缓过点儿来，开始跟他们说话儿：

“完了！还有那个心哪；腰，腿，全不给劲喽！无论怎么提腰，腿抬不起来；干着急！”

“刚才那两步就不离，你当是慢哪！”一个二十多岁矮身量的小伙子接过来：“不屈心，我们三个都够棒的，谁没出汗？”

高个子有点得意，可又惭愧似的，叹了口气。

“就说你这个跑法，差不离的还真得教你给撅了，你信不信？”另一个小伙子说。“岁数大了，不是说着玩的。”

高个子微笑着，摇了摇头：“也还不都在乎岁数，哥儿们！我告诉你一句真的，干咱们这行儿的，别成家，真的！”看大家都把耳朵递过来，他放小了点声儿：“一成家，黑天白日全不闲着，玩完！瞧瞧我的腰，整的，没有一点活软气！还是别跑紧了，一咬牙就咳嗽，心口窝辣蒿蒿的！甭说了，干咱们这行儿的就得它妈的打一辈子光棍儿！连它妈的小家雀儿都一对一对儿的，不许咱们成家！还有一说，成家以后，一年一个孩子，我现在有五个了！全张着嘴等着吃！车份大，粮食贵，买卖苦，有什么法儿呢！不如打一辈子光棍，犯了劲上白房子，长上杨梅大疮，认命！一个人，死了就死了！这玩艺一成家，连大带小，好几口儿，死了也不能闭眼！你说是不是？”他问祥子。

1. 高个子的话中揭示了这些拉车的命运苦的原因是什么？

2. “高个子有点得意，可又惭愧似的，叹了口气。”高个子因为什么“得意”，“惭愧”？

3. “祥子们擦擦汗，就照旧说笑了。”作者写这句话的用意何在？

【情节十七】

回到家，她一头扎在炕上，门门的哭起来，一点虚伪狡诈也没有的哭了一大阵，把眼泡都哭肿。

哭完，她抹着泪对祥子说：“好，你豪横！都得随着你了！我这一宝押错了地方。嫁鸡随鸡，什么也甭说了。给你一百块钱，你买车拉吧！”

在这里，她留了个心眼：原本想买两辆车，一辆让祥子自拉，一辆赁出去。现在她改了主意，只买一辆，教祥子去拉；其余的钱还是在自己手中拿着。钱在自己的手中，势力才也在自己身上，她不肯都掏出来；万一祥子——在把钱都买了车之后——变了心呢？这不能不防备！再说呢，刘老头子这样一走，使她感到什么也不可靠，明天的事谁也不能准知道，顶好是得乐且乐，手里得有俩钱，爱吃口什么就吃口，她一向是吃惯了零嘴的。拿祥子挣来的——他是头等的车夫——过日子，再有自己的那点钱垫补着自己零花，且先顾眼前欢吧。钱有花完的那一天，人可是也不会永远活着！嫁个拉车的——虽然是不得已——已经是委屈了自己，不能再天天手背朝下跟他要钱，而自己袋中没一个铜子。这个决定使她又快乐了点，虽然明知将来是不得了，可是目前总不会立刻就头朝了下；仿佛是走到日落的时候，远处已然暗淡，眼前可是还有些亮儿，就趁着亮儿多走几步吧。

祥子没和她争辩，买一辆就好，只要是自己的车，一天好歹也能拉个六七毛钱，可以够嚼谷。不但没有争辩，他还觉得有些高兴。过去所受的辛苦，无非为是买上车。现在能再买上，那还有什么可说呢？自然，一辆车而供给两个人儿吃，是不会剩下钱的；这辆车有拉旧了的时候，而没有再制买新车的预备，危险！可是，买车既是那么不易，现在能买上也就该满意了，何必想到那么远呢！

1. 选文中的“她”是谁？她和祥子、刘老头子都是什么关系？

2. 文中虎妞哭的原因是什么？她原来的想法是怎样？后来“她改了主意”具体指什么？为什么发生这样的变化？

3. 祥子在得知虎妞买一辆车之后是怎样的心理？

【情节十八】

云还没铺满天，地上已经很黑，极亮极热的晴午忽然变成了黑夜似的。风带着雨星，像在地上寻找什么似的，东一头西一头地乱撞。北边远处一个红闪，像把黑云掀开一块，露出一大片血似的。风小了，可是利飕有劲，使人颤抖。一阵这样的风过去，一切都不知怎么好似的，连柳树都惊疑不定地等着点什么。又一个闪，正在头上，白亮亮的雨点紧跟着落下来，极硬的，砸起许多尘土，土里微带着雨气。几个大雨点砸在祥子的背上，他哆嗦了两下。雨点停了，黑云铺满了天。又一阵风，比以前的更厉害，柳枝横着飞，尘土往四下里走，雨道往下落；风，土，雨，混在一起，联成一片，横着竖着都灰茫茫冷飕飕，一切的东西都裹在里面，辨不清哪是树，哪是地，哪是云，四面八方全乱，全响，全迷糊。风过去了，只剩下直的雨道，扯天扯底地垂落，看不清一条条的，只是那么一片，一阵，地上射起无数的箭头，房屋上落下万千条瀑布。几分钟，天地已经分不开，空中的水往下倒，地上的水到处流，成了灰暗昏黄的，有时又白亮亮的，一个水世界。

祥子的衣服早已湿透，全身没有一点干松的地方；隔着草帽，他的头发已经全湿。地上的水过了脚面，湿裤子裹住他的腿，上面的雨直砸着他的头和背，横扫着他的脸。他不能抬头，不能睁眼，不能呼吸，不能迈步。他像要立定在水里，不知道哪是路，不晓得前后左右都有什么，只觉得透骨凉的水往身上各处浇。他什么也不知道了，只茫茫地觉得心有点热气，耳边有一片雨声。他要把车放下，但是不知放在哪里好。想跑，水裹住他的腿。他就那么半死半活地，低着头一步一步地往前拽。坐车的仿佛死在了车上，一声不出地任凭车夫在水里挣命。

雨小了些，祥子微微直了直脊背，吐出一口气："先生，避避再走吧！"

"快走！你把我扔在这儿算怎么回事！"坐车的跺着脚喊。

祥子真想硬把车放下，去找个地方避一避。可是，看看浑身上下都流水，他知道一站住就会哆嗦成一团。他咬上了牙，蹚着水，不管高低深浅地跑起来。刚跑出不远，天黑了一阵，紧跟着一亮，雨又迷住他的眼。

拉到了，坐车的连一个铜板也没多给。祥子没说什么，他已经顾不过命来。

雨住一会儿，又下一阵儿，比以前小了许多，祥子一口气跑回了家。抱着火，烤了一阵，他哆嗦得像风雨中的树叶。

1. 祥子为什么在这样恶劣的环境下还坚持拉车？请结合全书的情节回答。

2. 从文段看，祥子的痛苦来自哪里？请概括出两点。

3. 最后一段将祥子比作"风雨中的树叶"，这样写有什么用意？

【情节十九】

虎妞服下去神符，陈二奶奶与"童儿"吃过了东西，虎妞还是翻滚的闹。直闹了一点多钟，她的眼珠已慢慢往上翻。陈二奶奶还有主意，不慌不忙的教祥子跪一股高香。祥子对陈二奶奶的信心已经剩不多了，但是既花了五块钱，爽性就把她的方法都试验试验吧；既不肯打她一顿，那么就依着她的主意办好了，万一有些灵验呢！

直挺挺的跪在高香前面，他不晓得求的是什么神，可是他心中想要虔诚。看着香火的跳动，他假装在火苗上看见了一些什么形影，心中便祷告着。香越烧越矮，火苗当中露出些黑道来，他把头低下去，手扶在地上，迷迷糊糊的有些发困，他已两三天没得好好的睡了。脖子忽然一软，他唬了一跳，再看，香已烧得剩了不多。他没管到了该立起来的时候没有，拄着地就慢慢立起来，腿已有些发木。

陈二奶奶和“童儿”已经偷偷的溜了。

祥子心中仿佛忽然的裂了，张着大嘴哭起来。小福子也落着泪，可是处在帮忙的地位，她到底心里还清楚一点。“祥哥！先别哭！我去上医院问问吧？”

没管祥子听见了没有，她抹着泪跑出去。

她去了有一点钟。跑回来，她已喘得说不上来话。扶着桌子，她干嗽了半天才说出来：医生来一趟是十块钱，只是看看，并不管接生。接生是二十块。要是难产的话，得到医院去，那就得几十块了。“祥哥！你看怎办呢?!”

祥子没办法，只好等着该死的就死吧！

<u>愚蠢与残忍是这里的一些现象；所以愚蠢，所以残忍，却另有原因。</u>

虎妞在夜里十二点，带着个死孩子，断了气。

1. 本段文字选自《__________》，作者是__________。

2. 请你谈一谈虎妞难产而死的原因。

3. 结合小说的“虎妞之死”，谈谈你对画线句的理解。

【情节二十】

（A）拉到了西直门，城洞里几乎没有什么行人。祥子的心凉了一些。光头也看出不妙，可是还笑着说：“招呼吧，伙计！是福不是祸，今儿个就是今儿个啦！”祥子知道事情要坏，可是在街面上混了这几年了，不能说了不算，不能耍老娘们脾气！出了西直门，真是连一辆车也没遇上；祥子低下头去，不敢再看马路的左右。他的心好像直顶他的肋条。到了高亮桥，他向四围打了一眼，并没有一个兵，他又放了点心。两块钱到底是两块钱，他盘算着，没点胆子哪能找到这么俏的事。他平常很不喜欢说话，可是这阵儿他愿意跟光头的矮子说几句，街上清静得真可怕。“抄土道走吧？马路上——”

“那还用说，”矮子猜到他的意思，“自要一上了便道，咱们就算有点底儿了！”

还没拉到便道上，祥子和光头的矮子连车带人都被十来个兵捉了去！

（B）祥子的车卖了！

钱就和流水似的，他的手已拦不住；死人总得抬出去，连开张殃榜也得花钱。

祥子像傻了一般，看着大家忙乱，他只管往外掏钱。他的眼红得可怕，眼角堆着一团黄白的眵目糊；耳朵发聋，楞楞磕磕的随着大家乱转，可不知道自己做的是什么。

……

眼睛干巴巴的闭不上，他呆呆的看着那有些雨漏痕迹的顶棚。既不能睡去，他坐了起来。看了屋中一眼，他不敢再看。心中不知怎样好。他出去买了包“黄狮子”烟来。坐在炕沿上，点着了一支烟；并不爱吸。呆呆的看着烟头上那点蓝烟，忽然泪一串串的流下来，不但想起虎妞，也想起一切。到城里来了几年，这是他努力的结果，就是这样，就是这样！他连哭都哭不出声来！车，车，车是自己的饭碗。买，丢了；再买，卖出去；三起三落，像个鬼影，永远抓不牢，而空受那些辛苦与委屈。没了，什么都没了，连个老婆也没了！虎妞虽然厉害，但是没了她怎能成个家呢？看着屋中的东西，都是她的，她本人可是埋在了城外！越想越恨，泪被怒火截住，他狠狠的吸那支烟，越不爱吸越偏要吸。把烟吸完，手捧着头，口中与心中都发辣，要狂喊一阵，把心中的血都喷出来才痛快。

1. 选文（A）部分写的是祥子第一次丢车，造成这次悲剧的原因是________________；
   选文（B）部分“祥子的车卖了”的原因是______________。
2. 联系选文（A）（B），分析祥子的人物形象。

3. 结合选文（B）中画线的句子，分析小说的语言特色。

【情节二十一】

及至见了朋友们，他照旧吸着烟，有机会也喝点酒，把小福子忘得一干二净。和朋友们在一块，他并不挑着头儿去干什么，不过别人要做点什么，他不能不陪着。一天的辛苦与一肚子的委屈，只有和他们说说玩玩，才能暂时忘掉。眼前的舒服驱逐走了高尚的志愿，他愿意快乐一会儿，而后混天地黑的睡个大觉；谁不喜欢这样呢，生活既是那么无聊，痛苦，无望！生活的毒疮只能借着烟酒妇人的毒药麻木一会儿，以毒攻毒，毒气有朝一日必会归了心，谁不知道这个呢，可又谁能有更好的主意代替这个呢?!

越不肯努力便越自怜。以前他什么也不怕，现在他会找安闲自在：刮风下雨，他都不出车；身上有点酸痛，也一歇就是两三天。自怜便自私，他那点钱不肯借给别人一块，专为留着风天雨天自己垫着用。烟酒可以让人，钱不能借出去，自己比一切人都娇贵可怜。越闲越懒，无事可做又闷得慌，所以时时需要些娱乐，或吃口好东西。及至想到不该这样浪费光阴与金钱，他心里永远有句现成的话，由多少经验给他铸成的一句话：“当初咱倒是要强过呢，有一丁点好处没有?”这句话没人能驳倒，没人能把它解释开；那么，谁能拦着祥子不往低处去呢？

1. 以上文段选自《____________》。
2. 根据你对这部原著内容的了解，说说为什么祥子会变成这样？

3. 画线句表现了祥子一种什么样的心态？请谈谈你的感悟。

【情节二十二】

“可是，祥子你得从此好好的干哪！”他嘱咐着自己。“干吗不好好的干呢？我有志气，有力量，年纪轻！”他替自己答辩：“心中一痛快，谁能拦得住祥子成家立业呢？把前些日子的事搁在谁身上，谁能高兴，谁能不往下溜？那全过去了，明天你们会看见一个新的祥子，比以前的还要好，好的多！”

嘴里咕哝着，脚底下便更加了劲，好像是为自己的话作见证——不是瞎说，我确是有个身子骨儿。虽然闹过病，犯过见不起人的症候，有什么关系呢。心一变，马上身子也强起来，不成问题！出了一身的汗，口中觉得渴，想喝口水，他这才觉出已到了后门。顾不得到茶馆去，他把车放在城门西的“停车处”，叫过提着大瓦壶，拿着黄砂碗的卖茶的小孩来，喝了两碗刷锅水似的茶；非常的难喝，可是他告诉自己，以后就得老喝这个，不能再都把钱花在好茶好饭上。这么决定好，爽性再吃点东西——不好往下咽的东西——就作为勤苦耐劳的新生活的开始。他买了十个煎包儿，里边全是白菜帮子，外边又“皮”（注：皮，不焦。）又牙碜（注：牙碜，坏面不纯净，吃时像咬着沙土的那种感觉。）。不管怎样难吃，也都把它们吞下去。吃完，用手背抹了抹嘴。上哪儿去呢？

可以投奔的，可依靠的人，在他心中，只有两个。打算努力自强，他得去找这两个——小福子与曹先生。曹先生是“圣人”，必能原谅他，帮助他，给他出个好主意。顺着曹先生的主意去做事，而后再有小福子的帮助；他打外，她打内，必能成功，必能成功，这是无可疑的！

谁知道曹先生回来没有呢？不要紧，明天到北长街去打听；那里打听不着，他会上左宅去问。只要找着曹先生，什么便都好办了。好吧，今天先去拉一晚上，明天去找曹先生；找到了他，再去看小福子，告诉她这个好消息：祥子并没混好，可是决定往好里混，咱们一同齐心努力的往前奔吧！

这样计划好，他的眼亮得像个老鹰的眼，发着光向四外扫射，看见个座儿，他飞也似跑过去，还没讲好价钱便脱了大棉袄。跑起来，腿确是不似先前了，可是一股热气支撑着全身，他拼了命！祥子到底是祥子，祥子拼命跑，还是没有别人的份儿。见一辆，他开一辆，好像发了狂。汗痛快的往外流。跑完一趟，他觉得身上轻了许多，腿又有了那种弹力，还想再跑，像名马没有跑足，立定之后还踢腾着蹄儿那样。他一直跑到夜里一点才收车。回到厂中，除了车份，他还落下九毛多钱。

1.“可是，祥子你得从此好好的干哪！”选文中祥子的哪些具体行为体现了他对自己的嘱咐？

2. 请你结合对整本书的阅读理解，分析一下祥子认为“小福子与曹先生”是他“可以投奔的，可依靠的人”的原因是什么？

【情节二十三】

现在，怎能占点便宜，他就怎办。多吸人家一支烟卷，买东西使出个假铜子去，喝豆汁多吃几块咸菜，都使他觉到满意。他也学会跟朋友们借钱，借了还不想还；逼急了他可以耍无赖。起初人家都知道他是好体面讲信用的人，所以他一张嘴，就把钱借到。他利用着这点人格的残余到处去借，借着如白捡，借到手便顺手儿花去。人家要债，他会作出极可怜的样子去央求宽限，这样一来，他连一个铜子也借不到了。他开始去骗钱花，凡是以前他所混过的宅门，他都去拜访，主人也好，仆人也好，见面他会编一套谎，骗几个钱；没有钱，他央求赏给点破衣服，衣服到手马上也变了钱，钱马上变了烟酒；他竟变成这个样子。

1. 选文从三方面写祥子的无赖，依据提示，补充内容。

   爱占小便宜→__________→__________

2. “他利用着这点人格的残余到处去借，借着如白捡，借到手更随手儿花去。”表现了祥子的什么特点？请用一个四字短语概括。

3. 分析祥子变成无赖的原因。

【情节二十四】

祥子，多么体面的祥子，变成个又瘦又脏的低等车夫。脸，身体，衣服，他都不洗，头发有时候一个多月不剃一回。他的车也不讲究了，什么新车旧车的，只要车份儿小就好。拉上买卖，稍微有点甜头，他就中途倒出去。坐车的不答应，他会瞪眼，打起架来，到警区去住两天才不算一回事！独自拉着车，他走得很慢，他心疼自己的汗。及至走上帮儿车，要是高兴的话，他还肯跑一气，专为把别人落在后边。在这种时候，他也很会掏坏，什么横切别的车，什么故意拐硬弯，什么别扭着后面的车，什么抽冷子搡前面的车一把，他都会。原先他以为拉车是拉着条人命，一不小心便有摔死人的危险。现在，他故意的耍坏；摔死谁也没大关系，人都该死！

他又恢复了他的静默寡言。一声不出的，他吃，他喝，他掏坏。言语是人类彼此交换意见与传达感情的，他没了意见，没了希望，说话干吗呢？除了讲价儿，他一天到晚老闭着口；口似乎专为吃饭喝茶与吸烟预备的。连喝醉了他都不出声，他会坚持在僻静的地方去哭。几乎每次喝醉他必到小福子吊死的树林里去落泪；哭完，他就在白房子里住下。酒醒过来，钱净了手，身上中了病。他并不后悔；假若他也有后悔的时候，他是后悔当初他干吗那么要强，那么谨慎，那么老实。该后悔的全过去了，现在没有了可悔的事。

1. 祥子静默寡言，一声不出。但他爱哭，祥子为什么哭？

2. 由文段中可看出祥子前后的性格有什么不同？

3. 根据你对原著的理解，说说祥子为什么会变成这样一个人。

海底两万里

全程导读

一、作者简介

儒勒·凡尔纳是19世纪法国著名的科幻小说和冒险小说作家，被誉为“现代科学幻想小说之父”，曾写过《海底两万里》《格兰特船长的儿女》《地心游记》《八十天环游地球》等著名科幻小说，其一生信仰科学，是少见的科学作家。

1828年2月8日，凡尔纳生于南特，1848年赴巴黎学习法律，写过短篇小说和剧本。1863年起，他开始发表科学幻想冒险小说，以总名称为《在已知和未知的世界中奇异的漫游》一举成名。代表作为三部曲《格兰特船长的儿女》《海底两万里》《神秘岛》。

凡尔纳总共创作了66部长篇小说或短篇小说集，还有几个剧本，一册《法国地理》和一部六卷本的《伟大的旅行家和伟大的旅行史》。主要作品还有《气球上的星期五》《地心游记》《机器岛》《漂逝的半岛》《八十天环游地球》等20多部长篇科幻历险小说。

二、作品主题

《海底两万里》是儒勒·凡尔纳的巅峰之作，在这部作品中，他将对海洋的幻想发挥到了极致，表现了人类认识和驾驭海洋的信心，展示了人类意志的坚韧和勇敢。在小说里，凡尔纳借尼摩船长之口表达了对海洋的赞美和热爱：“我爱大海！大海就是一切！它覆盖着地球的十分之七，大海呼出的气清洁、健康。大海广阔无垠，人在这里不会孤独，因为他感觉得到周围涌动着的生命。大海是一种超自然而又神奇的生命载体，他是运动，是爱，像一位诗人所说的，是无垠的生命。可以说，地球上最先形成的是海洋，谁知道当地球消失的时候最后剩下的会不会还是海洋呢！大海就是至高无上的宁静。”凡尔纳为读者构造了一个奇幻的海底世界，在这里，有变幻无穷的奇异景观和各类生物。在尼摩船长的引领下，进行海底狩猎，参观克雷斯波岛海底森林，采集印度洋的珍珠，探访海底亚特兰蒂斯废墟，打捞西班牙沉船的财宝，目睹珊瑚王国的葬礼……种种险象环生的情节显示了人类顽强不屈的优秀品质，展现了人类不懈的开拓精神。他提出了开发深海的可能性，鼓励人们去探索深邃的海底世界。《海底两万里》描绘的美妙壮观的海底世界，充满了异国情调和浓厚的浪漫主义色彩，体现了人类自古以来渴望上天入地、自由翱翔的梦想。小说不但能激发人们对科学的兴趣，而且赞扬了像尼摩船长等反抗压迫的战士的形象，体现了他们具有社会正义感和崇高的人道主义精神。

三、艺术特色

《海底两万里》是凡尔纳的代表作之一，代表了凡尔纳丰富多彩的想象和缜密细腻的行文特点。小说中情节设置古怪离奇，生动形象地描绘了充满神秘色彩的海底世界；语言生动有趣，既是艺术的语言，又是科学的语言，对各种海底事物的说明入木三分，惟妙惟肖。特别是那艘鹦鹉螺潜艇，让读者如痴如醉。

（一）以科学为依据，细节描写详尽

凡尔纳可被称为是“奇异幻想的巨匠”，他的想象力是毫无束缚的，他乘着想象的翅膀遨游于大海深处，探索着大千世界的种种奥秘，栩栩如生地向我们展现了当时不可实现的梦想，创造出了集所有先进设备于一身的“鹦鹉螺号”。

这艘潜水艇是当时任何一只船都无法超越的，它是船的制造者——尼摩船长智慧的结晶。19 世纪下半叶至 20 世纪初，正是欧洲科学飞速发展的时期，资本主义国家凭借其先进的工业成就，以一日千里之势向外开拓，人们热衷于海外航行，去寻求殖民地去探险。此时的法国是世界的超级强国，拥有大片的殖民地，科学技术世界领先。科技的发展为凡尔纳提供了丰富翔实的科学依据，正如作者所说，他把书中的“发明建立在实在的科学基础之上，所安排的结构和使用的材料不完全脱离同时代工程科技的知识领域”。凡尔纳具有非常丰富的地理学、生物学、海洋学等知识，他在写作前对船舱的构造，每到达一个地方的经纬度，海洋生物的种类、习性等都一一做过准确的研究，就像作家真要去进行一次海底航行一样。正是由于作者严谨的科学态度，尽量注意到对他幻想中的事件进行细节描写，才会给人以身临其境的真实与可信。

（二）故事情节曲折紧张，场面描写波澜壮阔

这部小说采取了开门见山的写法。行文一开始就吸引住了我们，人们在海上多次遇见的神秘的怪物，它究竟是什么呢？是移动的暗礁，还是一只独角鲸？当阿龙纳斯等人的船沉没了，在他们绝望之际，竟然发现自己死里逃生，身处于一艘巨大的潜水艇之上，成了尼摩船长的俘虏。尼摩船长何许人也？他是被压迫民族的捍卫者，奴隶民族的解放者，还是一个仇恨人类社会一切的孤独的人？他会不会把阿龙纳斯等人扔进海里，会不会把他们永远囚禁在这艘船上以保守秘密？这些我们都不得而知，文中设下重重悬念，等待我们去解读。主人公在欣赏海底如梦如幻、美丽壮观的景致的同时也危机四伏，先后经历了搁浅、土人围攻、同鲨鱼搏斗、冰山封路、章鱼袭击等险情。感人的场面让人难忘，恐怖的场面同样让人触目惊心，甚至更刺激人的神经，以至于读过之后还念念不忘，好像身临其境。

（三）人物形象个性鲜明

尼摩船长是凡尔纳笔下所塑造的一个最伟大的形象。他是一个带有浪漫、神秘色彩、极具吸引力的人物。当尼摩船长怀着深仇大恨向没有悬挂国旗的三桅战船撞去时，我们不会理解，我们所看到的可能只有他仇恨人类社会的一面，看到的是他性格上的暴烈，有时甚至表现为残酷，“对于人类社会，这位船长总是流露出他那种一直无法改变的不信任和愤懑的情绪。”那艘船的国籍我们不得而知，但在尼摩船长把他撞沉之后，在他的房间里，他跪在一

位妇女和两个小孩的肖像前失声痛哭，久久不愿离去，这也许是他可怜的妻子和儿女。尼摩船长的难言之隐是我们揣测不出的，但有一点可以肯定，他对人类社会的仇恨是有原因的，不是与生俱来的。随着情节的开展，我们在不知不觉中就走进他的世界，走进为坚守美好信仰和追求崇高理想的主人公的内心世界，曾经经历过重重磨难的尼摩把自己的一切包括生死荣辱都真诚地献给了心目中的崇高事业，在某种非凡的精神炼狱和情感磨砺下，尼摩的人性反而被磨砺得更加坚韧，他没有倒下，没有屈服，表现出危机中的勇敢，逆境中的崇高，孤独中的博大，复杂中的纯粹，由此这个艺术形象放射出格外耀眼的灿烂光芒。尼摩的性格、气质和理想，正是作者所期望的，通过自己塑造的人物表达自身的期望和观点。

（四）海底世界描绘十分精彩

海底世界蕴藏着许多奇观异景，让我们大饱眼福。那里有各种新奇的鱼类、植虫、海绵花圃、珊瑚丛林……主人公漫步于海底平原，开始了前所未有的奇妙之旅。他们走在一种细腻、平滑、没有褶皱的沙土上，远处的景物显得朦朦胧胧，一列漂亮的礁石呈现在眼前，石上面铺满着各色最为美丽的植虫类动物，“此时是早上十点。太阳光正以一种相当倾斜的角度照射在水波洋面上，光线像是通过三棱镜一样被折射分解，海底的花、礁石、胚芽、介壳、珊瑚虫等，一接触到如此般的光照，它们的边缘上面便微微呈现出太阳光谱的七色亮彩。”“这各种各样色调的组合交错，的的确确是一幅赤、橙、黄、绿、青、蓝、紫之七彩缤纷的万花筒，总而言之一句话，宛如一位善于运用色彩，且在狂热般作画的画家的正当使用着的一整套调色板！”那里密布着成千上万的海洋生物，有环纹海扇、海槌鱼、水叶甲，真正会跳跃的贝、马蹄螺、朱红胄，天使翅膀一般的风螺、叶纹贝，成群结队的水母，酷像帕那神的笛子的管状珊瑚，仙人掌扇的掌状蔷薇藻……还有许多我们叫不上名字的生物也生活在这里。

总之，《海底两万里》所描绘的海底世界的美妙景致是难以用言语来描绘的，它们让人为之惊叹，为之折服，相信每个读过的人都会对它念念不忘，期望着自己也能经历一次神奇美妙、惊险刺激的海底之旅！

四、人物形象

尼摩船长

知识渊博的工程师，遇事头脑冷静，沉着而又机智。表面看来，他似乎是个与世隔绝的心如死灰的隐士，然而从他内心深处迸发出炽热的感情，他不是关在书斋之中和温室里经不起风吹雨打的科学家，而是一个在反抗殖民主义斗争的烈火中成长起来的民族志士。他搜集海底金银财宝，支援被压迫民族的正义斗争。当祖国沦为殖民地后，他带领少数志同道合的人潜入海底，用反抗的行动和不满的言论，支持和唤醒被压迫民族反抗殖民统治的斗争。

阿龙纳斯教授

生物学家，博古通今，乘潜艇在水下航行，使他饱览了海洋里的各种动植物。他和他那位对分类学入了迷的仆人康塞尔，将这些海洋生物向我们做了翔实的介绍，界、门、纲、目、科、属、种，说得井井有条，使读者认识了许多海洋生物；阿龙纳斯还把在海洋中见到的种种奇观，一一娓娓道来，令读者大开眼界，知道了什么是太平洋黑流，什么是墨西哥暖流，飓风是怎样形成的，马尾藻海又是什么样……

康塞尔

阿龙纳斯教授的仆人，生性沉稳，他从不大惊小怪。总是那么气定神闲，为人随和，从不着急上火——至少你看不出他着急上火。他精通分类理论，遇到什么总是认认真真或者说一本正经地把它们分类，但是对那些东西的名字却一无所知，可以说他是个分类狂。

尼德·兰

是个比较原始的人，一个野性十足的捕鲸手。他也会赞叹极地的美，但对他来说更重要的是牛排，小牛肉，小酒馆里的酒，在陆地上自由地行走。他性情火爆，受不了被监禁，总是计划逃脱，如果没有他，教授和康塞尔最后不可能回到陆地上。

五、故事梗概

此书主要讲述鹦鹉螺号潜艇的故事。1866年，海上发现了一只疑似为独角鲸的大怪物，阿龙纳斯教授及仆人康塞尔受邀参加追捕。在追捕过程中，他们与鱼叉手尼德·兰不幸落水，到了怪物的脊背上。他们发现这怪物并非是什么独角鲸，而是一艘构造奇妙的潜艇。潜艇是尼摩在大洋中的一座荒岛上秘密建造的，船身坚固，利用海水发电。尼摩船长邀请阿龙纳斯作海底旅行。他们从太平洋出发，经过珊瑚岛、印度洋、红海、地中海、大西洋，看到海中许多罕见的动植物和奇异景象。途中还经历了搁浅、土著围攻、同鲨鱼搏斗、冰山封路、章鱼袭击等许多险情。最后，当潜艇到达挪威海岸时，三人不辞而别，回到了他的家乡。

在《海底两万里》中，尼摩是个不明国籍的神秘人物（后在《神秘岛》中交代其为印度人），他在荒岛上秘密建造的这艘潜艇不仅异常坚固，而且结构巧妙，能够利用海洋来提供能源，他们依靠海洋中的各种动植物来生活。潜艇船长对俘虏也很优待，但为了保守自己的秘密，尼摩船长从此之后不允许他们离开。阿龙纳斯一行人别无选择，只能跟着潜艇周游各大洋。在旅途中，阿龙纳斯一行人遇到了无数美景，同时也经历了许多惊险奇遇。他们眼中的海底，时而景色优美、令人陶醉；时而险象丛生、千钧一发。通过一系列奇怪的事情，阿龙纳斯终于了解到神秘的尼摩船长仍与大陆保持联系，用海底沉船里的千百万金银来支援陆地上人们的正义斗争。最后，鹦鹉螺号在北大西洋里遇到一艘驱逐舰的炮轰，潜艇上除了三位俘虏外个个义愤填膺，用鹦鹉螺号的冲角把驱逐舰击沉。不久，他们在潜艇陷入大漩涡的极其险恶的情况下逃出了潜艇，被渔民救上岸。回国后，博物学家才将旅行中所知道的海底秘密公之于世。

六、章节概括

第一卷

第一章　飞逝的巨礁

1866年起，出现了一件大怪事。海洋中发现一个庞然大物，就像飞逝的巨礁，多艘航船莫名其妙地被撞裂了。公众坚决要求把这头怪物从海洋里清除掉。

第二章　赞成与反对

对怪物主要有两派看法，一派认为是一种力大无穷的怪物，另一派则认为是一艘动力强大的“海下船”。我（法国巴黎自然史博物馆教授阿龙纳斯）认为，怪物是一种力量大得惊人的“独角鲸”。美国海军部组织了一艘名为亚伯拉罕·林肯号的快速驱逐舰，准备去清除“怪物”。我应邀随行。

第三章　随先生尊便

我的仆人康塞尔不假思索地说：“随先生尊便。”跟我一同上了以法拉格特为舰长的驱逐舰。驱逐舰从布鲁克林码头扬帆起锚，向大西洋全速前进。

第四章　尼德·兰

舰长和全体海员同仇敌忾，决心一定要捕获独角鲸。只有加拿大人捕鲸手尼德·兰对独角鲸的存在表示怀疑。

第五章　向冒险迎去

舰只在太平洋上游弋。大家的眼睛睁得大大的，努力地观察海面。三个月过去了，海员们开始泄气了，开始怀疑自己这次搜寻行动的意义。半年后，海员们要求返航。舰长许诺最后搜寻三天，三天后如果还无结果就将回去。到了规定期限的最后时刻，一向无动于衷的尼德·兰突然喊叫起来，他发现了怪物。

第六章　全速前进

林肯号企图捕获独角鲸，而独角鲸却若无其事地同林肯号捉迷藏。经过一夜一天的追逐周旋，到第二天晚上，双方形成对峙。当林肯号向独角鲸发起进攻时，独角鲸却突然熄灭电光，向林肯号喷射大水。林肯号遭遇了灭顶之灾。

第七章　不知其种属的鲸鱼

我被抛入海里，与康塞尔在海中相依为命。正当筋疲力尽就要沉入海底时，被躲在独角鲸背上的尼德·兰拉出水面。尼德说，这怪物不是鲸，是钢制的。我这才断定它是一艘潜水艇。我们在艇顶苟延残喘。天亮时，艇盖掀开，八个壮汉出来，把我们拖进艇里去。

第八章　动中之动

我们三人被关进一间黑屋子。半小时后，突然眼前一亮，进来两个人。我们用法语、英语、德语和拉丁文进行自我介绍，对方均无反应。他们走了，侍者送来食物，我们饱餐后就进入了梦乡。

第九章　尼德·兰的怒火

潜水艇浮出海面更换新鲜的空气。三人仍被关在铁屋子里，尼德怒气冲天，他想逃跑，又想夺取这条艇。一个侍者进来时被他出其不意地打倒在地掐得半死。这时候，一个说法语的人出现了。

第十章　海洋人

讲法语的就是这艘鹦鹉螺号潜水艇上的尼摩（意为“不存在的人”）船长。他说第一次见面保持沉默是为了了解我们，其实那四种语言他都听得懂。他要我们听从他的命令，否则将置我们于死地。尼摩船长说，他们的衣食用都取自海洋，他热爱海洋，海洋中没有争斗、厮杀和独裁。

第十一章　鹦鹉螺号

尼摩船长带我们参观“鹦鹉螺号”上有一万两千册藏书的图书室，给我抽用海带制成的雪茄，观赏他收集的标本，又看了他为我准备的雅致的房间以及他自己住的简陋的房间。

第十二章　一切都用电

尼摩船长给我们介绍房间里各种仪表的用途，如何开采海底矿藏，如何发电，如何提供空气，又介绍一只小艇的用途，还带我参观了厨房。

第十三章　几组数字

尼摩船长向我介绍潜水艇的概况、构造、动力、发光、建造过程等。

第十四章　黑潮

海底探险旅行正式开始。潜艇在海面以下五十米深处穿越黑水流。我和两位同伴尽情观赏形态美丽、活泼可爱的鱼儿。

第十五章　一封邀请信

尼摩船长给我一封邀请信，请我到海底森林打猎。

第十六章　漫步海底平原

我和康塞尔穿上防水衣服随尼摩船长漫步海底平原，欣赏海洋奇物。

第十七章　海底森林

我们来到海底森林，仔细观察海底生物，还在海底睡了几个钟头。来到克雷斯波岛的海底绝壁，遇到巨形海蜘蛛，打到一只海獭，躲过了角鲨的侵袭。

第十八章　太平洋下四千米

潜艇在太平洋下穿行，令人大开眼界。一天，看到一条沉船，凄惨的海难情景令人惊悚。

第十九章　瓦尼可罗群岛

尼摩船长从瓦尼可罗群岛海底遗物中揭开在18世纪末两艘法国探险船只失踪的真相。

第二十章　托雷斯海峡

潜艇经由地球上最危险的海峡——托雷斯海峡前往印度洋，中途触礁搁浅。经船长同意，我和两位同伴坐小艇上格波罗阿尔岛去。

第二十一章　陆上几日

我和两位伙伴一起上小岛采摘野果、狩猎，捉到一只被豆蔻汁给迷醉的极乐鸟。

第二十二章　尼摩船长的闪电

土著的巴布亚人发现了我们，他们追赶到沙滩，后来还划来独木舟围住鹦鹉螺号，企图向我们发起进攻。尼摩船长将电通到艇外壳，土著人触电后吓得魂飞魄散退走了。鹦鹉螺号被涨起来的海潮托起，离开了珊瑚石床，时间正如船长所预料的分毫不差。

第二十三章　强制性睡眠

潜艇在印度洋行驶。尼摩船长对不同深度的海水温度进行测量，发现水下一千米以下的海水是恒温的。我们目睹了有趣的一幕：海面上磷光闪烁，把大海照得如同白昼，原来是一些小水母球发光造成的。有一天，尼摩船长突然下令将我们关起来，并强制我们睡眠。

第二十四　章珊瑚王国

第二天，船长带我们来到五彩缤纷的珊瑚王国，把一位因伤而死的艇员安葬在珊瑚墓园里。

第二卷

第一章　印度洋

鹦鹉螺号在印度洋穿行，我们看到了基灵岛，看到了“船蛸”，在孟加拉湾漂浮着无数的尸体，还看到了一望无垠的“牛奶海”。

第二章　尼摩船长的新建议

船长给我们介绍原始的采珠法，采珠人悲惨的生活，建议我们参观锡兰岛的采珠场。

第三章　一颗价值千万的珍珠

船长带我们观看一颗大如椰子的珍珠。一个采珠人正辛苦地采珠，突然一头大鲨鱼向他发起进攻，船长舍身相救，与巨鲨展开殊死搏斗。正当船长危在旦夕时，尼德·兰一叉刺中鲨鱼要害。船长把采珠人救到小船上，并赠送一袋小珍珠。

第四章　红海

鹦鹉螺号在红海上劈波斩浪。尼摩船长跟我介绍红海得名的原因和他发现从红海通往地中海的地下通道“阿拉伯隧道”的经过。

第五章　阿拉伯隧道

尼德·兰在红海上用捕鲸叉勇敢地击杀庞大的儒艮。尼摩船长亲自指挥，潜水艇顺利穿过苏伊士地峡。

第六章　希腊群岛

尼摩船长把大量的黄金赠送给一个潜水员。鹦鹉螺号来到桑多林岛附近，我目睹了海底火山喷发的壮观奇景。

第七章　地中海上的四十八小时

鹦鹉螺号在地中海底穿行，我看到许多的遇难船只的残骸静卧在那里，惨不忍睹。

第八章　维哥湾

潜艇正沿着葡萄牙海岸行驶，尼德·兰做好了潜逃的准备，敦促我逃跑，我心里很矛盾，很不安。潜艇在维哥湾停了下来，船长给我讲述1702年西班牙船只被英国海军战败沉没的历史，他命令艇员潜水搬取当年沉船上数不尽的金银珍宝。

第九章　失踪的大陆

潜艇背向欧洲驶去，离大陆越来越远，我们失去了一次逃跑的机会。尼摩船长带我在夜间到三百米深的大西洋底去参观柏拉图笔下的大西洋城——亚特兰蒂斯。

第十章　海底煤矿

潜艇来到一个已经熄灭了的火山中心取燃料，我和同伴出去游览了一通。

第十一章　马尾藻海

潜艇来到马尾藻海。下潜到海底一万六千米的深度竟安然无恙。

第十二章　抹香鲸和长须鲸

鹦鹉螺号驶向南大西洋海域，海面上出现了一群长须鲸，捕鲸手尼德·兰向船长请求让他去捕杀，却被船长劝住了。船长说，人类不应该滥杀这种善良无害的动物。不一会儿，来了一大群长须鲸的天敌——抹香鲸，鹦鹉螺号为了保护长须鲸狠狠地冲杀抹香鲸。

第十三章　大冰盖

鹦鹉螺号开往终年积雪结冰的南极圈，冲撞大冰盖，浮出水面。

第十四章　南极

我和尼摩船长登上南极大陆，观察到南极特有的美丽景观。

第十五章　大事故还是小插曲

潜艇在驶离南极时，被一大块倒下来的冰块砸到了，潜艇一时找不到出路，陷入困境。

第十六章　缺氧

潜艇四周都围着厚厚的冰墙。船长镇定自若地指挥大家轮班开凿冰墙，喷射开水阻止新的结冰。艇内极度缺氧，但秩序井然。经过共同努力，潜艇终于冲出冰墙，冲破冰原，呼吸到了新鲜的空气。

第十七章　从合恩角到亚马逊河

潜艇从大西洋往北，沿着南美洲的曲折海岸行驶，在亚马逊河口，我们用印颈鱼作饵来钓海龟。

第十八章　章鱼

潜艇来到留卡斯群岛附近，突然围上一群大章鱼。章鱼缠住螺旋桨，潜艇动弹不得。在艇顶平台上，人和章鱼展开了激烈的搏斗。在生死关头，尼摩船长挺身而出救下了处于死亡边沿的尼德·兰。

第十九章　墨西哥湾暖流

尼摩船长为在人鱼大战中牺牲的艇员而哀伤。鹦鹉螺号继续向北，航行在墨西哥湾暖流上。船长将自己的研究总结用几种不同的语言写成，签上名字，装进一只容器中扔进大海，希望能为人类所得。我向他提出离开潜艇的要求遭到拒绝。暴风雨来临，船长站在艇顶迎接风浪，岿然不动。

第二十章　北纬47度24分，西经17度28分

尼摩船长潜入海底凭吊英勇不屈的复仇者号。

第二十一章　大屠杀

一艘战舰向潜艇发起攻击，经过几番周旋，潜艇将战舰撞沉，船长获得了一份复仇的快感。

第二十二章　尼摩船长最后的话

我逃离潜艇前听到他正在静静地忏悔；我们三人利用附在潜艇上的小艇逃跑，可恰在此时，潜艇被卷入了大旋流中，我们的小艇也难逃厄运。

第二十三章　尾声

我和两个同伴被罗佛丹群岛的渔民救起。尼摩船长及其鹦鹉螺号一起下落不明。

七、片段赏析

1. 这真是一片奇妙又少见的海底森林，生长的都是高大的木本植物，小树上丛生的枝杈都笔直伸向洋面。没有枝条，没有叶脉，像铁杆一样。在这像温带树林一般高大的各种不同的灌木中间，遍地生长着带有生动花朵的各色珊瑚，美丽极了。

【赏析】生动地表现出海底世界的富饶美丽，令人向往。但是尽管它景色优美、令人陶醉，同样的它也险象丛生、千钧一发。

2. 那一夜在印度洋上，它不是攻击了某些船只吗？那个葬在珊瑚墓地的人，不正是诺第留斯号引起的冲突的牺牲者吗？而在所有的海面上，人们也正在追逐这可怕的毁灭性机器！

【赏析】“诺第留斯”号也曾遇险，在珊瑚礁上搁过浅，受到过巴布亚土著的袭击，最可怕的是，在南极被厚厚的冰层困住，艇内缺氧，艇上的人几乎不能生还。但是，凭着潜艇的精良构造和船长的超人智慧，种种险境，均被化解，终于完成了十一万公里的海底行程。

3. 我的心还在这个国家，并且，直到我最后一口气，我的心也是在这个国家！

【赏析】尼摩船长搜集海底金银财宝，支援被压迫民族的正义斗争。当祖国沦为殖民地后，他带领少数志同道合的人潜入海底，用反抗的行动和不满的言论，支持和唤醒被压迫民族反抗殖民统治的斗争。表面看来，尼摩船长似乎是个与世隔绝的心如死灰的隐士，然而从他内心深处迸发出的炽热的感情，表明他是一个时刻关注着世界政治风云的科学战士。

4. 我们在很细，很平，没有皱纹，像海滩上只留有潮水痕迹的沙上行走。这种眩人眼目的地毯，像真正的反射镜，把太阳光强烈地反射出去。由此而生出那种强大的光线辐射，透入所有的水层中。如果我肯定说，在水中深三十英尺的地方，我可以像在阳光下一样看得清楚，那人们能相信我吗？

【赏析】写得如此平静来引出下文的凶险。

5. 满地都是腔肠动物和棘皮动物。变化不一的叉形虫，孤独生活的角形虫，纯洁的眼球丛，被人叫作雪白珊瑚的伞起作蘑菇形的菌生虫，肌肉盘贴在地上的白头翁……布置成一片花地；再镶上结了天蓝丝绦领子的红花石疣，散在沙间象星宿一般的海星。

【赏析】运用比喻的修辞手法，将腔肠动物和棘皮动物描述得淋漓尽致。

6. 我于是躺在地上，正好躲在藓苔丛林的后面，当我抬起头来，我看见有巨大无比的躯体发出磷光，气势汹汹地走过来。我血管中的血都凝结了！我看见逼近我们的是十分厉害的鲛鱼，是一对火鲛，是最可怕的鲨鱼类，尾巴巨大，眼光呆板阴沉，嘴的周围有很多孔，孔中喷出磷质，闪闪发光。

【赏析】这一段较为惊悚，近距离看到鲛鱼时那种内心的感受，以至于“血都凝结了”。

7. 旋毛鱼，这鱼发电的力量相等于电鳗和电鱼。多鳞的纹翅鱼，这鱼身上有古铜色横斜的带纹。淡青色的鳖鱼。好几种虾虎鱼等。最后是些身材较长大的鱼，一条头部隆起的加郎鱼，好几条一米长的美丽的鲤鱼，身上带天蓝和银白相间的颜色，三条华丽的金枪鱼。不管它们行动得多快，可也没能躲过袋网，脱不了身。

【赏析】写了这几种鱼类，最终向我们诠释了无论他们多有本事，但在袋网面前，始终不能够脱身！

8. 不过希望在人心中总是根深蒂固的！并且我们又是两个人。最后，我还要肯定一点——这看来像是不可能的——即使我要打破我心中的一切幻想，即使我要“绝望”，现在也办不到！战舰跟那鲸鱼冲撞的时间是在夜间十一点钟左右。所以到太阳升起，我们还得游泳八个小时。我们替换着游，游八小时必然可以做到。海面相当平静，我们还不至于过度疲劳。

有时，我的眼光想看透深沉的黑暗，但什么也看不见，只有那由于我们游泳动作激起的浪花透出一点闪光来。在我手下破碎的明亮的水波，点缀在镜子般闪闪的水面上，就好像一块块青灰色的金属片。

【赏析】这段充满了人物力量的心理描写读之使人惊叹，最后的景色描写，很好地烘托了人物精神上富有斗志，而又在身体上十分疲劳，正在与自己斗争的心理状态。不仅如此，更凸现出了作者超凡的技巧。在他的作品中，情节惊险曲折，人物描绘得栩栩如生，结局出人意料，使他的作品闪现着永恒的魅力。所以凡尔纳被誉为“科幻小说之父”是当之无愧的。

经典演练

一、填空题

1. 儒勒·凡尔纳是________（国家）科幻小说家，他是现代科幻小说的重要奠基人。他被誉为“________________”。
2. 《海底两万里》是凡尔纳的“________________”三部曲之二，其余两部是：第一部《____________________》，第三部《____________________》。
3. 凡尔纳的作品形象夸张地反映了19世纪“__________”人们征服自然，改造世界的意志和幻想，并成为______________现代______________小说的先河，我国的科幻小说大多也受到他作品的启发和影响。
4. 《海底两万里》主要讲述诺第留斯号（“鹦鹉螺号”）潜艇的故事。凡尔纳的小说之所以动人，原因在于______________，______________，还在于____________________。
5. 《海底两万里》书中人物寥寥，有名有姓的只有四个半，即：__________船长、自然科学家__________、仆人__________、捕鲸手__________，“亚伯拉罕·林肯”号驱逐舰舰长______，只在小说开头部分昙花一现，姑且算半个。
6. 《海底两万里》中诺第留斯号潜艇是船长尼摩在大洋中的一座荒岛上秘密建造的，船身坚固，利用__________发电。
7. 《海底两万里》中的人物在印度洋的珠场和______展开过搏斗，捕鲸手尼德·兰手刃了一条凶恶的巨鲨；他们在红海里追捕过一条濒于绝种的__________，它的肉当晚就被端上了餐桌。
8. 《海底两万里》一书，情节跌宕起伏，悬念丛生，具有强烈的可读性，而且书中还包含了大量的________、______、______、______、______、________方面的知识，小读者在阅读引人入胜的历险故事的同时，还能够轻松地获取科学知识。
9. 《海底两万里》中尼摩船长形容人类的进步所说的一句话是：“____________________。”
10. 你还知道儒勒·凡尔纳的哪些作品？写出其中的两部：《________________》《________________》。

二、简答题

1. 尼摩船长和阿龙纳斯在海底环球探险旅行时，经历了许多险情，请概括出3次险情。

2. 请说出尼摩船长与阿龙纳斯在海底环球旅行的路线。

3. 简述《海底两万里》的主要内容。

4. 你认为尼摩船长是一个怎么样的人？

5.《海底两万里》是一部纯虚构的科幻小说，你觉得这部书最吸引你的地方是什么？书中哪些想象事物如今已经变成现实？通过这些事例你能看出科幻小说与科技发展的某些关系吗？

三、重点情节阅读

【情节一】

不久以前，好些大船在海上碰见了一个“庞然大物”，一个很长的物体，形状很像纺锤，有时发出磷光，它的体积比鲸鱼大得多，行动起来也比鲸鱼快得多。

关于这个东西的出现，许多航海日志所记下的事实（如这个东西或这个生物的形状，在它运动时的难以估计的速度，它转移的惊人力量，它那种像是天生的特殊本领等等），大致是相同的。如果这东西是鲸鱼类动物，那么它的体积：是大大超过了生物学家曾经加以分类的鲸鱼。居维埃·拉色别德、杜梅里、卡特法日，这些生物学家一一除非看见过，也就是说，除非这些科学家本人的眼睛看见过——是不承认有这样一种怪物存在的。

把多次观察的结果折中一下来看——一方面丢开那些过低的估计，即这个东西只有二百英尺长，同时也不接受过于夸张的言论，即它有一英里宽三英里长，——我们可以肯定，这个奇怪的生物，如果真是存在的话，它的体积是大大超过鱼类学家所承认的体积的。

1. 文中这个“庞然大物”指的是什么？

2.“这个东西或这个生物的形状，在它运动时的难以估计的速度，它转移的惊人力量，它那种像是天生的特殊本领。”“这个东西”靠什么运行？

3. 文中多次写到“怪物”，这样写有什么作用？

【情节二】

“好，我的诚实的鱼叉手，如果一种脊椎动物，身长好几百米，身宽按照身长的比例，它住在这样的海底深处，那么，它们有数百万平方厘米面积的身躯，所受到的压力，就要以千百亿公斤来计算了。现在请您算一算它们的骨架和机体，要顶住这样大的压力所必需的抵抗力吧！”

“那它们的身体要用八英寸厚的钢板造成，跟铁甲战舰那样才行。”尼德·兰回答。

“正像您说的那样，尼德·兰，现在您想想，这样一个巨大的物体，以快车的速度撞在一只船壳上，可能产生的破坏力量是怎样。”

“是……也许……是这样。”加拿大人回答，由于上面的数目字，他心中动摇了，但并不愿意马上认输。

“那么，您相信了吗?”

“您使我相信了一件事，生物学专家，就是说，如果海底下有这样的动物，那它们的身体力量必须像您所说的那样强大。”

“可是，固执的鱼叉手，如果海底下没有这样的动物，您怎样说明斯各脱亚号所遭遇到的事故呢?”

“这或者……”尼德·兰迟疑地说。

“你说下去吧!”

“因为……这不是真的!”这位加拿大人回答，他无意中背出阿拉哥的这句有名的对话。

但这个回答不能说明什么，只不过说明了这位鱼叉手的固执罢了。这一天我不再追问他，斯各脱亚号的事故是不可否认的。船底上的洞是实实在在有的，而且这洞非堵住不可，当然我并不认为有一个洞就能说明问题，可是这洞决不是毫无原因就会有的。既然它不是暗礁撞的，那必然是某一种动物的尖利武器钻的了。

那么，把以上所举的理由归纳一下，我认为这个动物是属于脊椎动物门，哺乳动物纲，鱼类，鲸鱼目。它所属的科，是长须鲸、大头鲸、海豚的那一科；至于它应列入的“属”，应归入的“种”，那要等将来才能弄清楚。如果我们想解决这个问题，必须解剖这个神秘的怪物。要解剖它，就得捉住它；要捉住它，就得叉住它（这是尼德·兰的事）；要叉住它，就得看见它（这是全体船员的事）；要看见它，就得碰见它（这是碰运气的事）。

1. 选文作者是__________，被誉为____________________。全书充满异国情调，如神话般色彩绚烂，体现了人类自古以来_______________________的梦想。
2. 针对“我”对这只“神秘的怪物”的推测，尼德·兰的态度怎样？由此你认为他是怎样的一个人？
3. 选文中“巨大的物体”实际上是什么？小说开始就极力描述海面上“怪兽”出没，频频袭击各国海轮，搅得人心惶惶，有什么作用？

【情节三】

明天，11 月 5 日正午，规定的期限便满期了。中午一过，法拉古舰长就要履行他的诺言，使战舰离开太平洋的北部海面，向东南方航行。

船这时正在北纬 31 度 15 分，东经 136 度 42 分。日本本土就在离我们不及两百英里左右的下方。黑夜快到了。

船上正敲八点钟。一片片的乌云掩盖了上弦的新月。大海波纹在船后面平静地舒展着。这时候，我倚在船头右舷围板上。康塞尔站在我的旁边，眼睛向前看着。全体船员，爬在缆索梯绳上面，细心考察渐渐缩小和沉黑了的天边。军官们拿着夜间用的望远镜，向渐次黑暗的各方搜索。月亮有时从朵朵的云间吐出一线光芒，使沉黑的海面闪耀着光辉；一会儿又消逝在黑暗中了。

1. 文中出现的这艘船叫什么名字？他们要去干什么？

2. 文中“期限”是多久？“诺言”又是指什么？反映了船上人员什么样的心理？

3. 在叙述紧张曲折的故事时融入生动的描写是这部小说的一大特色，请从选文中举例并作简要分析。

【情节四】

他在我的衣服下面放入一把刀子，很快的一下，从上至下把衣服割开。然后，他敏捷地替我脱衣服，我就抓住他泅水。

很快，我也给康塞尔脱掉了衣服，我们彼此轮流在水上“航行”。

可是，我们的处境仍然十分危险：可能我们掉下海的时候，人家没有看见，也可能看见了，但因为战舰的舵坏了。不能回到这边来救我们。现在我们只有指靠大船上的小艇——康塞尔很冷静地这样假设，并计划着随后应做的事。多奇怪的性格！这个冰一般冷的人在这里好像在自己家里那样！

现在我们唯一的生路，就是希望林肯号放下小艇来救我们，所以我们应该想办法，尽力支持，时间愈久愈好，等待小艇到来。我于是决定节约使用我们的力量，使两人不至同时筋疲力尽，下面是我们的办法：我们一个人朝天躺着，两臂交叉，两腿伸直，浮着不动，另一个人泅水把前一人往前推送。做这种“拖船”的工作，每人不能超过十分钟，我们这样替换着做，我们就可以在水面浮好几个钟头，也许可以一直支持到天亮。

……

不过康塞尔还拖着我。他有时抬起头来，直往前看，发出呼喊，回答他的声音越来越近了。我几乎没有听见，我的气力尽了，我的手指都僵了，我的手再不能支持我了；我的嘴抽搐着，一张开就灌满海水；冷气侵袭着我。我最后一次抬起头来，一会儿又沉下去了……

就在这一瞬间，我碰到一个坚实的物体。我就紧靠着它。随后，我觉得有人拉我，把我拉到水面上来，我的胸部不胀了，我晕过去了……

最后，长夜过去了。我的不完全的回忆不容我将当时的印象完全写出来。单有一件小事现在还可以记起来。就是当风浪比较平静的时候，我似乎几次都听到有模糊不清的声音，好像是从远方传来的不可捉摸的乐曲的和声。全世界的人都无法解释的那水底航行的秘密是怎么一回事呢？生活在这只怪船里的是怎样的人呢？怎样的机械使它行动有这样惊人的速度呢？

天亮了。朝雾笼罩着我们，但不久就消散了。我正要仔细观察一下上层形成平台的船壳的时候，我觉得船渐渐下沉了。

“喂！鬼东西！”尼德·兰喊着，用脚狠踢钢板，“开门吧，不好客的航海人！”

但在推进器拨水的隆隆声响中间，想叫人听到他的话是不容易的。很幸运，船一会儿又不往下沉了。

突然，一片猛然推动铁板的声音从船里面发出来。一块铁板掀起了，出来一个人，这人怪叫了一声，立即又进去不见了。

不久，八个又高又大的壮汉，蒙着脸，一声不响地走出来，把我们拉进了他们的可怕机器中。

1. 选文中涉及的三个人物都是谁？各是什么身份？他们之间的关系怎样？

2. 联系前后文，概括选文内容。

3. “把我们拉进了他们的可怕机器中”一句中，“机器”具体指什么？

【情节五】

接受鱼叉手的提议比讨论它好些。所以我只作了下面的回答：“尼德·兰师傅，到那时候我们再想办法。不过，我求您，在机会到来以前，千万不要性急，千万要忍耐，我们只能有计划有策略的行事，发脾气是创造不了有利条件的，所以您得答应我，要暂时忍耐，不能过于激动。”“教授先生，我答应您不发脾气。”尼德·兰带着不大能使人安心的语气回答，“我不说一句粗话，也不露一个结果对我不利的粗暴动作，就是桌上的菜饭不按照心中想望的时间端出来，我也同样不动火。”

“尼德·兰，这么说，那就一言为定了。”我这样回答了加拿大人。

随后，我们的谈话停止了，我们各自思考。至于我个人，我承认，不管鱼叉手怎样有信心，我对他的办法丝毫没有什么幻想。我不承认会有像尼德·兰所说的那些机会。这艘潜水艇既然能开得这样稳稳当当的，上面一定有不少人，因此，万一斗起来，我们碰到的对手是强大的。再说，最要紧的是能够自由，可是我们现在根本就没有自由。我简直想不出有什么方法可以从这关闭得密密实实的铁板房里逃出去。其次，这位古怪的船长只要有点保守秘密的意思——至少看来是这样——他决不让我们随便在船上自由行动。现在，他会不会用暴力把我们干掉，或者有一天把我们抛弃在某一个角落里？这都是不可知的事。不过这些假设在我看来都十分可能，都可以讲得通，只有那脑筋简单的鱼叉手才指望能够重新取得自己的自由。

1. 第一段中尼德·兰保证自己“我不说一句粗话，也不露一个结果对我不利的粗暴动作，就是桌上的菜饭不按照心中想望的时间端出来，我也同样不动火”，他做到了吗？后来发生了什么事情？

2. 结合这个选段，再根据全文，说说尼德·兰是一个什么样的人。

3. 尼德·兰有逃出去的想法，可是“我”却不抱什么幻想，是什么原因呢？

【情节六】

“啊！我可以制造我所需要消耗的空气，但这并没有什么必要，因为我高兴时，就可以浮出水面。但是，A虽说是不向我提供呼吸用的空气，它至少可以启动大功率的泵，把空气储存在一些特制的储气舱里，使我在必要之时可以延长在海洋深处待的时间，想要待多久就待多久。”

“船长，”我说道，“我只有赞叹的份儿了。很显然，您已经找到了人类将来有一天可能会找到的真正的动能了。”

“我不知道他们会不会找到，”尼摩船长冷冷地说，“不管怎么说，您已经了解了，我第一个开发利用了这种珍贵的能量。正是它，以阳光所不具备的均衡性和连续性给我提供了光。现在，您请看这座钟：它是A动的，走得非常准，可以同最好的精密计时器相媲美。我把它分为24小时，如同意大利的时钟一样，因为对我而言，不存在什么白天黑夜，不存在什么太阳月亮，我只有这种被我带到海底的人造光！您瞧，现在是上午10时。”

“完全正确。”

“A还有别的用途。您面前挂着的这块刻度盘，标示的是鹦鹉螺号的航行速度。一根A线把它与航速计连接在一起，上面的那根针则向我指出艇的实际航速。您瞧，我此刻正在以每小时15海里的中等速度在行驶。”

“太奇妙了，”我说道，“我很清楚，船长，您这么做非常有道理，因为它可以代替风、水和蒸汽。”

1. 请用一个恰当的字替换选文中的字母A。

2. “鹦鹉螺号”是如何获得这种能源的？

3. 尼摩船长在向哪个教授介绍鹦鹉螺号的能源？介绍之前他们还在吸烟，品尝了一种味道妙极了的雪茄，那是由什么做的？

【情节七】

“啊！船长，”我诚恳地喊道，“您这艘诺第留斯号真正是一艘神奇的船！”

“是的，教授，”尼摩船长情绪也很激动地回答，“我爱它，像是爱我最心爱的东西一样！虽然你们的船常受海洋的意外袭击。海上一切都是危险的，荷兰人杨生说的很好，他说人们在海上的第一个印象就是怕人的无底深渊的感觉，但是在诺底留斯号船上，人们心中就一点没有什么害怕。用不着害怕船要损毁，因为这只船的双层船壳是钢铁似的坚硬；它没有风浪的翻腾或颠簸可以毁损的缆索一类东西；它没有风可以吹走的帆；它没有蒸汽可以破裂的铁炉；它不会发生可怕的火灾，因为船完全是钢铁制的，不是木头造的；它不用有时会用完的煤炭，因为电是它的机械原动力；因为它在深水独来独往，不会发生可怕的相撞；它又不用冒风暴的危险，因为它在水面几米下便能得到绝对的平静！先生，以上就是这船的优点。它是一只特殊优异，独一无二的船！对于这只船，设计工程师可能比监造建筑师有信心，监造建筑师可能又比船长更有信心，如果真是这样，那您就可以理解到我对我的诺第留斯号为什么完全信赖了，因为我同时是这只船的船长、建筑师和工程师！”

尼摩船长滔滔不绝地雄辩地说着。他眼中的火焰，他手势的激动，使他完全变成另一个人。是的！他爱他的船，像一个父亲爱他的儿子一样？

1．“诺第留斯号”潜艇有哪些优点？

2．为什么说尼摩船长“他爱他的船，像一个父亲爱他的儿子一样”？

3．联系小说其他情节说说，如此先进的“诺第留斯号”是怎样建造出来的，为什么没有被世人发现？

【情节八】

这时是早晨10点。太阳光在相当倾斜的角度下，投射在水波面上，光线由于曲折作用，像通过三棱镜一样被分解，海底的花、石、植物、介壳、珊瑚类动物，一接触被分解的光线，在边缘上显现出太阳分光的七种不同颜色。这种所有浓淡颜色的错综交结，真正是一架红、橙、黄、绿、青、蓝、紫的彩色缤纷的万花筒，总之，它就是十分讲究的水彩画家的一整套颜色！看来实在是神奇，实在是眼福！我怎样才能把我心中所有的新奇感觉告诉康塞尔呢！怎样才能跟他一齐发出赞叹呢！我怎样才能跟尼摩船长和他的同伴一样，利用一种约定的记号来传达我的思想呢！因为没有更好的办法，所以我只好自己对自己说话，在套着自己脑袋的铜盒子里面大声叫喊；虽然我知道，说这些空话消耗的空气恐怕比预定的要多些。对着这灿烂的美景，康塞尔跟我一样惊奇地欣赏。显然，这个守本分的人，要把眼前这些形形色色的植虫动物和软体动物分类，不停地分类。满地都是腔肠动物和棘皮动物。变化不一的叉形虫，孤独生活的角形虫，纯洁的眼球丛，被人叫作雪白珊瑚的耸起作蘑菇形的菌生虫，肌肉盘贴在地上的白头翁……布置成一片花地；再镶上结了天蓝丝绦领子的红花石疣，散在沙间像星宿一般的海星，满是小虫的海盘车，这一切真像水中仙女手绣的精美花边。朵朵的花彩因我们走路时所引起的最轻微的波动而摆动起来。把成千成万散布在地上的软体动物的美丽品种，环纹海扇，海槌鱼，当那——真正会跳跃的贝，洼形贝，朱红胄，像天使翅膀一般的袖形贝，叶纹贝，以及其他许许多多的无穷无尽的海洋生物，践踏在我的脚底下，我心中实在难受，实在惋惜。但是我们不得不走，我们继续前进，在我们头上是成群结队的管状水母，它们伸出它们的天蓝色触须，一连串地飘在水中。还有月形水母，它那带乳白色或淡玫瑰红的伞，套了天蓝色框子，给我们遮住了阳光。在黑暗中，更有发亮的半球形水母，为我们发出磷光，照亮了我们前进的道路！

1. 选文中描写的景色是前往哪里所见？在那里后来他们遇到了什么危险？

2. 选文中的景物描写有什么特点？请简要进行分析。

3. 从选文中可以看出康塞尔的什么特点？联系原著，请你再简要写出表现康塞尔另外一个显著特点的故事。

【情节九】

鹦鹉螺号继续朝着东南方向航行。12 月 1 日，在西经一百四十二度处跨越赤道。穿越速度很快，而且平安无事。同月 4 日，我们见识了马克萨斯群岛。过了三海里，在南纬八度五十七分，西经一百三十九度三十二分，我看见奴加衣瓦岛的马丁尖岬，这是法属诸岛中最大的一个。只因尼摩船长不喜欢接近陆地航行，我只能遥望天涯海岛，岛上山林依稀可见。群岛附近，鱼网捕捉到不少鲜美的鱼虾，有蓝鳍金尾、味道鲜美无比的哥利芬鱼，无鳞但味佳的全裸鲣鱼，带骨领的骨吻鱼，味比舵鲣的浅黄色的塔查鱼等等，凡此种种都可以列进船上正餐菜谱。

……

尼德·兰没有弄错。我们面前确实是一条船，断裂的桅索仍然挂在铁链上。船体状态看样子还很完好，海难事件刚刚发生不久，顶多只有几个小时。三根桅杆已经折断，断裂处离甲板二英尺高，说明船在遇难往侧面倾斜时不得不牺牲全部桅杆。船侧身躺在水里，舱内已经全部进水，而且继续向左舷倾斜。在波涛汹涌中的沉船残骸惨不忍睹，然而更令人毛骨悚然的是看见甲板上还横躺着几具尸体，浑身被绳索捆绑着！我看其中有四具男尸，一具女尸，一位男子站在舵轮旁。妇女手中抱着孩子，一脚刚跨出艉楼甲板窗。这个妇人还很年轻。由于鹦鹉螺号灯光很亮，我可以看清妇女尚未被海水泡坏的容貌。她曾作过最后的努力，极力把小孩举在头顶上，那可怜的小生命正用两只小手死死地搂着妈妈的脖子！四位水手体态非常可怕，我看他们扭着身躯，显然进行过拼命挣扎，企图挣脱将他们捆绑在船上的绳索。只有舵手比较沉着，面部表情坚定而严肃，灰白的头发贴在前额上，青筋暴肿的手拼命把握着舵轮，好像还在驾驶着遇难的三桅船在深海航行！

多么可怕的场面！亲眼目睹沉船现场，简直就是最后一分钟抓拍下写真的照片，我们一个个目瞪口呆，心口突突跳个不停！我又看见几条大鲛鲨两眼冒着火光，摇头摆尾游了过来，显然是闻到人肉的香味了！

这时，鹦鹉螺号掉转方向，绕沉船一周以示哀悼，我得以看清船尾牌子上的船号：

佛罗里达号，森德兰港

1. 在选文的描述中，作者给出了具体的时间、位置和距离，这样写的好处是什么？

2. 赏析文中画横线的句子。

3. 鹦鹉螺号在深海遇到了沉船，暗示着什么？

【情节十】

鹦鹉螺号来到地球上最危险的海峡入口。这是个连胆子最大的航海家都不敢穿行的海峡；路易·帕兹·托雷斯从南边的大海回来时在美拉尼西亚迎战的就是这个海峡；1840 年，迪蒙·迪维尔的两条三桅船搁了浅，几乎船毁人亡，也发生在这个海峡里。我们这艘超越了海上一切危险的鹦鹉螺号，如今就要和珊瑚礁打交道了。

（这）海峡大约宽三十四法里，但海峡里有数不清的岛屿、小岛、岩礁和岩石，几乎使这个海峡变得不能通航。因此，尼摩船长通过这个海峡的时候也是全神贯注，小心翼翼。鹦鹉螺号在海面上航行，以中速前进。潜艇的螺旋桨，像鲸鱼尾巴一样，缓慢地击打着海水……

在鹦鹉螺号周围，大海卷起怒涛。海水从东南向西北以两里半的速度流过去，打在散布在四周、出水面的珊瑚礁上起朵朵浪花……

突然，一个冲撞，使我摔倒。鹦鹉螺号撞上了暗礁，已经动弹不得，有点向左倾斜。

1. 选文中称这个海峡为“最危险的海峡”，选文中的哪些内容写出了这个海峡的危险程度？

2. 选文中画线句子属于什么描写方法？有什么作用？

3. 鹦鹉螺号在这个海峡遇到了哪些危险？

【情节十一】

A. “那就让他们上来好了。我没有理由不让他们上来。这些巴布亚人都是些穷苦可怜的人，我也不愿看到因我对格波罗阿尔岛的到访，他们中有人因此送了命。”

B. 舱盖板朝外打开。有二十多张模样吓人的面孔显现在众人面前。可是，第一个将手放到梯子栏杆上的土著人，被某种我看不见的不知什么力量弹了一下，慌忙逃开，边跑边跳边喊，吓得不成人样了。

1. 选段A中的“我”是谁？

2. 为什么“我”没有攻击土著人？

3. 选段B中，从土著人的表现可以看出鹦鹉螺号的力量怎样？从侧面烘托出选段中的“我”是一个怎样的人？

【情节十二】

尼摩船长来到我身旁。我站起来问他说：

“正如我所预料的那样，那人是夜里死的？”

“是的，阿龙纳斯先生。”尼摩船长答道。

“现在，他就在那块珊瑚石墓地里长眠在他的同伴们的身旁？”

“是的。被所有的人忘却，我们除外！我们挖好了坟墓，而那些珊瑚虫将会尽责地把我们的死者永远封闭在里面！”

随后，这位船长想用他颤抖的双手遮掩自己的面孔。但是，他无法控制自己，不禁呜咽起来。过了一会儿，他又补充说道：

“那里，距离波涛起伏的洋面数百英尺深的地方，就是我们安静的墓地。”

“船长，您那些死去的同伴，起码可以在那里安息，免受鲨鱼的侵扰。”

“是的，先生。”尼摩船长认真说道，“免受鲨鱼和人类的侵扰。”

1. 选文出自名著《________________》，作者是________________。

2. 尼摩船长为什么将死去的同伴埋葬在珊瑚礁间？

3. 选文中体现了尼摩船长的哪些特点？

【情节十三】

“先生，珍珠是什么啊？”“我的好尼德，”我对他说，“这要分人，对诗人来说，珍珠是海的眼泪；对东方人来说，珍珠是凝固了的水珠；对妇女们来说，珍珠是光彩夺目的椭圆形首饰，她们把它戴在手指上、脖子上或耳垂儿上；对化学家来说，珍珠是磷酸盐和石灰碳酸盐的混合物，还带一点明胶；对博物学家来说呢，珍珠不过是双壳类软体动物分泌螺钿质器官的一种病态分泌物。”“属软体动物门，”康塞尔说，“无头纲，介壳目。”“博学的康塞尔，你说得非常正确。不过，在那些介壳目动物中，鲍鱼、大菱鲜、砗磲和海江，一句话，所有那些分泌螺钿质，即分泌那种蓝色、淡蓝色、紫色或白色物质，把自己的瓣膜内壁覆盖起来的软体动物，都有可能生珠。”

“河蚌也能生珠吗?”那加拿大人问。“当然能！苏格兰、威尔士、爱尔兰、萨克森、波希米亚和法兰西的一些河里的蚌，都能生珠。”“好！那以后在这些地方可得注意点了。”那加拿大人说。“但是，”我接着说道，“最好的生珠软体动物是珍珠母、乳白珠贝和珍贵的小纹贝。珍珠只是一种呈小球形的凝结物。它或者附着在蛎壳上，或者嵌进牡蛎的肉褶里。内膜上的珍珠是附着在壳上的，肉褶里的珍珠是单摆浮搁着的。不过，珍珠总要有个硬东西做核，可以是一颗不孕的卵，也可以是一粒沙子，几年间，珍珠物质在这颗卵或这粒沙子周围一点一点沉淀，形成许多同心圆的薄层。”

1. 选文中的“我”名字叫什么？职业是什么？“鹦鹉螺号”经过以采珠著称的一个岛屿，请写出这个岛屿的名称。

2. 说说你对选文中画线句子的理解。

3. 结合选文，说说珍珠的成因，并谈谈由此带给你怎样的人生启迪。

【情节十四】

“我赞成您的看法，”我说，“我好像觉得，蒸汽把水手们心中的感恩之情都给吹掉了。不过，船长，您似乎对红海有专门的研究，您能不能告诉我红海名称的来历?”

“关于这个问题，阿龙纳斯先生，至今有多种解释，您想知道14世纪一位编年史家是怎么说的吗?”

“洗耳恭听。”

“这位史学家说得天花乱坠，声称红海是以色列人过后才得名的，当时追逐以色列人的法老军队葬身红海，就是因为摩西祈祷的结果。作为奇迹象征，海水变成殷红，从此名正言顺，红海别无他名。”

“这不过是诗人的解释，尼摩船长，”我回答道，“我不会满意神话的解释。因此，我想听听您个人的意见。”

“那我就谈谈我个人的看法。依我看，阿龙纳斯先生，我认为红海这个称谓应是希伯来语EDROM的译名。古人之所以叫它红海，是因为这里的海水有一种特殊的颜色。”

“可是，直到现在，我看到的只是清澈的波涛，没有任何特殊的颜色嘛。”

“毫无疑问。不过，往海湾里面走，您就会看到这种奇特的现象。我记得我曾看到图尔湾赤红一片，简直像血湖。”

“出现这种颜色，您是否认为是微生物海藻造成的?”

“是的。这是一种紫红色的胶状物质，是由红色束毛藻的胚芽分泌出来的，每平方厘米就约有四万个胚芽。我们到图尔后，您也许就可以遇见这种景象。”

“这么说，尼摩船长，您不是第一次带领鹦鹉螺号光临红海的吧?”

“可不是，先生。”

“刚才，您谈到以色列人走出红海而埃及人却葬身红海，那么，敢问您是否在海底发现过这一重大历史事件的遗迹?”

“没有，教授先生，有冠冕堂皇的理由。”

“什么理由?”

“那就是，摩西带领臣民走过的地方，现在已经积满大量泥沙，就是骆驼跋涉而过也湿不了大腿。水浅难行船嘛，更不用说我的鹦鹉螺号了。”

1．尼摩船长在描述红海名称的来历时，为什么要引用史学家观点?

2．简述尼摩船长认为红海名称来历的观点。

3．作者为什么用大量的篇幅记录船长与教授之间关于红海的对话?

【情节十五】

我转身冲着尼摩船长激动地大声嚷道：“一个人！一个遇难者！得想尽一切办法搭救他！”尼摩船长没有理睬我，只是靠在舷窗旁。那人凑上前来，脸贴在舷窗玻璃上，看着我们。

令我惊诧不已的是，尼摩船长竟然向他做了一个手势。那位潜水者也打了个手势，算是回答，然后就立即浮出水面，没再出现。“您别担心，”船长冲我说道，“这人是马塔潘角的尼古拉，绰号勒贝斯。他在基克拉泽斯一带名声挺大。他是一位胆大的潜水者，水就是他的家！他在水里待的时间比在陆地上待的时间长，不停地从一个岛游往另一个岛，一直能游到克里特岛哩。”

“您认识他，船长?”

“怎么会不认识，阿龙纳斯先生?”

尼摩船长说完便朝着放在客厅左舷窗旁的柜子走去。我看到柜子旁边放着一只边上包着铁皮的箱子，箱盖上有一块铜牌，上有鹦鹉螺号的标记，以及那句格言——“动中之动”。这时候，尼摩船长并不在意我就在近旁，若无其事地把那柜子打开，里面装满着大量的金条。这些金条可是颇为值钱的，船长是从哪儿弄来的?他想拿它们做什么用?我默不作声地注视着。尼摩船长把它们一个一个地取出，整齐有序地码放在那只包着铁皮的箱子里，把箱子装得满满的。我估计柜子里的金条足有一吨多，也就是说价值五百万法郎左右。尼摩船长随即把箱子盖好，并在箱盖上写上地址，写的是古代希腊文。

弄完之后，尼摩船长按了一下用电线与艇员舱房相连的一个按钮，不一会儿，进来了四个人，费劲乏力地把铁箱推出客厅。接着，我便听到他们在用滑轮把箱子吊上铁梯的声音。

1．“一个遇难者！得想尽一切办法搭救他！”这句话有什么作用?

2. 选文讲述了一件什么事？体现了尼摩船长的什么特点？

3. 联系原著，请你再简要写出表现尼摩船长另外一个显著特点的故事。

【情节十六】

“西班牙当然要抵抗这个同盟，可是它很缺乏士兵和海员，不过金钱是有的。但是有一个条件，那就是要装过美洲金银的船只能够进入它的海港中来。就是在1702年终。西班牙政府正在等着一队载有大量金银的运输船，由法国派二十三艘战舰护送，指挥官是夏都·雷诺海军大将，因为，这时候有敌人们联合的海军在大西洋上巡逻。”

“这队运输船本来要开到加的斯港，但法国海军司令接到英国舰队在这一带海域巡逻的情报，就决定把这队船开进维哥湾。”

“不错，不过提炼这些金银，所花的费用比所得的利益还大。在这湾中就不同了，我只需捡拾人们所丢掉的就行了。还不仅在这维哥湾中，在其他千百处的失事地点也一样，这都由我的海底地图标记下来了。您现在明白了我是有无穷亿万的财富吗？”

“我明白了，船长。但请您让我说一句，就是您来捞打维哥湾金银的事，您不过比跟您竞争的一个会社的工作先走一步罢了。”

“什么会社呢？”

“是一个获得西班牙政府的特许，来打捞这些沉没的运输船只的会社。会社的股东们因为有巨大利润可图，大家都受到诱惑，兴致很高，因为人们估计这些沉没的财宝有五万万的巨大价值呢。”

“五万万！”尼摩船长回答，“从前是在湾里，现在却不在了。”

“正是，”我说，“所以对这些股东发出一个通知，可能是一件好事。恐怕通知要很受欢迎呢。通常，赌博的人所最悔恨的，主要是他们的疯狂希望的毁灭，金钱的损失还在其次呢。不过，我并不惋惜这些股东们，我想到的是千千万万的苦难人，把这许多的财富好好地分配给他们将有多少的好处，可是现在这些财富对他们是没有用处了！”

我本来不想表示这个惋惜的意思，我感觉到这要伤了尼摩船长的感情。

“没有用处！”他激动地回答，“那么，先生，您认为由我收集起来，这些财富是丢了吗？照您来看，我辛辛苦苦打捞这些财物是为我自己吗？谁告诉您我不是好好地正当使用它们呢？您以为我不知道世上有无数受苦的人，有被压迫的种族吗？有无数要救济的穷人，要报仇的牺牲者吗？您不明白吗？……”

尼摩船长说到最后几句就停住了，是不是心中后悔说了过多的话呢？我猜对了。不论是什么动机，要他到海底下来寻求独立自主，他首先还是一个人！我于是明白了，当诺第留斯号航行在起义反抗的克里特岛海中的时候，尼摩船长送出去的数百万金子是给谁的！

1. 尼摩船长的“无穷亿万财富”从何而来？

2. 选文中尼摩船长的“激动”和“后悔”各是因为什么？

3. 根据选文推断，尼摩船长把数百万金子送出去给了谁？

【情节十七】

加拿大人捕获了那只大鸟一个半个小时之后，我们便下到了湖边。湖边的植物中，主要是海马齿，一片一片的，如同一块块的地毯。这是一种伞状花序植物，用糖一渍或用醋一泡，都非常爽口，这种植物有好几个名字，虎耳草或海茴香等。康塞尔薅了好几把海马齿。至于动物，有成千上万的各种甲壳动物，如螯虾、黄道蟹、瘦蟹、糖虾、盲蛛和甲拉蟹，以及数不胜数的贝壳类动物，有瓷贝、岩贝和帽贝。

这个地方还有一处奇妙的洞穴，我和同伴舒适地躺在洞里的细沙上。早已被地热磨光的洞壁像珐琅质一样熠熠生辉，上面布满了云母石尘埃。尼德·兰拍打着洞壁，试图探测其厚度。我忍不住笑了起来。我们的话题又转到尼德·兰那日思夜想的逃跑计划上。我告诉尼德·兰，尼摩船长南行只是为了补充潜艇上的钠燃料，这样是在不操之过急的情况下，点燃尼德·兰心中的希望。我希望尼摩船长能够重返欧洲或美洲海岸。这样一来，加拿大人就更有把握实施至今未遂的逃跑计划。

我们在这个美丽的洞穴里躺了一个小时。起初谈话还十分活跃，后来慢慢没有了生气。我们都昏昏欲睡。我觉得没有什么理由要抵制睡眠，就任由自己进入沉沉的睡梦中。我做起梦来，人是不能选择自己做梦的内容，我梦见自己变成一只植物性的普通软体动物，这个洞穴仿佛变成了我的两瓣甲壳……

突然，我被康塞尔的叫声惊醒。

“快起来！快起来！”诚实的小伙子大声呼喊着。

“发生什么事了？”我猛地坐起来问道。

“水漫上来了！”

我站了起来。海水像激流一样涌向我们的藏身之处；显然，我们并非软体动物，应该赶紧跑，逃命要紧。

1. “康塞尔薅了好几把海马齿”，句中“薅”字的读音是________，意思是__________。
2. 尼摩船长一直往南行驶的原因是什么？

3. 康塞尔为什么叫醒“我”？发生了什么事？原因是什么？

【情节十八】

真是一场大屠杀，血肉横飞！海面上响声一片，那些被吓得丧魂失魄的抹香鲸，发出它们特有的尖利的呼啸声和咆哮声！本来一平如镜的海水，被它们用尾巴搅得波涛汹涌。

这场令人难以置信的大屠杀，持续了一个小时，那群大脑袋的抹香鲸是在劫难逃。有的时候，十来头抹香鲸实行集群攻击，试图把鹦鹉螺号压垮。我们在舷窗前能够看到它们长满锯齿獠牙的大嘴，令人望而生畏的眼睛。尼德·兰已经控制不住自己，对着那些抹香鲸，又是威胁，又是谩骂。我们感觉得到，那些畜生在从四面八方往潜艇上爬，死死纠缠，就像矮树丛中的一群猎犬咬着一头野猪的耳朵不放。但鹦鹉螺号一加大马力，就把它们连拖带拉地掀出海面，既不在乎它们死沉死沉的分量，也不怕它们用大力气夹住不放。

1. 鹦鹉螺号是在抹香鲸和哪一种鲸的斗争中冲进去帮忙的？

2. “我们感觉得到，那些畜生在从四面八方往潜艇上爬，死死纠缠，就像矮树丛中的一群猎犬咬着一头野猪的耳朵不放。”请从语言表达的角度赏析这句话。

3. 抹香鲸跟另外的鲸作战有什么优势？

【情节十九】

这个荒凉大陆的植物看来是极端有限。一些单条黑色的苔藓品种丛生，铺在黑色岩石上。某种微生草木，原始硅藻，在两片介壳中间聚起来的石英质的细胞植物，真红和猩红的黑角菜，紧贴在退潮送到岸上来的鱼类上面，以上就是组成这个地方的整个植物界。

沿岸有一些软体动物，小蚬、蛇类，心脏形的光滑贝，特别有那些长方形、膜质、头由两个圆突的耳叶形成的触须贝．我又看到有无数北方的触须贝，长三厘米；鲸鱼每一口就吞食它们一大群。这些美丽的翼步类动物，真正是海中的蝴蝶，使这海岸边缘的流动海水生动活泼起来。

植虫类里面出现在海底深处的，有些珊瑚树，根据詹姆斯·罗斯盼观察，这些珊瑚树在南极海中，一直到一千米深处都可以生活。其次，有属于海胞类的小翡翠珊瑚，以及这一带地区特有的许多海燕和散布在地上的许多海星。

但生活丰富洋溢的地方是在空中，有无数种类不同的鸟类飞翔上下，鸣声嘈杂，震聋了我们的耳朵，另有其他的鸟类拥挤在岩石上，它们一点不怕，看着我们走过，并且很亲热地聚在我们脚边，那是在水中也一样轻快和便捷的企鹅，有时人们把它们和迅速的鲲鸟混同；但锟鸟在地上是不灵便和很笨的，它们发出古怪的叫声、成群齐集一起，它们动作姿势很少，但叫喊却十分厉害！

1. 南极有哪些植物？从植物的生长看出南极大陆有什么特点？

2. 南极海中真正的海中蝴蝶指什么？它的存在有什么意义？

3. 南极的企鹅有什么特点？

【情节二十】

海底神奇真是层出不穷呢！可是，自从偶然的机会把我们送到这只船上的五个半月来，我们已经走了一万四千里，在这比地球赤道线还长的旅途上，有多少或新奇或可怕的偶然事件使得我们的旅行惊心动魄，兴味无穷呀。克列斯波林中打猎，托列斯海峡搁浅，珊瑚墓地，锡兰采珠，阿拉伯海底地道，桑多林火海，维哥湾亿万金银，大西洋洲，南极！夜间，所有这些忆念，梦一般连续过去，使我的脑子一刻也不能安歇。

早晨三点，我被一下猛烈的冲击惊醒。

……

我这里不讲加拿大人如何咒骂。这是他动火的好机会，我让他的坏脾气尽情发泄，不回答他一句。

我们这样过了二十分钟，同时竭力想法听到鹦鹉螺号里面发生的一些最轻微的声音，这时候，尼摩船长进来。他好像没有看见我们。他的面容经常是很镇定没有表情的。现在露出一些不安的情绪。他静静地看看罗盘、压力表，手指放在平面图上的一点，就是地图上表出南冰洋的这一部分。

我不想打断他的思路。直到过了一刻，当他向我转过身子来的时候，我才拿他在托列斯海峡对我说的一句话，反过来问他：

“船长，是偶然事件吗？”

“不，”他答，“先生，这一次是意外事件。”

“很严重吗？”

“可能很严重。”

“立即有危险吗？”

“没有。”

“鹦鹉螺号触礁了吗？”

“是的。”

“这次触礁是怎么搞的呢？……”

“是由于大自然的任性胡来，而不是由于人们的笨拙无能。在我们的指挥驾驶中，并没有犯一点错误。可是，我们不能阻止平衡力不发生这种效果。人们可以冒犯人为的法则，但不能抵抗自然的法则。”

尼摩船长选择这时候来作这种哲学思考，真是太离奇了。总之，他的答复对我没有什么帮助。

“先生，”我问，“我可以知道这件事故发生的原因吗？”

“一群巨大的冰，整整一座冰山，翻倒下来了，”他回答我，“当冰山下面或受温热的水流，或受来回的冲击耗损的时候，它们的重心就往上移。那时它们就大大的翻转，它门翻筋斗了。现在的情形就是这样。其中有一大冰群，翻倒的时候，碰上了在水底行驶的鹦鹉螺号。然后在船身下溜过，又拿不可抗拒的力量把船顶起来，这冰群把船带到浅一些的水层，靠在船身上不动了。”

1. 鹦鹉螺号船在海底行驶了五个半月以来，他们行程如何？所见的美丽海底景象给“我”的印象是什么？（用原文回答）

2. 鹦鹉螺号在南极遇到了什么危险？

3. 1863年起，凡尔纳开始发表科学幻想冒险小说，以总名称《在已知和未知的世界中奇异的漫游》一举成名，代表作为三部曲，其中一部是《海底两万里》，另外两部是什么？

【情节二十一】

这个不幸的人眼看是完了。谁能从这强大的卷抱中把他夺过来呢？可是尼摩船长跳在章鱼身上，又一斧子，他把另一只胳膊又砍下来了。他的副手奋勇狂怒地跟那些爬在鹦鹉螺号两边的其他章鱼战斗。船员们各人挥动斧头，乱砍乱杀。加拿大人、康塞尔和我，我们也把我们的武器穿进这大团肉块中去。一种强烈的麝香味弥漫空中。真正是怕人。在一瞬间，我以为那个不幸被章鱼缠住的人可能从它那强大的吸盘上救下来。八只胳膊有七只都被砍下了。剩下的一只把那个人像一支笔般挥动，在空中转来转去。但当尼摩船长和他的副手扑到它身上去的时候，这个东西喷出一道黑色的液体，这是从它肚子中的一个口袋分泌出来的黑水。我们的眼睛都被弄得昏花看不见了。当这团浓黑雾气消散的时候，枪乌贼不见了，跟它一起，我的不幸的同胞也不见了！

那时我们是何等愤怒地来跟这些章鱼拼命呀！我们一点不能自主了。有十条或十二条章鱼侵到平台上和鹦鹉螺号两边来。我们在平台上，在血泊和墨水中跳动着的一条一条的肉段中间滚来滚去，这些黏性的触须就像多头蛇的头一样，一会又生出来了。尼德·兰的叉每一下都刺人枪乌贼的海色眼睛中，把眼珠挖出来。可是，我的勇敢同伴不可能躲开，突然被一条怪物的触须卷住掀倒在地。枪乌贼的厉害可怕的嘴对着尼德·兰张开来。这个不幸的人要被咬为两段了。我急急跑去救他，但尼摩船长走在我的前面，先我动了手。他的斧子砍入两排巨大齿牙里面了，加拿大人出人意料地得救了，站起来，把整条叉刺人章鱼的三个心脏中。

“我应该有这次机会报答您啊！”尼摩船长对加拿大人说。尼德点点头，没有回答他的话。

这次战斗延长至一刻钟之久。怪物打败了，受伤了，死了，最后给我们让出地方来，溜入水中不见了。尼摩船长全身血红，站在探照灯附近，一动也不动，眼盯着吞噬了他的一个同伴的大海，大滴的泪珠从他的眼里淌了出来。

1. 用简洁的语言概括选文的主要内容。

2. 结合选文作品内容，分析尼摩船长是一个怎么样的人。

3. 尼摩船长在海底环球探险旅行时，经历了许多惊心动魄的生死险情，请概括出其他的两次险情。(语言要求简洁)

【情节二十二】

尼摩船长在平台前头展开一面旗，这旗跟他在南极插下的相同。这时候，一颗炮弹纵斜地打到鹦鹉螺号船身上，但没有能损伤它，炮弹跳到船长附近，又落入海中了。尼摩船长耸耸两肩。他向着我，用干脆的语气对我说："下去，下去，您和您的同伴们都下去。""先生，"我喊，"您要攻打那船吗?""先生，我要把它击沉。""您不要做这事!""我要做，"尼摩船长冷冷地回答，"先生，请你不要指手画脚的！命运注定给您看见了您不应该看见的事情。对方的攻击开始了，我的反击是很可怕的。下去吧!""这艘船是哪一国的?""您不知道吗？那么！最好！至少，它的国籍对您来说是一个秘密。您下去。"加拿大人、康塞尔和我只能服从。十五六个鹦鹉螺号船上的水手围绕着船长，带着十分坚决的仇恨情绪注视那艘向他们追来的战舰。我下去的时候，又有一颗炮弹落在鹦鹉螺号身上，我听到船长喊："打吧，疯狂的战舰！尽情放出你无用的炮弹来！你决躲不过鹦鹉螺号的冲击。但你不应该在这个地点灭亡！我不愿你的残骸玷污复仇号的光荣残骸!"……

我惊呆了，浑身僵直，头发竖起来了，两眼睁得很大，呼吸急促，只觉得心里憋闷，透不过气，发不出声，只是眼睁睁地这么看着，仿佛有一种不可抗拒的吸引力使我紧紧贴在玻璃上面！那艘巨大战舰慢慢地下沉。鹦鹉螺号追随着它，窥伺着它的所有动作。突然间，嘭的一声，战舰上发生了爆炸。被压缩的空气把战舰的甲板掀了起来，就像船舱中着了火一样。海水涌入的力量十分强大，影响到鹦鹉螺号，它也倾斜了。这么一来，那艘不幸受害的战船就迅速地下沉。它的桅樯架满挤着遇难人，甲板支架的横臂在往下沉，横臂上也同样是爬满的人，最后主桅杆顶也沉了下来，随后这个黑乎乎的庞然大物消失了，船上的那些不幸的船员也随这庞然大物被巨大的漩涡卷得无影无踪了……

1. 请结合原著回答，尼摩船长为什么要下令攻击战舰?

2. 画线句子属于什么描写？有什么样的表达效果?

3. 为了救可怜的采珠人，尼摩船长不惜冒着生命危险与鲨鱼搏斗，而在选段中，尼摩船长却对战舰上的人进行了疯狂的屠杀，结合原著，谈谈你是如何看待作者塑造的这一人物形象的。

【情节二十三】

下面就是我们这次海底旅行的结论。那天夜间的经过，小艇怎样逃出北冰洋大风暴的可怕漩涡，尼德·兰、康塞尔和我，我们怎样脱离这个无底深渊，我可不能说。但当我醒过来的时候，我躺在罗夫丹群岛上一个渔人的木头房子里面。我的两个同伴，安全无事，在我身边，双手紧紧按着我。我们热情地互相拥抱。这时候，我们不能打算立即回法国去。挪威北部和南部的交通工具是很稀少的。所以我没有办法，只能等待半个月开行一次，往来的汽船经过这边才能走。因此，就是在这些收留我们的善良老实的人们中间，我把这次新奇惊险的纪事重新翻阅一下。这些纪事是完全真实的。没有漏记一件事实，也没有夸张一处细节。它是那不可设想为真的、在人迹不能到的海底下作的这次新奇探险的忠实记录，当然，有一天学术进步，这海底是要变为可以自由通行的。人们相信我的记录吗？那我可不知道。信不信，到底也没有什么关系。我现在可以肯定的是，我有权利和理由来讲这些海洋，在不到十个月的时间中，我在这些海洋底下走过了两万里，来讲这次穿过太平洋、印度洋、红海、地中海、大西洋、南北两极海洋，给我现出无限神奇的海底环球旅行！可是，诺第留斯号怎样了？它抵住了北冰洋大风暴的压力吗？尼摩船长还活着吗？他在海洋底下继续执行他的可怕报复吗？或者他在上一次的大屠杀后，就停止了报复吗？海波有一天能把写有他整个生活历史的手稿带到人间来吗？到底我可能知道这个人的真名字吗？那只隐没不见的潜水船可以表明它的国籍，同时把尼摩船长的国籍也告诉我们吗？我希望能这样。我同时又希望，他的强有力的潜水船战胜了那海洋中最可怕的深渊，鹦鹉螺号在无数的船只都沉没了的海上独能存在！如果事实是这样，如果尼摩船长老是居住在他所选择的祖国海洋中，但愿所有的仇恨都在这颗倔强的心中平息！但愿海底无限神奇的潜心静观熄灭他心中的复仇情绪！但愿他这个裁判执行人潜没无踪！但愿他这个高明的学者继续做和平的探海工作！固然他的命运是离奇古怪，但他也是崇高伟大的。我自己不是了解他吗？我不是也亲自过了十个月的这种超自然的生活吗？所以，对于六千年前《传道书》中提出的这个问题："谁能有一天测透这深渊的最深处呢？"现在，世上所有的人们中间，有两个人有权利来回答这问题了。这两个人就是尼摩船长和我。

1. 阿龙纳斯教授等人在逃跑时遇到了什么危险？结果怎样？

2. "这些纪事是完全真实的。"这句话是不是说文中的故事都是真实的？该如何理解？

3. "我同时又希望，他的强有力的潜水船战胜了那海洋中最可怕的深渊，鹦鹉螺号在无数的船只都沉没了的海上独能存在！"这句话表达了"我"什么样的情感？

红星照耀中国

全程导读

一、作者简介

埃德加·斯诺（1905—1972），出生于美国堪萨斯城的一个贫苦家庭，年轻时当过农民，铁路工人和印刷学徒，大学毕业时开始从事新闻工作。1928 年到达中国的上海，担任《密勒氏评论报》的助理编辑，以后兼任纽约《太阳报》和伦敦《每日先驱报》的特约通讯员。他是首先把鲁迅著作介绍到西方的人之一，也是在红色区域进行采访的第一个西方新闻记者。在他的一生中，除了为欧美报刊写作通讯稿以外，完成了 11 本著作，其中极大部分是和中国问题有关。他所写的《红星照耀中国》始终是许多国家的畅销书。

埃德加·斯诺于 1936 年 6 月至 10 月对中国西北革命根据地进行了实地考察，根据考察所掌握的第一手材料完成了《红星照耀中国》的写作。斯诺作为一个西方新闻记者，对中国共产党和中国革命作了客观评价，并向全世界做了公正报道。《红星照耀中国》从 1937 年初版至今，历经时间淘洗，一直被不同时代的读者阅读，它的活力从未衰减过，是弘扬长征精神最权威的纪实文学作品，呈现出经典作品的别样光芒。

通过采访和实地了解，他深知中国共产党及其领导的工农红军是中国人民的希望所在。因此，他撰写了大量关于中国共产党和红军的报道，密密麻麻写满了 14 个笔记本。当年 10 月底，斯诺带着他的采访资料、胶卷和照片，从陕北回到北平，经过几个月的埋头写作，将令人大开眼界的故事讲述给新闻界，出版了著名的《红星照耀中国》，让世界第一次看到了中国共产党、中国红军和革命根据地的真实面貌。

新中国成立后，斯诺曾三次来华访问，并与毛泽东主席见面。1972 年 2 月 15 日因病在瑞士日内瓦逝世。遵照其遗愿，其一部分骨灰葬在中国，地点在北京大学未名湖畔。

二、作品主题

在《红星照耀中国》中，作者描绘了我党和红军战士坚忍不拔、英勇卓绝的伟大斗争，以及他们的领袖人物的伟大而平凡的精神风貌，探求了中国革命发生的背景、发展的原因。他判断由于中国共产党的宣传和具体行动，使穷人和受压迫者对国家、社会和个人有了新的理念，有了必须行动起来的新的信念。中国共产党及其领导的革命事业犹如一颗闪亮的红星不仅照耀着中国的西北，而且必将照耀全中国，照耀全世界。

三、艺术特色

（一）历史事实具体全面，呈现形式丰富多样。

本书是一部纪实性很强的报道性作品，采用采访、转述、日记等形式，客观记录了那个时期的相关史实，全面叙述了“红色中国”的历史、现状、未来。书中有惊心动魄的长征故事，有军事领导人传奇式的革命经历，也有令人心生向往的陕甘宁边区的壮美风光。全书兼具新闻和文学的特点，用平实的语言，努力展现苏区人民的精神风貌，体现了“不虚美，不隐恶”的史家记载精神。

（二）人物形象生动立体。

本书塑造了一大批鲜活立体的人物形象，涵盖了毛泽东、彭德怀、徐海东等革命领袖。作者对他们的描写真实而生动，他们既有伟人崇高的品格，也有普通人的缺点，如毛泽东平时喜欢吸烟，即使在长征途中也想尽办法寻找烟叶代替品。作者在介绍人物时往往从外貌着手，之后是大量的语言描写，并且会捕捉一些细微的动作表现人物风貌，如斯诺与彭德怀一起去看抗日剧团演出时，天黑后天气凉了起来，斯诺偶然间发现彭德怀把身上的棉衣披在他身旁的一个小号手身上。除了描写大人物，作者也全方位、多角度地展示了“小人物”的精神面貌，有红军战士、农民和“红小鬼”等。例如，彭德怀有一次被“红小鬼”喝令站住，要看他的路条，否则就要逮捕他，彭德怀只好写了路条，签字交给他们，才能继续上路。他们有坚定的决心和信念，有崇高的集体主义精神和牺牲精神，当然也有一些未改的旧习。

（三）语言诙谐幽默。

本书除了真实的话语转述，还有大量作者个人的感受和评价，并穿插了一些幽默的语言，大大丰富了文章的趣味性和生动性。例如，作者刚要走进百家坪时，头顶上传来呐喊声，只见十几个农民挥舞着长矛短枪和几支步枪，作者心想：“他们要把我当作一个帝国主义者交给行刑队吗？还是当作一个真正的访问者来欢迎？看来我这一个封锁线的人的命运是立刻就要决定了。”然而，陪同人员很快就告诉他，那只是游击队员在操练罢了。这一转折让人忍俊不禁。斯诺也常常自我嘲讽：“从我个人来说，吃这种伙食反而长胖了，增加了体重。我每天看到千篇一律的伙食就生厌，但这并不妨碍我狼吞虎咽，食量之大使我有点不好意思。”除了自己以外，他还偶尔戏弄他人，如写一个叫“季邦”的“小鬼”：“他无疑是全城最漂亮整齐的士兵。毛泽东在他旁边也显得像一个江湖流浪汉。”这两个人的对比除了让读者会心一笑之外，还让人看到了背后折射出的苏区人民乐观向上的品质。

四、人物形象

毛泽东

面容瘦削，看上去很像林肯的人物，个子高出一般的中国人，背有些驼，一头浓密的黑发留得很长，双眼炯炯有神，鼻梁很好，颧骨凸出。一个非常精明的知识分子的面孔。他出身农民，父亲原是一个贫农，克勤克俭，后来渐渐富裕起来。父亲管教严格，母亲是个心地善良的妇女，为人慷慨厚道，随时愿意接济别人，可怜穷人。

他是农民出身的知识分子，革命家，一个令人极感兴趣而复杂的人。他有着中国农民的质朴纯真的性格，颇有幽默感，喜欢憨笑。生活简朴，平易近人，个人习惯和外表落拓不羁，对于吃的东西很随便，有着南方人爱吃辣的癖好。

有些人可能以为他有点粗俗，天真质朴同锐利机智和老练的世故结合。他博览群书，记忆力异乎常人，专心致志的能力不同寻常。他精力过人，不知疲倦，对于工作事无巨细一丝不苟，是一个颇有天才的军事家和政治战略家。

周恩来

清瘦，中等身材，骨骼小而结实，尽管胡子又长又黑，外表上仍不脱孩子气，又大又深的眼睛富于热情。

他出身大官僚家庭。祖父曾任清朝大官，父亲是个杰出的教书先生，母亲不同凡俗，是个博览群书的妇女。

他确乎有一种吸引力，似乎是羞怯、个人魅力和领袖的自信的奇怪混合的产物。他是中国人中间最罕见的一种人，一个行动同知识和信仰完全一致的纯粹知识分子。他是一个书生出身的造反者。头脑冷静，态度温和，善于分析推理，讲究实际经验。

朱德

貌不惊人，沉默谦虚，说话轻声，有点饱经沧桑。眼睛很大，眼光非常和蔼。身材不高，但很结实，胳膊和双腿都像铁打的一样。他已年过半百，也许已有五十三四岁，究竟多大，谁也不知道。

他出生于1886年四川仪陇县马鞍场村子里，是穷苦的佃农。他的部下在西藏的冰天雪地之中，经受整整一个严冬的艰难，而能保持万众一心，这必须归因于纯属领导人物的个人魅力，还有那鼓舞部下具有为一个事业英勇牺牲的忠贞不贰精神的罕见人品。他的生活和穿着都和普通士兵一样，同甘共苦，早期常常赤脚走路，整整一个冬天以南瓜充饥，另外一个冬天则以牦牛肉当饭，从来不叫苦，很少生病。他喜欢在营地里转，同弟兄们坐在一起，讲故事，同他们一起打球。他乒乓球打得好，篮球打个“不厌”。他向弟兄们讲话往往脱下他的帽子。从他远道跋涉，到上海、北京、柏林找寻共产党这件事，可以看出他日后成为革命领袖所具备的自发精神和坚定目标。

彭德怀

他是愉快爱笑的人，身体极为健康。

出生于湘潭县的一个农村的富农家庭。母亲在他六岁时去世，后父亲再娶，后母憎嫌他，后被后母赶出。

他动作和说话都很敏捷，喜欢说说笑笑，很有才智，善于驰骋，又吃苦耐劳，是个很活泼的人。他身经百战，只受过一次伤，而且只是表面的。生活节俭：同部下一样，只有两套制服。他不吸烟，不喝酒。迟睡早起。很喜欢孩子，常有孩子跟着，脱棉衣给小号手。他精力旺盛，顽强不屈，有强烈的反抗精神，性格刚烈，是位不向恶势力低头的勇士，还是红军杰出的军事家。

贺龙

大个子，像只老虎一样强壮有力。年过半百，但仍很健康，他不知疲倦。

他的父亲是哥老会的一个领袖，把名望传给了他，因此他在年轻时就闻名湖南全省。

（宴会上面对枪声面不改色）

他仇视有钱人，被国民党报纸称为“劣迹昭著”，率领村里的几个人袭击收税的，一把菜刀宰了他们，解除了他们的武装。贺龙在哥老会中的名声遍及全中国；他的口才很好，有很强的个人感召力，许多部下宁可与他一起在路上死去，也不愿意离去。他生活跟他的部下一样简单。他不计较个人财物——除了马匹。他喜欢马。他英勇善战，有出色的军事才能，口才好，威望高，急躁而又谦虚。

五、故事梗概

《红星照耀中国》全书共12篇，主要内容包括：关于红军长征的介绍；对中国共产党和红军主要领导人的采访；中国共产党的抗日政策，红军的军事策略；作者的整个采访经历和感受等。

书中主要讲了作者自1936年6月至10月在中国西北革命根据地（以延安为中心的陕甘宁边区）进行实地采访的所见所闻，向全世界真实报道了中国和中国工农红军以及许多红军领袖、红军将领的情况。其中毛泽东和周恩来是斯诺笔下最具代表性的人物形象。

在《红星照耀中国》中，斯诺探求了中国革命发生的背景、发展的原因。他判断由于中国共产党的宣传和具体行动，使穷人和受压迫者对国家、社会和个人有了新的理念，有了必须行动起来的新的信念。由于有了一种思想武装，有一批坚决的青年，所以能够对国民党的统治进行群众性的斗争长达十年之久。他对长征表达了钦佩之情，断言长征实际上是一场战略撤退，称赞长征是一部英雄史诗，是现代史上的无与伦比的一次远征。斯诺用毋庸置疑的事实向世界宣告：中国共产党及其领导的革命事业犹如一颗闪亮的红星不仅照耀着中国的西北，而且必将照耀全中国，照耀全世界。

书中还描绘了中国共产党人和红军战士坚韧不拔、英勇卓绝的伟大斗争，以及他们的领袖人物的伟大而平凡的精神风貌。他面对面采访了毛泽东、周恩来、彭德怀、贺龙等中国共产党的领导人和红军将领，结下了或浅或深的交情。其中最重要的无疑是毛泽东。斯诺准确地把握到毛泽东同以农民为主体的中国民众的精神纽带。没有人比毛泽东更了解他们，更擅长综合、表达和了解他们的意愿。这将深刻地制约着以后数十年中国现代化的进程，包括其成功和曲折。

总之，斯诺对中国的认识达到了一个前所未有的高度。他发现了一个“活的中国”，对普通中国百姓尤其是农民即将在历史创造中发挥的重要作用作出了正确的预言，他发现了隐藏在亿万劳动人民身上的力量，并断言中国的未来就掌握在他们手中。

六、章节概括

第一章　探寻红色中国

讲述作者对红色世界的好奇，开始深入苏维埃红区冒险，去探究苏维埃共和国、红军、共产党的秘密。并且讲述了张学良和杨虎城与共产党达成一致抗日协议的原因和经过。

第二章　去红都的道路

讲述在进入红区的路途上被白匪追逐的经历，并讲述了国民党通过“民团”这一组织对地方的统治和镇压政策。介绍了周恩来及贺龙的人生经历以及他们独特的个人魅力。介绍了许多年轻的红军战士们因为被剥削被压迫的命运而参加红军、热爱红军的故事。

第三章　在保安

讲述了共产党领导人毛泽东给作者的初步印象：健康、质朴纯真，有幽默感、精明、精力过人，是一个颇有天赋的军事和政治战略家。谈到了共产党的基本政策是反帝反封。红军大学开展的各项课程以及红军剧社开展的宣传工作。

第四章　一个共产党员的由来

本章讲述了共产党领导人毛泽东的人生经历、思想变革以及成长为红军领导人的过程。

第五章　长征

讲述了红军长征的艰难过程。记叙了第五次大围剿，以及长征中强渡大渡河、过大草原等艰难英勇的事迹。

第六章　红星在西北

讲述了刘志丹开创西北苏区的历程，西北大灾荒和苛捐杂税给人民带来的苦难。苏维埃社会、政治、经济、文化、货币各方面政策。

第七章　去前线的路上

讲述了普通农民对红军的拥护，对苏区工业的繁荣以及苏区工人身上具有的乐观活泼的社会主义工业精神。

第八章　同红军在一起

讲述了作者深入到真正的红军内部，了解他们年轻、精神饱满、训练严格、纪律严明、装备出色、政治觉悟高，才使得他们成为铁打的军队。并且讲述了促使司令员彭德怀走上革命道路的悲惨童年经历，以及他独特的个人魅力。红军采用游击战术的原因和策略。红军战士健康丰富的生活。

第九章　同红军在一起（续）

共产党军事领导人徐海东的人生历程以及中国残酷的阶级战争给老百姓带来的杀戮和苦难。讲述共产党团结回族人民抵抗压迫者的策略。

第十章　战争与和平

讲述红色中国的少年们耐心、勤劳、聪明、努力学习，代表着中国的希望，讲述共产党为建立统一战线所做的努力以及革命领导人朱德极其杰出的领导才能和个人魅力。

第十一章　回到保安

讲述了在敌人封锁下的保安地区，红军丰富多彩的生活。讲述了俄国对于红色中国的影响以及德国顾问李德指挥作战时出现的失误及其原因。

第十二章　又是白色世界

详细记述了“西安事变”的具体经过、结果，以及对形成抗日民族统一战线的积极影响。并分析了中国社会革命运动的复杂社会背景、面临挑战及其终将取得胜利的原因。

七、片段赏析

1. 我在中国的七年间，关于中国红军，苏维埃和共产主义运动，人们提出过很多很多问题。热心的党人是能够向你提供一套现成答案的，可是这些答案始终很难令人满意。他们怎么知道的呢？他们可从来没有到过红色中国呀。

【赏析】“热心的党人”“红色中国”表示了作者对中国的热爱及赞美之情。这一段用了一处问句，设置悬念，引起读者兴趣。

2. 因此，周恩来给我的印象是，他头脑冷静，善于分析推理，讲究实际经验。他态度温和地说出来的话，同国民党宣传九年来污蔑共产党人员是什么“无知土匪”“强盗”和其他爱用的骂人的话，形成了奇特的对照。

【赏析】此段先是描写了周恩来给作者的良好印象，后用“污蔑”一词表现了作者对国民党的不满之情。

3. 随着阳光的转移，这些山丘的角落陡峭的阴影和颜色起着奇特的变化，到黄昏时分，紫色的山巅连成一片壮丽的海洋，深色的天鹅绒般的褶层从上而下，好像满族的百褶裙，一直到看去似乎深不见底的沟壑中。

【赏析】这一段用了比喻的修辞手法，把山巅比作海洋，把山上的褶层比作百褶裙，使语气更加生动，形象地描述了一幅美丽的画卷。

4. 一边是国民党重兵的围追堵截，一边是恶劣到极点的自然环境和匮乏的物资供应，红军之所以能在连基本的生存条件都不具备的情况下坚持行军和战斗，直至取得最后胜利，靠的就是这种精神。

【赏析】红军远征的困难是常人无法想象的，饿得不行就啃树皮，煮皮鞋，嚼石子……脚上惨不忍睹的血泡和老茧，路上倒下的红军越来越多。可是，红军战士却以乐观、坚定的态度面对，他们相互扶持，互相帮助，至死不愿拖累战友，正是这样，长征才得以继续和成功！

5. 长征是人类战争史上的奇迹，特有的魅力使它就像一部最完美的神话，突破时代和国界，在世界上广为传扬。中国工农红军的长征是一部史无前例、雄伟壮丽的史诗。

【赏析】长征路上，红军战士不畏不惧，冲锋陷阵，抛头颅，洒热血，无怨无悔。中国工农红军的长征是当之无愧的奇迹。

6. 长征精神之所以历久弥新，就在于它不是静止的。它承接着井冈山精神，又不断形成了延安精神、西柏坡精神，中国特色社会主义建设事业中的两弹一星精神、载人航天精神，更为它注入了新的时代血液，增加了新的丰富内涵。

【赏析】长征路上，红军战士不畏不惧，冲锋陷阵，抛头颅，洒热血，无怨无悔。红军们给我们留下的是坚定的信念，坚强的意志以及无与伦比的勇敢，这些都是创造人类奇迹的精神。

经典演练

一、填空题

1. 大家知道，______在 1931 年之前还是受人爱戴、为人慷慨、有现代化思想、能打高尔夫球、却又喜好赌博这样一个性格矛盾的军阀独裁者。
2. 蒋介石悬赏八万元要______的首级，可是在这位共产党员将领的司令部的门前，只有一个哨兵。

3. 李长林说，贺龙口才很好，在国民党中是很有名。用李长林的话来评价贺龙的口才就是“____________________”。

4. 共产党相信，1927 年以来的十年历史，充分证明了他们的论点，那就是：____________________，对内不实行土地政策，中国的民族独立和民族政治是无法实现的。

5. 1930 年底国民党政府开始了对红军的第一次围剿。红军巧妙地运用__________战术，迎击并克服了第一次围剿，取得了巨大的胜利。

6. 在漫长的艰苦的征途上，有成千上万的人倒下了，可是另外又有成千上万的人——农民、__________、奴隶、_______________、工人、一切赤贫如洗的人们——参加进来充实了行列。

7. 红军不论到哪里，他们都毫无疑问地根本改变了__________、__________、中农以及所有“贫苦”成分的处境。

8. 据毛泽东说，到 1933 年 9 月，江西苏区共有 1423 个“产销”合作，都是为人民所有，由______管理。

9. 平江起义两年以后，________积聚了一支约有八千个兄弟的“铁军”，这就是红军五团。

10. 徐海东给我的印象是我所采访到的共产党领袖中“______________”最强的一个人——不论在态度上、外表上、谈吐上和背景上都是如此。

11. 读过《四大马》这部分内容，我们知道，在青海、宁夏和甘肃北部这个地区里，权利由一家姓马的回民将领家庭分享——马鸿逵、__________、__________、马步青。

12. 朱德部下的军队在西藏的冰天雪地之中，经受了整整一个严冬的围困和艰难，除了牦牛肉以外没有别的吃，而仍能保持万众一心，这必须归因于_____________________________，还有那鼓舞部下具有为一个事业英勇牺牲的忠贞不贰精神的罕见人品。

13. 同许多念念不忘共产国际魔怪的人的看法相反，即使在红区里，____________大概也是精神上的和思想上的影响大于直接参与中国苏维埃运动的发展。

14. 苏维埃政府和共产党在听到了____________的消息后，立即召开联席会议，决定支持____________和参加联合抗日军事委员会，并派共产党的代表团赶赴西安。共产党代表团团长____________一到西安就去见了蒋介石。

15. 埃德加·斯诺在《红星照耀中国》一书写道：“冒险、探索、发现、勇气、胜利和狂喜、艰难困苦、英勇牺牲、忠心耿耿，这些千千万万青年人的经久不衰的热情，始终如一的希望，令人惊诧的革命乐观情绪，像一把火焰，贯穿着这一切，他们无论在人力面前，或者在大自然面前，上帝面前，死亡面前，都绝不承认失败。”这是斯诺对_________________________的评价。

二、简答题

1. “这次远征号称要对日作战，收复失地，但未免有些唐·吉诃德味道，立即被蒋介石总司令的十一师精锐新军所拦截，但是，这却阻止不了那些爱国学生，他们不怕坐牢，也不怕可能丢脑袋，大批走向街头，喊出了那被禁的口号：‘停止内战！国共合作抗日救国！’”（选自《去西安的慢车》）。读完这段选文，你有什么感想？

2.《贺龙二三事》都写了他哪些事？（至少写出四个方面）

3. 斯诺在写到毛泽东时有一段话：“南京虽然悬赏二十五万元要他的首级，可是他却毫不介意地和旁的行人一起在走。”从这里，你读出了毛泽东什么样的高贵品质？

4. 红军过大草地时，都遇到了哪些困难？

5. 读完《为什么当红军》一章，请你简单叙述一件能展现彭德怀人物性格的故事。

6. 在《关于朱德》一章中，斯诺告诉人们朱德是个什么样的人？

7.《红星照耀中国》的作者埃德加·斯诺在书中说：“在共产党对我的态度中，我从来没有遇到过任何‘排外主义’。”你能举例说明吗？

8. 在西安事变中，蒋介石有过生命危险，有人说是来自于共产党，这种说法对吗？为什么？

三、重点情节阅读

【情节一】

（甲）我在中国的七年中间，关于中国红军、苏维埃和共产主义运动，人们提出过很多很多问题。热心的党人是能够向你提供一套现成的答案的，可是这些答案始终很难令人满意。他们是怎么知道的呢？他们可从来没有到过红色中国呀。

事实是，在世界各国中，恐怕没有比红色中国的情况是更大的谜，更混乱的传说了。

……

红军抗击极大优势的军事联合力量达九年之久，这个非凡的记录应该拿什么来解释呢？红军没有任何大工业基地，没有大炮，没有毒气，没有飞机，没有金钱，也没有南京在同他们作战时能利用的现代技术，他们是怎样生存下来并扩大了自己的队伍的呢？他们采用了什么样的军事战术？他们是怎样训练的？是谁给他们当顾问的？他们里面有一些俄国军事天才吗？是谁领导他们在谋略上不但胜过所有被派来同他们作战的国民党将领，而且胜过蒋介石重金聘请来的、以前由希特勒已故的国防军头目冯·西克特将军领导的大批外国顾问？

……

中国共产主义运动的军事和政治前景如何？它的具有历史意义的发展是怎样的？它能成功么？一旦成功，对我们意味着什么？对日本意味着什么？这种巨大的变化对世界五分之一的人口会产生什么影响？它在世界政治上会引起什么变化？在世界历史上会引起什么变化？它对英、美等外国在中国的巨额投资会产生什么后果？说真的，共产党究竟有没有“对外政策”呢？

最后，共产党倡议在中国建立“民族统一战线”，停止内战，这到底是什么意思？

……

我们都知道，要对红色中国有所了解，唯一的办法就是到那里去一趟。但我们推托说“没有法子”。有少数人尝试过，但失败了。这就被看成是做不到的事。大家都认为没有谁能够进了红区后活着回来的。在报纸受到像意大利或德国那样严格检查和管制的国家里，长年累月的反共宣传就有那么大的力量。

（乙）后来，到一九三六年六月，我的一位中国好友带给我中国西北出现了使人惊讶的政治局面的消息——这后来终于导致蒋介石总司令被扣的惊人事件，扭转了中国历史的潮流。但是，当时对我来说更重要的是，我在得到上述消息的同时，了解到我可能有办法进入红区。这需要我立即动身。机会千载难逢，不能错过。我决定抓住这个机会，设法打破这一已经持续了九年的新闻封锁。

1. 《红星照耀中国》原名《________》，文中的“我”就是作者________，他是美国新闻记者。

2. 作者为什么要采访红色中国？

3. 甲段摘录了斯诺去红区之前，人们关于中国红军、苏维埃和共产主义运动的很多问题，联系全书说说解开这些谜团的意义何在？

4. 乙段中说“我可能有办法进入红区”，这个办法是指什么而言？

【情节二】

有一个农村少年是在四川参加红军的，我问他为什么参加。他告诉我说，他的父母是贫农，只有四亩田（不到一英亩），不够养活他和两个姊妹。他说，红军到他村子来时，全体农民都欢迎他们，给他们喝热茶，做糖给他们吃。红军剧团演了戏。大家很快活。只有地主逃跑了。分配土地后，他的父母也分到了地。因此他参加穷人的军队时，他们并不难过，反而很高兴。

另一个少年大约十九岁，在湖南当过铁匠学徒，外号叫“铁老虎”。红军到他县里时，他放下风箱、锅盘，不再当学徒了，只穿了一双草鞋、一条裤子就赶紧去参军。为什么？因为他要同那些不让学徒吃饱的师傅打仗，同剥削他的父母的地主打仗。他是为革命打仗，革命要解放穷人。红军对人民很好，不抢不打，不像白军。他拉起裤腿，给我看一条长长的白色伤疤，那是战斗的纪念。还有一个少年是福建来的，一个是浙江来的，还有几个是江西和四川来的，但是大多数是陕西和甘肃本地人。有的已从少年先锋队“毕业”，虽然看上去还像孩子，却已当了几年红军了。有的参加红军是为了打日本，有两个是为了要逃脱奴役，三个是从国民党军队中逃过来的，但是他们大多数人参加红军是“因为红军是革命的军队，打地主和帝国主义”。

1．“红军到他村子来时，全体农民都欢迎他们。”你从这句话中读出了什么？

2．红军给农民做了哪些事情？

3．从选文可知，少年参加红军的原因有哪些？

【情节三】

我到后不久，就见到了毛泽东，他是个面容瘦削、看上去很像林肯的人物，个子高出一般的中国人，背有些驼，一头浓密的黑发留得很长，双眼炯炯有神，鼻梁很高，颧骨突出。我在一霎那间所得的印象，是一个非常精明的知识分子的面孔，可是在好几天里面，我总没有证实这一点的机会。我第二次看见他是傍晚的时候，毛泽东光着头在街上走，一边和两个年轻的农民谈着话，一边认真地在做着手势。我起先认不出是他，后来等到别人指出才知道。南京虽然悬赏二十五万元要他的首级，可是他却毫不介意地和旁的行人一起在走。

在我看来，毛泽东是一个令人极感兴趣而复杂的人。他有着中国农民的质朴纯真的性格，颇有幽默感，喜欢憨笑。甚至在说到自己的时候和苏维埃的缺点的时候他也笑得厉害——但是这种孩子气的笑，丝毫也不会动摇他内心对他目标的信念。他说话平易，生活俭朴，有些人可能以为他有点粗俗。然而他把天真质朴的奇怪品质同锐利的机智和老练的世故结合了起来。

我想我第一次的印象——主要是天生精明这一点——大概是不错的。然而毛泽东还是一个精通中国旧学的有成就的学者，他博览群书，对哲学和历史有深入的研究，他有演讲和写作的才能，记忆力异乎常人，专心致志的能力不同寻常，个人习惯和外表落拓不羁，但是对于工作却事无巨细都一丝不苟，他精力过人，不知疲倦，是一个颇有天才的军事和政治战略家。许多日本人都认为他是中国现有的最有才干的战略家，这是令人很感到兴趣的事。

毛泽东的伙食也同每个人一样，但因为是湖南人，他有着南方人“爱辣”的癖好。他甚至用辣椒夹着馒头吃。除了这种癖好之外，他对于吃的东西就很随便。有一次吃晚饭的时候，我听到他发挥爱吃辣的人都是革命者的理论。他首先举出他的本省湖南，就是因产生革命家出名的。他又列举了西班牙、墨西哥、俄国和法国来证明他的说法，可是后来有人提出意大利人也是爱吃红辣椒和大蒜出名的例子来反驳他，他又只得笑着认输了。附带说一句，“赤匪”中间流行的一首最有趣的歌曲叫《红辣椒》。它唱的是辣椒对自己或者供人吃食没有意义感到不满，它嘲笑白菜、菠菜、青豆的浑浑噩噩，没有骨气的生活，终于领导了一场蔬菜的起义。这首《红辣椒》是毛主席最爱唱的歌。

1. 文中画线句子运用了什么描写方法？从中可以看出作者对毛泽东的第一印象是什么？

2. 从第二自然段的内容可以看出毛泽东具有哪些特点？

3. 作者认为毛泽东超乎常人的地方都有哪些？

【情节四】

我父亲读过两年书，认识一些字，足够记账之用。我母亲完全不识字。两人都是农民家庭出身。我是家里的“读书人”。我熟读经书，可是不喜欢它们。我爱看的是中国旧小说，特别是关于造反的故事。我很小的时候，尽管老师严加防范，还是读了《精忠传》《水浒传》《隋唐》《三国》和《西游记》。这位老先生讨厌这些禁书，说它们是坏书。我常常在学堂里读这些书，老师走过来的时候就用一本正经书遮住。大多数同学也都是这样做的。许多故事，我们几乎背得出，而且反复讨论了许多次。关于这些故事，我们比村里的老人知道得还要多些。他们也喜欢这些故事，常常和我们互相讲述。我认为这些书大概对我影响很大，因为是在容易接受的年龄里读的。

我十三岁时，终于离开了小学堂，开始整天在地里帮长工干活，白天做一个全劳力的活，晚上替父亲记账。尽管这样，我还是继续读书，如饥如渴地阅读凡是我能够找到的一切书籍，经书除外。这教我父亲很生气，他希望我熟读经书，尤其是在一次打官司时，由于对方在法庭上很恰当地引经据典使他败诉之后，更是这样了。我常常在深夜里把我屋子的窗户遮起，好使父亲看不见灯光。就这样我读了一本叫做《盛世危言》的书，这本书我非常喜欢。作者是一位老派改良主义学者，以为中国之所以弱，在于缺乏西洋的器械——铁路、电话、电报、轮船，所以想把这些东西传入中国。我父亲认为读这些书是浪费时间。他要我读一些像经书那样实用的东西，可以帮助他打赢官司。

我继续读中国旧小说和故事。有一天我忽然想到，这些小说有一件事情很特别，就是里面没有种田的农民。所有的人物都是武将、文官、书生，从来没有一个农民做主人公。对于这件事，我纳闷了两年之久，后来我就分析小说的内容。我发现它们颂扬的全都是武将，人民的统治者，而这些人是不必种田的，因为土地归他们所有和控制，显然让农民替他们种田。

1. 在这段经历中，可以看到少年毛泽东的哪些行为（或特点）对他将来成为革命者起到了铺垫作用？

2. 为什么少年毛泽东看的书不被老师和父亲允许？

3. 毛泽东为什么喜欢读《盛世危言》？

【情节五】

安顺场以西四百里，峡谷高耸，河流又窄、又深、又急的地方，有条有名的铁索悬桥叫做泸定桥。这是上西藏以东的最后一个可以过河的地方。现在赤脚的红军战士就沿着峡谷间迂回曲折的小道，赤足向泸定桥出发，一路上有时要爬几千英尺高，有时又降到泛滥的河面，在齐胸的泥沼中前进。如果他们能够占领泸定桥，全军就可以进入川中，否则就得循原路折回，经过彝族区回到云南，向西杀出一条路来到西藏边境的丽江，迂回一千多里，很少人有生还希望。

南岸主力西移时，已经过河到了北岸的一师红军也开动了。峡谷两岸有时极窄，两队红军隔河相叫可以听到。有时又极辽阔，使他们担心会从此永远见不了面，于是他们就加快步伐。他们在夜间摆开一字长蛇阵沿着两岸悬崖前进时，一万多把火炬照映在夹在中间的河面上，仿佛万箭俱发。

1. 选文中所写的是红军强渡________的情景。毛主席七律《长征》中有诗云：“____________________，__________________。”

2. 画横线的句子使用了什么修辞方法，有什么作用？

3. 红军为什么要勇夺泸定桥？

【情节六】

我并不想要危言耸听。这些现象都是我亲眼看到而且永远不会忘记的。在灾荒中，千百万的人就这样死了，今天还有成千上万的人在中国这样死去。我在沙拉子街上看到过新尸，在农村里，我看到过万人冢里一层层埋着几十个这种灾荒和时疫的受害者。但是这毕竟还不是最叫人吃惊的。叫人吃惊的事情是，在许多这种城市里，仍有许多有钱人，囤积大米小麦的商人、地主老财，他们有武装警卫保护着他们在大发其财。叫人吃惊的事情是，在城市里，做官的和歌妓舞女跳舞打麻将，那里有的是粮食谷物，而且好几个月一直都有；在北京天津等地，有千千万万吨的麦子小米，那是赈灾委员会收集的（大部分来自国外的捐献），可是却不能运去救济灾民。为什么？因为在西北，有些军阀要扣留他们的全部铁路车皮，一节也不准东驶，而在东部，其他国民党将领也不肯让车皮西去——哪怕去救济灾民——因为怕被对方扣留。

在灾情最甚的时候，赈灾委员会决定（用美国经费）修一条大渠灌溉一些缺水的土地。官员们欣然合作——立刻开始以几分钱一亩的低价收购了灌溉区的所有土地。一群贪心的兀鹰飞降这个黑暗的国家，以欠租或几个铜板大批收购饥饿农民手中的土地，然后等待有雨情后出租给佃户。

然而那些饿死的人大多数是在不作任何抗议的情况下死去的。

"他们为什么不造反?"我这样的问自己。"为什么他们不联成一股大军，攻打那些向他们征收苛捐杂税却不能让他们吃饱、强占他们土地却不能修复灌溉渠的恶棍坏蛋?为什么他们不打进大城市里去抢那些把他们妻女买去，那些继续摆三十六道菜的筵席而让诚实的人挨饿的流氓无赖?为什么?"

他们的消极无为使我深为迷惑不解。我有一段时间认为。没有什么事情会使一个中国人起来斗争。

我错了。中国农民不是消极的；中国农民不是胆小鬼。只要有方法，有组织，有领导，有可行的纲领，有希望——而且有武器，他们是会斗争的。中国共产主义运动的发展证明了这一点。因此，在上述这种背景下，我们得悉共产党人在西北特别受人民欢迎，是不应该感到奇怪的，因为那里的情况对于农民群众来说同中国其他地方一样，都没有根本的改善。

1. 斯诺1929年6月访问中国西北，目睹了灾荒之年中国底层百姓怎样的惨状?

2. "叫人吃惊"的事情是什么?作者"深为迷惑不解"的是什么?请结合选文概括回答。

3. 作者说"我错了"，错在哪里?共产党人在西北特别受欢迎的原因是什么?

【情节七】

"我们的生活同你们一样苦，"他说，"红军是在为你们，为农民工人打仗，保护你们抵抗日本和国民党。就算你们不是总能买到你要的那么多的布，买不到鸦片吧，但是你们也不用付税，这是不是事实?你们不欠地主的债，不会失掉房屋土地，是不是?那么大哥，你是不是喜欢白军，不喜欢我们?请你回答这个问题。白军收了你的庄稼付给你什么，嗳?"

一听到这话，一切抱怨似乎都烟消云散了，意见是一致的。"当然不，老傅，当然不!"我们的房东点头道。"如果让我们选择，我们当然要红军。我的一个儿子就在红军里，是我自己把他送去的。谁能说不是?"

我问他们为什么宁可要红军。

那个对合作社没有鸦片卖表示不满的老头儿在回答时说了一席热烈的话。

"白军来了怎么样?"他问道。"他们要多少多少粮食，从来不说一句付钱的话。如果我们不给，就把我们当共产党逮起来。如果我们给他们，就没有钱缴税。反正不论怎么样，我们都没有力量缴税。那么怎么办呢？他们就拿我们的牲口去卖。去年，红军不在这里，白军回来了，他们拿走了我的两头骡子，四头猪。骡子每头值三十元钱，猪长足了值二元钱，他们给了我什么？"

"啊哟，啊哟！他们说我欠了八十元的税和地租，我的牲口折价四十元，他们还要我四十元。我到哪里去弄这笔钱？我没有别的东西给他们偷了。他们要我卖闺女，这是真的！我们有的人只好这样！没有牲口没有闺女的只好到保安去坐牢，许多人给冻死了……"

1．选文刻画人物主要运用了哪种描写方法？选文中主要运用了什么写作手法？

2．联系选文，谈谈"抱怨"的内容。农民能在共产党员面前抱怨，这说明了什么？

3．选文中红军与白军各有哪些特点？

【情节八】

彭德怀过去既有这样一种斗争历史，我原以为他是个疲惫的、板着脸的狂热领袖，身体也许已经垮了。结果我却发现彭德怀是个愉快爱笑的人，身体极为健康，只是肚子不好，这是在长征途上有一个星期硬着头皮吃没有煮过的麦粒和野草，又吃带有毒性的食物和几天颗粒未进的结果。他身经百战，只受过一次伤，而且只是表面的。

我住在彭德怀设在预旺堡的司令部的院子里，因此我在前线常常看到他。附带说一句，司令部——当时指挥三万多军队——不过是一间简单的屋子，内设一张桌子和一条板凳，两只铁制的文件箱，红军自绘的地图，一台野战电话，一条毛巾，一只脸盆，和铺了他的毯子的炕。他同部下一样，只有两套制服，他们都不佩军衔领章。他有一件个人衣服，孩子气地感到很得意，那是在长征途上击下敌机后用缴获的降落伞做的背心。

我们在一起吃过好几顿饭。他吃的很少很简单，伙食同部下一样，一般是白菜、面条、豆、羊肉，有时有馒头。宁夏产瓜，种类很多，彭德怀很爱吃。可是，好吃惯了的作者却发现彭德怀在吃瓜方面并不是什么对手。但是在彭德怀参谋部里的一位医生前面只好低头认输，他的吃瓜能力已为他博得了"韩吃瓜的"这样一个美名。

我必须承认彭德怀给我的印象很深。他的谈话举止里有一种开门见山、直截了当、不转弯抹角的作风很使我喜欢，这是中国人中不可多得的品质。他动作和说话都很敏捷，喜欢说说笑笑，很有才智，善于驰骋，又能吃苦耐劳，是个很活泼的人。这也许一半是由于他不吸烟、也不喝酒的缘故。有一天红二师进行演习，我正好同他在一起，要爬一座很陡峭的小山。"冲到顶上去！"彭德怀突然向他喘吁吁的部下和我叫道。他像兔子一般窜了出去，在我们之前到达山顶。又有一次，我们在骑马的时候，他又这样叫了一声，提出挑战。从这一点和其他方面可以看出他精力过人。

彭德怀迟睡早起，不像毛泽东那样迟睡也迟起。就我所知，彭德怀每天晚上平均只睡四、五小时。他从来都是不急不忙的，但总是很忙碌。我记得那天早上一军团接到命令要前进二百里到敌区的海原，我多么吃惊：彭德怀在早饭以前发完了一切必要的命令后，下来同我一起吃饭，饭后他就马上上路，好像是到乡下去郊游一样，带着他的参谋人员走过预旺堡的大街，停下来同出来向他道别的穆斯林阿訇说话。大军似乎是自己管理自己的。

附带说一句，虽然政府军飞机常常在红军前线扔传单，悬赏五万到十万元要缉拿彭德怀，不论死擒活捉，但是他的司令部门外只有一个哨兵站岗，他在街上走时也不带警卫。我在那里的时候，看到有成千上万张传单空投下来要悬赏缉拿他、徐海东、毛泽东。彭德怀下令要保存这些传单。这些传单都是单面印的，当时红军缺纸，就用空白的一面来印红军的宣传品。

1. 通过选文对彭德怀的饮食的描写，可以看出彭德怀是一个什么样的人？

2. 文章最后一段有什么作用？

3. 我们可以从彭德怀的身上学到哪些品质？

【情节九】

“我的同学几乎全是地主或商人的子弟，”徐海东告诉我说。“因为穷人的孩子很少有上学的。我同他们一起在一张桌子上念书，但是他们很多人都讨厌我，因为我很少有鞋穿，衣服又破烂。他们骂我时我忍不住要同他们打架。如果我跑到先生那里告状，他总是打我。但是如果地主的子弟打输了，他们去先生那里告状，打的又是我！

“我上学第四年，也就是十一岁那年，参加了一场‘富人打穷人’的吵架，一群‘富家子弟’把我逼到墙角里。我们当时扔着棍棒和石头，我扔出去的一块石头打破了一个姓黄的孩子的脑袋，他是个有钱地主的儿子。那孩子哭着走了，不久又带着他家里的人回来。他老子说我‘忘了生辰八字’，对我拳打脚踢。先生又打了我一顿。我就逃学不肯再去。这件事对我印象很深。我从此相信，穷人的孩子是得不到公平的。”

1. 选段出自《__________》，作者________。

2. 徐海东是中国共产党的军事领导人，作者认为“他的童年生活足以说明他今天为什么成了一个革命者”，请根据选段内容分析其成为革命者的原因。

3. 选段体现出徐海东的哪些特点？

【情节十】

在开了枪眼的雉堞上刚兜了一半，我就遇见了一队号手——这时总算在休息，这叫我感到高兴，因为他们的响亮号声已接连不断地响了好多天了。他们都是少年先锋队员，不过是小孩子，因此我停下来对其中一个号手谈话时就采取了一种多少是父辈的态度。他穿着网球鞋、灰色短裤，戴着一顶褪了色的灰色帽子，上面有一颗模模糊糊的红星。但是，帽子下面那个号手可一点也不是褪色的：红彤彤的脸，闪闪发光的明亮眼睛，这样的一个小孩子你一看到心就软了下来，就像遇到一个需要友情和安慰的流浪儿一样。我想，他一定是非常想家的吧。可是很快我就发现自己估计错了。他可不是妈妈的小宝贝，而已经是位老红军了。他告诉我，他今年十五岁，四年前在南方参加了红军。

“四年!”我不信地叫道。“那末你参加红军时准是才十一岁啰？你还参加了长征?”

“不错，”他得意扬扬有点滑稽地回答说。“我已经当了四年红军了。”

“你为什么参加红军?”我问道。

“我的家在福建漳州附近。我平时上山砍柴，冬天就采集树皮。我常常听村里的人讲起红军。他们说红军帮助穷人，这叫我喜欢。我们的家很穷。一家六口，我的父母和三个哥哥，我们没有地。收成一半以上拿来交租，所以我们老是不够吃。冬天，我们烧树皮汤喝，把粮食省下来作来春的种子。我总是挨饿。

“有一年，红军来到漳州附近。我翻过山头，去请他们帮助我们的家，因为我们很穷。他们待我很好。他们暂时把我送到学校去读书，我吃得很饱。几个月以后，红军占领了漳州，来到我们村子上。地主、放债的和做官的都给赶跑了。我家分到了地，用不着再缴税缴租了。家里的人很高兴，都称赞我。我的两个哥哥参加了红军。”

1. 画线句子运用了什么描写方法？

2. 简要概括“红小鬼”参加红军的原因。

3. 结合选文分析，农民为什么拥护红军？

【情节十一】

第二件事情是我在离开以前对毛泽东进行的一次访问，他第一次表示共产党欢迎同国民党讲和与进行合作抗日的具体条件。这些条件之中，有一些已由共产党在八月间发表的宣言中公布。我在访问时请毛泽东解释一下他提出新政策的原因。

“首先是，”他开始说，“日本侵略的严重：日本日益加紧侵略，它的威胁已经严重到中国一切力量都必须团结起来的程度。除了共产党以外，中国还有其他的政党和力量，其中最强大的是国民党。没有国民党的合作，我们目前的力量是不足以在战争中抵抗日本的。南京必须参加。国民党和共产党是中国两大政治力量，如果他们现在继续打内战，结果就会对抗日运动不利。

“其次，自从一九三五年八月起，共产党就发宣言，呼吁中国各党派联合起来抵抗日本，全国人民热烈响应这个纲领，尽管国民党继续进攻我们。

“第三点是，甚至在国民党里的许多爱国分子现在也赞成同共产党联合，甚至在南京政府里的抗日分子和南京自己的军队，今天都为了我国民族存亡而准备联合起来。”

“这就是中国目前形势的主要特点，因此我们不得不重新详细考虑在民族解放运动中实现这种合作的具体方案。我们坚持的团结的基本原则是抗日民族解放的原则。为了要实现这一原则，我们认为必须建立一个国防民主政府。这个政府的主要任务必须是抵抗外国侵略者，给予人民群众公民权利，加强国家的经济发展。

“因此我们拥护议会形式的代议制政府，抗日救国政府，保护和支持一切人民爱国团体的政府。如果成立了这样一个共和国，中国的各苏区就成为其中的一部分。我们将在自己的地区内采取措施建立议会形式的民主政府。”

“这是不是说，”我问道，“这样一个（民主的）政府的法律也会在苏区实施？”

毛泽东对此作了肯定的回答。他说，这样一个政府应该恢复并再次实现孙逸仙的遗嘱，和他在大革命时期提出的三个“基本原则”，即联合苏联和世界上以平等待我之民族；联合中国共产党；保护中国工人阶级的基本利益。

“如果国民党里开展了这样一个运动，”他继续说，“我们准备同它合作并且支持它，组成反帝统一战线，像一九二五到二七年那样。我们深信，这是拯救我国的唯一出路。”

“提出新建议有没有当前的原因？”我问道。“这肯定地必须认为是你们党近十年历史中最重要的决定。”

“当前的原因，”毛泽东解释道，“是日本提出了严重的新要求，屈服于这种要求必然会大大妨碍将来的抵抗，同时人民对日本侵略的日益严重威胁的反响采取了伟大的人民爱国运动的形式。这两个条件反过来也在南京的某些分子的身上造成了态度的转变。在这样的情况下，现在就可以希望实现我们所建议的这种政策。如果在一年以前或早一些时候，用这形式提出来，不论是全国还是国民党就不会有思想准备。

“目前正在进行谈判。虽然共产党对于劝说南京抗日并不存多大希望，但是可能性还是有的。只要有可能性，共产党就愿意在一切必要措施方面合作。如果蒋介石要想继续打内战，红军也奉陪到底。”

1. 结合选段，分析毛泽东的处事风格。

2. 毛泽东明知道可能性不大为什么还要坚持谈判？

3. 从毛泽东的话语中，我们能体会到什么？

【情节十二】

苏维埃政府和共产党在听到事变的消息后，立即召开联席会议，决定支持八点纲领和参加联合抗日军事委员会。不久以后他们就发表通电，表示相信“西安领袖此次行动出诸爱国热诚，希望迅速制订立即抗日的国策”。通电强烈谴责何应钦的讨伐，宣称“如发动内战，全国就会陷入大乱，日本强盗就会利用这个机会侵略我国，亡国奴的命运难逃”。为了要争取和平解决，共产党要求在不打仗的基础上开始谈判和召开各党派和平会议，讨论全国联合抗日的纲领。该电明确表明了张少帅请到西安去的共方代表要遵循的政策——在整个事变期间他在很大程度上依靠他们为他在政治上出主意。

共产党代表团团长周恩来一到以后就去见了蒋介石。不难想象这次会见对总司令产生了什么效果。蒋介石当时身体犹弱，惊魂未定，据说见到周恩来——他原来的政治副手，曾经悬赏八万元要他首级——进了房间向他友好地打招呼，吓得脸色发白。他一定以为红军已经进了西安，要把他带了去当俘虏了。这样一种恐惧也使蒋介石夫人的标致的脑袋不安过一阵子，因为她说，她“觉得目标（如果蒋介石被带出西安）一定在红军战线后面的某个地方”。

1. 选文中的“西安领袖”指的是谁？

2. 选文第二段中运用了哪些描写方法刻画蒋介石？

3. 在国家危急存亡之际，共产党主动要求停止内战，主张联合抗日。由此能看出共产党的哪些特点？

【情节十三】

“贺龙的外表怎么样？”我问李。

“他是个大个子，像只老虎一样强壮有力。他已年过半百，但仍很健康。他不知疲倦。他们说他在长征路上背着许多受伤的部下行军。即使他还在当国民党的将领时，他生活也跟他的部下一样简单。他不计较个人财物——除了马匹。他喜欢马。有一次他有一匹非常喜欢的马，这匹马给敌军俘获了。贺龙又去打仗夺回来。结果真的夺了回来！虽然贺龙性格很急躁，但是他很谦虚。他参加共产党后，一直忠于党，从来没有违反过党的纪律。他总希望别人提出批评，留心听取意见。他的妹妹很像他，个子高大，是个大脚女人。她领导红军作战——还亲自背伤员。贺龙的妻子也是如此。”

贺龙对有钱人的仇视，在中国是到处流传的——这似乎主要要回溯到他的红色游击队刚刚开始组成的年代，当时湖南苏区还没有处在共产党的全面控制之下。在何键“农民大屠杀”时期许多农民有亲友遭到牺牲，或者反动派在何键统治下夺回权力后，本人遭到地主的殴打和压迫，都抱着深仇大恨来投奔贺龙。据说，如果贺龙还在二百里外的地方，地主士绅都要闻风逃跑，哪怕有南京军队重兵驻守的地方也是如此，因为他以行军神出鬼没著称。

有一次贺龙带到了一个名叫波斯哈德瑞士传教士，军事法庭因他从事所谓间谍活动——大概不过是把红军动向的情报传给国民党当局，许多传教士都是这样做的——“判处”他监禁十八个月。贺龙开始长征时，波斯哈德牧师的徒刑还没有满期，因此奉命跟着军队走，最后刑期满了以后才在途中释放，给旅费前往云南府。使得大多数人感到意外的是，波斯哈德牧师对贺龙并没有讲什么坏话。相反，据说他说过，“如果农民都知道共产党是怎样的，没有人会逃走。”

当时正好中午要歇脚，我们决定到清凉宜人的溪水中洗个澡。我们下了水，躺在溪底一块长长的平石上，浅浅的凉水在我们身上潺潺流过。有几个农民过去，赶着一大群绵羊；头顶上蔚蓝色的天空晴朗无云。四周一片宁静、幽美，几百年来都是这样的，这种奇怪的晌午时分，只使人感到宁静、幽美和满足。

我忽然问李长林结过婚没有。“我结过婚了，”他慢慢地说。“我的妻子在南方被国民党杀死了。”

我开始有一点点懂得中国共产党人为什么这样长期地、这样毫不妥协地、这样不像中国人地进行战斗。我以后在路上还要从其他红军旅伴那里了解到更多这方面的情况。

1. 选文中通过李长林介绍了贺龙哪几件事？请用简洁语言概括。

2. 阅读选文后，贺龙给你留下了怎样的印象？

3. “我开始有一点点懂得中国共产党人为什么这样长期地、这样毫不妥协地、这样不像中国人地进行战斗。”说说你对选文中这句话的理解。

【情节十四】

沿途两旁一二百码以外就很不安全。许多红军想去找头羊来宰，就没有再回来的。山区的人民躲在浓密的树丛中，向进军的“入侵者”狙击。他们爬上山去，在红军鱼贯经过又深又窄的山口只能单行前进时，就推下大石头来压死他们和他们的牲口。

由于不抢就没有吃的，红军就不得不为了几头牛羊打仗。毛泽东告诉我，他们当时流行一句话叫“一条人命买头羊”。他们在藏民地里收割青稞，挖掘甜菜和萝卜等蔬菜，据毛泽东说，萝卜大得可以一个“够十五个人吃”。他们就是靠这种微不足道的给养过大草地。毛泽东幽默地对我说，“这是我们唯一的外债，有一天我们必须向藏民偿还我们不得不从他们那里拿走的给养。”他们只有俘获了部族人以后才能找到向导引路。他们同这些向导交上了朋友，出了藏族境界之后，许多向导继续参加长征。有些人现在是陕西党校的学员，有朝一日可能回到本土去向人民解释“红”汉和“白”汉的不同。

1. 这段文字写红军经过什么地方时遇到了什么民族？“红汉”和“白汉”各是什么意思？

2. 毛泽东跟斯诺说“这是我们唯一的外债”，这里的“外债”指什么而言？“唯一”和“必须”说明了什么？

3. 由于藏民不了解红军，敌视红军，加重了红军穿过藏区的困难。但是那些被迫给红军作向导的人，出了藏区后还继续参加长征说明了什么？

【情节十五】

长征的统计数字是触目惊心的。几乎平均每天就有一次遭遇战，发生在路上某个地方，总共有十五个整天用在打大决战上。路上一共三百六十八天，有二百三十五天用在白天行军上，十八天用在夜间行军上。息下来的一百天——其中有许多天打遭遇战——有五十六天在四川西北，因此总长五千英里的路上只休息了四十四天，平均每走一百一十四英里休息一次。平均每天行军七十一华里，即近二十四英里，一支大军和它的辎重要在地球上最险峻的地带保持这样的平均速度，可说近乎奇迹。

红军一共爬过十八条山脉，其中五条是终年盖雪的，渡过二十四条河流，经过十二个省份，占领过六十二座大小城市，突破十个地方军阀军队的包围，此外还打败、躲过或胜过派来追击他们的中央军各部队。他们开进和顺利地闯过六个不同的少数民族地区，有些地方是中国军队几十年所没有去过的地方。

不论你对红军有什么看法，对他们的政治立场有什么看法（在这方面有很多辩论的余地！），但是不能不承认他们的长征是军事史上最伟大的业绩之一。

1. 为什么说长征的统计数字是“触目惊心”的？看过以上材料的数字统计，你对红军有怎样的认识？

2. 选文中作者对长征有怎样的态度？

3. 如果你是记者，阅读这则材料后要去采访一位当时的红军战士，你会向他提什么问题？

【情节十六】

这样，在一九三六年初，两支红军会合起来尝试著名的“抗日”东征，他们过了黄河，进了邻省山西，仍由A任指挥。他在那次战役中表现杰出，红军在两个月内在那个所谓“模范省”攻占了十八个以上的县份。但是他在东征途中牺牲的消息，不像许多其他类似的消息那样不过是国民党报纸的主观幻想。他在一九三六年三月领导突击队袭击敌军工事时受了重伤，但红军能够渡过黄河靠他攻占那个工事。A被送回陕西，他双目凝视着他幼时漫游的心爱的群山，在他领导下走上他所坚信的革命斗争道路的山区人民中间死去。他葬在瓦窑堡，苏区把红色中国的一个县份改名B来纪念他。

在保安，我看到了他的遗孀和儿子，一个六岁的美丽的小男孩。红军为他特地裁制了一套军服，他束着军官的皮带，帽檐上有颗红星。他得到那里人人的疼爱，像个小元帅一样，对他的“土匪”父亲极感自豪。

1. 选文中A指哪一位红军将领？B处指现在的哪个县？

2. 如何理解“对他的‘土匪’父亲极感自豪”中的“土匪”二字？

3. 联系全书，说说斯诺是怎样评价A的？

昆虫记

全程导读

一、作者简介

让·亨利·卡西米尔·法布尔（1823—1915），法国博物学家、动物行为家、昆虫学家、科普作家、文学家，以《昆虫记》一书留名后世。现代昆虫学的先驱，雨果称他为“昆虫世界的荷马”，被世人誉为“科学界的诗人”“昆虫界的维吉尔”。

二、作品主题

《昆虫记》不仅仅浸溢着对生命的敬畏之情，更蕴含着某种精神。这种精神就是求真，即追求真理，探求真相。这就是法布尔精神。如果没有这样的精神，就没有《昆虫记》，人类的精神之树上将少掉一颗智慧之果。

法布尔具有“哲学家一般的思、美术家一般的看、文学家一般的感受与抒写”，此书是为昆虫谱写的生命乐章，也是一部不朽的世界名著。

《昆虫记》将作者对昆虫的细心观察、潜心研究和人生体会熔于一炉，不仅使人们在阅读时获取相关的科学知识，而且睿智的思想哲理也跃然纸上。在作者朴素的笔下，一部严肃的学术著作如优美的散文，读者不仅能从中获得知识和思想，还能获得一次独特的审美过程。

一个人耗费一生的光阴来观察、研究“虫子”已经算是奇迹了；一个人一生专为“虫子”写出十卷大部头的书，更不能不说是奇迹。在该书中，作者将专业知识与人生感悟熔于一炉，娓娓道来，在对种种昆虫日常生活习性、特征的描述中体现出作者对生活世事特有的眼光，字里行间洋溢着作者对生命的尊重与热爱。

同时，该书的问世又被看作是动物心理学的诞生。人类并不是一个孤立的存在，地球上的所有生命，包括“蜘蛛”“黄蜂”“蝎子”“象鼻虫”在内，都在同一个紧密联系的系统之中，昆虫也是地球生物链上不可缺少的一环，昆虫的生命也应当得到尊重。

三、艺术特色

（一）根据观察得来的大量第一手资料，将昆虫鲜为人知的生活和习性生动地揭示出来，使人们得以了解昆虫的真实生活背景。如：蝉在地下“潜伏”四年，才能在阳光下歌唱五个星期，然后就死亡等。

（二）既是科普著作，同时也是文学经典。全文生动活泼，语调轻松诙谐，充满了盎然的情趣。如：杨柳天牛像个吝啬鬼，身穿一件似乎“缺了布料”的短身燕尾礼服；小甲虫“为它的后代作出无私的贡献，为儿女操碎了心”；被毒蜘蛛咬伤的小麻雀，会“愉快地进食，如果我们进食动作慢了，它甚至会像婴儿般哭闹”。

（三）透过昆虫世界折射社会人生，充满着睿智的哲思。例如螳螂捕食的情景，那只螳螂不仅有锋利的武器，而且还善于运用“心理”战术克敌制胜，这多么像人类生活的情景（斗勇也要斗智）。

四、动物形象

蜣螂（圣甲虫）

蜣螂的行骗手段高明，是一种狡猾的昆虫。它推粪球时，表现出不退缩的特点，而且意志坚定，是屡败屡战的勇士。

习性：蜣螂又称屎壳郎，从地面上收集污物是它的工作。它负责滚动的那颗球，常被误解为“屎”球，可那只是表面上有层垃圾而已，事实上，这颗苹果般大小的球是它用来存放食物的“罐子”。蜣螂整天推动着巨大的垃圾球，攀登那些不可能上去的地方。尽管球很重，但它还是一步步地推着，万分当心。“这是一条崎岖的小路，草根能把它绊倒，滑石会使它失足……一点儿小小阻碍，都足以让它连球一起滚落下去……在这条路上，它一遍又一遍地推着，终于将球推到了目的地。”

繁衍：蜣螂并不把卵产在“屎”球里！其实，它把卵产在了用食物搓成形似梨的“自制巢穴”中。为了不让“梨”中的食物变干，它还将“梨”的底部抹上一层硬壳。这样，小宝宝们就能吃上新鲜的食物。

手段：蜣螂不笨，它的“行骗”手段很高明。狡猾的它先假装帮别的蜣螂运球，但很少用力。等时机一到，它就抱球装死，并乘主人不备，偷偷将球推走。要是被主人发现，这贼立即变换位置，像是要阻止球向下滚，于是两个“伙伴”再次“合作”，似乎什么也没发生过一样。

萤

这个稀奇的小动物的尾巴上像挂了一盏灯似的，用来表达它对快乐生活的美好祝愿。

习性：它凭借蔷薇花般的吸盘在危险的地方爬行，并用吸盘清洁自己的身体。

发光原理：它那小小的肚子里，有着许多复杂的结构——那是一种非常细腻的黏性物质，有点像我们画画所用的白色涂料。毫无疑问，这就是发光物质。

捕食方式：萤火虫是一个“食肉的猎人”，手段十分恶毒，即使狮子吃鹿也没这么阴险，那过程，简直让你目瞪口呆。它悄无声息地飞到蜗牛身边，用随身携带的、小得看不见的、细得像根发丝的、十分锋利的两片钩状的颚，对准蜗牛扭动着，毒液便不知不觉进入蜗牛体内，那只像樱桃大小的蜗牛。便成了萤火虫的美餐。

舍腰蜂

它有着动人的身材和聪明的头脑，而且还很不容易被人注意，这是由它天生安静、平和、不爱捣乱的本性决定的。

习性：它很怕冷，常常在有阳光、温暖的地方搭建自己的家，它会把窝搭在厨房那儿。尽管厨房很温暖也是一个很舒服的藏身之处，但还是有一个致命的缺点：有许多舍腰蜂幼虫会被烟熏死。

食物：舍腰蜂的食物主要是蜘蛛，特别是背上有十字架的蜘蛛是它的最爱。因为这种蜘蛛不用舍腰蜂到很远的地方去捕食，这种“野味”可以很容易就会被找到。

结茧：它美餐过后便开始结茧。一开始，茧是白色的，像一层保护漆，过一会儿再来看这个茧，它已经呈现琥珀一样的黄色了。

繁衍：舍腰蜂的卵不是放在巢里的，而是放在蜘蛛身上的，而且几乎所有的舍腰蜂都是这样做的。因为这样它的幼虫一出来，就可以美餐一顿了。

来源：作者认为舍腰蜂可能来源于沙漠，那里很少降雨，更别说风雨了，它可能是被海风卷到这里来的。

螳螂

外表虽然披着一身绿衣裳，看起来很美丽，但在现实中却生性残忍可怕。

外形：它有着一副娴美而优雅的身材。

习性：

1. 螳螂很聪明。它筑的巢穴洞口都是朝南的，这样便于卵宝宝们吸收阳光，快快成长。而且螳螂妈妈会把卵放在最接近洞口的地方，便于螳螂宝宝能够快速地离开巢穴，离开生死线。

2. 螳螂很勇猛。像秋风扫落叶一样地对待敌人，是螳螂永不改变的信条。任何昆虫甚至是个头比自己大得多的灰蝗虫，它也毫不畏惧，勇敢战斗，直到吃掉对方为止。因为螳螂身上的武器、暗器很多，遇到危险时，它可以选择多种方法来自我保护。

3. 螳螂还是个生态平衡系统的捍卫者。刚出生的小螳螂一般都成了蚂蚁、壁虎、野蜂等动物的营养美餐，为它们的成长做出了巨大的贡献。母螳螂产卵上千，最终只能存活一到两只，所以年复一年，螳螂的数量基本保持不变。

4. 母螳螂会咬死自己的“丈夫”。

蟋蟀

聪明，如它会把自己的住宅建在隐蔽的地方，避免天敌的伤害；懂得随机应变，如它会根据天气变冷和自己身体的长大而随时将洞穴加大加深；勤劳，如它善于管理家务，总是不停歇地做着改良和装饰的工作，在洞穴里一待就是两个小时。

特性：

1. 为了生存，蟋蟀幼虫通过踢打、战斗，奋力从泥土里钻出来，这些都体现出幼虫对能在地面上享受阳光的无限渴望。幼虫从刚出生起就在与周围的事物、环境做斗争，努力地生存着。

2. 蟋蟀是一个歌唱家。它两条翅膀中间有一条切成锯齿状的“琴弓”，上面约有150个锯齿，呈三棱柱状。锯齿在与鞘翅相合后，便会有4个“扬琴”同时振动，蟋蟀因为有了这4个振动器，所以它的“歌声”才能传得很远。

3. 蟋蟀还是一个建筑师。别的昆虫大多在临时的隐蔽所藏身，它们的隐蔽所得来不费工夫，弃去毫不可惜。但蟋蟀和它们不同，不肯随遇而安。它常常慎重地选择住址，一定要排水优良，并且有温和的阳光。蟋蟀的洞穴一般都挖在朝阳的斜坡上的草丛中，这样做是为了让洞穴外边的雨水可以迅速从斜坡流掉而不致直接灌进洞穴里去。蟋蟀的洞口留有一簇草，是为了遮风挡雨和躲避天敌。蟋蟀舒服的住宅是自己一点一点挖掘的，从大厅一直到卧室。

蝈蝈

杂食性昆虫，敢于挑战和征服比自己强壮的昆虫。

外形：蝈蝈这种昆虫非常漂亮，浑身嫩绿，侧面有两条淡白色的丝带，身材优美，苗条匀称，两片大翼轻盈如纱。

捕食：蝈蝈有着强壮的大颚和锐利的钳子。在一大早蝉还在休息的时候，蝈蝈就像老鹰在天空中追捕云雀一样，在树上非常勇敢地纵身追捕蝉，而蝉则惊慌失措地飞起逃窜。但是老鹰这种以劫掠为生的鸟是进攻比它弱的东西，但蝈蝈则相反，它是进攻比自己大得多、强壮有力得多的庞然大物。而这种身材大小悬殊的肉搏，其结果是出乎我们意料的，蝈蝈几乎总能把它的俘虏开膛破肚。因为蝉没有武器，所以蝉只能哀鸣踢蹬。

蝉

要在黑暗的地下藏身4年，才能换来炎炎夏日中那不到2个星期的尽情欢叫。尽管它生命短暂，但它仍用尽全力，痛苦地经历一次次的蜕变，却无怨无悔。

外形：蝉是一种较大的吸食植物的昆虫，通常大约有五六厘米长。它们像针一样中空的嘴可以刺入树体，吸食树液。蝉的两眼中间有3个不太敏感的眼点，两翼上简单地分布着起支撑作用的细管。

习性：蝉视觉锐利，听觉迟钝。蝉的身体里有一种液体，当蝉掘土时，将液体倒在泥土上，可以使泥土成为泥浆，于是墙壁就更加柔软了。

繁衍：7月下旬，雌成虫开始产卵，8月上、中旬为产卵盛期，卵多产在4~5毫米粗的枝梢上。蝉从卵长成幼虫需要4年之久，但却只有5个星期的生命。

成长：幼虫时期一直在泥土中生活。将要羽化时，它于黄昏及夜间钻出土表，爬到树上，然后抓紧树皮，蜕皮羽化。当蝉蛹的背上出现一条黑色的裂缝时，蜕皮的过程就开始了。整个过程需要1个小时左右。

五、故事梗概

《昆虫记》是法布尔以毕生的时间与精力，详细观察了昆虫的生活和为生活以及繁衍种族所进行的斗争，然后以其观察所得记入详细确切的笔记，最后编写成书。《昆虫记》十大册，每册包含若干章，每章详细、深刻地描绘一种或几种昆虫的生活，像蜘蛛、蜜蜂、螳螂、蝎子、蝉、甲虫、蟋蟀等等。

六、章节概括

第一章　论祖传

各人有各人独特的性格，有时，这种性格看起来似乎来自先辈的遗传，但当你想追问这种性格究竟是从哪里来的，却又十分困难。在我很小的时候，就有一种与自然界事物亲近的渴望。如果你觉得我喜欢观察植物和昆虫的性格是从祖先那里遗传来的，那简直就是一个天大的笑话。

第二章　神秘的池塘

当我凝视着池塘的时候，从来都不会感到厌倦。在这个绿色的小世界里，不知道会有多少忙碌的小生命在生生不息地忙活着。

池塘边，随处可见一堆堆黑色的小蝌蚪在追逐着；长着红色肚皮的蝾螈也把它的宽尾巴像舵一样地摇摆着，缓缓地前进；在芦苇草丛中，我们还可以找到一群群石蚕的幼虫，它们将各自的身体隐藏在枯枝做的小鞘中——这个小鞘用来防御天敌和各种各样意想不到的灾难。

第三章　石蚕

我往池塘里放进一些小小的水生动物，它们叫石蚕。确切地说，它们是石蚕蛾的幼虫，平时很巧妙地隐藏在一个个枯枝做的小鞘中。

石蚕原本是生长在泥潭沼泽中的芦苇丛里的。在许多时候，它依附在芦苇的断枝上，随芦苇在水中漂泊。那小鞘就是它的活动房子。

这种活动房子其实可以算是一个很精巧的编织艺术品，它是由那种被水浸透后脱落下来的植物的根皮组成的。

第四章　蜣螂

蜣螂第一次被人们谈到，是在过去的六七千年以前。古代埃及的农民，在春天灌溉农田的时候，常常看见一种肥肥的黑色的昆虫从他们身边经过，忙碌地向后推着一个圆球似的东西。他们当然很惊讶地注意到了这个奇形怪状的旋转物体，像今日布罗温司的农民那样。

从前埃及人想象这个圆球是地球的模型，蜣螂的动作与天上星球的运转相合。他们以为这种甲虫具有这样多的天文学知识，因而是很神圣的，所以他们叫它“神圣的甲虫”。

同时他们又认为，甲虫抛在地上滚的球体，里面装的是卵子，小甲虫是从那里出来的。但是事实上，这仅是它的食物储藏室而已，里面并没有卵子。

第五章　蝉

最坏的罪犯，要算蚂蚁了。我曾见过它们咬紧蝉的腿尖，拖住它的翅膀，爬上它的后背，甚至有一次一个凶悍的强徒，竟当着我的面，抓住蝉的吸管，想把它拉掉。

最后，麻烦越来越多，无可奈何，这位歌唱家不得已抛开自己所做的井，悄然逃走了。于是蚂蚁的目的达到，占有了这个井。不过这个井也干得很快，浆汁立刻被吃光了。于是它再找机会去抢劫别的井，以图第二次的痛饮。

你看，真正的事实，不是与那个寓言相反吗？蚂蚁是顽强的乞丐，而勤苦的生产者却是蝉呢！

第六章　泥水匠蜂

有很多种昆虫都非常喜欢在我们的屋子旁边建筑它们的巢穴，在这些昆虫中最能够引起人们兴趣的，要首推那种叫舍腰蜂的动物了。

为什么呢？主要原因在于，舍腰蜂有着十分美丽而动人的身材，非常聪明的头脑，还有一点应该注意的就是它那种非常奇怪的窠巢。

但是，知道舍腰蜂这种小昆虫的人却是很少的。甚至有的时候，它们住在某一家人的火炉的旁边，但是，这户人家都对这个小邻居竟然一无所知。为什么呢？主要是由于它那种天生下来就具备了的，安静，而且平和的本性。的确，这个小东西居住得十分隐避，很难引起人们的注意。

第七章　螳螂

在南方有一种昆虫，与蝉一样，很能引起人的兴趣，但不怎么出名，因为它不能唱歌。如果它也有一种钹，它的声誉，应比有名的音乐家要大得多，因为它在形状上与习惯上都十分的不平常。它将是一名出色的乐手。

多年以前，在古希腊时期，这种昆虫叫作螳螂，或先知者。农夫们看见它半身直起，立在太阳灼烧的青草上，态度很庄严，宽阔的、轻纱般的薄翼，如面膜似的拖曳着，前腿形状如臂，伸向半空，好像是在祈祷，在无知识的农夫看来，它好像是一个女尼，所以后来就有人称呼它为祈祷的螳螂了。

第八章　蜜蜂、猫和红蚂蚁

我希望能够了解更多的关于蜜蜂的故事。我曾听人说起过蜜蜂有辨认方向的能力，无论它被抛弃到哪里，它总是可以自己回到原处。于是我想亲自试一试。

有一天，我在屋檐下的蜂窝里捉了四十只蜜蜂，叫我的小女儿爱格兰等在屋檐下，然后我把蜜蜂放在纸袋里，带着它们走了二里半路，接着打开纸袋，把它们抛弃在那里，看有没有蜜蜂飞回来。

为了区分飞到我家屋檐下的蜜蜂是否是被我扔到远处的那群，我在那群被抛弃的蜜蜂的背上做了白色的记号。

在这过程中，我的手不可避免地被刺了好几口，但我一直坚持着，有时候竟然忘记了自己的痛，只是紧紧地按住那蜜蜂，把工作做完，结果有二十多只损伤了，当我打开纸袋时，那些被闷了好久的蜜蜂一拥而出地向四面飞散，好像在区分该从哪个方向回家一样。

第九章　开隧道的矿蜂

矿蜂是细长形的蜜蜂，它们的身材大小不同，大的比黄蜂还大，小的比苍蝇还小。但是它们有一个共同的特征，那就是它的腹部的底端有一条明显的沟，沟里藏着一根刺，遇到敌人来侵犯时，这根刺可以沿着沟来回地移动，以保护自己。

我这里要讲的是关于矿蜂中的一种有红色斑纹的蜂。雌蜂的斑纹是很美丽夺目的，细长的腹部被黑色和褐色的条纹环绕着。至于它的身材，大约和黄蜂差不多。

它的巢往往建在结实的泥土里面，因为那里没有崩溃的危险。比如，我们家院子里那条平坦的小道就是它们最理想的屋基。每到春天，它们就成群结队地来到这个地方安营扎寨。每群数量不一，最大的差不多有上百只黄蜂。这地方简直成了它们的大都市。

第十章　萤

在昆虫的各种类型中，很少有能够发光的。但其中有一种是以发光而出名的。这个稀奇的小动物的尾巴上像挂了一盏灯似的，用来表达它对快乐生活的美好祝愿。

即便是我们不曾与它相识，不曾见过它在黑夜中从草丛上飞过，不曾见过它从圆月上落下来，就像一点点火星儿一样，那么，至少从它的名字上，我们可以多少对它有一些了解。古代的时候，希腊人曾经把它叫作亮尾巴，是很形象的一个名字。现代，科学家们则给它起了一个新的名字，叫作萤火虫（Iamqyris）。

第十一章　被管虫

当春天来临的时候，只要长着一对眼睛，就可以看清楚世界上任何东西的人，在破旧的墙壁和尘土飞扬的大路上，或者是在那些空旷的土地上，都能够发现一种比较奇怪的小东西。

那是一个小小的柴束，不知因为什么，它能自己自由自在地行动，一跳一跳地向前走动。没有生命的东西变成了有生命的东西，不会活动的居然能够跳动了。这究竟是怎么一回事呢？

这一点的确非常稀奇，而且很令人感到奇怪。不过如果我们靠近些仔细地看一看，很快就能解开这个谜了。

第十二章　蝉：蝉的卵

普通的蝉喜欢把卵产在干树枝上。它选择最小的树枝，大多数树枝有枯草与铅笔之间那么大。这些小树枝很少是垂下的，通常向上翘起，而且是差不多已经枯死了的那种。

蝉找到适当的细树枝，就用胸部尖利的工具给它刺上一排好像用针斜刺下去的小孔。一根枯枝，常常被刺成三十或四十个孔。它的卵就产在这些小孔里，每个小孔内通常产大约十个卵，总数共约三百或四百个。

第十三章　樵叶蜂

如果你在园子里漫步，会发现丁香花或玫瑰花的叶子上，有一些精致的小洞，有圆形的，也有椭圆形的，好像是被谁用巧妙的手法剪过了一般。

有些叶子的洞实在太多了，最后只剩下了叶脉。这是谁干的呢？它们又为什么要这样做呢？是因为好吃，还是好玩呢？这些事都是樵叶蜂干的，它们用嘴巴作剪刀，靠眼睛和身体的转动，剪下了小叶片。

它们这么做，既不是觉得好吃，也不是为了好玩，而是这些剪下来的小叶片在它们的生活中实在太重要了。它们把这许多小叶片凑成一个个针箍形的小袋，袋里可以储藏蜂蜜和卵。每一个樵叶蜂的巢都有一打针箍形的袋，那些袋一个个地重叠在一起。

第十四章　采棉蜂和采脂蜂

我们知道，有许多蜜蜂像樵叶蜂一样自己不会筑巢，只会借居别的动物遗留或抛弃的巢作自己的栖身之所。有的蜜蜂会借居泥匠蜂的故居，有的会借居于蚯蚓的地道中或蜗牛的空壳里，有的会占据矿蜂曾经盘踞过的树枝，还有的会搬进掘地蜂曾经居住过的沙坑。

第十五章　西班牙犀头的自制

它是甲虫中最漂亮的，个子最大的。它最显著、最特别的地方，就是它胸部的陡坡和头上长的角。这种甲虫是圆的，而且很短，当然也就不适合做神圣甲虫所做的那些运动。它的腿不足以供做球使用。稍有一点点惊扰，它的腿就本能地蜷缩在自己身体的下面，它不像一个勇敢者，也不像神圣甲虫那样，有一个勇敢者的气魄。

第十六章　两种稀奇的蚱蜢

这两种昆虫有完全相同的形状，想来一定也有同样的生活需要，而为什么，一种如此的贪食，而另一种又如此有节制呢？它们在态度方面，如同别的昆虫已经告诉我们的一样，嗜好和习性并不完全取决于自身的形状，以及身体结构，而是在决定物质的定律方面，还有决定本能的定律存在。

第十七章　黄蜂

在九月里的一天，我和我的小儿子保罗跑出去，想去瞧一瞧黄蜂的巢。

小保罗的眼力非常好，再加上特别集中的注意力，这些都有助于我们的观察很好地进行。我们两个饶有兴趣地欣赏着小径两旁的风景。

忽然，小保罗指着不远的地方，冲着我喊了起来："看！一个黄蜂的巢。就在那边，一个黄蜂的巢，比什么都要更清楚呢！"

果然，在大约二十码以外的地方，小保罗看见一种运动得非常快的东西，一个一个地从地面上飞跃起来，立即迅速地飞去，好像那些草丛里面隐蔽着小小的即将爆发的火山口，马上要将它们一个个喷出来一般。

第十八章　蛴螬的冒险

围绕着卡本托拉斯（Carpenras）乡下沙土地的高堤一带，是黄蜂和蜜蜂最喜欢光临的地方了。它们为什么会如此喜欢这个地方呢？

究其原因，主要是因为这一地区的阳光非常充足，而且这一带还非常容易开凿，很适合黄蜂和蜜蜂在这里安居乐业。在五月份这样的天气，主要有两种蜜蜂特别的多。

它们都是泥水匠蜂，是地下的一个个小屋的建造者。其中的一种蜜蜂，它们在自己的住宅门口，建筑起一道自认为固若金汤的防御用的壁垒——一个土筒。它的里面留有空白，而且整个筒是呈弧形的。筒的长和宽就像人的一个手指头一样。

第十九章　蟋蟀

居住在草地里的蟋蟀，差不多和蝉是一样有名气的。它们在有数的几种模范式的昆虫中，表现是相当不错的。它之所以如此名声在外，主要是因为它的住所，还有它出色的歌唱才华。

只占有这其中的一项，是不足以让它们成就如此大的名气的。一位动物故事学家拉封丹，对于它只谈了简单的几句，仿佛并没有注意到这种小动物的天才与名气。

第二十章　娇小的赤条蜂

细细的腰，玲珑的身材，腹部分成两节，下面大，上面小，中间好像是用一根细线连起来，黑色的肚皮上面围着一丝红色的腰带：这就是赤条蜂。

赤条蜂的巢穴是建筑在疏松的极容易钻通的泥土里的。小路的两旁，太阳照耀着的泥滩上，那些地方的草长得很稀疏，都是黄蜂最理想的住所。在春季，四月初的时候，我们总可以在这样的地方找到它们。

第二十一章　西西斯

我希望你们听过了关于清道的甲虫做球的奇怪的事情，还不至于厌倦。我已经告诉过你们神圣甲虫和西班牙的犀头，现在我想再讲一些这种动物的其他种类。在昆虫的世界里，我们遇到过许多模范母亲，现在只是为了好玩，来注意一回好的父亲吧！

除非在高等动物中，好的父亲是很少见的。在这方面，鸟类是优秀的，而人类最能尽这种义务。低级动物当中，父亲对家族中的事情是漠不关心的。很少有昆虫是这种定律的例外。

第二十二章　捕蝇蜂

你已经知道了赤条蜂和黄蜂怎样麻痹毛毛虫或蟋蟀来喂自己的孩子，然后怎样封闭洞口，离开巢飞到别处去。不过并不是每一种蜂都是这样生活的，现在你将要听到另一种蜂，它们每天用新鲜的食物喂它的孩子，这就是捕蝇蜂。

这种蜜蜂喜欢在明亮的阳光下和蔚蓝的天空中选择最轻最松的泥土做它的巢。我有时候会在一片没有树荫的广场上观察它们。天气很热，要避免烈日的煎熬只有躲在小沙堆后面，把头钻进兔子洞，或是为自己预备一把大伞。

第二十三章　寄生虫

在八九月里，我们应该到光秃秃的、被太阳灼得发烫的山峡边去看看，让我们找一个正对太阳的斜坡，那儿往往热得烫手，因为太阳已经把它快烤焦了。

恰恰是这种温度像火炉一般的地方，正是我们观察的目标。因为就是在这种地方，我们可以得到很大的收获。这一带热土，往往是黄蜂和蜜蜂的乐土。

它们往往在地下的土堆里忙着料理食物——这里堆上一堆象鼻虫、蝗虫或蜘蛛，那里一组组分列着蝇类和毛毛虫类，还有的正在把蜜贮藏在皮袋里、土罐里、棉袋里或是树叶编的瓮里。

第二十四章　新陈代谢的工作者

有许多昆虫，它们在这世界上做着极有价值的工作，尽管它们从来没有因此而得到相应的报酬和相称的头衔。当你走近一只死鼹鼠，看见蚂蚁、甲虫和蝇类聚集在它身上的时候，你可能会全身起鸡皮疙瘩，拔腿就跑。

你一定会以为它们都是可怕而肮脏的昆虫，令人恶心。事实并不是这样的，它们正在忙碌着为这个世界做清除工作。让我们来观察一下其中的几只蝇吧，我们就可以知道它们的所作所为是多么的有益于人类，有益于整个自然界了。

第二十五章　松毛虫

在我那个园子里，种着几棵松树。每年毛毛虫都会到这松树上来做巢，松叶都快被它们吃光了。为了保护我们的松树，每年冬天我不得不用长叉把它们的巢毁掉，搞得我疲惫不堪。

你这贪吃的小毛虫，不是我不客气，是你太放肆了。如果我不赶走你，你就要喧宾夺主了。我将再也听不到满载着针叶的松树在风中低声谈话了。

第二十六章　卷心菜毛虫

卷心菜几乎可以说是我们所有的蔬菜中最为古老的一种，我们知道古时候的人就已经开始吃它了。

而实际上在人类开始吃它之前，它已经在地球上存在了很久很久，所以我们实在是无法知道究竟是什么时候，它出现了，又是什么时候人类第一次种植它们，用的又是什么方法。植物学家告诉我们，它最初是一种长茎、小叶、长在滨海悬崖的野生植物。

历史对于这类细小的事情的记载是不愿多花笔墨的。

第二十七章　孔雀蛾

孔雀蛾是一种长得很漂亮的蛾。它们中最大的来自欧洲，全身披着红棕色的绒毛，脖子上有一个白色的领结，翅膀上洒着灰色和褐色的小点儿。

横贯中间的是一条淡淡的锯齿形的线，翅膀周围有一圈灰白色的边，中央有一个大眼睛，有黑得发亮的瞳孔和许多色彩镶成的眼帘，包括黑色、白色、栗色和紫色的弧形线条。这种蛾是由一种长得极为漂亮的毛虫变来的，它们的身体以黄色为底色，上面嵌着蓝色的珠子。它们靠吃杏叶为生。

第二十八章　找枯露菌的甲虫

我们现在就来讲讲找蘑菇的甲虫吧。

这是一种美丽的甲虫，小小的，黑黑的，有一个白绒肚皮，形状是圆的，像一粒樱桃的核，当它用翅膀的边缘擦着腹部的时候，就会发出一种柔软的“唧唧”声，就像小鸟看见母亲带着食物回来时所发出的声音一样。雄的甲虫头上还长着一个美丽的角。

第二十九章　爱好昆虫的孩子

现在，有许多人总喜欢把一切人的品格、才能、爱好等归于遗传。也就是说承认人类及一切动物的智慧都是从祖先那儿得来的。我并不完全同意这种观点。我现在就用我自己的故事来证明我那喜爱昆虫的嗜好并不是从哪个先辈身上继承下来的。

我的外祖父和外祖母从来没有对昆虫产生过丝毫的兴趣和好感。关于我的外祖父，我不大知道，我只知道他曾经历过相当苦难的日子。

第三十章　条纹蜘蛛

不管是谁，大概都不会喜欢冬季。在这个季节里，许多虫子都在冬眠。不过这并不说明你没有什么有虫子可观察了。这时候如果有一个观察者在阳光所能照到的沙地里寻找，或是搬开地下的石头，或是在树林里搜索，他总能找到一种非常有趣的东西，那是一件真正的艺术品。

那些有幸欣赏到这艺术作品的人真是幸福。在一年将要结束的时候，发现这种艺术品的喜悦使我忘记了一切不快，忘记了一天比一天更糟的气候。

如果有人在野草丛里或柳树丛里搜索的话，我祝福他能找到一种神秘的东西：这是条纹蜘蛛的巢。正像我眼前所呈现的一样。

第三十一章　狼蛛

蜘蛛有一个很坏的名声：大多数人都认为它是一种可怕的动物，一看到它就想把它一脚踩死，这可能和蜘蛛狰狞的外表有关。不过一个仔细的观察家会知道，它是一个十分勤奋的劳动者，是一个天才的纺织家，也是一个狡猾的猎人，并且在其他方面也很有意思。

所以，即使不从科学的角度看，蜘蛛也是一种值得研究的动物。但大家都说它有毒，这便是它最大的罪名，也是大家都惧怕它的原因。不错，它的确有两颗毒牙，可以立刻致它的猎物于死地。

第三十二章　克鲁蜀蜘蛛

克鲁蜀蜘蛛是一个极为聪明、灵巧的纺织家，而且就一只蜘蛛而言，克鲁蜀蜘蛛算是很漂亮的了。它这名字是取自古希腊三位命运女神中的一位，也是最年幼的一位，她是掌管纺线杆的，从她那里纺出了万物各自不同的命运。

克鲁蜀蜘蛛能为自己纺出最精美的丝，克鲁蜀女神却不能为我们纺出幸福的命运和舒适的生活，这实在是一件令世人遗憾的事！

第三十三章　迷宫蛛

会结网的蜘蛛称得上是个纺织能手，它们用蛛网来猎取自投罗网的小虫子们，可谓“坐享其成，得来全不费功夫”。还有许多其他种类的蜘蛛，它们用许多别的聪明的方法猎取食物，同样可以以逸待劳，大获丰收。其中有几种在这方面很有造诣，几乎所有的有关昆虫的书都会把它们列举出来。

那是一种黑色的蜘蛛，也有人叫它美洲狼蛛，它们是住在洞里的，就像我以前讲到的欧洲狼蛛一样。但是它们的洞穴比欧洲狼蛛的洞穴要完备精细得多。

第三十四章　蛛网的建筑

即使在最小的花园里，也能看到园蛛的踪迹。它们都算得上是天才的纺织家。

如果我们在黄昏的时候散步，我们可以从一丛迷迭香里寻找蛛丝马迹。我们所观察的蜘蛛往往爬行得很慢，所以我们应该索性坐在矮树丛里看。那里的光线比较充足。

让我们再来给自己加一个头衔，叫作“蛛网观察家”吧！世界上很少有人从事这种职业，而且我们也不用指望从这行业上赚点钱。

第三十五章　蜘蛛的几何学

当我们观察着园蛛，尤其是丝光蛛和条纹蛛的网时，我们会发现它的网并不是杂乱无章的，那些辐排得很均匀，每对相邻的辐所交成的角都是相等的；虽然辐的数目对不同的蜘蛛而言是各不相同的，可这个规律适用于各种蜘蛛。

我们已经知道，蜘蛛织网的方式很特别，它把网分成若干等份，同一类蜘蛛所分的份数是相同的。

第三十六章　蜘蛛的电报线

在六种园蛛中，通常歇在网中央的只有两种，那就是条纹蜘蛛和丝光蜘蛛。它们即使受到烈日的焦灼，也决不会轻易稍离开网去阴凉处歇一会儿。至于其他蜘蛛，它们一律不在白天出现。

它们自有办法使工作和休息两个互不相误，在离开它们的网不远的地方，有一个隐蔽的场所，是用叶片和线卷成的。白天它们就躲在这里面，静静地，让自己深深地陷入沉思中。

这阳光明媚的白天虽然使蜘蛛们头晕目眩，却也是其他昆虫最活跃的时候：蝗虫们更活泼地跳着，蜻蜓们更快活地飞舞着。

第三十七章　蟹蛛

前面我们讲到过的条纹蜘蛛虽然工作很勤快，为了替它的卵造一个安乐窝，一直孜孜不倦地废寝忘食地工作着。可是到了后来，它却不能再顾到它的家了。为什么呢？因为它寿命太短。它在第一个寒流到达之时就要死了。而它的卵要过了冬天才能孵化。它不得不丢下它的巢。如果小宝宝在母亲还在世的时候能出世，我相信母蛛对小蛛的细心呵护不会亚于鸟类。另外一种蜘蛛证明了我的推测：它是一种不会织网的蜘蛛，只是等着猎物跑近它才去捉，而且它是横着走路的，有点儿像螃蟹，所以叫蟹蛛。

七、片段赏析

1. 它的胸下有一片胸翼，在阳光下闪闪发光，像佩带在一个威武的大将军胸前的一块闪着银光的胸甲。

【赏析】运用比喻的修辞手法，生动形象地描绘了水甲虫的胸翼的威武。

2. 在水面上，我们可以看到一堆闪着亮光的“蚌蛛”在打着转，欢快地扭动着，不对，那不是“蚌蛛”，其实那是豉虫们在开舞会呢！

【赏析】运用拟人的修辞手法，表现出豉虫在水塘里的热闹场面。

3. 离这儿不远的地方，有一队池鳐正在向这边游来，它们那傍击式的泳姿，就像裁缝手中的缝针那样迅速而有力。

【赏析】把池鳐的泳姿比作裁缝的缝针，凸显它们动作的迅速有力和熟练。

4. 那池水浅浅的，温温的，水中露出的土丘就好像是一个个小小的岛屿。

【赏析】温馨的叠词，表现作者对池塘的喜爱，比喻句表现作者丰富的想象力和对大自然的热爱。

5. 有时候它也会利用极小的贝壳七拼八凑地拼成一个小鞘，就好像一件小小的百纳衣；有时候，它也用米粒堆积起来。布置成一个象牙塔似的窝，这算是它最华丽的住宅了。

【赏析】生动形象的比喻和拟人表现出石蚕的艺术才能，让人会心一笑。

6. 野蛮的水甲虫还在继续凶狠地撕扯着小鞘，直到知道早已失去了想要的食物，受了石蚕的骗，这才显出懊恼沮丧的神情，无限留恋又无可奈何地把空鞘丢下，去别处觅食了。

【赏析】运用拟人的修辞手法，生动形象地描写了水甲虫和石蚕的斗争，“无限留恋又无可奈何”，栩栩如生，跃然纸上。

7. 它们身体鼓鼓的，像半粒豌豆，鞘翅光滑或有绒毛，通常黑色的鞘翅上有红色或黄色的斑纹，或红色、黄色的鞘翅上有黑色的斑纹，但有些瓢虫，鞘翅黄色、红色或棕色，没有斑点，这些鲜艳的颜色具有警戒的作用，可以吓退天敌。

【赏析】这段话通过比喻的修辞手法，生动形象地将昆虫的样子展现在读者眼前，将它们“可以吓退天敌”的原因淋漓尽致地表现了出来，起到点明主旨的作用。

8. 在这个绿色的小小世界里，不知道会有多少忙碌的小生命生生不息。

【赏析】简单的一句话，字里行间表现出作者对自然浓厚的兴趣与热爱。

9. 我们人类有潜水艇，石蚕也有这样一个小小的潜水艇。

【赏析】运用类比的手法说明石蚕的鞘的完美。

10. 四年黑暗的苦工，一月日光中的享乐，这就是蝉的生活，我们不应厌恶它歌声中的烦吵浮夸。

【赏析】作者运用对比的修辞手法，把四年和一日作对比，突出蝉生命的不易，表现出对蝉的喜爱，对美丽一生无悔一生的叹服。

经典演练

一、填空题

1. 法国有一个人耗尽了一生的精力来研究昆虫，并专为昆虫写出了十卷大部头的书，这个人是________；这本书是《________》，这本书又译为《______________》或《________________》，被誉为“______________”。
2. 《昆虫记》是优秀的科普著作也是公认的文学经典。鲁迅把它奉为“讲昆虫生活的楷模”。在作者笔下，____________像个吝啬鬼，身穿一件似乎“缺了布料”的短身燕尾礼服；__________“为它的后代作出无私的奉献，为儿女操碎了心”；而被毒蛇蜘蛛咬伤的________也会“愉快地进食，如果我们喂食动作慢了，它甚至会像婴儿般哭闹”。
3. 《昆虫记》中，法布尔不但仔细观察食粪虫劳动的过程，而且不无爱怜的称这些食粪虫为__________。
4. 它们扇动双翅，四足高高跷起，黑黑的肚子卷起触到黄色的足，用大颚仔细收察，从闪亮的淤泥表面挑选出精华。这是法布尔描写________从淤泥垒建巢穴时的情景。
5. 法布尔称赞________的建筑才能，认为在这一点上它远胜于卢浮宫的建筑艺术智慧。
6. 法布尔赞美昆虫的爱情，特别是在__________这一章中刻画的更是细致入微。

二、简答题

1.《昆虫记》中写了不少昆虫的生活和习性，请你列举3个出来。

2. 在《昆虫记》中，你最喜欢的昆虫是什么？为什么喜欢？

3.《昆虫记》“透过昆虫世界折射出社会人生”，结合选文说说蟋蟀给你较大触动的有哪些方面？

4.《昆虫记》“是优秀的科普著作”，你从中获得了哪些科普知识？

三、重点情节阅读

【情节一】

石蚕靠着它们的小鞘在水中任意遨游，它们好像是一队潜水艇，一会儿上升，一会儿下降，一会儿又神奇地停留在水中央。它们还能靠着那舵的摆动随意控制航行的方向。

我不由想到了木筏，石蚕的小鞘是不是有木筏那样的结构，或是有类似于浮囊作用的装备，使它们不致于下沉呢？

我将石蚕的小鞘剥去，把它们分别放在水上。结果小鞘和石蚕都往下沉。这是为什么呢？

原来，当石蚕在水底休息时，它把整个身子都塞在小鞘里。当它想浮到水面上时，它先拖带着小鞘爬上芦梗，然后把前身伸出鞘外。这时的小鞘的后部就留出一段空隙，石蚕靠着这一段空隙便可以顺利往上浮。就好像装了一个活塞，向外拉时就跟针筒里空气柱的道理一样。这一段装着空气的鞘就像轮船上的救生圈一样，靠着里面的浮力，使石蚕不致于下沉。所以石蚕不必牢牢地粘附在芦苇枝或水草上，它尽可以浮到水面上接触阳光，也可以在水底尽情遨游。

不过，石蚕并不是十分擅长游泳的水手，它转身或拐弯的动作看上去很笨拙。这是因为它只靠着那伸在鞘外的一段身体作为舵桨，再也没有别的辅助工具了，当它享受了足够的阳光后，它就缩回前身，排出空气，渐渐向下沉落了。

我们人类有潜水艇，石蚕也有这样一个小小的潜水艇。它们能自由地升降，或者停留在水中央——那就是当它们在慢慢地排出鞘内的空气的时候。虽然它们不懂人类博大精深的物理学，可这只小小的鞘造得这样的完美，这样的精巧，完全是靠它们的本能。大自然所支配的一切，永远是那么巧妙和谐。

1. 选文的说明对象是什么？选文重点从哪方面来说明的？

2. 探究

（1）结合选文最后一段，说说本文想表达怎样的主题。

（2）鲁迅将《昆虫记》誉为“讲昆虫生活的楷模”。结合选文，说说鲁迅为什么这么说。

3. 结合选文，说说作者探讨问题的过程对你有什么启示。（答出一点即可）

【情节二】

你想过让一只死去的蝉重新唱歌吗？其实这并非难事。只要用镊子夹住一根肌肉柱子，然后轻轻拉动，蝉就又可以唱歌了！反之，如果你想令一只聒噪的蝉停止叫声，不需要残忍地折磨它，那都没有用，只要用一根针从音窗的侧孔穿入，先后刺破两个音钹就可以了。

蝉的音盖又坚硬又牢固，它本身并不能动弹，只能靠腹部的鼓胀和收缩开关。当腹部收缩时，“小教堂”和音室的音窗刚好被音盖堵住，这时的声音是微弱、嘶哑而沉闷的；而当腹部鼓胀时，“小教堂”和音窗同时处于畅通无阻的状态，声音自然嘹亮高昂。当然，腹部运动的同时，牵引音钹的肌肉也会随之进行收缩，从而带来音域的变化。

在炎热又无风的夏日中午，蝉的歌唱是分段进行的，每段大概只持续几秒钟，而且中间会有短暂的间歇。每一段开始得都很突然，在声音迅速升高的同时，腹部的振动越来越快，直到声音到达最高点。几秒钟后，随着腹部的复原，声音渐渐减弱，直到最终恢复宁静。这种宁静维持的时间与天气状况息息相关，片刻之后，歌声便重新响起，如此周而复始，永不停息。若赶上特别闷热的傍晚，夕阳的余晖让蝉特别眷恋，它们会最大程度地缩短甚至是放弃停顿，一刻不停地歌唱。当然，歌声的强弱交替是不会变的。大约在每天早上七八点钟，乐队的演奏就开始了，一直要持续到大约晚上八点钟。当夕阳余晖散尽后，演奏才会停止。不过，要是遇到阴天或刮冷风的天气，蝉就不会唱了。

1. 仔细阅读第一自然段，说说如何让一只死去的蝉重新唱歌？

2. 选文第三段文字的语言表现了什么说明特点？

3. 蝉在什么天气状况下一刻不停地歌唱，在什么情况下不会唱？

【情节三】

有这样一只不知危险、无所畏惧的灰颜色的蝗虫，朝着那只螳螂迎面跳了过去。后者，也就是那只螳螂，立刻表现出异常愤怒的态度，接着，反应十分迅速地做出了一种让人感到特别诧异的姿势，使得那只本来什么也不怕的小蝗虫，此时此刻也充满了恐惧感。螳螂表现出来的这种奇怪的面像，我敢肯定，你从来也没有见到过。螳螂把它的翅膀极度地张开，它的翅竖了起来，并且直立得就好像船帆一样。翅膀竖在它的后背上，螳螂将身体的上端弯曲起来，样子很像一根弯曲着手柄的拐杖，并且不时地上下起落着。不光是动作奇特，与此同时，它还会发出一种声音。那声音特别像毒蛇喷吐气息时发出的声响。螳螂把自己的整个身体全都放置在后足的上面。显然，它已经摆出了一副时刻迎接挑战的姿态。因为，螳螂已经把身体的前半部完全都竖起来了，那对随时准备东挡西杀的前臂也早已张了开来，露出了那种黑白相间的斑点。这样一种姿势，谁能说不是随时备战的姿势呢？

螳螂在做出这种令谁都惊奇的姿势之后，一动不动，眼睛瞄准它的敌人，死死盯住它的俘虏，准备随时上阵，迎接激烈的战斗。哪怕那只蝗虫轻轻地、稍微移动一点位置，螳螂都会马上转动一下它的头，目光始终不离开蝗虫。螳螂这种死死的盯人战术，其目的是很明显的，主要就是利用对方的惧怕心理，再继续把更大的惊恐纳入这个不久以后就将成为牺牲者的对手心灵深处，造成“火上加油”的效果，给对手施加更重的压力。螳螂希望在战斗未打响之前，就能让面前的敌人因恐惧心理而陷于不利地位，达到使其不战自败的目的。因此，螳螂现在需要虚张声势一番，假装什么凶猛的怪物的架势，利用心理战术，和面前的敌人进行周旋。螳螂真是个心理专家啊！

看起来，螳螂的这个精心安排设计的作战计划是完全成功的。那个开始天不怕、地不怕的小蝗虫果然中了螳螂的妙计，真的是把它当成什么凶猛的怪物了。当蝗虫看到螳螂的这副奇怪的样子以后，当时就有些吓呆了，紧紧地注视着面前的这个怪里怪气的家伙，一动也不动，在没有弄清来者是谁之前，它是不敢轻易地向对方发起什么攻势的。这样一来，一向擅于蹦来跳去的蝗虫，现在，竟然一下子不知所措了，甚至连马上跳起来逃跑也想不起来了。已经慌了神儿的蝗虫，完全把“三十六计，走为上策”这一招儿忘到脑后去了。可怜的小蝗虫害怕极了，怯生生地伏在原地，不敢发出半点声响。生怕稍不留神，便会命丧黄泉，在它最害怕的时候，它甚至莫明其妙地向前移动，靠近了螳螂。它居然如此地恐慌，到了自己要去送死的地步。看来螳螂的心理战术是完全成功了。

当那个可怜的蝗虫移动到螳螂刚好可以碰到它的时候，螳螂就毫不客气，一点儿也不留情地立刻动用它的武器，用它那有力的“掌”重重地击打那个可怜虫，再用那两条锯子用力地把它压紧。于是，那个小俘虏无论怎样顽强抵抗，也无济于事了。接下来，这个残暴的魔鬼胜利者便开始咀嚼它的战利品了。它肯定是会感到十分得意的。就这样，像秋风扫落叶一样地对待敌人，是螳螂永不改变的信条。

1．请用简洁的话概括选文的内容，并说说螳螂是怎样战胜蝗虫的。

2．作者为什么说“螳螂真是个心理专家啊”？

3. 请从选文中找出两处流露作者赞美之情的句子。

4. 从这段选文中你能得到哪些启示?

【情节四】

为了防御气候的变化，这个既非常害怕寒冷而且又全身裸体的被管虫，建筑起了一个属于它自己的很轻便的，又很舒服的隐避的场所，一个能够移动的安全的茅草屋。

在它还没有变成蛾的时候，一刻也不敢贸然离开这间茅屋。这确实要比那种装有轮盘的草屋要好一些，它完全像是由一种特殊的材料制做而成的隐士们穿的保护外衣。

邓内白，山谷里的农夫，穿着一种用兰草带子紧紧地扎住的外衣，而且是羊皮的，它是皮板朝里，羊皮朝外的。特别是居住在深山里的农夫，尤其是黄土高坡上的农夫，这种穿着打扮更是常见，他们的头上还要系一条白色的羊肚毛巾。相比较而言，被管虫的外衣，比这种打扮还要草率一些，因为它们只是拿一个简简单单的柴枝做成一件再朴素不过的外衣而已，没有任何过多的装饰物品。可见，它们是多么不拘于小节啊！四月里，在我们家的作坊上面有很多昆虫，在这些墙上能够发现很多的被管虫，它们都向我提供了十分详尽的常识，如果它是在蛰伏的状态下，这就表示了它们不久就要变成蛾子了。这是一个最好的机会，它使我能够直接地仔细地观察一下它的柴草的外衣。

1. 选文中这个能给自己建立一个安全的茅草屋的被管虫叫什么名字?

2. 作者写山谷里的农夫的目的是什么?“不拘小节”是什么意思?为什么说这个被管虫“不拘小节”?

3. 毛毛虫身上的柴枝能起到什么作用?

【情节五】

它的头部也和这种机器相辅相承。这是一个多么怪异的头啊！尖形的面孔，卷曲而长的胡须，巨大而且突出的眼睛，在它们中间还有短剑的锋口；在前额，有一种从未见过的东西——一种高的僧帽一样的东西，一种向前突出的精美的头饰，向左向右分开，形成尖起的翅膀。

为什么这个“小鬼”要这样像古代占卜家一样戴着奇形怪状的尖帽子呢？它的用途在不久以后我们就会知道的。

在这个时候，这动物的颜色是普通的，大抵为灰色，待发育以后，就会变为装饰着灰绿、白、与粉红的条纹。

如果你在丛林中遇见这个奇怪的东西，它在四只长足上动荡，头部向着你不停地摇摆，转动它的僧帽，凝视着你的眉头。

在它的尖脸上，你似乎可以看到要遭受危险的形象。但是，如果你想要捉到它，这种恐吓姿势，马上就会不见了。

它高举的胸部就会低下去，竭力用大步逃之夭夭，并且它的武器会帮助它握着小树枝。假如你有比较熟练的眼光，它就很容易被捉住，关在铁丝笼子里。

起初，我不知道应该如何喂养它们。我的“小鬼”又很小，最多只有一两个月大。我捉大小适宜的蝗虫给它们吃，我选取了其中最小的一些喂给它吃。

“小鬼”不但不要它们，而且还惧怕它们，无论那个无思想的蝗虫怎样很温和地靠近它，都会受到很坏的待遇。

尖帽子低下来，愤怒的一捅，使蝗虫滚跌开去。

1. 选文中的“小鬼”指的是哪种昆虫？

2. 这个“小鬼”头上戴着的“奇形怪状的尖帽子”有何作用呢？

3. 法布尔的语言充满童心，生动传神。请结合选文举例分析。

【情节六】

细细的腰，玲珑的身材，腹部分成两节，下面大，上面小，中间好像是用一根细线连起来，黑色的肚皮上面围着一丝红色的腰带：这就是赤条蜂。

赤条蜂的巢穴是建筑在疏松的极容易钻通的泥土里的。小路的两旁，太阳照耀着的泥滩上，那些地方的草长得很稀疏，都是赤条蜂最理想的住所。在春季，四月初的时候，我们总可以在这样的地方找到它们。

赤条蜂通常在泥土里筑一个垂直的洞，好像一口井，口径只有鹅毛管那么粗，约有二寸深，洞底是一个孤立的小房间，专为产卵用的。赤条蜂建巢的时候，总是静静地、慢慢地工作着，丝毫没有什么热烈或兴奋的样子。像别的蜂一样，它用前足作耙，用嘴巴作挖掘的工具。有时候我们就可以听到，从洞底发出一声尖利、刺耳的摩擦声，这是因为它遇到了一颗极不容易搬去的沙粒引起翅膀和全身剧烈振动的缘故。每隔短短的十几分钟，我们就可以看到赤条蜂在洞口出现，嘴里衔着一些垃圾或是一颗沙粒。它总把这种垃圾丢到几寸以外的地方，这样可以保持自己的居所和周围环境的整洁。

赤条蜂所猎取的食物是一种灰蛾的幼虫。这种虫大部分都是生活在地底下的，赤条蜂又是怎么把它捉到的呢？让我们来看看吧。有一天当我散步回来的时候，正好看到一只赤条蜂在一丛百里香底下忙碌着。我立刻在它附近的地上躺下。我的出现并没有把它吓走。它先飞到我的衣袖上停了一会儿，断定我不会伤害它之后，又飞回到百里香丛中去了。从过去的经验我知道这意味着什么：它忙得很，没有时间来考虑我这个不速之客。

赤条蜂把百里香根部的泥土挖去，又把周围的小草拔掉，然后把头钻进它挖松的土块里。它匆匆忙忙地从这里飞到那里，向每一条裂缝里张望。它不是在为自己筑巢，而是在寻找地底下的食物，活像一只猎狗在寻找洞里的野兔一般。

1. “这种虫大部分都是生活在地底下的”，句中“大部分”一词能否删去？为什么？

2. 结合文章概括下面内容。

（1）赤条蜂的巢穴建筑选址的土质：

（2）环境：

3. 文中画线句子运用了哪些说明方法？有什么作用？

【情节七】

松毛虫们在松树上走来走去的时候，随路吐着丝，织着丝带，回去的时候就依照丝带所指引的路线。有时候它们找不到自己的丝带而找了别的松毛虫的丝带，那样它就会走入一个陌生的巢里。但是没有关系，巢里的主人和这不速之客之间丝毫不会引起争执。大家似乎都习以为常，平静得跟什么事都没有发生一样。到了睡觉的时候，大家也就像兄弟一般睡在一起了，谁都没有一点生疏的感觉。不论是主人还是客人，大家都依旧在限定的时间里工作，使它们的巢更大、更厚。由于这类意外的事情常有发生，所以有几个巢总能接纳“外来人员”为自己的巢添砖加瓦，它们的巢就显得比其它的巢大了不少。

“人人为我，我为人人”是它们的信条，每一条毛毛虫都尽力地吐着丝，使巢增大增厚，不管那是自己的巢还是别人的巢。事实上，正是因为这样才扩大了总体上的劳动成果。如果每个松毛虫都只筑自己的巢，宁死也不愿替别家卖命，结果会怎样？我敢说，一定会一事无成，谁也造不了又大又厚的巢。因此它们是几百几百地一起工作的，每一条小小的松毛虫，都尽了它自己应尽的一份力量，这样团结一致才造就了一个个属于大家的堡垒，一个又大又厚又暖和的大棉袋。每条松毛虫为自己工作的过程也是为其它松毛虫工作的过程，而其它松毛虫也相当于都在为它工作。多么幸福的松毛虫啊，它们不知道什么私有财产和一切争斗的根源。

1. 松毛虫是松树的克星，如果树木不打农药的话，你很可能在松树上看见一条一条的毛毛虫在上面一边爬来爬去，一边吐着丝。松毛虫吐丝有哪两个目的？

2. 松毛虫的巢为什么大小不一？

3. 我们能从松毛虫身上学到哪些优秀品质？

【情节八】

①我在实验室的泥盆里，养了好几只狼蛛。从它们那里，我看到狼蛛猎食时的详细情形。这些做了我的俘虏的狼蛛的确很健壮。它的身体藏在洞里，脑袋探出洞口，玻璃般的眼睛向四周张望，腿缩在一起，做着准备跳跃的姿势，它就这样在阳光下静静地守候着，一两个小时，不知不觉就过去了。

②如果看到一只可作猎物的昆虫从旁边经过，它就会像箭一般地跳出来，狠狠地用它的毒牙咬猎物的头部，然后露出满意又快乐的神情，那些倒霉的蝗虫、蜻蜓和其他许多昆虫还没有明白过来是怎么回事，就做了它的盘中美餐。它拖着猎物很快地回到洞里，也许它觉得在自己家里用餐比较舒适吧。它的技巧以及敏捷的身手令人叹为观止。

③如果猎物离它不太远，它纵身一跃就可以扑到，很少有失手的时候。但如果猎物在很远的地方，它就会放弃，决不会特意跑出来穷追不舍。看来它不是一个A.______________（贪心大，老不满足）的家伙，不会落得一个“鸟为食亡”的下场。从这一点可以看出狼蛛是很有耐性，也很有理性的。因为在洞里没有任何帮助它猎食的设备，它必须始终傻傻地守候着。如果是没有恒心和耐心的虫子，一定不会这样B.______________（长久地坚持下去），肯定没多久就退回到洞里去睡大觉了。可狼蛛不是这种昆虫。它确信，猎物今天不来，明天一定会来；明天不来，将来也总有一天会来。在这块土地上，蝗虫、蜻蜓之类多得很，并且它们又总是那么不谨慎，总有机会刚好跳到狼蛛近旁。所以狼蛛只需等待，时候一到，它就立刻蹿上去捉住猎物，将其杀死，或是当场吃掉，或者拖回去以后吃。

④虽然狼蛛很多时候都是“等而无获”，但它的确不大会受到饥饿的威胁，因为它有一个能节制的胃。它可以在很长一段时间内不吃东西而不感到饥饿。比如我那实验室里的狼蛛，有时候我会连续一个星期忘了喂食，但它们看上去照样气色很好。在饿了很长一段时间后，它们并不见得憔悴，只是变得极其贪婪，就像狼一样。

⑤在狼蛛还年幼的时候，它还没有一个藏身的洞，不能躲在洞里“守洞待虫”，不过它有另外一种觅食的方法。那时它也有一个灰色的身体，像别的大狼蛛一样，就是没有黑绒腰裙——那个要到结婚年龄时才能拥有。它在草丛里徘徊着，这是真正的打猎。当小狼蛛看到一种它想吃的猎物，就冲过去蛮横地把它赶出巢，然后紧追不舍，那亡命者正预备起飞逃走，可是往往来不及了——小狼蛛已经扑上去把它逮住了。

⑥我喜欢欣赏我那实验室里的小狼蛛捕捉苍蝇时那种敏捷的动作。苍蝇虽然常常歇在两寸高的草上，可是只要狼蛛猛然一跃，就能把它捉住。猫捉老鼠都没有那么敏捷。

⑦但是这只是狼蛛小时候的故事，因为它们身体比较轻巧，行动不受任何限制，可以随心所欲。以后它们要带着卵跑，不能任意地东跳西蹿了。所以它们就先替自己挖个洞，整天在洞口守候着，这便是成年蜘蛛的猎食方式。

1. 根据括号里所给的意思，在选文第③段的A、B两处填上恰当的词语。

2. 指出第①⑤⑥段中画线句子运用的说明方法，并说明其作用。

3. 结合选文，说说狼蛛的哪些特点“像狼一样”。

【情节九】

克鲁蜀蜘蛛是一个极为聪明、灵巧的纺织家，而且就一只蜘蛛而言，克鲁蜀蜘蛛算是很漂亮的了。它这名字是取自古希腊三位命运女神中的一位，这位女神是负责纺织生命之线的，从她那里纺出了万物各自不同的命运。克鲁蜀蜘蛛能为自己纺出最精美的丝，克鲁蜀女神却不能为我们纺出幸福的命运和舒适的生活，这实在是一件令世人遗憾的事！如果想认识克鲁蜀蜘蛛，我们必须到橄榄地的岩石的斜坡上。在被太阳灼得又热又亮的地方，让我们把一些不大不小又扁平的石块翻起来——最好是翻开那些小石堆，这些地方往往是克鲁蜀蜘蛛最爱待的地方。如果我们运气不坏的话，在我们翻起的石块下面，就会发现一个样子很特别的东西：形状好像一个翻转的穹形屋顶，大概有半个梅子那么大，外面挂着一些小贝壳、一些泥土和干了的虫子。穹形顶的边缘有十二个尖尖的扇蛤，向各方伸展着，固定在石头上。显然，这就是克鲁蜀蜘蛛的宫殿！而入口在什么地方呢？尽管周围有许多拱，但那些拱都开在屋顶的上部，没有一个可以通到屋子里去。可这屋子的主人总得出来，出来后当然还得再回去呀，它究竟是从哪里进出的呢？一根稻草会告诉我们一切秘密。如果用一根稻草从拱形的开口处插进去，我们就可以发现这些拱门里面都是反锁着的，关得严严实实。但是如果你把稻草很小心地用力插进去，你就会发现，其中必定有一个拱门，它的边缘会裂成嘴唇般的两片。这便是门了，它有弹性，自己会关闭。

当克鲁蜀蜘蛛遇到危险的时候，它会飞快地跑回自己的家，用脚爪一触门，门就开了，等它进去后，门又自动关闭了。如果需要的话，它还可以将门反锁，尽管那“锁”也只不过是用几根丝线做的，起不了多大作用。但从外边看，这扇门跟别的拱完全一样，可以起到迷惑敌人的作用，敌人只能看见克鲁蜀蜘蛛很快地消失了，却不知道它究竟是从哪里逃遁的。现在让我们打开它的门到里面看一看。它的床比天鹅绒还软，比夏天的云还白。床上有绒毯，有被子，都非常软。克鲁蜀蜘蛛就安居在这绒毯和被子之间。它长着短短的腿，穿着黑色的衣服，背上还有五个黄色的徽章。要在这屋子里过上舒适的生活，必须有一个条件，那就是屋子必须建筑得很坚固，尤其要扛得住大风大雨的侵袭。我们发现：支持着整个屋子的许多拱门都是固定在石头上的。我们可以看到在接触点有一缕缕的长线，沿着石面伸展开去，每一根足足有九尺长。原来这屋子由许多“链条”攀着，格外牢固。虽然它的屋子里那么整洁、华丽，可是屋子外面却堆满了垃圾：有泥土，有腐烂了的木屑，还有一粒粒脏兮兮的砂石。有时候还有更脏的东西，比如风干了的甲虫尸体、千足虫破碎的尸体，还有蜗牛的壳等。一片狼藉，而且都已被太阳晒得发白了。克鲁蜀蜘蛛没有设陷阱的本领，所以它完全靠吃那种在石堆里跳来跳去的虫子维持生计。哪一只冒失的虫子跳过它的居所，就会被它逮个正着，变成它的晚餐。至于那些风干的尸体，它并不把它们丢开，而是挂在墙壁的四周，这似乎是在炫耀自己的捕猎经历。它到底为什么要把尸体挂起来呢？后来我们想到了简单的平衡问题。普通的家蛛在墙角张了网，为了要使网保持一定的形状而不受风吹雨打的影响，就常常把石灰或泥嵌入网中。克鲁蜀蜘蛛在自己的屋里挂上重物虽然也是为了使屋子稳固，只是不是这种原理，而是它懂得如果把重物挂在屋子里很低的地方，屋子四周就会平衡。这些重物主要是昆虫的尸体或空壳，而这些全都是现成的。

它在那软软的屋子里做什么呢？它舒适地摊开了脚，躺在软软的绒毯上，什么都不用做，什么都不用想，只是静静地聆听着地球旋转的声音——这不是睡，也不是醒，而是一种半梦半醒的状态，这时候它除了快乐以外，什么感觉都没有。让我们想象一下：如果你辛苦了一天后很舒适地躺在床上，彻底地放松，到快要入睡的时候，将会无忧无虑地享受到这生活中最美满的一刻。

1. 下列对文章的理解和分析，最恰当的一项是（　　）

A. 文章开篇介绍了克鲁蜀蜘蛛能够纺织出精美的丝线等方面的内容，为后文介绍克鲁蜀蜘蛛房屋的稳定、坚固等特点作铺垫。

B. 文章对克鲁蜀蜘蛛遇到危险时的描写，使用了动作性十分强的动词，比如用“跑”“触”等动词，表现了拱门开合的自由状态。

C. 作者在介绍克鲁蜀蜘蛛的房门时，先说找不到房门，然后说用稻草小心试探，会找到一扇有弹性、会自动关闭的供蜘蛛进出的拱门，能引起读者的阅读兴趣。

D. 文章以克鲁蜀蜘蛛为说明主体，介绍了克鲁蜀蜘蛛的相关情况，语言十分平实，全面介绍了克鲁蜀蜘蛛的聪明才智和生存本领。

2. 文章使用了哪些重要的说明方法？请结合文本举例说明。

3. 请简要分析文章最后一段在写法上的妙处。

【情节十】

蜘蛛的最佳捕猎期是每年的5、6月间。当我第一次观察蜘蛛洞时，就发现它躲在洞穴的第一层——即前文所说的“拐角处”。一开始我想用蛮力来对付它，就用一把1英尺长、2英寸宽的小刀，不停地掏那些洞，一连干了好几个小时，却没有抓到蜘蛛。于是我又开始更大面积地寻找，想抓住一只塔蓝图拉毒蛛，冲动之下甚至想拿把斧头，把这些洞穴劈开。最终一无所获的我终于放弃了武力，改用头脑。人们都说：需要是创造之母。我居然有了一个绝妙的主意：我找来一根植物的主茎，在顶部绑一个麦穗，用作诱饵，在蜘蛛洞口轻轻地晃动。很快我就发现蜘蛛的注意力被穗饵吸引过来了，开始谨慎地踱着步向麦穗走过来。

我将这个家伙引出洞，确信它已无法逃回洞中后，迅速抽开麦穗。蜘蛛见势不妙，转过身嗖地朝洞口冲去，我当然不会让它逃跑得逞，抢在它之前把洞口封住了。塔蓝图拉毒蛛一时冒昧行事昏了头，就连躲避我的捕捉也显得异常笨拙。最后我把它赶入一个纸袋，迅速封上袋口。

有时候，蜘蛛会起疑心，怀疑是陷阱，或者当时并不很饿，就会按兵不动，与洞口保持一小段距离。可能它认为此时并不是跨越门槛的最佳时刻。它的耐性显然超过了我的决心，在这种情况下，我只得改换战术：首先确定蜘蛛的确切位置，然后探明洞里通道的方向。一切准备就绪后，我用一把小刀沿通道斜插进去，堵住蜘蛛的后路，再用东西在洞口装蜘蛛就大功告成了。这套战术屡试不爽，特别在松软的土壤中更是百试百中。在这种恶劣环境的逼迫下，塔蓝图拉毒蛛要么受惊舍洞而去，要么顽固地以其背部来抵抗刀锋。如果蜘蛛采取第二种态度，继续顽抗，我就会用刀把泥土连同顽抗的蜘蛛一同挑出来，然后轻松地将它捕获。

1. “蜘蛛的最佳捕猎期是每年的5、6月间”，为什么说5、6月间是每年的“最佳捕猎期”？根据你对塔蓝图拉毒蛛的了解，说说理由。

2. 作者在用蛮力捕捉塔蓝图拉毒蛛失败的情况下，改用智慧，声称“我居然有了一个绝妙的主意”，说说这是一个什么主意？然后用一个四字成语来概括。

3. “在这种情况下，我只得改换战术”，“这种情况”是指什么？说明塔蓝图拉毒蛛有什么特点？

4. “这套战术屡试不爽”，“这套战术”指的是什么战术？请在本文中给“屡试不爽”找一个同义词。

【情节十一】

把白面孔螽斯关在我的笼子里，我发现蝗虫蚱蜢等任何新鲜的肉食，都符合它们的需要。特别是那种长着蓝色翅膀的蝗虫，尤其适合它们的嗜好。

当把食物放进笼子里时，常常会引起一阵骚动。特别是在它们饿极了的时候，它们一步一步的很笨重地向前突进。因为受长颈的阻碍，它不能很敏捷地行动。有些蝗虫立刻就被捉住，有的乱飞，乱蹦，乱跳，有的急了跳到笼子的顶上，逃出这螽斯所能捉捕到的范围之外。因为它的身体很笨重，不能爬得那么高。不过蝗虫也只能是延长它们自己的生命而已，最终也无法逃脱被白面螽斯蚕食的厄运。它们或因疲倦、或因被下面的绿色食物所引诱，纷纷从上面跑下来，于是立刻就会被螽斯所捕获，成为其口中之美食。

这种螽斯，虽然智力很低下，然而却会用一种科学的杀戮方法。如同我们在别的地方见到的一样，它常常先刺捕猎物的颈部，然后再咬住主宰它运动的神经，使它立刻失去抵抗的能力。和其他肉食动物一样如哺乳动物虎、猎豹等等，它们都是先将所捕捉的猎物的喉头管咬住，使其停止呼吸，丧失反抗力后，再一点点地享用它的肉体。

这是一种很聪明的方法，因为蝗虫是很难杀死的。有时虽然蝗虫的头已经掉下来了，但它的躯体依然还能够跳动不已。我曾经见过几只蝗虫，已经被吃掉一半了，还不断地乱跳，居然被它逃走了。

1. 请根据选段概括白面孔螽斯的猎食特点。

2. 选文第三段画线句运用了什么说明方法?

3. 第四段中“这是一种很聪明的方法”，与前文哪一个语句相照应?“这”具体指怎样的方法?请用自己的语言作简要概括。

【情节十二】

蟋蟀盖房子大多是在10月，秋天初寒的时候。它用前足扒土，还用钳子搬掉较大的土块，然后用它强有力的后足踏地。它的后腿上有两排锯，蟋蟀就是用这些锯子将泥土推到后面，倾斜地铺开。

工作做得很快。蟋蟀钻到土底下干活，如果感到疲劳，它就在未完工的家门口休息一会儿，头朝着外面，触须轻微地摆动。不大一会儿，它又进去继续工作。我一连看了2个小时，看得有些不耐烦了。住宅的重要部分快完成了。洞已经挖了有2寸深，够宽敞的了。余下的是长时间的整修，今天做一点，明天做一点。这个洞可以随天气的变冷和它身体的增长而加阔。即使在冬天，只要气候温和，太阳晒到它住宅的门口，你还可以看见蟋蟀从里面不断地抛出泥土来。

1. 《昆虫记》“透过昆虫世界折射出社会人生”，结合选文说说，蟋蟀给你较大触动的特点有哪些?

2. “我一连看了2个小时”，从这句话中，你体会到了什么?

3. 《昆虫记》被誉为“昆虫的史诗”，这离不开作者法布尔的功劳，你从他身上得到哪些启示?

4. 《昆虫记》是“公认的文学经典”，请你结合选文加以分析。

【情节十三】

矿蜂是细长形的蜜蜂，它们的身材大小各不相同，大的比黄蜂还大，小的比苍蝇还小。但是它们有一个共同的特征，那就是它的腹部底端有一条明显的沟，沟里藏着一根刺，当它遇到敌人侵犯时，这根刺可以沿着沟来回地移动以保护自己。我这里要讲的是关于矿蜂中的一种有红色斑纹的蜂。这种蜂的雌蜂的斑纹是很美丽夺目的，细长的腹部被黑色和褐色的条纹环绕着。至于它的身材，大约和黄蜂差不多。

它的巢往往建在结实的泥土里面，因为那里没有崩溃的危险。比如，我们家院子里那条平坦的小道就是它们最理想的屋基。每到春天，它们就成群结队地来到这个地方安营扎寨。

每群数量不一，最大的差不多有上百只蜂。这地方简直成了它们的大都市。

每只斑纹蜂都有自己单独的一个房间。这个房间除了它自己以外，谁也不可以进去。如果有哪只不识趣的斑纹蜂想闯进别人的房间，那么主人就会毫不客气地给它一剑。因此，大家都各自守着自己的家，谁也不冒犯谁，这个小小的社会充满了和平的气氛。

一到4月，它们的工作就不知不觉地开始了。唯一可以显而易见地证明它们在工作的，是那一堆堆新鲜的小土山。至于那些劳动者，我们外人是很少有机会看到的。它们通常是在坑的底下忙碌着，有时在这边，有时在那边。我们在外面可以看到，那小土堆渐渐地有了动静，先是顶部开始动，接着有东西从顶上沿着斜坡滚下来，一个劳动者捧着满怀的废物，把垃圾从土堆顶端的开口处抛到外面来，而它们自己却用不着出来。

5月到了，太阳和鲜花带来了欢乐。4月的矿工们，这时已经演变成勤劳的采蜜者了。我们常常看到它们满身披着黄色的尘土停在土堆上，而那些土堆现在已变得像一只倒扣着的碗了，那碗底上的洞就是它们的入口。

它们的地下建筑离地面最近的部分是一根几乎垂直的轴，大约有一支铅笔那么粗，在地面下约有6寸到12寸深，这个部分就算是走廊了。

在走廊的下面，就是一个小小的巢。每个小巢大概有四分之三寸长，呈椭圆形。那些小巢有一个公共的走廊通到地上。

每一个小巢内部都修葺得很光滑，很精致。我们可以看出一个个淡淡的六角形的印子，这就是它们做最后一次工程时留下的痕迹。它们用什么工具来完成这么精细的工作呢？是它们的舌头。

我曾经试图往斑纹蜂的巢里面灌水，看看会有什么后果，可是水一点儿也流不到巢里去。这是因为斑纹蜂在巢上涂了一层唾液，这层唾液像油纸一样包住了巢，在下雨的日子里，巢里的小蜜蜂就再也不会被弄湿了。

斑纹蜂一般在3、4月里筑巢。那时候天气不大好，地面上也缺少花草。它们在地下工作，用它的嘴和四肢代替铁锹和耙子。当它们把一堆堆的泥粒带到地面上后，巢就渐渐地做成了。最后用它的铲子——舌头，涂上一层唾液。当快乐的5月到来时，地下的工作已经完毕，那和煦的阳光和灿烂的鲜花也已经开始向它们招手了。

田野里到处可以看到蒲公英、野蔷薇、雏菊花等，在花丛里尽是些忙忙碌碌的蜜蜂。它们带上花蜜和花粉后，就兴高采烈地回去了。它们一回到自己的城市里，就会立即改变飞行方式。它们很低地盘旋着，好像对这么多外观酷似的地穴产生了迟疑，不知道哪个才是自己真正的家。但是没过一会儿，它们就各自认清了自己的记号，很快地、准确无误地钻了进去。

斑纹蜂也像其他蜜蜂一样，每次采蜜回来，先把尾部塞入小巢，刷下花粉，然后一转身，再把头部钻入小巢，把花蜜洒在花粉上，这样就把劳动成果储藏起来了。虽然每一次采的花蜜和花粉都微乎其微，但经过多次的采运，积少成多，小巢内已经变得很满了。接着斑纹蜂就开始动手制作一个个“小面包”，“小面包”是我给那些精巧的食物起的名字。

斑纹蜂妈妈开始为它未来的子女们预备食品了。它把花粉和花蜜搓成一粒粒豌豆大小的“小面包”。这种“小面包”和我们吃的小面包大不一样：它的外面是甜甜的蜜汁，里面充满了干的花粉，这些花粉不甜，没有味道。这外面的花蜜是小蜜蜂早期的食物，里面的花粉则是小蜜蜂后期的食物。

斑纹蜂做完了食物，就开始产卵。它不像别的蜜蜂产了卵后就把小巢封起来，它还要继续去采蜜，并且看护它的小宝宝。

小蜜蜂在母亲的精心养护和照看之下渐渐长大了。当它们作茧化蛹的时候，斑纹蜂妈妈就用泥把所有的小巢都封好。在它完成这项工作以后，也到了该休息的时候了。

如果没有什么意外发生的话，在短短的2个月之后，小蜜蜂就能像它们的妈妈一样去花丛中玩耍了。

可是斑纹蜂的家并不像想象中那样安逸，在它们周围埋伏着许多凶恶的强盗。

1. 斑纹蜂是矿蜂的一种，它有何特点？请根据选文简要概括。

2. 联系作品说说，斑纹蜂的家埋伏着的“强盗”指的是什么？又是如何侵犯斑纹蜂的家？

3. 结合具体内容，简要探究选文在写作上的突出特点。

【情节十四】

可是，我们将会看到这个残暴的刽子手在家里是个非常慈爱温和的母亲。就像“食人怪”一样，虽然吃起别人的孩子来毫不留情，却十分疼爱自己的孩子。在饥饿的逼迫下，我们也是一样的，人和畜生都是“食人怪”。

蟹蛛虽然是个杀蜂不见血的凶手，但你又不得不承认，它也是一只非常漂亮的小东西。虽然它们的身材并不十分好，像是一个雕在石基上的又矮又胖的锥体，在其中的一边还有一块小小隆起的肉，好像骆驼的驼峰一样，但是它们的皮肤比任何绸缎都要好看，有的是乳白色的，有的是柠檬色的。它们中间有些长得特别漂亮：腿上有着粉红色的环，背上镶着深红的花纹，有时候在胸的左边或右边还有一条淡绿色的带子，这身打扮虽然不像条纹蛛那么富丽，但是由于它的肚子不那么松弛，花纹又细致，色彩鲜艳又搭配协调，所以，看起来倒反而比条纹蛛的衣服典雅、高贵。人们见了别种蜘蛛都敬而远之，但对美丽的蟹蛛却怎么也怕不起来，因为它实在长得太漂亮，太可爱了。如果它们是一些不会动的小东西，大家一定会对它们爱不释手。

在筑巢方面，蟹蛛的高超手艺并不亚于它在觅食时的技艺。

有一次我在一株水蜡树上找到它，当时它正在一丛花的中间筑巢，它织着一只白色的丝袋，形状像一个顶针：这个白色的丝袋就是它的卵的安乐窝，袋口上还盖着一个又圆又扁的绒毛盖子。

在屋顶的上部有一个用绒线张成的圆顶，里面还夹杂着一些凋谢了的花瓣，这就是它的瞭望台。从外面到瞭望台上，有一个开口作为通道。

就在这瞭望台上，蟹蛛像一名尽心尽责的卫兵一样，天天守在这里。自从产了卵之后，它比以前消瘦多了，差不多完全失去了以前那朝气蓬勃的样子，它全神贯注地守在这瞭望台上，一有风吹草动就会全身紧张，立刻进入战备状态，然后从那儿走出来，挥着一条腿威吓惊扰了它的不速之客。它激动地做着手势，叫敌人赶紧滚开，否则后果自负。它那狰狞的样子和激动的动作的确把那些或怀有恶意或无辜的外来者吓了一跳。把那些鬼鬼祟祟的家伙赶走以后，它才心满意足地回到自己的岗位上。

那么它又在那丝和花瓣做成的穹顶下做什么呢？原来它在舒展着身体来遮蔽它宝贝的卵。尽管此时它已经非常瘦小孱弱，仿佛一阵风就能把它卷走，它已忘记了饮食，为了守望工作不被影响，它现在已抛弃了睡眠，不再去捕蜜蜂，吸它们的血充饥，它只是静静地坐在自己的卵上。

我不由得想到母鸡。母鸡孵蛋的时候也是这个样子，不同的是母鸡的身体可以提供热量，当它孵蛋的时候，它身上的暖气传导到卵上唤醒了生命的种子。而对于蜘蛛而言，太阳提供的热量已经足够了，蜘蛛母亲不需要再提供热量了。事实上，它也没有什么力量提供热能了。因为这个不同点，我们不能称蜘蛛对小蛛的守候为“孵育下一代”。

两三个星期后，母蛛因为滴水未进，而愈来愈来瘦了。可它的守望工作却丝毫不见有松懈。在临死之前，它还有什么愿望呢？它似乎一直在等待什么，这等待使它苦苦地支撑着自己，用它的精神撑起早已没有活力的身体。它究竟在等什么呢？是什么值得它这样用生命去苦苦等待呢？后来我才知道它是在等它的孩子们出来，这个垂死的母亲还能为孩子们尽一点力。条纹蛛的孩子们在离开那气球形的巢之前早已成为孤儿，没有人来帮它们打破巢，它们自己又没有能力破巢而出，只有等巢自动裂开才能把小蛛们送到四面八方。它们出来时根本连自己的母亲是谁都不知道。而蟹蛛的巢封闭得很严密，又不会自动裂开，顶上的盖也不会自动升起，那么小蛛是怎么出来的呢？等小蛛孵出后我们会发现在盖的边缘有一个小洞。这个洞在以前的时候是没有的，显然是谁暗中帮助小蛛，为它们在盖子上咬了一个小孔，便于让它们钻出来。可是又是谁悄悄地在那儿开了一个洞呢？

袋子的四壁又厚又粗，微弱的小蛛们自己是决不能把它抓破的，其实这洞是它们那奄奄一息的母亲打的。当它感觉到袋子里的小生命不耐烦的骚动时，它知道孩子们急于出来，于是就用全身的力气在袋壁上打了一个洞。母蛛虽然衰弱得可以随时死去，但为了为它的家庭尽最后一份力，它一直顽强地支撑了五六个星期，然后把全身的力量积聚到一点上爆发出来打这个洞。这个任务完成之后，它便安然去世了。它死的时候非常平静，脸上带着安详的神情，胸前紧紧抱着那已没有用处的巢，慢慢地缩成一个僵硬的尸体。多么伟大的母亲啊！母蚁的牺牲精神令人感动，可是和蟹蛛相比，似乎还略逊一筹。

1. 联系作品，说说蟹蛛名字的由来。

2. 结合选文说说，从作者细致描写蟹蛛守护卵的情景中可以感受到作者怎样的情怀？很多昆虫都不乏蟹蛛这样的伟大母爱，请你从原著中举出两例。

3. 法布尔在《昆虫记》中常用对比的手法，请结合选文内容分析作者进行了哪些对比？有什么作用？

【情节十五】

孔雀蛾是一种长得很漂亮的蛾。它们中最大的来自欧洲，全身披着红棕色的绒毛，脖子上有一个白色的领结，翅膀上洒着灰色和褐色的小点儿。横贯中间的是一条淡淡的锯齿形的线，翅膀周围有一圈灰白色的边，中央有一个大眼睛，有黑得发亮的瞳孔和许多色彩镶成的眼帘，包括黑色、白色、栗色和紫色的弧形线条。这种蛾是由一种长得极为漂亮的毛虫变来的，它们的身体以黄色为底色，上面嵌着蓝色的珠子。它们靠吃杏叶为生。

五月六日的早晨，在我的昆虫实验室里的桌子上，我看着一只雌的孔雀蛾从茧子里钻出来。我马上把它罩在一个金属丝做的钟罩里。我这么做没有别的什么目的，只是一种习惯而已。我总是喜欢搜集一些新鲜的事物，把它们放到透明的钟罩里细细欣赏。

后来我很为自己的这种方法庆幸。因为我获得了意想不到的收获，在晚上九点钟左右，当大家都准备上床睡觉的时候，隔壁的房间里突然发出很大的声响。

小保罗衣服都没穿好，在屋里奔来跑去，疯狂地跳着、顿着足、敲着椅子。我听到他在叫我："快来快来！"他喊道，"快来看这些蛾子，像鸟一样大，满房间都是！"我赶紧跑进去一看，孩子的话一点儿也不夸张。房间里的确充满了那种大蛾子，已经有四只被捉住关在笼子里了，其余的拍打着翅膀在天花板下面翱翔。看到这情形，我立即想起那只早上被我关起来的囚徒。

"快穿好衣服"，我对儿子说，"把鸟笼放下，跟我来。我们立刻就要看到更有趣的事情了。"我们立刻下楼，来到我的书房，那在整个房子的右侧。我发现厨房里的仆人已被这突然发生的事件吓慌了，她用她的围裙扑打着这些大蛾，起初她还以为它们是蝙蝠呢。这样看来，孔雀蛾们已经占据了我家里的每一部分，惊动了家里的每一个人。

我们点着蜡烛走进书房，书房的一扇窗开着。我们看到了难忘的一幕情景：那些大蛾子轻轻地拍着翅膀，绕着那钟罩飞来飞去。一会儿飞上，一会儿飞下，一会儿飞出去，一会儿又飞回来，一会儿冲到天花板上，一会儿又俯冲下来。它们向蜡烛扑来，用翅膀把它扑灭。它们停在我们的肩上，扯我们的衣服，咬我们的脸。小保罗紧紧地握着我的手，努力保持镇定。

一共有多少蛾子？这个房间里大约有二十只，加上别的房间里的，至少在四十只以上。四十个情人来向这位那天早晨才出生的新娘致敬——这位关在象牙塔里的公主！

在那一个星期里，每天晚上这些大蛾总要来朝见它们美丽的公主。那时候正是暴风雨的季节，晚上黑得伸手不见五指。我们的屋子又被遮蔽在许多大树后面，很难找到。它们经过这么黑暗和艰难的路程，历尽困苦来见它们的女王。

在这样恶劣的天气条件下，连那凶狠强壮的猫头鹰都不敢轻易离开巢，可孔雀蛾却能果断地飞出来，而且不受树枝的阻挡，顺利到达目的地。它们是那样的无畏，那样的执着，以至于到达目的地的时候，它身上没有一个地方被刮伤，哪怕是细微的小伤口也没有。这个黑夜对它们来说，如同大白天一般。

孔雀蛾一生中唯一的目的就是找配偶，为了这一目标，它们继承了一种很特别的天赋：不管路途多么远，路上怎样黑暗，途中有多少障碍，它总能找到它的对象。在它们的一生中大概有两三个晚上它们可以每晚花费几个小时去找它们的对象。如果在这期间它们找不到对象。那么它的一生也将结束了。

孔雀蛾不懂得吃。当许多别的蛾成群结队地在花园里飞来飞去吮吸蜜汁的时候，它从不会想到吃东西这回事。这样，它的寿命当然是不会长的了，只不过是两三天的时间，只来得及找一个伴侣而已。

1. 孔雀蛾是一种________的蛾，它们中最大的来自______，全身披着______的绒毛，它们靠吃________为生。
2. 第三段中“后来我很为自己的这种方法庆幸”中的“这种方法”具体指什么？请结合全文内容说说“我”获得了什么意想不到的收获？

3. “在这样恶劣的天气条件下，连那凶狠强壮的猫头鹰都不敢轻易离开巢，可孔雀蛾却能果断地飞出来，而且不受树枝的阻挡，顺利到达目的地。”这句话运用了什么说明方法？有何作用？

4. 本文主要运用了哪种表现手法？作者这样写的好处是什么？

傅雷家书

全程导读

一、作者简介

傅雷（1908－1966），字怒安，号怒庵，生于原江苏省南汇县下沙乡（今上海市浦东新区航头镇），中国著名的翻译家、作家、教育家、美术评论家，中国民主促进会的重要缔造者之一。早年留学法国巴黎大学。他翻译了大量的法文作品，其中包括巴尔扎克、罗曼·罗兰、伏尔泰等名家著作。20 世纪 60 年代初，傅雷因在翻译巴尔扎克作品方面的卓越贡献，被法国巴尔扎克研究会吸收为会员。其有两子傅聪、傅敏，傅聪为世界范围内享有盛誉的钢琴家，傅敏为英语教师。他的全部译作，现经家属编定，交由安徽人民出版社编成《傅雷译文集》，从 1981 年起分 15 卷出版，现已出齐。

傅雷先生为人坦荡，禀性刚毅。“文化大革命”之初，受到巨大迫害，遭到红卫兵抄家，又受到连续四天三夜批斗，罚跪、戴高帽等各种形式的凌辱。1966 年 9 月 3 日凌晨，愤而离世，在家中吞服巨量毒药，悲壮地走完了一生。夫人朱梅馥亦自缢身亡。

二、作品主题

《傅雷家书》是一部很特殊的书。它是傅雷思想的折射，甚至可以说是傅雷毕生最重要的著作，因为《傅雷家书》是他与儿子之间的书信，体现了作为父亲的他对儿子苦心孤诣。

《傅雷家书》这本书中无处不体现着浓浓的父爱，或许每个父亲对自己的孩子都疼爱有加，但是，傅雷在疼爱孩子的同时，也不忘对他进行音乐、美术、哲学、历史、文学乃至健康等等全方面的教育。

这些家书开始于 1954 年傅聪离家留学波兰，终结至 1966 年傅雷夫妇“文革”中不堪凌辱，双双自尽。十二年通信数百封，贯穿着傅聪出国学习、演奏成名到结婚生子的成长经历，也映照着傅雷的翻译工作、朋友交往以及傅雷一家的命运起伏。傅雷夫妇非常细心，儿子的信都妥善收藏，重点内容则分类抄录成册。

三、艺术特色

（一）格调统一

第一封信里傅雷希望儿子能够正确对待情绪上的消沉和低落，学会用达观的态度泰然处之，保持心灵的平衡，进而能够冷静、客观地分析事理，正视现实，吸取前车之鉴。第二封信，希望儿子在取得了巨大成功、被鲜花和掌声簇拥的时候，仍然保持谦卑、不惧孤独，勇于攀登艺术的至境。虽是花开两朵，但融会、贯穿两封信的主旋律却只有一个：就是要儿子做一个坚强的人，无论遭受怎样的起伏跌宕、矛盾、孤独，都要保持对艺术的不懈追求，对生活的赤子之心。

（二）内涵丰富

傅雷是我国著名的文学翻译家，有着极其丰富的知识与涵养。在《傅雷家书》中也常常顺手拈来一些外文单词，文中 ruinperfect 等词就是，并不刻意地表现出傅雷作为一名翻译家的外文修养。“黄河之水天上来，奔流到海不复回”“无边落木萧萧下，不尽长江滚滚来”等诗句和“羲皇之人”“垂手而天下治”等典故的运用又显示出作者深厚的古典文学修养。除此之外，“太阳太强烈，会把五谷晒焦；雨水太猛，也会淹死庄稼”也表明作者生活知识的丰富，反复提到克利斯朵夫就像常人说话那样自然，而克利斯朵夫正是他所翻译的作品中的人物，可见作者对翻译事业的热爱与认真，同时也可以看出作者外国文学的内功的深厚。

（三）语言含蓄

作者因为翻译法国文学作品，自己的语言也受其影响，在文中时时出现。“滔滔不竭的流水，流到每个人的心坎里去，把大家都带着，跟你一块到无边、无岸的音响的海洋中去吧！”都是华丽铺陈、情感直露的法国式语言。但作为一名儒家文化浸染下的中国知识分子，其语言风格还是以含蓄为主。“我是过来人，决不至于大惊小怪。克利斯朵夫不是经过多少回这种情形吗？”并不直接点出事情，而是从自己、从克利斯朵夫身上说开去，让儿子从别人身上吸取养料和教训。说到处理往事时，也是用了这样一个含蓄的比喻：“就是要你把这些事当作心灵的灰烬看，看的时候当然不免感触万端，但不要刻骨铭心地伤害自己，而要像对着古战场一般的存着凭吊的心怀。”写出了所有过来人回首往事时那种无法直言的情怀。

（四）情感深挚

亲情是人间至情。孩子的一言一行，孩子的情绪变化，孩子的成功失落都无时无刻不牵着傅雷这位父亲的心，他对远在异国的儿子有着深深的牵挂：“早预算新年中必可接到你的信，我们都当作等待什么礼物一般地等着。”对儿子的不安有着真诚的宽慰：“心中的苦闷，不在家信中发泄，又哪里去发泄呢？孩子不向父母诉苦向谁诉苦呢？我们不来安慰你，又该谁来安慰你呢？”对儿子的成功更是由衷地高兴：“孩子，要是我们在会场上，一定会禁不住涕泗横流的！孩子，你太幸福了，天待你太厚了。”一切深情，俱蕴于这些简单而平静的文字中。

（五）哲理深刻

傅雷作为一名父亲，在儿子的生活中既担当着朋友、亲人的角色，同时却又是一位循循善诱的良师，这更多地体现在文中的侃侃而谈与谆谆告诫上。当儿子情绪低落时，他告诉儿子：“人一辈子都在高潮低潮中浮沉，惟有庸碌的人，生活才如死水一般；或者要有极高的修养，方能廓然无累，真正的解脱。”对于儿子的矛盾，他又这样剖析并激励：“别担心，解决一个矛盾，便是前进一步！矛盾是解决不完的，所以艺术没有止境，没有 perfect 的一天，人生也没有 perfect 的一天！”字字句句，都蕴含着深刻的哲理，给人启迪。

四、人物形象

傅雷

严谨、认真、一丝不苟，对亲人（主要是儿子）和国家有着无私的热爱，有良知，正直，为人坦荡，秉性刚毅。

傅雷夫人（朱梅馥）：因材施教，教育思想非常成功。

傅聪

刻苦用功，先做人、后成“家”，生活有条有理，严谨，热爱音乐，同时也是个热爱祖国的德艺俱备、人格卓越的艺术家。

傅敏

正直，善良，勤勤恳恳，默默无闻，不因有父亲和哥哥的光环而骄傲。

五、作品梗概

《傅雷家书》是我国文学艺术翻译家傅雷及夫人 1954—1966 年间写给孩子傅聪、傅敏等的家信摘编，该书是一本优秀的青年思想修养读物，是素质教育的经典范本，是充满着父爱的教子名篇。他们苦心孤诣、呕心沥血地培养的两个孩子（傅聪—著名钢琴大师、傅敏—英语特级教师）是他们先做人、后成“家”，独立思考，因材施教等教育思想的成功体现，因此傅雷夫妇也成为是中国父母的典范。

这些家书凝聚着傅雷对祖国、对儿子深厚的爱。信中首先强调的，是一个年轻人如何做人、如何对待生活的问题。傅雷对自己的经历现身说法，教导儿子待人要谦虚，做事要严谨，礼仪要得体；遇困难不气馁，获大奖不骄傲；要有国家和民族的荣誉感，要有艺术、人格的尊严，做一个“德艺俱备、人格卓越的艺术家”。同时，对儿子的生活，傅雷也进行了有益的引导，对日常生活中如何劳逸结合，正确理财，以及如何正确处理恋爱婚姻等问题，都像良师益友一样提出意见和建议。拳拳爱子之心，溢于言表。

傅雷在艺术方面也有很深的造诣，因此这些家书还以相当多的篇幅谈美术，谈音乐作品，谈表现技巧、艺术修养等。不管是傅聪去波兰留学、获得国际大奖，还是后来赴世界各地演出，傅雷始终关注着儿子在音乐艺术道路上的成长，不时给予指点，特别是经常给他邮寄中国古典文学名著和有关绘画、雕塑等艺术理论方面的书籍，鼓励他多从诗歌、戏剧、美术等艺术门类中汲取营养，提高自身的艺术修养。

家书是真情的流露，再加上傅雷深厚文字功底和艺术修养，这些文字生动优美，读来感人至深。

六、片段赏析

1. 亲爱的孩子，你走后第二天，就想写信，怕你嫌烦，也就罢了。可是没一天不想着你，每天清早六七点钟就醒，翻来覆去的睡不着，也说不出为什么。好像克利斯朵夫的母亲独自守在家里，想起孩子童年一幕幕的形象一样，我和你妈妈老是想着你二三岁到六七岁间的小故事。

【赏析】从上面语句的字里行间可以看出傅雷的爱子情深——对于长大的儿子，希望他茁壮成长，向外发展，但又不忍孩子远离身边。家长都是这样，从十月怀胎到一朝分娩，辛辛苦苦一步步将儿女哺育成人，为的就是希望子女才有所用，以后不至于露宿街头。然而，儿女成才之际，亦是离开屋檐独飞之时。作为父母，既为他们而高兴，也为此伤心难过，毕竟是骨肉之情。

2. 以演奏而论，我觉得大体很好，一气呵成，精神饱满，细腻的地方非常细腻，音色变化的确很多。我们听了都很高兴，很感动。好孩子，我真该夸奖你几句才好。回想一九五一年四月刚从昆明回沪的时期，你真是从低洼中到了半山腰了。希望你从此注意整个的修养，将来一定能攀登峰顶。

【赏析】这是作者听过儿子傅聪的录音后，对儿子所讲评的。这里面包括了傅雷对儿子的录音精细的分析，以及客观的赞赏。并且在后面提到了对儿子的希望。这是家长对孩子的教育方法。既要体现出自己对孩子的肯定，让其有努力拼搏的决心，以及会成功的信心。另一方面，也提出了自己的希望，给孩子指明了前进的路线，发展的方向。而我们当子女的，也应在父母指引的道路上，吸取父母的经验，取长补短发展自己的新道路。

3. 在公共团体中，赶任务而妨碍正常学习是免不了的，这一点我早料到。一切只有你自己用坚定的意志和立场，向领导婉转而有力的去争取。否则出国的准备又能做到多少呢？——特别是阅历方面，我一直放心不下。从今以后，处处都要靠你个人的毅力、信念与意志——实践的意志。

【赏析】千叮咛万嘱咐，父母心放不住。儿子面临社会千变万化，如何应对，作为父母百感交集。用自己走过的经验，提醒儿子少走弯路，多踏捷径。这是天下父母的想法。孩子，是父母生命的延续，是父母心中托起太阳的希望。父母走的弯路，不希望孩子重蹈覆辙，希望他们能比自己“更上一层楼”。

4. 孩子，我虐待了你，我永远对不起你，我永远补赎不了这种罪过！这些念头整整一天没离开过我的头脑，只是不敢向你妈妈说，人生做错了一件事，良心就永久不得安宁！真的，巴尔扎克说得好：有些罪过只能补赎，不能洗刷！

【赏析】离别之时，父亲傅雷自责对儿子的管教严格，手段“残忍”。竟然成了自己的错误。其实这是爱子情深啊！“少壮不努力，老大徒伤悲！”傅雷在儿子幼时，严加管教、一丝不苟，“残忍地虐待”了儿子傅聪。哪里有父亲虐待自己的亲生骨肉的呢？傅雷只是想“严父之下出才子”罢了。

5. 我以前在信中和你提到过感情的 ruin（创伤，覆灭），就是要你把这些事当作心灵的灰烬看，看的时候当然不免感触万端，但不要刻骨铭心地伤害自己，而要像对着古战场一般的存着凭吊的心怀。

【赏析】这句话意在说明控制情绪的必要。对于感情的创伤，要“当作心灵的灰烬看”，就“像对着古战场一般的存着凭吊的心怀”。凭吊古战场时，烈火硝烟散尽，只余残垣断壁，金戈铁马、血肉厮杀都已被岁月的黄沙掩埋。只余下万千感慨，苍凉而平静，沉郁而超然。这就是我们对待往事应有的心态。

6. 能够把不朽的大师的不朽的作品发扬光大，传布到地球上每一个角落去，真是多神圣，多光荣的使命！

【赏析】“把不朽的大师的不朽的作品发扬光大”，巧妙暗示出儿子所从事的艺术事业是不朽的事业；“多神圣，多光荣的使命”，毫不矜持地表达出父亲对儿子所从事的事业的支持与理解，对儿子所取得成功的高兴和赞美。

7. 多少过分的谈词与夸奖，都没有使你丧失自知之明，众人的掌声、拥抱，名流的赞美，都没有减少你对艺术的谦卑！总算我的教育没有白费，你二十年的折磨没有白受！你能坚强，只要你能坚强，我就一辈子放了心！

【赏析】首先赞许儿子在成功面前没有昏头、没有因为赞美而骄傲的对待荣誉的冷静而平静的态度，然后回首“我的教育”和“你二十年的折磨”并对它们进行了肯定，最后说到“坚强”，这里“坚强”的意思已不是挺住困难，而是要挺住成功，不要被胜利冲昏头脑，不要因暂时的成功而放弃进一步的追求。

8. 你说常在矛盾与快乐之中，但我相信艺术家没有矛盾不会进步，不会演变，不会深入。有矛盾正是生机蓬勃的明证。

【赏析】文中提到罗曼·罗兰笔下的约翰·克利斯朵夫（以贝多芬为原型），说傅聪常以克利斯朵夫自命，其个性也与之相像；又说“有矛盾正是生机蓬勃的明证”。其意旨在鼓励儿子像贝多芬一样不惧矛盾，勇敢面对，在解决矛盾的过程中趋向完美。

经典演练

一、填空题

1.《傅雷家书》是傅雷及其夫人写给________和________的家信摘编。写信时间为______年至______年6月。

2. 傅雷是我国著名________家、________家、________家。

3. 傅雷在家书中，明确表明了自己生活的准则：________第一、________第一、________第一。

4. 作为父母，傅雷夫妇不只重视对子女的思想、________、______和传统文化修养方面的教育，同样时刻关注着他们的起居、________、________、开支等日常生活以及婚姻家庭生活的每一个细枝末节。

5. 傅雷毕生翻译各类作品30余部，如《____________》《________》《____________》等。

二、简答题

1.《傅雷家书》主要内容是什么？

2. 我们对父母的养育之恩，当感恩图报；同时也希望父母对我们的教育能讲究方式方法。请你向父母推荐《傅雷家书》，并说明推荐理由。

3. 傅雷告诉儿子怎样才是到了艺术与人生的最高境界？

4. 傅雷知道儿子大赛在即，告诉儿子不用着急，主要仍在于心理修养、精神修养，他嘱咐儿子应有怎样的心态？

5. “人一辈子都在高潮——低潮中浮沉，惟有庸碌的人，生活才如死水一般；或者要有极高的修养，方能廓然无累，真正的解脱。”这句话的意思是什么？说说你的理解。

三、重点情节阅读

【情节一】

亲爱的孩子，你走后第二天，就想写信，怕你嫌烦，也就罢了。可是没一天不想着你，每天清早六七点就醒，翻来覆去的睡不着，也说不出为什么。好像克利斯朵夫的母亲独自守在家里，想起孩子童年一幕幕的形象一样，我和你妈妈老是想着你二三岁到六七岁间的小故事。——这一类的话我们不知有多少可以和你说，可是不敢说，你这个年纪是一切向前往的，不愿意回顾的；我们啰里啰嗦地抖出你尿布时代的往事，会引起你的憎厌。孩子，这些我都很懂得，妈妈也懂得。只是你的一切终身会印在我们脑海中，随时随地会浮起来，像一幅幅的小品图画，使我们又快乐又惆怅。

真的，你这次在家一个半月，是我们一生最愉快的时期；这幸福不知应当向谁感谢，即使我没宗教信仰，至此也不由得要谢谢上帝了！我高兴的是我又多了一个朋友；儿子变了朋友，世界上有什么事可以和这种幸福相比的！尽管将来你我之间离多聚少，但我精神上至少是温暖的，不孤独的。我相信我一定会做到不太落伍，不太冬烘，不至于惹你厌烦。也希望你不要以为我在高峰的顶尖上所想的，所见到的，比你们的不真实。年纪大的人终是往更远的前途看，许多事你们一时觉得我看得不对，日子久了，现实却给你证明我并没大错。

孩子，我从你身上得到的教训，恐怕不比你从我得到的少。尤其是近三年来，你不知使我对人生多增了几许深刻的体验，我从与你相处的过程中学得了忍耐，学到了说话的技巧，学到了把感情升华！

你走后第二天，妈妈哭了，眼睛肿了两天：这叫做悲喜交集的眼泪。我们可以不用怕羞的这样告诉你，也可以不担心你憎厌而这样告诉你。人毕竟是感情的动物。偶然流露也不是可耻的事。何况母亲的眼泪永远是圣洁的，慈爱的！

1. 读第一段，回答下面问题。

（1）第一段“这一类的话我们不知有多少可以和你说”中的“这一类的话”指什么？（用原文回答，15 字以内）

（2）第一段提到令作者“又快乐又惆怅”的是什么事？为什么说它是“又快乐又惆怅”的？

2. 在第二段中，作者写道：“你这次在家一个半月，是我们一生最愉快的时期。”作者说这话的原因是什么？（用原文回答，10 字以内）

3. 傅雷认为在两代人相处中，青年人应持有怎样的态度？

4. 傅雷认为在两代人相处中，长辈应克服自身哪些弱点？

【情节二】

你在国外求学，“厉行节约”四字也应该竭力做到。我们的家用，从上月起开始每周做决算，拿来与预算核对，看看有否超过？若有，要研究原因，下周内就得设法防止。希望你也努力，因为你音乐会收入多，花钱更容易不加思索，满不在乎。至于后面两条，我建议为了你，改成这样的口号：反对分散使用精力，坚决贯彻重点学习的方针。今夏你来信说，暂时不学理论课程，专攻钢琴，以免分散精力，这是很对的。但我更希望你把这个原则再推进一步，再扩大，在生活细节方面都应用到。而在乐曲方面，尤其要时时注意。首先要集中几个作家。作家的选择事先可郑重考虑；决定以后切勿随便更改，切勿看见新的东西而手痒心痒——至多只宜作辅助性质的附带研究，而不能喧宾夺主。其次是练习的时候要安排恰当，务以最小限度的精力与时间，获得最大限度的成绩为原则。和避免分散精力连带的就是重点学习。选择作家就是重点学习的第一个步骤；第二个步骤是在选定的作家中再挑出几个最有特色的乐曲。譬如巴哈，你一定要选出几个典型的作品，代表他键盘乐曲的各个不同的面目的。这样，你以后对于每一类的曲子，可以举一反三，自动的找出路子来了。这些道理，你都和我一样的明白。我所以不惮烦琐的和你一再提及，因为我觉得你许多事都是知道了不做。

1. 在这个选段中，傅雷对儿子提出了什么要求？并且通过什么方式教育孩子的？

2. 在这个选段中傅雷给傅聪在艺术上提出了哪些要求？

3. 从选段中可以看出傅雷是一个什么样的父亲？

【情节三】

一九五六年　二月二十九日夜

亲爱的孩子：昨天整理你的信，又有些感想。

关于莫扎特的话，例如说他天真、可爱、清新等等，似乎很多人懂得；但弹起来还是没有那天真、可爱、清新的味儿。这道理，我觉得是“理性认识”与“感情深入”的分别。感性认识固然是初步印象，是大概的认识；理性认识是深入一步，了解到本质。但是艺术的领会，还不能以此为限。必须再深入进去，把理性所认识的，用心灵去体会，才能使原作者的悲欢喜怒化为你自己的悲欢喜怒，使原作者每一根神经的震颤都在你的神经上引起反响。否则即使道理说了一大堆，仍然是隔了一层。一般艺术家的偏于 intellectual［理智］，偏于 cold［冷静］，就因为他们停留在理性认识的阶段上。

比如你自己，过去你未尝不知道莫扎特的特色，但你对他并没发生真正的共鸣；感之不深，自然爱之不切了；爱之不切，弹出来当然也不够味儿；而越是不够味儿，越是引不起你兴趣。如此循环下去，你对一个作家当然无从深入。

这一回可不然，你的确和莫扎特起了共鸣，你的脉搏跟他的脉搏一致了，你的心跳和他的同一节奏了；你活在他的身上，他也活在你身上；你自己与他的共同点被你找出来了，抓住了，所以你才会这样欣赏他，理解他。

由此得到一个结论：艺术不但不能限于感性认识，还不能限于理性认识，必须要进行第三步的感情深入。换言之，艺术家最需要的，除了理智以外，还有一个“爱”字！所谓赤子之心，不但指纯洁无邪，指清新，而且还指爱！法文里有句话叫做“伟大的心”，意思就是“爱”，这“伟大的心”几个字，真有意义。而且这个爱决不是庸俗的、婆婆妈妈的感情，而是热烈的、真诚的、洁白的、高尚的、如火如荼的、忘我的爱。

从这个理论出发，许多人弹不好东西的原因都可以明白了。光有理性而没有感情，固然不能表达音乐；有了一般的感情而不是那种火热的同时又是高尚、精练的感情，还是要流于庸俗；所谓 sentimental［滥情，伤感］，我觉得就是指的这种庸俗的感情。

一切伟大的艺术家（不论是作曲家，是文学家，是画家……）必然兼有独特的个性与普遍的人间性。我们只要能发掘自己心中的人间性，就找到了与艺术家沟通的桥梁。再若能细心揣摩，把他独特的个性也体味出来，那就能把一件艺术品整个儿了解了。——当然不可能和原作者的理解与感受完全一样，了解的多少、深浅、广狭，还是大有出入；而我们自己的个性也在中间发生不小的作用。

大多数从事艺术的人，缺少真诚。因为不够真诚，一切都在嘴里随便说说，当作唬人的幌子，装自己的门面，实际只是拾人牙慧，并非真有所感。所以他们对作家决不能深入体会，先是对自己就没有深入分析过。这个意思，克利斯朵夫（在第二册内）也好像说过的。

真诚是第一把艺术的钥匙。知之为知之，不知为不知。真诚的“不懂”，比不真诚的“懂”，还叫人好受些。最可厌的莫如自以为是，自作解人。有了真诚，才会有虚心，有了虚心，才肯丢开自己去了解别人，也才能放下虚伪的自尊心去了解自己。建筑在了解自己了解别人上面的爱，才不是盲目的爱。

而真诚是需要长时期从小培养的。社会上，家庭里，太多的教训使我们不敢真诚，真诚是需要很大的勇气作后盾的。所以做艺术家先要学做人。艺术家一定要比别人更真诚，更敏感，更虚心，更勇敢，更坚忍，总而言之，要比任何人都 less imperfect［较少不完美之处］！

好像世界上公认有个现象：一个音乐家（指演奏家）大多只能限于演奏某几个作曲家的作品。其实这种人只能称为演奏家而不是艺术家。因为他们的胸襟不够宽广，容受不了广大的艺术天地，接受不了变化无穷的形与色。假如一个人永远能开垦自己心中的园地，了解任何艺术品都不应该有问题的。

有件小事要和你谈谈。你写信封为什么老是这么不 neat［干净］？日常琐事要做的 neat［干净］，等于弹琴要讲究干净是一样的。我始终认为做人的作风应当是一致的，否则就是不调和；而从事艺术的人应当最恨不调和。我这回附上一小方纸，还比你用的信封小一些，照样能写得很宽绰。你能不能注意一下呢？以此类推，一切小事养成这种 neat［干净］的习惯，对你的艺术无形中也有好处。因为无论如何细小不足道的事，都反映出一个人的意识与性情。修改小习惯，就等于修改自己的意识与性情。所谓学习，不一定限于书本或是某种技术；否则随时随地都该学习这句话，又怎么讲呢？我想你每次接到我的信，连寄书谱的大包，总该有个印象，觉得我的字都写得整整齐齐、清楚明白吧！

再会吧，孩子！路上小心，一切保重！特别注意饮食，寒暖，出门演奏更要当心身体！

1. 父子的通信，为什么选择从莫扎特谈起？

2. 傅雷认为作为一个优秀的艺术家，除了高超的技艺，还应具有怎样的品质？

3. 用心阅读这封信的最后一段，你看出傅雷是一位什么样的父亲？

【情节四】

亲爱的孩子，听我的话吧，爸爸的一颗赤诚的心，忙着为周围的几个朋友打气，忙着管闲事，为社会主义事业尽一分极小的力，也忙着为本门的业务加工，但求自己能有寸进；当然更要为你这儿子作园丁与警卫的工作：这是我的责任，也是我的乐趣。多多休息，吃得好，睡得好，练琴时少发泄感情，（谁也不是铁打的！）生活有规律些，自然身体会强壮，精神会饱满，一切会乐观。万一有什么低潮来，想想你的爸爸举着他一双瘦长的手臂远远的在支撑你；更想想有这样坚强的党、政府与毛主席，时时刻刻作出许多伟大的事业，发出许多伟大的言论，无形中但是有效的在鼓励你前进！平衡身心，平衡理智与感情，节制肉欲，节制感情，节制思想，对像你这样的青年是有好处的。修养是整个的，全面的；不仅在于音乐，特别在于做人——不是狭义的做人，而是包括对世界，对政局的看法与态度。二十世纪的人，生在社会主义国家之内，更需要冷静的理智，唯有经过铁一般的理智控制的感情才是健康的，才能对艺术有真正的贡献。孩子，我千言万语也说不完，我相信你一切都懂，问题只在于实践！我腰酸背疼，两眼昏花，写不下去了。我祝福你，我爱你，希望你强，更强，永远做一个强者，有一颗慈悲的心的强者！

1. 画线句“这是我的责任，也是我的乐趣”中的“这”代指是什么？请概括回答。

2. 娄适夷评价《傅雷家书》：“一部最好的艺术学徒修养读物，这也是一部充满着父爱的苦心孤诣、呕心沥血的教子篇。”结合文段说说“父爱的苦心孤诣、呕心沥血”体现在哪些方面？

3. 文末的“祝福”“爱”“希望”以及反复用“强”“更强”“强者”，表达了傅雷怎样的心理？

【情节五】

适量的音乐会能刺激你的艺术，提高你的水平；过多的音乐会只能麻痹你的感觉，使你的表演缺少生气与新鲜感，从而损害你的艺术。你既把艺术看得比生命还重，就该忠于艺术，尽一切可能为保持艺术的完整而奋斗。这个奋斗中目前最重要的一个项目就是：不能只考虑需要出台的一切理由，而要多考虑不宜于多出台的一切理由。其次，千万别做经理人的摇钱树！他们的一千零一个劝你出台的理由，无非是趁艺术家走红的时期多赚几文，哪里是为真正的艺术着想！一个月七八次乃至八九次音乐会实在太多了，大大的太多了！长此以往，大有成为钢琴匠，甚至奏琴的机器的危险！你的节目存底很快要告罄的；细水长流才是办法。若是在如此繁忙的出台以外，同时补充新节目，则人非钢铁，不消数月，会整个身体垮下来的。没有了青山，哪还有柴烧？何况身心过于劳累就会影响到心情，影响到对艺术的感受。这许多道理想你并非不知道，为什么不挣扎起来，跟经理人商量——必要时还得坚持——减少一半乃至一半以上的音乐会呢？我猜你会回答我：目前都已答应下来，不能取消，取消了要赔人损失等等。可是你能否把已定的音乐会一律推迟一些，中间多一些空隙呢？否则，万一临时病倒，还不是照样得取消音乐会？难道捐税和经理人的佣金真是奇重，你每次所得极微，所以非开这么多音乐会就活不了吗？来信既说已经站稳脚跟，那末一个月只登台一二次（至多三次）也不用怕你的名字冷下去。决定性的仗打过了，多打零星的不精彩的仗，除了浪费精力，报效经理人以外，毫无用处，不但毫无用处，还会因表演的不够理想而损害听众对你的印象。你如今每次登台都与国家面子有关；个人的荣辱得失事小，国家的荣辱得失事大！你既热爱祖国，这一点尤其不能忘了。为了身体，为了精神，为了艺术，为了国家的荣誉，你都不能不大大减少你的演出。

1. 能够概括选文内容的是哪句话？

2. 在傅雷看来，钢琴家与“钢琴匠”“奏琴的机器”区别何在？

3．选文中的傅雷在教子中最突出的特点是什么？

【情节六】

亲爱的孩子：你并非是一个不知感恩的人，但你很少向人表达谢意。朋友对我们的帮助、照应与爱护，不必一定要报以物质，而往往只需写几封亲切的信，使他们快乐，觉得人生充满温暖。既然如此，为什么要以没有时间为推搪而不声不响呢？你应该明白我两年来没有跟勃隆斯丹太太通信是有充分的理由的。沉默很容易招人误会，以为我们冷漠忘恩，你很懂这些做人之道，但却永远不能以此来改掉懒惰的习惯。人人都多少有些惰性，假如你的惰性与偏向不能受道德约束，又怎么能够实现我们教育你的信条："先为人，次为艺术家，再为音乐家，终为钢琴家"？

……

亲爱的孩子，自从弥拉和我们通信以后，好像你有了秘书，自己更少动笔了。知道你忙，精神紧张劳累，也不怪你。可是有些艺术问题非要你自己谈不可。你不谈，你我在精神上艺术上的沟通就要中断，而在我这个孤独的环境中更要感到孤独。除了你，没有人再和我交换音乐方面的意见。而我虽一天天的衰老，还是想多吹吹外面的风。你小时候我们指导你，到了今日，你也不能坐视爸爸在艺术的某一部中落后！

1．根据选文，分析傅雷的性格特点。

2．根据最后一段，体会傅雷先生的内心想法。

3．分析傅雷给儿子写信时的思想感情，结合自身谈谈你对这段话的理解。

【情节七】

我对老舍的早年作品看法已大大不同。从前觉得了不起的那篇《微神》，如今认为太雕琢，过分刻划，变得纤巧，反而贫弱了。一切艺术品都忌做作，最美的字句都要出之自然，好像天衣无缝，才经得起时间考验而能传世久远。比如"山高月小，水落石出"不但写长江中赤壁的夜景，历历在目，而且也写尽了一切兼有幽远、崇高与寒意的夜景；同时两句话说得多么平易，真叫做"天籁"！老舍的《柳家大院》还是有血有肉，活得很。——为温习文字，不妨随时看几段。没人讲中国话，只好用读书代替，免得词汇字句愈来愈遗忘。

最近有人批判王氏的"无我之境"，说是写纯客观，脱离阶级斗争。此说未免偏狭。第一，纯客观事实上是办不到的。既然是人观察事物，无论如何总带几分主观，即使力求摆脱物质束缚也只能做到一部分，而且为时极短。其次能多少客观一些，精神上倒是真正获得松弛与休息，也是好事。人总是人，不是机器，不可能二十四小时只做一种活动。生理上就使你不能不饮食睡眠，推而广之，精神上也有各种不同的活动。便是目不识丁的农夫也有出神的经验，虽时间不过一刹那，其实即是无我或物我两忘的心境。艺术家表现出那种境界来未必会使人意志颓废。例如念了“寒波淡淡起，白鸟悠悠下”两句诗，哪有一星半点不健全的感觉？假定如此，自然界的良辰美景岂不成年累月摆在人面前，人如何不消沉至于不可救药的呢？——相反，我认为生活越紧张越需要这一类的调剂；多亲近大自然倒是维持身心平衡最好的办法。近代人的大病即在于拼命损害了一种机能（或一切机能）去发展某一种机能，造成许多畸形与病态。我不断劝你去郊外散步，也是此意。幸而你东西奔走的路上还能常常接触高山峻岭，海洋流水，日出日落，月色星光，无形中更新你的感觉，解除你的疲劳。等你读了《希腊雕塑》的译文，对这些方面一定有更深的体会。

另一方面，终日在琐碎家务与世俗应对中过生活的人，也该时时到野外去洗掉一些尘俗气，别让这尘俗气积聚日久成为宿垢。弥拉接到我黄山照片后来信说，从未想到山水之美有如此者。可知她虽家居瑞士，只是偶尔在山脚下小住，根本不曾登高临远，见到神奇的景色。在这方面你得随时培养她。此外我也希望她每天挤出时间，哪怕半小时吧，作为阅读之用。而阅读也不宜老拣轻松的东西当作消遣；应当每年选定一二部名著用功细读。比如丹纳的《艺术哲学》之类，若能彻底消化，做人方面，气度方面，理解与领会方面都会有进步，不仅仅是增加知识而已。巴尔扎克的小说也不是只供消闲的。像你们目前的生活，要经常不断的阅读正经书不是件容易的事，需要很强的意志与纪律才行。

1. 傅雷的艺术修养很高，你从文中的画线句中读出了他怎样的艺术见解？

2. 有人批判王国维的“无我之境”，傅雷在文中也谈到了这个问题，请你说说傅雷对“无我之境”的看法，他在信中谈这个问题的意图是什么？

3. 终日在琐碎家务与世俗应对中过生活的人如何避免尘俗气？

【情节八】

聪，亲爱的孩子，又快一个月没给你写信了。你们信少，我们的信也不知不觉跟着减少。你在外忙得昏天黑地，未必有闲情逸致读长信；有些话和你说了你亦过日即忘；再说你的情形我们一无所知，许多话也无从谈起。十日收到来电，想必你们俩久不执笔，不免内疚，又怕我们着急之故吧？不管怎样，一个电报引得妈妈眉开颜笑，在吃饭前说：“开心来……”我问：“为什么？”她说：“为了孩子。”今天星期日，本想休息，谁知一提笔就写了七封信，这一封是第八封了。从十一月初自苏州回来后，一口气工作到今，赛过跑马拉松，昨天晚上九点半放下笔也感到脑子疲惫得很了。想想自己也可笑，开头只做四小时多工作，加到六小时，译一千字已经很高兴了；最近几星期每天做到八九小时，译到两千字，便又拿两千字作为新定量，好似老是跟自己劳动竞赛，抢“红旗”似的。幸而脑力还能支持，关节炎也不常发。只是每天上午泪水滔滔，呵欠连连；大概是目力用得过度之故。

此次出外四月，收入是否预先定好计划？不管你们俩听从与否，我总得一再提醒你们。

既然生活在金钱世界中，就不能不好好的控制金钱，才不致为金钱所奴役。

当然，世界上到处没有两全之事，一切全赖自己掌握，目的无非是少受些物质烦恼，多一些时间献给学问和艺术。理想的世界始终是理想；无论天南地北，看不上眼的事总是多于看得上眼的。但求不妨碍你的钻研，别的一切也就可以淡然置之。烦闷徒然浪费时间，扰乱心绪，犯不上！你恐怕对这些也想过很多，旷达了不少吧？

1. 从“一个电报引得妈妈眉开颜笑”，你读出了父母怎样的心情？

2. 傅雷在这封家书中给儿子哪方面的建议？为什么要重视这一方面？

3. “但求不妨碍你的钻研，别的一切也就可以淡然置之。”从这句话中你能读出父亲对儿子怎样的期望？

【情节九】

或许人从青少年到壮年到老年，基本上就是从积极到消极的一个过程，只是有的人表现得明显一些，有的人不明显一些。自然界的生物也逃不出这个规律。你将近三十，正是年富力强的时候，好比暮春时节，自应蓬蓬勃勃往发荣滋长的路上趱奔。最近两信的乐观与积极气息，多少也给我一些刺激，接信当天着实兴奋了一下。你的中国人的自豪感使我为你自豪，你善于赏识别的民族与广大人民的优点使我感到宽慰。唯有民族自豪与赏识别人两者结合起来，才不致沦为狭窄的沙文主义，在个人也不致陷于自大狂自溺狂，而且这是爱国主义与国际主义真正的交融。

1. 你怎样理解作者所说的“或许人从青少年到壮年到老年，基本上就是从积极到消极的一个过程”？作者为什么这样说？

2. 结合文本，理解“沙文主义”的内涵。

3. 这封信中，傅雷对儿子寄予了怎样的期望？

【情节十】

昨天才寄出一封长信，今日即收到四月十四日信，却未提及我四月十二日由你岳父家转的信，不知曾否收到，挂念得很！

孤独的感觉，彼此差不多，只是程度不同，次数多少有异而已。我们并未离乡背井，生活也稳定，比绝大多数人都过得好；无奈人总是思想太多，不免常受空虚感的侵袭。唯一的安慰是骨肉之间推心置腹，所以不论你来信多么稀少，我总尽量多给你写信，但愿能消解一些你的苦闷与寂寞。只是心愿是一件事，写信的心情是另一件事：往往极想提笔而精神不平静，提不起笔来；或是勉强写了，写得十分枯燥好像说话的声音口吻僵得很，自己听了也不痛快。

一方面狂热、执着，一方面洒脱、旷达、怀疑，甚至于消极：这个性格大概是我遗传给你的。妈妈没有这种矛盾，她从来不这么极端。弥拉常说你跟我真像，可见你在她面前提到我的次数不可胜计，所以她虽未见过我一面，也像多年相识一样。

人不知而不愠是人生最高修养，自非一时所能达到。对批评家的话我过去并非不加保留，只是增加了我的警惕。即是人言籍籍，自当格外反躬自省，多征求真正内行而善意的师友的意见。你的自我批评精神，我完全信得过；可是艺术家有时会钻牛角尖而自以为走的是独创而正确的路。要避免这一点，需要经常保持冷静和客观的态度。所谓艺术上的 illusion［幻觉］，有时会蒙蔽一个人到几年之久的。至于批评界的黑幕，我近三年译巴尔扎克的《幻灭》，得到不少知识。一世纪前尚且如此，何况今日！二月号《音乐与音乐家》杂志上有一篇 Karayan［卡拉扬］的访问记，说他对于批评只认为是某先生的意见，如此而已。他对所钦佩的学者，则自会倾听，或者竟自动去请教。这个态度大致与你相仿。

1. 请你根据这封信的内容，说说傅雷为什么要给儿子写那么多的信?

2. 傅聪的性格特点是什么?“这个性格大概是我遗传给你的”，从中可见傅雷的什么精神?

3. 傅雷建议儿子要如何面对别人的批评?

【情节十一】

你父性特别强是像你妈，不过还是得节制些，第一勿妨碍你的日常工作，第二勿宠坏了凌霄。——小孩儿经常有人跟他玩，成了习惯，就非时时刻刻抓住你不可，不但苦了弥拉，而且对孩子也不好。耐得住寂寞是人生一大武器，而耐寂寞也要自幼训练的！疼孩子固然要紧，养成纪律同样要紧；几个月大的时候不注意，到两三岁时再收紧，大人小儿都要痛苦的。你的心绪我完全能体会。你说的不错，知子莫若父，因为父母子女的性情脾气总很相像，我不是常说你是我的一面镜子吗？且不说你我的感觉一样敏锐，便是变化无常的情绪，忽而高潮忽而低潮，忽而兴奋若狂，忽而消沉丧气等等的艺术家气质，你我也相差无几。不幸这些遗传（或者说后天的感染）对你的实际生活弊多利少。凡是有利于艺术的，往往不利于生活；因为艺术家两脚踏在地下，头脑却在天上，这种姿态当然不适应现实的世界。我们常常觉得弥拉总算不容易了，你切勿用你妈的性情脾气去衡量弥拉。你得随时提醒自己，你的苦闷没有理由发泄在第三者身上。况且她的童年也并不幸福，你们俩正该同病相怜才对。我一辈子没有做到克己的功夫，你要能比我成绩强，收敛早，那我和妈妈不知要多么快活呢！

1．选文中傅雷告诉儿子教子时要注意养成什么习惯？

2．选文中傅雷认为艺术家气质是什么？艺术家适应现实世界么？

3．从选文中可以看出傅雷的哪些特点？

【情节十二】

聪：要闲着一事不做，至少是不务正业，实在很不容易。尽管硬叫自己安心养病，耐性等待，可是总耐不住，定不下心。嘴里不说，精神上老觉得恍恍惚惚，心里虚忒忒的，好像虚度一日便对不起自己，对不起一切。生就的脾气如此难改，奈何奈何！目力在一月十六至二十七日间一度骤然下降，几乎每秒昏花；幸而不久又突然上升，回复到前数月的情形，暂时也还稳定，每次能看二十分钟左右书报。这两天因剧烈腹泻（近乎食物性中毒的大水泻），昏花又厉害起来，大概是一时现象。……今冬你们经常在严寒袭击之下，我们真担心你们一家的健康，孩子幼小，经得起这样的大冷吗？弥拉容易感冒，是否又闹了几次“流感”？前十日报上说英国盛传此病。加上你们电气煤气供应不足，想必狼狈得很了？

1．选文中叙述自己患了哪些疾病？为什么不能安心养病？

2．画线句可以看出傅雷怎样的性格脾气？

3．文中傅雷作为一个父亲最让你感动的一点是什么？

钢铁是怎样炼成的

全程导读

一、作者简介

尼古拉·奥斯特洛夫斯基（1904—1936），苏联无产阶级革命作家，出生于乌克兰一个普通工人家庭，12 岁开始劳动生涯，15 岁加入共青团，参加过保卫苏维埃政权的国内战争。1920 年因伤重转业，投入到经济建设的潮流之中，先后负责过团与党的下、中层领导工作，是苏维埃“优秀的共产主义战士”。在伤病复发导致身体瘫痪、双目失明后，他走上了文学创作的道路，1935 年获得国家最高荣誉——列宁勋章；1936 年逝世。一生著述不多，其中最著名的作品为《钢铁是怎样炼成的》。

二、作品主题

《钢铁是怎样炼成的》是苏联社会主义文学中的一部名著，是一部描写新人成长历程和揭示新人优秀品质的优秀小说。当一位英国记者问作者为什么以“钢铁是怎样炼成的”为书名时，奥斯特洛夫斯基回答说：“钢是在烈火与骤冷中铸造而成的，只有这样它才能更为坚硬，什么都不惧怕。我们这一代人也是在这样的斗争中、在艰苦的考验中锻炼出来的，并且学会了在生活面前不颓废。”

这个书名，形象地概括了他所要表达的思想内容：自己这一代人的成长道路和思想性格。通过保尔·柯察金的成长道路，小说告诉人们，一个人只有在革命的艰难困苦中战胜敌人也战胜自己，只有在把自己的追求和祖国、人民的利益联系在一起的时候，才会创造出奇迹，才会成长为钢铁战士。革命者在斗争中百炼成钢，这是小说的一个重要主题。

通过揭示保尔为了党和人民的事业，敢于战胜任何艰难困苦的刚毅性格，小说形象地告诉青年一代，什么是共产主义理想，如何为共产主义理解去努力奋斗，革命战士应当有一个什么样的人生。这是小说的又一主题。保尔在凭吊女战友娃莲的墓地时所说的那段话，就是他的共产主义人生观的自白，也是对小说这一主题的阐发：“人最宝贵的东西是生命，生命属于人只有一次。人的一生应该是这样度过的：当他回首往事的时候，他不会因为虚度年华而悔恨，也不会因为碌碌无为而羞耻；这样，在临死的时候，他就能够说：‘我的整个生命和全部精力，都已经献给世界上最壮丽的事业——为人类的解放而斗争。’”

三、艺术特色

《钢铁是怎样炼成的》是一部小说，小说中的许多故事都来自作者的亲身经历，因此读起来更加真实可信，亲切感人。但作者又不拘泥于生活事实，对人物和情节做了大量典型化处理。《钢铁是怎样炼成的》和高尔基的“自传体三部曲”一样，对自传体小说的革新做出了重要的贡献。

小说的全部描写都围绕着主人公的成长来展开，结构紧凑自然。在刻画主人公性格的时候，又从不同的角度来表现他的优秀品质。通过描写保尔怎样对待监狱、战争、工作、友谊、爱情、疾病、挫折，以及怎样对待革命与个人、公与私、生与死等重大问题的态度，把保尔这一钢铁战士的形象塑造得格外丰满生动，光彩照人。

小说写人以叙事和描写为主，同时穿插内心独白，书信与日记，格言警句等。环境描写语言简洁优美，富有表现力。

四、人物形象

保尔・柯察金

《钢铁是怎样炼成的》这部小说的最大成就，就是成功地塑造了保尔・柯察金这个在布尔什维克党的培养下，在革命烽火和艰苦环境中锻炼出来的共产主义新人的典型形象。他以爱憎分明的阶级立场、崇高的道德风貌、高昂的革命激情、奇迹般的生命活力和钢铁般的坚强意志，谱写着把一切献给党和人民的壮丽诗篇。

保尔是一个自觉的、无私的革命战士，他总是把党和祖国的利益放在第一位。在那血与火的战争年代，保尔和父兄们一起驰骋疆场，为保卫苏维埃政权，同外国武装干涉者和白匪军浴血奋战，表现了甘愿为革命事业不怕牺牲的献身精神。在那医治战争创伤，恢复国民经济的艰难岁月中，他又以全部热情投入到和平劳动之中。虽然他曾经金戈铁马，血染疆场，但他不居功自傲，也没有考虑个人的名利地位，只想多为党和人民做点事情。党叫他修铁路，他去了；党调他当团干部，他去了，而且都是豁出命来干。为了革命，他甚至可以牺牲爱情。他爱丽达，但受“牛虻”的影响，要“彻底献身于革命事业”，所以按照“牛虻”的方式来了个不告而别。在全身瘫痪、双目失明后，他生命的全部需要，就是能够继续为党工作。正像他所说的：“我的整个生命和全部精力，都献给了世界上最壮丽的事业——为人类的解放而斗争。”

保尔更是一个刚毅坚强的革命战士，他在人生各个方面都经受住了严峻的考验。在敌人的严刑拷打面前，他坚贞不屈；在枪林弹雨的战场上，他勇往直前；在与吞噬生命的病魔的搏斗中，他多次令死神望而却步，创造了“起死回生”的奇迹。尤其是他在病榻上还奋力向艺术的殿堂攀登的过程，表现了一个革命战士钢铁般的意志所能达到的最高境界。

保尔又是一个于平凡中见伟大的英雄人物。在他的履历表中，没有什么惊天动地的伟大业绩，他总是从最平凡的小事做起。面对疾病的沉重打击，他也曾产生过自杀的念头，而且就是在他与病魔抗争的英雄主义激情中，也包含有“左派”幼稚病的危险。保尔后来终于认识到他不爱惜身体的行为不能称之为英雄行为，而是一种任性和不负责任。因此，保尔是伟大的，也是平凡的，他是在革命的烈火中逐渐历练成熟起来的钢铁战士，是一个有血有肉的、让人感到亲切的榜样式人物。

保尔又是以作者自己为原型塑造出来的带有自传性质的典型形象，作家是以自己的生活经历和真情实感为基础来描写保尔的。因此，保尔的动人事迹不是艺术上的虚构，而基本上是真人真事，唯其真实，所以更加感人。但作者又反对把这部小说完全看成作家的自传，因为“这是小说，而不是传记”。他在保尔身上集中了他同时代许许多多同类人物的思想和性格特征，运用了典型化的手法。他说：“在这本书中，我写的不是保尔·柯察金一个人，而写的是千百万柯察金，是为了争取自己的幸福而奋身投入战斗的千百万男女！”保尔的形象既是自传性的，更是典型性的，是社会主义青年一代中最光辉最典型的代表。

冬妮娅

她是林务官的女儿，也是保尔·柯察金少年时代的爱人，她曾把《牛虻》这部小说介绍给保尔·柯察金看，这部书对他的思想有一定的启发作用。她是在偶然的相遇里认识保尔·柯察金的，由于他的倔强和热情，她不自觉地喜欢他，而爱他。但由于阶级出身的关系，她没有和当时许多的青年一样去参加保卫苏维埃政权的伟大斗争。

朱赫来

共产党员，一个坚强的红军战士，勇敢、机智，善于领导和组织群众，他在革命斗争中很好地团结了广大的工人和教育了无数的青年，保尔·柯察金就是深受他的教育和培养而成长起来的。

阿尔焦姆

他是保尔·柯察金的哥哥，一个火车司机，钳工，市苏维埃主席。他具有工人阶级的高贵品质，和敌人进行了不懈的斗争，他是朱赫来最好的助手。

五、故事梗概

《钢铁是怎样炼成的》塑造了一个在俄国革命的暴风中成长起来的英雄保尔·柯察金的形象。保尔在幼年便饱尝了人间的心酸，目睹了腐朽的旧社会中社会底层人民的困苦。他被严酷的瓦西里神甫赶出学校后，迫于生活压力来到车站食堂打工。在那里，他目睹了堂倌们的丑恶嘴脸，腐朽社会里的不平等与劳动人民的悲惨境遇，这使他萌发了打破资产阶级社会黑暗的愿望。少年时的保尔是一个外表桀骜好斗，但内心正直坚强的少年。他有过许多有惊无险的大胆举动，甚至挺身而出救走了参加革命的水兵朱赫来而险些被枪毙。在革命的风暴到来时，他义无反顾地参加了红军，加入了布琼尼的骑兵旅与波兰侵略者展开了战斗。

六、章节概括

第一章　生活的底层

十二岁那年，保尔·柯察金离开了学校。因为补考的时候，他把烟灰撒在了瓦西里神甫家做的复活节蛋糕的面团上了。不得已，保尔跟着母亲来到车站的食堂干活，在这里，他被老板打发到洗涮车间，负责烧茶炉，擦刀叉和倒脏水等一些粗活脏活。在食堂干活的日子里，保尔受尽老板娘的压迫，也看到了生活在社会底层的人们的艰辛痛苦、贫穷，并且十分憎恶那些花天酒地的有钱人。不久，哥哥阿尔焦姆为他在发电厂找了一份工作，保尔离开了食堂。

第二章　枪、枪、枪

沙皇被推翻的消息传来。但镇上的人的生活没有发生什么大的改变，只是这里出现了越来越多被称为“布尔什维克”的士兵。镇上发生了一些变化，有的富人逃跑了。红军战士出现了，镇上的市民得到了红军发的枪支。很快，红军撤退，德国人进来了，他们要求市民缴纳枪支。有钱的富人又回来了。保尔结识了装配工朱赫来，两人成了好朋友，朱赫来教会了保尔打拳，还时常给保尔讲一些革命道理。保尔把偷的枪藏在院子里，德军搜查时没有发现。

第三章　一种模模糊糊的感情

保尔在湖边钓鱼时，结识了林务官的女儿冬妮娅。她没有像别的富家子女一样嘲弄和侮辱保尔，两人很快认识了。车站的工人们罢了工，阿尔焦姆等三位工人在被迫开车时，为了自己和其他起义军的安全杀了一个德国人，之后跳车逃到乡下。但他们的家人打听不到他们的消息了。冬妮娅在湖边读书，看见了游泳的保尔。他们在一起聊天，成了朋友。保尔为了养活自己和妈妈，再买一套新衣服，又找了一份锯木的工作。打扮一新的保尔让冬妮娅很惊喜。

第四章　凶残的“消遣”

冬妮娅给塔尼亚写信，倾诉自己的心事。

城里唯一的剧院举行了盛大的晚会，佩特留拉派士绅界的很多人都出席了。保尔被押去发电。帕夫柳克趁舞会热闹时闯进来，又因乐曲的问题和戈卢勃打架。场内十分混乱。

城里有“烧杀掳掠犹太人”的传闻不胫而走，引起很多人的恐慌，谢廖沙等人商量着藏身的地方和方法。戈卢勃和帕夫柳克双方发生冲突后第三天，虐杀犹太人的暴行开始了。可怕的三天两夜里，有很多人被杀戮和摧残。但只有几个人抵抗。

第五章　在这生死关头

一天晚上，朱赫来为了躲避搜捕，藏到了保尔家。在保尔家里，朱赫来给保尔讲述了很多革命道理。保尔懂得了生命的真理，也知道了朱赫来是共产党。

这八天里，朱赫来总是傍晚时出去，深夜再回来。一天晚上，朱赫来出去后就没有回来。保尔在街上打听朱赫来的下落，还回忆了与冬妮娅吵架的经过。当他看到朱赫来被一个士兵押解着时，果断地把押送兵扑倒，救了朱赫来。当晚，朱赫来离开了小镇，但保尔被维克托告发，之后被抓到城防司令部。

第六章　出生入死

冬妮娅得知保尔被抓走，很着急，四处找他。彼得留拉匪帮的头目要来镇上检阅部队，镇上忙着做准备。捷涅克上校不愿让头目看到监狱里关押太多的犯人，便将保尔等人放了出来。保尔离开了监狱，但他没有地方可去，就毫无目的地跑着，不知不觉来到冬妮娅家的花园里。狗叫声惊动了冬妮娅，当她认出是保尔时，她很激动，把保尔留在了家里。保尔在冬妮娅家得到了休息，但又不愿意连累冬妮娅，就执意要离开冬妮娅的家。他们约定不忘记对方。

第七章　我们会回来的

苏维埃政权建立了，乌克兰共青团地方委员会建立起来了，红军攻占了谢别托夫卡小镇。谢廖沙不顾母亲阻拦，加入红军，成为了一个布尔什维克。他是共青团员、团区委书记。他还组织自己的伙伴和姐姐参加共青团。但在会议上，却只有一个人参加组织，谢廖沙有些泄气，其他人鼓励了他。保尔的腿被打伤了，他住院时来了信，谢廖沙和丽达去湖边时遇见了冬妮娅，并把信给她看。谢廖沙和丽达在一起聊天还练习了枪法。丽达走后，谢廖沙很伤心。

第八章　已经忘记了“我”字

保尔加入了布琼尼的骑兵部队。他和几千名战士一起英勇战斗着。在日托米尔，骑兵们从监狱中解救了七千多名革命者。萨穆伊尔讲述了舍佩托夫卡发生的悲惨事件：很多红军战士被叛徒出卖，最后几乎全死了。布琼尼的骑兵不停向前进攻，向波军发起猛烈的冲锋，给敌人一个又一个沉重的打击，摧毁了波军的整个后方。一天，旅长派保尔到车站的铁甲列车上去送公文时，他还遇上了阿尔焦姆。后来听说师长被杀，保尔又投入战斗，但自己也受伤了。

第九章　聚散无常

保尔恢复了知觉，但他的右眼失明了，所以不能再上前线。保尔出院后和冬妮娅住到了布郎斯其的家里。他邀请冬妮亚参加城里共青团的会议，在会上，保尔因为冬妮娅的打扮和轻蔑挑衅的眼光和她争吵起来，两个人最终分手了。后来保尔参加了肃反工作。这个工作紧张而繁重，影响了保尔的健康，于是他到铁路工厂去担任共青团书记。保尔因为一次演说与另四名同志一起被开除出省委会。后来又回到党的队伍，并在大会上发言，还与伊万重归于好。

第十章　制止明天的暴动

省委派丽达做代表去出席一个县的团代表大会，并让保尔协助她工作。车站很挤，于是由保尔先挤进车厢，然后打开车窗，把丽达从窗口拉进去。城市里正在酝酿一场暴乱。这天夜里，朱赫来领导三百名同志平息了暴乱。索洛缅卡大队损失了五个人，肃反委员会牺牲了一个老布尔什维克。同一天夜里，在舍佩托夫卡逮捕了瓦西里神甫、他的两个女儿以及他们的全部同伙，一场风暴平息了。但铁路运输马上就要瘫痪了。现在，一切都取决于粮食和木柴。

第十一章　钢铁就是这样炼成的

为了供应城市木材，要在三个月内修一条铁路。于是保尔和共青团员被调去修铁路。筑路队的工作条件非常艰苦，武装土匪的骚扰和疾病、饥饿也都威胁着保尔和同志们。保尔忘我地工作，连靴子都烂了。寒冬，人们仍然在冰天雪地里奋力劳动。工人发誓一定要按时建成这条铁路。一次在车站，保尔还遇见了冬妮娅。铁路终于如期修通了，朱赫来为他们的革命热情深深感动，说“钢铁就是这样炼成的”。他还送给保尔一把枪。但不久后，保尔病倒了。

第十二章　天天有新的内容

保尔在家养好伤，去看望阿尔焦姆，又去监狱前的广场悼念牺牲的红军。然后保尔去另一个城市找自己的战友。但很多人都走了，最后他只找到潘克拉托夫。他和家人们看到保尔都很惊奇。他还给保尔讲四个月来发生的各种事情。第二天，保尔到团省委恢复了团籍，并在大会上发言。之后保尔又回到电厂上班。他还和茨韦塔耶夫因为菲金弄坏电钻的事争吵起来。但最后两人达成了一致。上班时，保尔遇见了以前的邻居。晚上，保尔还打死了一个强盗。

第十三章　发怒和制怒

保尔随营长视察边境，又一起去别列兹多夫，他宣布自己以后不抽烟，不骂人。后来他病倒了，离开工厂，回到了家，病好后担任地方武装的政治工作，并平息了一场争斗。共青团的支部一个接一个地在边境各村建立起来。保尔、丽达和团区委的干部鼓励很多年轻人入了团。后来保尔被选为边境各村庆祝十月革命节委员会主任。他还在腿受伤的情况下参加演习。保尔从丽达交给他的公函上知道自己成为了共产党正式党员，并可担任重要的共青团工作。

第十四章　发自肺腑的誓言

保尔在工作中坚决和各种歪风邪气作斗争，对战友杜巴瓦成为反对派，他十分痛心，在会上坚决地给予批评，但台下的人一直起哄，把保尔拖下台。但也有一些人醒悟了。潘克拉托夫也发表了演讲，鼓励了其他党员，坚定了大家的决心，不过杜巴瓦还是走了。列宁去世了，他的逝世促使几十万工人加入了布尔什维克党。很多同钢铁和机油打交道的产业工人在大会上讲话，要加入共产党。阿尔焦姆也是其中一个，他讲了自己的经历，全票通过入了党。

第十五章　意外冲突

在全俄代表大会上，丽达遇见了保尔，两人看见对方都十分高兴。保尔给安娜讲了自己规劝杜巴瓦回团时发生的事，还解释了几年前中断和丽达的友谊是因为自己按“牛虻”中主人公的方式处理事情。因为听见了女团员的诉说和法伊洛所说的自己的行为，保尔很生气，打了法伊洛。两人在法庭上争斗，后来法伊洛被开除党籍，而保尔被判无罪。保尔的身体情况越来越差了，他的中枢神经系统受到严重损伤，被批准到海边疗养。他来到海滨，开始了疗养。

第十六章　一身伤残，不甘隐退

在海滨疗养时，保尔在一次交谈中认识了朵拉。保尔去看歌舞演出，又在这里遇见了扎尔基。他们一起在保尔的房间里开了一个集会。第二天他们到另一个城市去，但路上却出了车祸。于是保尔又住进了医院。出院后，按母亲的来信，保尔去了阿莉比娜·丘察姆家。在那里，他认识了达雅和廖莉娅，也很同情他们的家庭。他走时答应两姐妹帮他们逃出牢笼。保尔来到中央委员会，但已不能恢复工作。虽然阿基姆答应给他找工作，但保尔还是去了南方。

第十七章　干一年和拖五年

保尔第二次到丘察姆家。保尔知道自己的病更重了，想自杀，但又忍住了。保尔回到住处，和达雅谈了话，想让达雅离开家，并和他结婚。达雅考虑后，答应了。保尔给哥哥阿尔焦姆写信诉说了自己的情况。生活还是和从前一样。达雅做工，保尔学习。不久后，保尔双腿瘫痪了。现在只有右手还能活动。他要和达雅离婚。但达雅不同意。母亲知道保尔又遭到了新的不幸，过来照顾他。达雅当选为市苏维埃委员了。但保尔的病情在继续发展。他失明了。

第十八章　梦想成真

保尔又住进了医院，做过一次手术后，他决定通过文学重新参加战斗。达雅成了正式党员。保尔申请在莫斯科定居，在妻子和母亲的支持下，保尔开始写小说《暴风雨的儿女》。朋友们看了稿都说他写的很好。保尔还有了秘书加莉亚。保尔的书写完后，母亲把包裹送到了邮局，漫长的等待过后，州委打来电报，上面写着：小说备受赞赏，即将出版，祝贺成功。保尔多年的愿望终于实现了，他拿起新的武器，重新回到战斗的行列，开始了新的生活。

七、片段赏析

1. 柯察金双手抱头，陷入沉思之中。

他的一生，从童年时代一直到现在，一幕幕地在他眼前闪过。他这二十四年生活得怎么样？好呢，还是不好？他一年又一年地回顾，像一个铁面无私的法官检查着自己的一生。结果他十分满意，他这辈子过得还挺不错。当然，由于愚蠢，由于年轻，更多的是由于无知，也犯了不少错误。

但最主要的一点是，在火热的斗争年代，他没有睡大觉，在夺取政权的残酷搏斗中找到了自己的岗位，而且在革命的红旗上，也有他的几滴鲜血。

在精力全部耗尽之前，他没有离开过队伍。现在他的身体垮了，不能再坚守阵地，惟有一条路可走——进后方医院。

他还记得，在华沙附近的激战中，有个战士被子弹射中，从马上摔下来，跌倒在地上。同志们急忙包扎好他的伤口，把他交给救护人员，又继续向前飞奔，追赶敌人去了。这个骑兵连并没有因为失去一个战士而停止前进。为了伟大的事业进行斗争时，就是这样，而且也应该这样。

当然，也有例外，他就见过没有双腿的机枪手，坐在机枪车上坚持战斗，他们是使敌人闻风丧胆的勇士，他们的机枪给敌人送去死亡和毁灭。他们凭着钢铁般的意志和百发百中的枪法成为各个团队的骄傲。不过这样的人并不多见。

现在，他的身体彻底垮了，归队已经无望。

他应当如何处置自己呢？他终于从巴扎诺娃口中了解到了真实病情：应当有思想准备，将来他还会遇到更可怕的事。那么，究竟应该怎么办？这个没有解决的问题犹如阴森森的黑洞摆在他的面前。

既然他已失去了最宝贵的东西——战斗的能力，那活着还有什么意义？在今天，在凄凉的明天，他用什么来证明自己不是在虚度光阴呢？用什么来充实自己的生活呢？光是吃、喝和呼吸吗？仅仅作为一名无能为力的旁观者，看着同志们战斗前进吗？就这样成为这个队伍的累赘？该不该毁掉这个已经背叛了他的肉体？只是朝心口打一枪，一切难题都解决了！过去能够生活得不错，现在就应当能够及时结束这个生命。

一个垂死的战士不愿再痛苦挣扎，有谁能指责他呢？

他的手在口袋里摸着勃朗宁手枪扁平的枪身，手指习惯地握住了枪柄。他慢慢地掏出了手枪。

“谁能想到，你会有这么一天？”

枪口轻蔑地望着他的眼睛。

保尔把手枪放在膝上，狠狠地骂了起来：

“老弟，这是冒牌的英雄主义！干掉自己，任何一个笨蛋，任何时候都可以做到。这是摆脱困境的最怯懦最容易的一种办法。生活不下去，就一死了之。你有没有试试去战胜这种生活呢？为了挣脱这个铁环，你已经竭尽全力了吗？你是不是已经忘了，在沃伦斯基新城附近，一天发起十七次冲锋，不是终于排除万难攻克了那座城市吗？把手枪收起来吧，这件事永远也不要告诉任何人。即使生活到了难以忍受的地步，也要善于生活，并使生活有益而充实。”

他站起来，向大路走去。一个赶着四轮马车进城的山里人，把他顺路带上。在十字路口他买了一份当地的报纸。报上登载着一个通知：要城里的党员到杰米扬·别德内依俱乐部开会。

保尔回到家已是深夜。他在会上发表了讲话。他没有想到，这是他最后一次在大会上演说。

【赏析】这里描写的是保尔的一次精神危机。它以内心独白的方式，生动地刻画出保尔在疾病缠身、丧失了战斗能力的严峻时刻，内心的绝望、动摇以及最终战胜软弱战胜自我的全过程，心理刻画细腻感人。

2. 有一次，巴扎诺娃因公出差，到了莫斯科，前来探望保尔。

他们谈了很久。保尔热情地向她讲述了他所选择的道路，正是通过这条道路，他将能回到战士的行列。

巴扎诺娃发现柯察金两鬓已有银色的发丝，便轻轻地说：“我看得出，您经受了不少痛苦，但是您仍然没有失去那永不熄灭的热情。还有什么比这更可贵呢？您已经准备了五年，现在决定动笔了，这很好。但是您怎么写呢？”

保尔笑着安慰她说：“明天他们会给我送一块刻好格子的板子来，是用硬纸板做的。没有这块板子我没法写字，会把不同行的字重叠在一起。我想了很久，才想出这么个办法，就是在硬纸板上刻出一条条空格，这样我的铅笔就不会写到直行的格子外面。我看不见所写的东西，写起来是很困难，但也不是没法做到。我对这一点深信不疑。我试了好长时间，开始一直写不好，但是现在我慢慢地写，每个字母都仔细地写，结果写出来的字挺不错了。”

保尔开始工作了。他计划写一部关于英勇的科托夫斯基骑兵师的中篇小说，书名不假思索就出来了：《暴风雨所诞生的》。

从这一天起，保尔把整个身心扑在这部书的创作上。他缓慢地，一行又一行，一页又一页地写着。他忘却一切，全部身心都沉浸在书中的人物形象当中，也初次尝到了创作的艰辛：有时候那些鲜明生动、难忘的景象清晰地重新浮现在他的脑海里，但他无法用笔墨表达，写出来的字句显得那样苍白无力，缺少生气和激情。

已经写好的部分，他必须逐字逐句全部记住。否则，线索一断，工作就要受到阻碍。母亲忐忑不安地注视着儿子的工作。

在工作过程中，他必须凭记忆整页整页，甚至整章整章地背诵，因此母亲有时觉得他疯了。保尔写字的时候，她不敢走近他，只在趁着替他捡起滑落在地上的手稿时，才怯生生地说：“保夫鲁沙，你最好还是做点别的什么事吧。哪里见过像你这样的，老写个没完没了……”

保尔见母亲如此不安，不由得笑了起来，并安慰老太太说，他还没到完全“发疯”的地步。

【赏析】这是一段关于保尔在身体残疾、双目失明的情况下，以文学作为继续战斗的武器，靠顽强的毅力进行写作的描写，也是作者奥斯特洛夫斯基生活的真实写照。

这种与命运抗争、永不言败的精神正是作品的魅力之所在。生动幽默的语言则衬托出保尔乐观豁达的性格，也增强了文字的感染力。

3. “人最宝贵的是生命，生命对于每个人只有一次，人的一生应该这样度过：当回忆往事的时候，他不会因为虚度年华而悔恨，也不会因为碌碌无为而羞愧；在临死的时候，他能够说：‘我的生命和全部精力都献给了世界上最壮丽的事业——为人类的解放事业而斗争’。”

【赏析】保尔的这段话道出了人生价值的真谛。生命的意义不在于长短，而在于内涵。许许多多的人虽然生命已经结束，可他们为社会所作的贡献却让后人受益无穷，就这样，他们的生命价值得以延伸。更有很多为社会做出突出贡献的人们，一直受到后人的崇敬与追念，他们虽死犹生，其生命价值获得更长的延伸，更充分地体现钢是在烈火里燃烧、高度冷却中炼成的，因此它很坚固。我们这一代人也是在斗争中和艰苦考验中锻炼出来的，并且学会了在生活中从不灰心丧气。

4. 我在自己的一生里也曾经历过被遗弃和背叛的痛苦。可是有一种东西却救了我：我的生活永远是有目的、有意义的，这就是为社会主义而奋斗。

【赏析】在全身瘫痪、双目失明后，他生命的全部需要，就是能够继续为党工作。正像他所说的：“我的整个生命和全部精力，都献给了世界上最壮丽的事业——为人类的解放而斗争。”为理想而献身的精神是他在遭遇苦难时的救赎，钢铁般的意志和顽强奋斗的高贵品质成就了他的革命事业。

5. 暴风雪突然袭来。灰色的阴云低低地压在地面上，移动着，布满了天空。大雪纷纷飘落下来。晚上，刮起了大风，烟筒发出了呜呜的怒吼。风追逐着在树林中飞速盘旋，左躲右闪的雪花，凄厉地呼啸着，搅得整个森林惊惶不安。暴风雪咆哮不止，猖狂了一夜。车站上那间破房子根本存不住热气，虽然通宵生着火，大家还是从里到外都冻透了。第二天清晨上工，雪深得使人迈不开步，而树梢上却挂着一轮红彤彤的太阳，碧蓝的天空没有一丝云彩。

【赏析】这是开凿铁路时的天气，严寒使得原本并不容易的筑路工程变得更加困难了。这段景物描写表现了当时环境的恶劣，营造了一种阴暗的气氛，突出了工程的难度和时间的紧迫。“烟筒发出了呜呜的怒吼。风追逐着在树林中飞速盘旋，左躲右闪的雪花，凄厉地呼啸着，搅得整个森林惊惶不安。”这里运用了拟人的手法，表现了风雪之大，万物为之震惊，让人们清楚地体会到天气的恶劣。

6. 城里的生活一如既往。五个小集市上，人群熙熙攘攘，声音喧嚣嘈杂。这里起支配作用的是两种愿望：一种是漫天要价，一种是就地还钱。形形色色的骗子都在这里大显神通。几百个眼尖手快的人，像跳蚤一样不停地活动着。他们的眼神里什么玩意儿都有，惟独没有天良。这里是一个大粪坑，全城的蛆虫都麇集在这里，他们的目的都是坑骗那些没有见过世面的“傻瓜”。很少有的几趟火车从自己的肚子里排泄出一群群背着口袋的人。这些人都向小集市涌去。

【赏析】这里描写的是在刚刚得到解放的城市里，秩序尚未得到恢复。人民需要生活物资，于是集市就出现了。用比喻手法写出了集市的嘈杂和喧嚣，将集市上的小商贩与顾客比作跳蚤，十分形象生动，突出了集市中人们的形象，跳蚤又从另一个角度写出了这些人的投机取巧。粪坑和蛆虫又说明了这些人的无耻，以及城市在反动势力的统治下，治安的混乱。

7. 章鱼的一只眼睛，鼓鼓的，有猫头大小，周围是暗红色，中间发绿，这只眼睛在闪闪发亮。章鱼的几十条长长的腕足，像一团小蛇似的，蜿蜒地蠕动着，上面的鳞发出讨厌的沙沙声。章鱼在游动。他看见章鱼差不多就贴着自己的眼睛。那些腕足在他身上爬着，它们是冰凉的，像荨麻一样刺人。章鱼伸出的刺针如同水蛭，死叮在他的头上，一下一下地收缩，吮吸着他的血液。他感到他的血液正从自己身上流到已经膨胀起来的章鱼体内去。刺针就这样吸个不停。他头上被叮的地方，疼得难以忍受。

【赏析】这是保尔的幻觉，保尔在战斗中负伤了，头部被炮弹的弹片击中，险些丧命，然而，在他顽强生命力的抵抗下，他又奇迹般的复活！这里用了比喻的手法，写出了保尔在昏迷中的幻觉。将疼痛比作章鱼和章鱼的刺，十分精辟与精彩，将疼痛的感觉写得入木三分，十分形象生动。

8. 在黎明前的薄雾里，第聂伯河模糊地闪着光；河水冲刷着岸边的石子，发出轻微的哗哗声。两岸附近的河水是宁静的，平滑的水面泛出一片银灰色，好像凝滞不动似的。河中央，却翻滚着黑沉沉的水流，肉眼就可以看出，它正向下游奔腾而去。

【赏析】这里渲染了战事来前阴暗的气氛，河水宁静，却能看见它的奔流，这里既是写出目前的情势，又从另一个角度写出俄罗斯人民的生命力。

9. 整整一个星期，这座小城都是在隆隆的炮声和清脆的枪声中醒来和入睡的。只是到了夜深的时候，才安静下来。偶尔有一阵慌乱的射击声划破夜空的沉寂，那是敌对双方的暗哨在互相试探。天刚亮，车站上的炮位周围就又忙碌起来。大炮张着黑色的嘴，又凶狠地发出可怖的吼叫声。

【赏析】这里描写的是红军攻打舍佩托夫卡。“整整一个星期，这座小城都是在隆隆的炮声和清脆的枪声中醒来和入睡的。”这里用的是拟人的手法，写出了当地战况的惨烈，红军攻势之猛与匪军守卫的森严。“大炮张着黑色的嘴，又凶狠地发出可怖的吼叫声。”这里用的是拟人的手法，写出了大炮的可怕与敌人的凶残。

经典演练

一、填空题

1. 《钢铁是怎样炼成的》是一个英雄战士谱写的一曲英雄主义的赞歌。作者是__________（国家）的______________________，主人公是_______________（全名）。
2. 《钢铁是怎样炼成的》共分__________部分，每部分各_____________章。
3. ________________________在回答英国记者提问时说：钢铁是在烈火与骤冷中铸造而成的。只有这样它才能成为坚硬的，什么都不惧怕。
4. 保尔最爱读英国小说__________________，敬佩主人公的斗争精神。
5. “难道你不能在政府里搞一个比挖土强一点的差事吗？我还以为你当上了委员或委员一类的首长了呢！”这是________________对保尔说的。
6. 你能说出保尔的两个好朋友的名字吗？____________________________（任意说出两个即可）。
7. 保尔最后的著作是《___________________________》。

8.《钢铁是怎样炼成的》是一部描写苏联________后第一代苏维埃青年，在________________党的领导下，为恢复国民经济，巩固新生的苏维埃政权，同国内外敌人及各种困难进行顽强斗争的优秀小说。

9. 在铁路就要修完时，无情的________和________最终夺去了保尔的战斗力。

10. 保尔在______岁时，因________________________而被校长开除。

11. 保尔一生中有三位非常重要的女性，他的初恋情人__________，在铁路总工厂共青团书记时认识的__________，以及他的妻子________。

12. 保尔在黑海疗养所企图自杀未遂，又找到了新的生活目标，他要靠__________回到队伍中去。他把写的小说寄往柯托夫斯基师征求意见，但因____________________，他重新再开始创作，小说最终获得了成功。

二、简答题

1. 请你用简洁的语言说说这部小说的主要内容。

2. 你知道《钢铁是怎样炼成的》这一题目的含义吗？

3. 分析保尔的人物形象。

4. 保尔最触动你的情节是什么？请简要叙述这一情节。

三、重点情节阅读

【情节一】

神甫仔细地检查口袋的每一条缝，看有没有烟末，但是什么也没有找到，便把目光转到第四个孩子身上。这孩子长着一对黑眼睛，穿着灰衬衣和膝盖打补丁的蓝裤子。

“你怎么像个木头人，站着不动弹?”

黑眼睛的孩子压住心头的仇恨，看着神甫，闷声闷气地回答：“我没有口袋。”他用手摸了摸缝死了的袋口。

“哼，没有口袋！你以为这么一来，我就不知道是谁干的坏事，把发面糟蹋了吗？你以为这回你还能在学校待下去吗？没那么便宜，小宝贝。上回是你妈求情，才把你留下的，这回可不行了。你给我滚出去！”他使劲揪住男孩子的一只耳朵，把他推到走廊上，随手关上了门。

教室里鸦雀无声，学生一个个都缩着脖子。谁也不明白黑眼睛的孩子为什么被赶出学校。只有他的好朋友谢廖沙·勃鲁扎克知道是怎么回事。

1. 文中黑眼睛的孩子指的是谁？

2. 文中写神甫时运用了什么描写方法？神甫是一个怎样的人？

3. “只有他的好朋友谢廖沙·勃鲁扎克知道是怎么回事。”“怎么回事”指的是什么事？

【情节二】

保尔为按捺不住的好奇心所驱使，悄悄地从棚顶爬到樱桃树上，顺着树身溜到列辛斯基家的花园里。他弯着腰，几个箭步就到了敞开的窗子跟前，朝屋里看了一眼。桌子上放着一副武装带和一支装在皮套里的很漂亮的十二发曼利赫尔手枪。

保尔连气都喘不上来了。有几秒钟的工夫，他心里斗争得很激烈，但是最后还是被一种力量所支配，他不顾死活，把身子探进窗子，抓住枪套，拔出那支乌亮的新手枪，然后又跳回了花园。他向四周环顾了一下，小心翼翼地把枪塞进裤袋，迅速穿过花园，向樱桃树跑去。他像猴子似的攀上棚顶，又回过头来望了一眼。勤务兵正安闲地跟马夫聊天，花园里静悄悄的……他从板棚上溜下来，急忙跑回家去。

1. 文段中写保尔偷枪，请列举出第二章里保尔与枪有关的两个情节。

2. “他心里斗争得很激烈，但是最后还是被一种力量所支配”，怎样理解这里的“一种力量”？

3. 从文段中可以看出保尔是一个怎样的人？对后文发展有怎样的暗示？

【情节三】

冬妮娅还没有来得及阻止他，他已经走下坡去，到了正在钓鱼的保尔跟前。

“赶紧给我把钓竿收起来，滚蛋。”苏哈里科对保尔喊。他看见保尔还在稳稳当当地坐着钓鱼，又喊：“听见没有，快点，快点！”

保尔抬起头，毫不示弱地白了苏哈里科一眼。

“你小点声，龇牙咧嘴地嚷嚷什么？”

“什——什——么？”苏哈里科动了肝火。“你这穷光蛋，竟敢回嘴。给我滚开！”说着，狠劲朝盛蚯蚓的铁罐子踢了一脚。铁罐子在空中翻了几翻，扑通一声掉进水里，激起的水星溅到冬妮娅的脸上。

“苏哈里科，您怎么不害臊啊！”她喊了一声。

保尔跳了起来。他知道苏哈里科是机车库主任的儿子，阿尔焦姆就在他父亲手下干活。要是现在就对准这张虚胖焦黄的丑脸揍他一顿，他准要向他父亲告状，那样就一定会牵连到阿尔焦姆。正是因为这一点，保尔才克制着自己，没有立即惩罚他。

苏哈里科却以为保尔要动手打他，便扑了过去，用双手去推站在水边的保尔。保尔两手一扬，身子一晃，但是稳住了，没有跌下水去。

苏哈里科比保尔大两岁，要讲打架斗殴，惹是生非，他是第一把交椅。

保尔胸口挨了这一下，忍无可忍了。

“啊，你真动手？好吧，瞧我的！”说着，把手稍稍一扬，照苏哈里科的脸狠狠打了一拳。紧接着，没容他还手，一把紧紧抓住他的学生装，猛劲一拉，把他拖到了水里。

苏哈里科站在没膝深的水中，锃亮的皮鞋和裤子全都湿了。他拼命想挣脱保尔那铁钳般的手。保尔把他拖下水以后，就跳上岸来。

狂怒的苏哈里科跟着朝保尔扑过来，恨不得一下子把他撕碎。

保尔上岸以后，迅速转过身来，面对着扑过来的苏哈里科。这时他想起了拳击要领：“左腿支住全身，右腿运劲、微屈，不单用手臂，而且要用全身力气，从下往上，打对手的下巴。”他按照要领狠劲打了一下……

只听得两排牙齿喀哒一声撞在一起。苏哈里科感到下巴一阵剧烈疼痛，舌头也咬破了，他尖叫一声，双手在空中乱舞了几下，整个身子向后一仰，扑通一声，笨重地倒在水里。

冬妮娅在岸上忍不住哈哈大笑起来。“打得好，打得好！”她拍着手喊。“真有两下子！”

保尔抓住钓竿，使劲一拽，拉断了挂住的钓丝，跑到大路上去了。

临走的时候，他听到维克托对冬妮娅说：“这家伙是个头号流氓，叫保尔·柯察金。”

1. 请用简明的语言概括选段的内容。

2. 保尔的一生中有三位非常重要的女性，选文中出现的冬妮娅是他的初恋情人，请你根据名著内容概述保尔与冬妮娅交往主要历程，并分析他们俩没走在一起的原因。

3. “这时他想起了拳击要领”，保尔的拳击技术是谁传授的？这个人对保尔有什么影响？

【情节四】

黑暗中，他们可以为所欲为，更容易杀人如麻，草菅人命。他们如同豺狼一样也喜欢黑夜：豺狼专门在黑夜袭击无法逃脱的弱者。

许多人终生都难以忘记这恐怖的两夜三天：多少无辜的生命被毁灭，多少青年在这血腥的日子里熬白了头！伤心的泪水流成了河，而那些幸存下来的人们怀着无比的忧郁，为那无法洗刷的奇耻大辱备受煎熬，为失去亲人极度悲痛。谁敢说他们比死者幸运？深巷里躺着许多年轻姑娘的尸体，她们受尽凌辱，遍体鳞伤，双手痉挛地向后伸展着，对一切已经无动于衷了。

……

邻村一些有来头的人骑着膘肥体壮的大马趁乱来到城里，把看中的东西装上马车，然后由他们在戈卢勃队伍里当差的儿子或是亲戚的护送下，一趟一趟地运回家去。

谢廖沙和父亲已将印刷厂一半的人员隐藏在他们家的地下室里和阁楼上。当谢廖沙穿过菜地返回院子时，他看见一个人在公路上奔跑。

这是一个犹太老人，穿着一件满是补丁的长衫，没戴帽子。他已经吓得面色铁灰，甩动着双手，气喘吁吁地跑着。一个骑着灰马的匪徒拼命地追赶他，并弯下腰准备出击。老人听到身后的马蹄声已经逼近，就举起双手，仿佛这样可以保护自己。

谢廖沙一个箭步冲了上去，奔到马前，用自己的身体挡住老人，大吼一声：

“住手！强盗，狗东西！”

骑在马上的匪徒恶狠狠地对着谢廖沙长着淡黄色头发的脑袋就是一刀。

1. 戈卢勃匪帮抢劫和虐杀犹太人是为了什么？

2. 面对彼得留拉匪帮对犹太人的虐杀，谢廖沙做了些什么事情？

3. 多角度刻画人物，形象鲜明是《钢铁是怎样炼成的》艺术特色之一。请你结合文段分析谢廖沙的形象。

【情节五】

（一）

①朱赫来突然在晚上到来，和保尔两个人一起生活了八天，保尔听到了不少不同一般的、鼓舞人心的话。这几天对保尔的一辈子都产生了重大而深远的影响。

②朱赫来两次差点被捕，眼下像被锁在笼子里的猛虎似的，在保尔家躲避一阵子。他趁着这不得不停止工作的功夫，把他对欺侮着乌克兰的“黄蓝旗军队”的冲天怒火和厌恶，毫无保留地传给了保尔。

③朱赫来用通俗的语言讲得十分明了感人，他对自己所选择的奋斗目标是很清楚的，于是保尔也开始从他嘴里明白了那些名字十分悦耳的党派——社会民主党、社会革命党……而这些统统都是工人阶级的死对头；只有布尔什维克党才是坚持不懈、和敌人进行殊死斗争的革命党派。而在以前这些名词总是搅得保尔不明不白的。

④这个经历过海洋风暴长时间考验的水兵，向保尔述说着惨烈的现实的真理。

⑤“啊，小兄弟，小时候我也和你一样。”朱赫来说，“我一生下来就有一股不安现状的信念，只是不清楚如何反抗。我家里一无所有，我也常常什么都不顾地打那些有钱人家吃得白白胖胖的孩子，但除了又挨爸爸的一顿揍之外什么也得不到。不团结起来斗争，是无法改变眼前的处境的。保尔，你足可以成长为一个投身于工人阶级事业的出色的士兵。现在，小伙子，我乐于把你领到光明的道路上，因为我清楚你将来会有所作为的。我特别瞧不起那

些毫无反抗意识的家伙。奴隶们反抗了，他们要打倒旧社会。可是，为了实现它，需要一帮无畏的战士，而不是没吃过苦的公子哥儿；需要可以不懈斗争的坚强战士，而不是那些碰到战斗就像臭虫晒到阳光立刻就躲起来的胆怯的家伙。”

⑥他攥紧拳头用力地砸了一下桌子。朱赫来站起来，两只手放在口袋里，心情烦躁地在房间里走来走去。“我不该什么也不干，在这儿干耗着了。我已经荒废了十个月了，不能再这样了。”他愤怒地思考着。

（二）

⑦接下来的日子里，朱赫来天天黄昏出去，很晚才回来。在离开之前他急着向那些不离开小镇的党员安排他们要干的工作。

⑧有一天夜里，他走了没有回来。次日清早保尔睁开眼睛，没有看见朱赫来。他有一种说不清的预感。

⑨保尔没有打听到朱赫来的消息，心里特别难受。他不想回到空无一人的家。

⑩一天，当他拐弯往家走的时候，在大路上，他看到了两个人。其中有一个身材魁梧的工人，上身没系扣子，露出里面白底蓝条的紧身内衣，黑色的帽子低低地扣在前额上，一只眼睛乌黑乌黑的，肿了起来。

⑪这个工人走在前头，脚步有些缓慢，腿也有点伸不直。

⑫在他身后，是一个穿灰军装的佩特留拉匪兵，手中拿着上好了刺刀的步枪，刀尖几乎抵着前面那个人的后背。

⑬保尔的双脚立刻像被钉在地上似的停住了，再也挪不动半步。他一眼就认出走在前头的那个工人正是朱赫来。“闹了半天，他被抓起来了，怪不得没回家呢！”保尔盯着走过来的朱赫来和那个匪兵，心里特别紧张，不知怎么办才好，但是有一点是清楚的：朱赫来难逃一死！

1. 品味语言，感受情境。

（1）仔细阅读第②段，赏析画横线的句子。

（2）请给选文（二）拟写一个恰当的标题。

2. 综合探究。

（1）仔细阅读文段⑤，用原文中的词或短语填空。

拥有着________________，却不知道如何反抗，是年少时的朱赫来和保尔最大的相似之处：后来，在惨烈的斗争中，朱赫来意识到只有________________，才能真正改变眼前的处境；在保尔这个年轻人身上，朱赫来看到了________________________等宝贵精神，而这些足以让保尔成为一名出色的士兵。

（2）作者在小说第五章结尾处这样写道：“保尔第一次参加战斗，结果却很糟糕。”这里的“第一次参加战斗”指____________________，“结果却很糟糕”指______________________。

（3）结合两则选文，请你用简洁的语言概括朱赫来这一人物形象。

（4）在选文中，朱赫来带给保尔最重要的影响是什么？你从中得到怎样的启示？

【情节六】

就在这时候，保尔站了起来。仓库里的犯人只剩下他和泽利采尔两个了。切尔尼亚克站在这个小伙子面前，用那双黑眼睛上下打量着他。“喂，你是怎么到这儿来的？”

上校马上就听到了回答：“我从马鞍子上割了一块皮子做鞋掌。”“什么马鞍子？”上校没有听明白。“我家住了两个哥萨克，我从一个旧马鞍子上割了一块皮子钉鞋掌，就因为这个，他们把我送到这儿来了。”保尔怀着获得自由的强烈愿望，又补充了一句：“我真的不知道不能这样干……”上校轻蔑地看着他。

“这个警备司令尽搞些什么名堂，真是活见鬼，抓来这么一帮犯人！”他转身对着门口，喊道：“你可以回家了。告诉你爸爸，叫他好好收拾你一顿。行了，快走你的吧！”

保尔简直不敢相信自己的耳朵，心都要从胸膛里跳出来了。他从地上抓起多林尼克的外套，朝门口冲去。他穿过警卫室，从刚刚走出来的切尔尼亚克身后悄悄溜到院子里，然后从栅栏门出去，跑到大街上。

1. 选文中的描写表现出保尔____________的特点。
2. “保尔简直不敢相信自己的耳朵，心都要从胸膛里跳出来了。”保尔为什么会有这种感觉？

3. 保尔被捕的真正原因是什么？

【情节七】

小城又活跃起来了。受尽苦难的人们都从地下室和地窖里走出来，涌到门口，去看开进城的红军队伍。安东尼娜·瓦西里耶夫娜和瓦莉亚在红军队伍里发现了谢廖沙。他光着头，腰上缠着子弹带，背着步枪，走在战士们的行列里。

安东尼娜·瓦西里耶夫娜气得两手一扬，拍了一下巴掌。

谢廖沙，她的儿子，居然也去打仗啦！这还了得！想想看，他竟在全城人面前背着枪，大模大样地走着，以后会怎么样呢？

安东尼娜·瓦西里耶夫娜想到这里，再也忍不住了，她大声喊起来：“谢廖沙，你给我回家，马上回来！我非给你点厉害看看不可，你这个小混蛋！要打仗，你回家打！”说着，朝儿子跑过去，想把他拦住。

但是，谢廖沙，这个她不止一次扯过耳朵的谢廖沙，却严肃地瞪了她一眼，红着脸，又羞又恼，斩钉截铁地说：“喊什么！我就在这儿，哪儿也不去！”他连停也不停，从母亲身边走了过去。

安东尼娜·瓦西里耶夫娜这下可气坏了："好哇！你就这样跟你妈说话！往后你就别想再回家！"

"我就是不想回去了！"谢廖沙头也没有回，大声回答说。

安东尼娜·瓦西里耶夫娜惘然若失地站在路上。一队队晒得黝黑、满身灰尘的战士从她身旁走过去。

1. 请用自己的话概括本选段的内容。

2. 小城又活跃起来了，"又"字说明了什么？

3. 对于谢廖沙参军，他的母亲是什么态度？选段中对母亲进行了哪些描写？

【情节八】

快到日托米尔的时候，骑兵摆开了扇面似的队形，快马加鞭，冲了过去。银色的马刀在阳光下闪闪发光。

大地在呻吟，战马喘着粗气，战士们屹立在马镫上。

马蹄下的大地飞快地向后奔驰，一座到处是花园的大城市，向他们迎面扑来。骑兵穿过郊区的花园，冲到了城中心。

"杀呀！"——像死神一样令人毛骨悚然的喊声在空中震荡。

惊慌失措的波军几乎没有进行什么抵抗。城里的卫戍部队一下子就土崩瓦解了。

保尔伏在马背上向前飞驰。在他旁边骑着一匹细腿黑马的，就是那个跳舞的托普塔洛。

保尔亲眼看见这个剽悍的骑兵战士挥起马刀，毫不手软地劈下去，砍倒了一个还没有来得及举枪瞄准的波兰兵。

马蹄有力地踏在石头马路上，发出一片嘚嘚的响声。突然，在十字路口出现了一挺机枪，架在路中央，三个穿蓝军装、戴四角帽的波兰兵，弯着腰守在机枪旁边。还有一个波兰军官，领子上镶着蛇形金绦，一见红军骑兵冲过来，就举起了手里的毛瑟枪。

这时，托普塔洛和保尔都已经勒不住战马了，他们迎着死神的魔爪，径直向机枪冲过去。军官朝保尔开了一枪，但是没有打中，子弹像一只麻雀，嗖的一声从他的脸旁飞了过去。那个军官被战马的胸脯撞出去老远，脑袋磕在石头上，仰面朝天倒下去了。

就在这一刹那间，机枪迫不及待地发出了疯狂而粗野的狞笑声。托普塔洛就像被几十只大黄蜂蜇着似的，连人带马摔倒了。

保尔的战马竖起前蹄，吃惊地嘶叫着。它带着保尔，猛地一蹿，越过死者的尸体，一直冲到机枪旁边的波兰兵跟前。

马刀在空中画了一个闪光的弧形，砍进了一顶蓝色的四角军帽里。

马刀又高高地举了起来，准备向另一个脑袋砍去，但是，那匹跑得性起的战马却蹦到一边去了。

1. 请从语言表达的角度赏析下面这句话。

马蹄下的大地飞快地向后奔驰，一座到处是花园的大城市，向他们迎面扑来。骑兵穿过郊区的花园，冲到了城中心。

2. “惊慌失措的波军几乎没有进行什么抵抗。城里的卫戍部队一下子就土崩瓦解了。”请指出此句中加点词语的含义。

3. 战争越是激烈残酷，越是能看出保尔和托普塔洛的勇猛，结合选段情节说说他们俩各是如何勇猛的？（各找一处即可）

【情节九】

9月17日

柯察金额上的伤口看样子好多了。换药的时候，他那种非凡的毅力真叫我们这些医生吃惊。

一般人在这种情况下总要不断地呻吟，发脾气，可是他却一声不吭。给他伤口上碘酒的时候，他把身子挺得像根绷紧了的弦。他常常疼得失去知觉，但是从来没有哼过一声。

现在大家都知道：要是柯察金也呻吟起来，那就是说他昏迷了。他这种顽强精神是从哪里来的呢？我真不明白。

10月8日

柯察金第一次不用别人搀扶在花园里散步了。他老向我打听，什么时候可以出院。我告诉他快了。每到探病的日子，那两个姑娘就来看他。现在我才明白，他为什么一直没有呻吟，而且从来也不呻吟。我问他原因，他说：“您读一读《牛虻》就明白了。”

1. 保尔在战争中身负重伤，在医院昏迷了十三天才醒来。选文是谁的两则日记？

2. 从选文可以看出保尔有怎样的精神品质？他的精神支柱是什么？

3. 选文刻画人物形象采用了哪些艺术手法？

【情节十】

又过去了几天。每一次会面，每一次谈话，都使他们的关系更加疏远，更加不愉快。保尔对冬妮娅的那种庸俗的个人主义愈来愈不能容忍了。

他们两个人都很清楚，感情的最后破裂已经是不可避免的了。

这一天，他们来到黄叶满地的库佩切斯基公园，准备作最后一次谈话。他们站在陡岸上的栏杆旁边；第聂伯河从下面滚滚流过，闪着灰暗的光；一艘拖轮用轮翼疲倦地拍打着水面，拽着两只大肚子驳船，慢腾腾地从巨大的桥孔里钻出来，逆流而上。落日的余晖给特鲁哈诺夫岛涂上了一层金黄色，房屋的玻璃也被它照得火一样通红。

冬妮娅望着金黄色的余晖，忧伤地说："难道咱们的友谊真的要像这落日，就这样完了吗?"

保尔目不转睛地看着她；他紧皱着眉头，低声说："冬妮娅，这件事咱们已经谈过了。不用说你也知道，我原来是爱你的，就是现在，我对你的爱情也还可以恢复，不过，你必须跟我们站在一起。我已经不是从前的那个保夫鲁沙了。那时候我可以为了你的眼睛，从悬崖上跳下去，回想起来，真是惭愧。现在我说什么也不会跳。拿生命冒险是可以的，但不是为了姑娘的眼睛，而应该是为了别的，为了伟大的事业。如果你认为，我首先应该属于你，其次才属于党，那么，我绝不会成为你的好丈夫。因为我首先是属于党的，其次才能属于你和其他亲人。"

冬妮娅悲伤地凝视着蓝色的河水，两眼噙着泪水。

保尔从侧面注视着她那熟悉的脸庞和栗色的浓发。过去，这个姑娘对他来说，曾经是那样可爱可亲，此刻他不禁对她产生了一种怜惜之情。

他小心地把手放在她的肩膀上。

"把扯你后腿的那些东西统统扔掉，站到我们一边来吧。咱们一道去消灭财主老爷们。我们队伍里有许多优秀的姑娘，她们跟我们一起肩负着残酷斗争的全部重担，跟我们一起忍受着种种艰难困苦。她们的文化水平也许不如你高，但是你到底为什么不愿意跟我们在一起呢？你说，丘扎宁曾经想用暴力污辱你，但是他是红军中的败类，不是一个战士。你又说，我的同志们对你不友好，可是，那天你为什么要那样打扮，像去参加资本家的舞会一样呢?你会说：我不愿意跟他们一样，穿上肮脏的军便服。这是虚荣心害了你。你有勇气爱上一个工人，却不爱工人阶级的理想。跟你分开，我是感到遗憾的，我希望你能给我留下美好的印象。"

1. 文中画线的景物描写有什么作用?

2. 根据选文分析保尔和他的初恋情人冬妮娅分手的根本原因是什么?

3. 保尔对党和革命无限忠诚，是一个无私的革命者，请摘录原文中的语句来印证这一点。

【情节十一】

她好容易才认出这个像叫花子的人是保尔。一身破烂不堪的衣服，两只稀奇古怪的鞋子，脖子上围着一条脏毛巾，脸好久没有洗了——保尔就这副模样站在她面前。只有那一双眼睛，还同从前一样，炯炯发光。正是他的眼睛。就是这个像流浪汉一样衣衫褴褛的小伙子，不久以前还是她热恋的人。真是沧海桑田哪！

她最近结了婚，现在同丈夫一起到一个大城市去。她丈夫在那里的铁路管理局担任重要职务。真想不到，她竟会在这种情况下遇见少年时代的恋人。她甚至没好意思同他握手。她的瓦西里会怎样想呢？保尔竟如此潦倒，真叫人心里不是滋味。看来，这个伙夫一直没有什么长进，只能干个挖土的差事。

1. 文中的“她”指的是谁？

2. 选文中运用了什么描写方法来刻画保尔？体现了保尔的什么特点？

3. 这次相遇，让保尔和“她”彻底决裂，试分析他们决裂的原因。

【情节十二】

保尔不知不觉走到松林跟前，在岔路口停住了。右边是阴森森的老监狱，有一道高高的尖头木栅栏，把它和松林隔开。监狱后面是医院的白色楼房。

就是在这里，在这空旷的广场上，瓦莉亚和她的同志们被绞死了。保尔在原来设置绞架的地方默默地站了一会儿，然后走向陡坡，顺坡下去，到了埋葬烈士的墓地。

不知道是哪个有心人，在坟墓周围摆上了用云杉枝编的花圈，像给这块小小的墓地修了一道绿色的围墙。陡坡上挺拔的松树高高矗立，峡谷的斜坡上绿草如茵。

这里是小城的边缘，寂静而冷清。松林在低语，春天的大地在复苏，散发着潮湿的泥土气息。同志们就是在这里英勇就义的。他们为那些出生即贫贱、落地便为奴的人能过上美好的生活，献出了自己的生命。

保尔慢慢地摘下了帽子。悲痛，巨大的悲痛，充满了他的心。

“人最宝贵的是生命。生命每个人只有一次。人的一生应当这样度过：回首往事，他不会因为虚度年华而悔恨，也不会因为卑鄙庸俗而羞愧；临终之际，他能够说：‘我的整个生命和全部精力，都献给了世界上最壮丽的事业——为解放全人类而斗争。’”

1. “人的一生应该这样度过”中的“这样”指代什么？

2. 选文中前四段主要运用了什么描写方法？有什么作用？

3. 选文中保尔的内心独白体现了他怎样的人生态度？请用自己的话概括。

【情节十三】

当两匹马沿着由边界到别兹多夫的大路小跑的时候，营长对保尔说："在边界上时时都得瞪大眼睛。稍微大意一点就要出事。干我们这种工作不能睡大觉。白天要偷越边界不怎么容易，但是到了晚上，你就得竖起耳朵。柯察金同志，您自己也可以看得出来的。在我负责的这段边境，有四个乡村是跨界的。在这儿工作格外困难。无论你怎样布置哨兵线，遇到了婚礼或是什么节日，亲戚们就要越过边境线，聚集在一起。怎么能不越界呢？边界两旁的农家相距不过二十来步远，而这条小河，连母鸡也能淌过去。走私的事情也是难免的。比方说，一个老太婆偷带了两瓶波兰出产的四十度的香草酒，这当然是小事情，可是还有许多大走私犯，他们的资本和规模是很大的。你知道那些波兰人在干些什么吗？他们在边界的各个乡村里都开设了些大百货商店，在那里你想要买什么，就可以买到什么。当然，这决不是为他们那些贫穷的农民们开设的。"

1. 文中的"边界"是指哪两军的边界？

2. 从营长对保尔说的话中能看出营长对边界线周围人们的处理方法是什么？

3. 边界线的设立透露着当时人民怎样的生活状况？

【情节十四】

哀乐声响起来了，几百个人都脱下帽子，连十五年来没有流过眼泪的阿尔焦姆，也感到他的喉咙哽咽起来，他那宽大的肩膀正在颤动。

铁路工人俱乐部的墙壁好像受不住那么多人的推挤似的。外面冷得刺骨，门口两棵云杉都蒙上了厚雪，结了冰柱，但在大厅里，由于荷兰式炉子的热气和六百个参加党所召开的追悼大会的人们的呼吸，空气很闷热。

大厅里没有惯常的喧嚷声和谈话声。巨大的悲伤让大家的声音都哑了，他们只是低声地谈话，而且从几百双眼睛里都可以看到悲伤与不安，就像这是一群失去了有经验的领航员的船员一样，那领航员已被狂风卷到海里去了。

1. 工人们因为什么事情悲伤？

2. 请从环境描写的角度赏析第二段文字。

3. 从第三段中能够看出工人们为什么感到悲伤与不安？

【情节十五】

两年过去了。无情的时光不断地积成日，积成月，而生活，飞速前进的、丰富多彩的生活，在这些表面似乎单调的日子里，总是充满着新鲜的、今天不同于昨天的事物。一个伟大国家的一亿六千万人民，第一次在世界上成了他们自己那广大的土地和丰饶的资源的主人，并且正为了恢复被战争所破坏的国民经济而英勇地紧张地劳动。国家越来越强，它的力量也越来越大了。不久以前，那些破烂的工厂还是没有生气的、阴沉沉的；可是今天，烟囱已经都冒烟了。

保尔·柯察金觉得，这两年过得快极了，简直是不知不觉地过去了。他不能悠闲地过日子，不能每天打着呵欠迎接清晨，也不能在晚上准十点就睡觉。他总是匆忙地生活着，不仅他一个人匆忙，他还催促别人。

他是吝惜睡眠时间的。时常在深夜里还可以看见他的窗户透着亮光，人们在那里围着桌子坐着。这是在学习。在这两年里，他已经念完了《资本论》的第三卷，认识了极其复杂的资本主义的剥削结构。

1. 阅读选文，说说革命战争使国家发生了哪些变化？

2. 画线句子运用了什么写法，表达了作者怎样的思想感情？

3. 每个人都被社会革命的大潮裹挟着，匆忙向前，保尔觉得“这两年过得快极了，简直是不知不觉地过去了”，阅读选文，说说保尔是怎样度过这两年的？

【情节十六】

丘查姆家一共有五个人：母亲阿莉比娜·丘查姆是一个胖胖的、上了年纪的妇人，有一对大而抑郁的黑眼睛，衰老的脸上残留着过去美貌的痕迹；她的两个女儿廖莉亚和达雅，还有廖莉亚的小男孩，和那个讨厌的、肥胖得像只骟猪的老头子丘查姆。……

丘查姆家的人都亲切地欢迎保尔，只有那老头儿用防范的、甚至可说是恶意的眼色仔细打量了客人一番。保尔耐心地把他所知道的他们柯察金家的事情全告诉了他母亲的老朋友，同时也顺便问了她和她家的生活情况。

廖莉亚已经二十二岁了，她是个心地单纯的女子，宽脸庞，很开朗，留着褐色的短发。她立刻成了保尔的好朋友，并且很乐意地把家里的全部秘密都告诉他。保尔从她嘴里知道了老头子专横，暴虐，压制全家，扼杀任何主动精神，剥夺所有自由。他气量小，心地狭窄，好吹毛求疵。由于他压制整个家庭，儿女们都极端厌恶他，他的妻子也非常厌恶他，二十五年来她一直都在反对他的暴虐行为。女儿们永远是站在母亲方面。家庭里不断吵闹，生活很不愉快。他们每天都在为了大大小小的事情而生气。……

那天晚上，保尔把丘查姆家的事情想了很久。偶然的机缘把他带到这里，现在他倒不由自主地参加了这幕家庭悲剧。他在想，怎样才能够帮助那老太太和她的两个女儿摆脱这种束缚。他自己的生活正遇到困难，他本身就有许多没有解决的问题，他现在比过去任何时候都难以采取什么果断的行动。

办法只有一个，那就是拆散这个家庭—让老太太和两个女儿永远离开那老头子。但这件事并不那么简单。他不能组织这个家庭革命，因为再过几天他就得离开他们，说不定将永远不会和他们再见面。那么，就一切听其自然，避免去吹动这个小屋子里的灰尘吗？可是老头子那副讨厌样子使他不能平静。他拟了许多方案，然而似乎都没有实行的可能。

1. 保尔为什么会离开疗养院来到丘查姆家？

2. 保尔在丘查姆家遇到了他的人生伴侣叫什么？

3. 保尔为什么要拆散丘查姆这个家庭，让老太太和两个女儿离开那个老头子？

【情节十七】

他的手摸到了口袋里光滑的勃朗宁手枪，手指习惯地抓住了枪柄。他慢慢掏出手枪。

“谁想到你会有今天？”

枪口轻蔑地直视着他的眼睛。他把手枪放到膝上，恶狠狠地骂了起来：“这算什么英雄，纯粹是冒牌货，老弟！任何一个笨蛋，随便什么时候，都会对自己开一枪。这样摆脱困境，是最怯懦、最省事的办法。生活不下去——就一死了之。对懦夫来说，也不需要更好的出路。你试过去战胜这种生活吗？你尽一切努力冲破这铁环了吗？你忘了在诺沃格勒—沃伦斯基附近，是怎样一天发起十七次冲锋，终于排除万难，攻克了那座城市吗？把枪藏起来吧，永远也不要对任何人提起这件事。就是到了生活已经无法忍受的时候，也要善于生活下去，要竭尽全力，使生命变得有益于人民。”

他站起来，朝大道走去。一个过路的山里人赶着四轮马车，顺路把他拉进城里。进城后，他在一个十字路口买了一份当地的报纸。报上登着本市党组织在杰米扬·别德内依俱乐部开会的通知。保尔回到住处的时候，已经是深夜了。他在积极分子会议上讲了话，自己也没有想到，这竟是他最后一次在大会上讲话。

1. 选文中的“他”是指__________，他在疾病缠身、丧失战斗能力的艰难处境下，内心经历了严峻的考验。选文体现了他由绝望、动摇到__________的心路历程。

2. 选文中对“他”采用了什么描写方法？“他”是怎样的一个人？

3. 请结合小说主人公面对“全身瘫痪”“双目失明”的巨大痛苦时的表现，说说真正的“英雄主义”是怎样的。

【情节十八】

母亲把沉甸甸的包裹送到了邮局。紧张的等待开始了。保尔一生中还从来没有像现在这样痛苦而焦急地等待过来信。

他从早班信盼到晚班信。列宁格勒一直没有回音。

出版社的沉默逐渐成为一种威胁。失败的预感一天比一天强烈，保尔意识到，一旦小说遭到无条件的拒绝，那也就是他的灭亡。那时，他就没法再活下去了。活下去也没有意义了。

此时此刻，郊区滨海公园的一幕又浮现在眼前，他一次又一次地问自己："为了冲破铁环，重返战斗行列，使你的生命变得有益于人民，你尽了一切努力了吗？"

每次的回答都是："是的，看来是尽了一切努力了。"

好多天过去了，正当期待已经变得无法忍受的时候，同儿子一样焦虑的母亲一面往屋里跑，一面激动地喊道："列宁格勒来信了！！！"

这是州委打来的电报。电报上只有简单几个字：

小说备受赞赏，即将出版，祝贺成功。

他的心欢腾地跳动起来。多年的愿望终于实现了！铁环已经被砸碎，他拿起新的武器，重新回到战斗的行列，开始了新的生活。

1. 选文中"新的武器"指____________。备受赞赏，即将出版的小说是《____________________》。

2. 这一段主要运用了什么描写手法？塑造了一个怎样的人物形象？

3. 有人认为：到了全书的结尾还写英雄竟然有"如果他的著作遭到无条件的拒绝，那也就是他的灭亡。那样他就不能再活下去了。活下去也没有意义了"的消极悲观想法，这有损英雄的高大形象，你的看法如何？

艾青诗选

全程导读

一、作者简介

艾青（1910—1996），中国现代诗人。原名蒋正涵，号海澄，笔名莪伽、克阿等。浙江金华人。1932 年在上海加入中国左翼美术家联盟。1933 年第一次用艾青的笔名发表长诗《大堰河——我的保姆》，感情诚挚，诗风清新，轰动诗坛。以后陆续出版诗集《大堰河——我的保姆》（1939）、《火把》（1941）、《向太阳》（1947）等，笔触雄浑，感情强烈，倾诉了对祖国和人民的情感。新中国成立后的诗集有《欢呼集》《春天》等。1948 年以后发表了《在浪尖上》《光的赞歌》等诗作。出版了《艾青选集》等。另有论文集《诗论》《论诗》《新诗论》等著作。1985 年，获法国艺术最高勋章。

二、作品主题

艾青诗歌的主题意象在古代被看成是心与物的结合，情与景的交融，是主观与客观的统一。在西方现代派的理论中，意象被看成是纯主观的产物，艾青更多地受到西方浪漫派的影响，认为意象是纯感观的，是具体化的感觉。

艾青诗歌的中心意象是土地和太阳。

“土地”这个意象，凝聚着诗人对祖国以及对大地母亲深沉的爱，对祖国命运深沉的忧患意识。爱国主义是艾青作品中永远唱不尽的主题，把这种感情表达得最为淋漓尽致的是他的《我爱这土地》。“为什么我的眼里常含泪水？因为我对这土地爱的深沉”，这两句诗真实而朴素，却是来自诗人内心深处，来自民族生命深处，具有不朽的艺术生命力。在他的成名作《大堰河——我的保姆》中，“大堰河”就是人民的化身，是中国农民的化身，不仅流露出艾青对劳动人民的同情和热爱，同时还有对他们命运的关切与探索。

“太阳”的意象表现了诗人灵魂的另一面：对于光明、理想、美好生活热烈不息的追求。在诗人眼中，“太阳”这一永恒主题，是中国光明前途，也是中国必胜信念的象征，它蕴涵着诗人对光明、理想和美好生活的向往和追求。这一时期，写得最好的光明颂有《向太阳》和《黎明的通知》。

三、艺术特色

艾青的作品一般是描写太阳、火把、黎明等有象征性的事物，表现出艾青对旧社会的黑暗和恐怖的痛恨以及对黎明、光明、希望的向往与追求。他的诗在形式上不拘泥于外形的束缚，很少注意诗句的韵脚和字数、行数的划一，但是又运用有规律的排比、复沓，造成一种变化中的统一。艾青的诗歌以它紧密结合现实的、富于战斗精神的特点继承了“五四”新文学的优良传统，又以精美创新的艺术风格成为新诗发展的重要收获。既反映了作者的艺术才能，又铭记下他严肃的、艰苦的艺术实践。

从诗歌风格上看，新中国成立前，艾青以深沉、激越、奔放的笔触诅咒黑暗，讴歌光明；新中国成立后，又一如既往地歌颂人民，礼赞光明，思考人生。他的“归来”之歌，内容更为广泛，思想更为浑厚，情感更为深沉，手法更为多样，艺术更为圆熟。艾青以其充满艺术个性的歌唱卓然成家，实践着他“朴素、单纯、集中、明快”的诗歌美学主张。

四、诗歌赏析

礁　石

一个浪，一个浪
无休止地扑过来
每一个浪都在它脚下
被打成碎沫、散开……
它的脸上和身上
像刀砍过的一样
但它依然站在那里
含着微笑，看着海洋……

【赏析】从艺术手法来看，在《礁石》一诗中，诗人把他对生活的独到思考熔铸于“礁石”这一象征性的形象之中，使礁石人格化，所以在读的时候，应该超然于物外，想得更深远。的确，象征手法的运用，使这首诗言有尽而意无穷！以微笑的方式生活，无论你遇到多大的困难与挫折，无论是一个人还是一个民族，这是《礁石》给我们的最深刻的启示！

希　望

梦的朋友
幻想的姊妹
原是自己的影子
却老走在你前面
像光一样无形
像风一样不安定
她和你之间
始终有距离
像窗外的飞鸟

像天上的流云
像河边的蝴蝶
既狡猾而美丽
你上去，她就飞
你不理她，她撵你
她永远陪伴你
一直到你终止呼吸

【赏析】本诗开篇，给“希望”下了一个定义：梦的朋友，幻想的姊妹。生动地表达了自己对希望的认知感觉。全诗用拟人、比喻的修辞手法，将希望比作影子、光、风，说明希望如影随形，又飘忽不定的特点。又将希望比作飞鸟、流云、蝴蝶，看似唾手可得，又遥不可及。在你拼命追求希望的时候远离，在你彷徨不前的时候给你力量。希望就像朋友一样，陪你一生。

生　命

有时
我伸出一只赤裸的臂
平放在壁上
让一片白垩的颜色
衬出那赭黄的健康
青色的河流鼓动在土地里
蓝色的静脉鼓动在我的臂膀里
五个手指
是五支新鲜的红色
里面旋流着
土地耕植者的血液
我知道
这是生命
让爱情的苦痛与生活的忧郁
让它去担载罢，
让它喘息在
世纪的辛酷的犁轭下，
让它去欢腾，去烦恼，去笑，去哭罢，
它将鼓舞自己
直到颓然地倒下！
这是应该的
依照我的愿望
在期待着的日子
也将要用自己的悲惨的灰白
去衬映出
新生的跃动的鲜红。

【赏析】《生命》，是艾青直接抒发自己对生命思考的一首诗，写于 1937 年 4 月。这首诗，写得清晰而深邃，明快而含蓄。在明快之中能使人感到深邃而博大的思想。

赤裸的臂，蓝色的血管，五个手指……没有炫耀的华词，没有对于生命的慷慨激昂的赞美，更没有晦涩难懂的隐喻，而是精致地刻画了一只手臂，在平易的描绘中，渗透诗人对于生命的理解。

“我知道/这是生命/让爱情的苦痛与生活的忧郁/让它去担载罢，/让它喘息在/世纪的辛酷的犁轭下，/让它去欢腾，去烦恼，去笑，去哭罢，/它将鼓舞自己/直到颓然地倒下!”这几句诗，形象地概括出生命的历程，从生命的重载，生命的奋进两个方面揭示生命的真谛。

“这是应该的/依照我的愿望/在期待着的日子/也将要用自己的悲惨的灰白/去衬映出/新生的跃动的鲜红。”这几句诗进一步道出了生命的意义。

这首诗不长，却有实有虚，极其深刻地描绘出了生命的价值、生命的伟大，具有撼动人心的力量。

经典演练

一、填空题

1. 艾青（1910—1996），原名________，中国现代诗人。成名作《____________________》，发表于 1933 年，这首诗奠定了他诗歌的基本艺术特征和他在现代文学史上的重要地位。他的诗作《____________》被选入人教版中学语文教材。
2. 20 世纪 30 年代艾青诗歌的主要意象是________和________。他的长诗《向太阳》《火把》借歌颂太阳、索求火把，表达了驱逐黑暗、坚持斗争、争取胜利的美好愿望，诗人也因此被称为“________”和“________”的歌手。这些诗歌也是自由体诗的代表。
3. 艾青于 1910 年阴历 2 月 17 日生于浙江金华的一个地主家庭。由于家里不喜欢这个“克父母”的婴儿，就托付给乳母——__________收养，这个妇女十分疼爱他。
4. “咳，就在如此寒冷的今夜/无数的/我们的年老的母亲，/都蜷伏在不是自己的家里，/就像异邦人/不知明天的车轮/要滚上怎样的路程？——而且/中国的路/是如此的崎岖，是如此的泥泞呀。”出自艾青《____________________》。
5. “但你是沉默的，连叹息也没有，鳞和鳍都完整，却不能动弹；你绝对的静止，对外界毫无反应，看不见天和水，听不见浪花的声音。”这段诗节选自艾青的《____________》。

二、简答题

1. 艾青诗歌的中心意象是土地和太阳，请结合具体的诗歌，说说土地凝聚了作者怎样的情感，太阳表现了作者怎样的追求？

2. 艾青早期诗歌艺术最显著的特征是什么？

3.《大堰河——我的保姆》中大堰河是谁？作者在诗歌中抒发了怎样的感情？

4. “活着就要斗争，在斗争中前进，当死亡没有来临，把能量发挥干净。”——《鱼化石》。这里诗人借助鱼化石的什么特点，表达了自己怎样的感情？

5.《礁石》中的“含着微笑看着海洋”这一诗句有什么含义？

6. 艾青的《太阳的话》全诗运用了哪些写作手法，有什么作用？

7. 艾青诗歌的艺术特性还有一个要素就是“忧郁”，我们叫它“艾青式的忧郁”。如何看待这种忧郁？

8. 艾青诗歌表现的核心主题是什么？

三、重点情节阅读

【情节一】

当黎明穿上了白衣

紫蓝的林子与林子之间
由青灰的山坡到青灰的山坡，
绿的草原，
绿的草原，草原上流着
——新鲜的乳液似的烟……

啊，当黎明穿上了白衣的时候，
田野是多么新鲜！
看，
微黄的灯光，
正在电杆上颤栗它的最后的时间。
看！

1. 用一句话概括这首诗的内容。

2. 赏析画线句子的妙处。

3. 赏析文中两个“看”的不同含义。

【情节二】

煤的对话

你住在哪里?
我住在万年的深山里
我住在万年的岩石里
你的年纪——
我的年纪比山的更大
比岩石的更大
你从什么时候沉默的?
从恐龙统治了森林的年代
从地壳第一次震动的年代
你已死在过深的怨愤里了么?
死?不,不,我还活着——
请给我以火,给我以火!

1. “煤”与苦难的中华民族之间并没有什么直接联系,诗人是如何巧妙地将二者结合起来的?

2. 这首诗歌采用了什么样的表现形式?有什么好处?

3. 诗人想通过煤赞美人的什么精神?

【情节三】

手推车

在黄河流过的地域
在无数的枯干了的河底
手推车

以唯一的轮子
发出使阴暗的天穹痉挛的尖音
穿过寒冷与静寂
从这一个山脚
到那一个山脚
彻响着
北国人民的悲哀
在冰雪凝冻的日子
在贫穷的小村与小村之间
手推车
以单独的轮子
刻画在灰黄土层上的深深的辙迹
穿过广阔与荒漠
从这一条路
到那一条路
交织着
北国人民的悲哀

1. 阅读全诗，说说全诗写了哪两方面的内容？

2. “手推车”是全诗的主体意象，这个意象蕴含着什么深刻的含义？

3. 请用简洁的语言概括本诗的主旨。

【情节四】

北方（节选）

我爱这悲哀的国土，
一片无垠的荒漠
也引起了我的崇敬
——我看见
我们的祖先
带领了羊群
吹着笳笛
沉浸在这大漠的黄昏里；
我们踏着的
古老的松软的黄土层里

埋有我们祖先的骸骨啊，
——这土地是他们所开垦
几千年了
他们曾在这里
和带给他们以打击的自然相搏
他们为保卫土地
从不曾屈辱过一次，
他们死了
把土地遗留给我们——
我爱这悲哀的国土，
它的广大而瘦瘠的土地
带给我们以淳朴的言语
与宽阔的姿态，
我相信这言语与姿态
坚强地生活在土地上
永远不会灭亡；
我爱这悲哀的国土，
古老的国土
——这国土
养育了为我所爱的
世界上最艰苦
与最古老的种族。

1. 1938 年 2 月，战火迅雷般逼近了黄河，艾青在古老的潼关写下了这首诗，本诗运用了哪些意象？有何作用？

2. 本诗中“我爱这悲哀的国土”多次出现，试对此作出赏析。

3. 艾青在诗集《北方》的序文中说：“我是酷爱朴素的，这种爱好，使我的情感毫无遮蔽，而我又对自己这种毫无遮蔽的情感激起了愉悦。很久了，我就在这样的境况中写着诗。”这短短的几句真诚的自白，对于了解这首诗乃至艾青一生的诗，都是一个极为重要的提示。阅读这首诗之后，结合诗人这段“序文”，说说这首诗在语言和情感的表达上最鲜明的特色是什么？

【情节五】

桥

当土地与土地被水分割了的时候，
当道路与道路被水截断了的时候，
智慧的人类伫立在水边：
于是产生了桥。
苦于跋涉的人类，
应该感谢桥啊。
桥是土地与土地的连系；
桥是河流与道路的爱情；
桥是船只与车辆点头致敬的驿站；
桥是乘船与步行者挥手告别的地方。

1.《桥》中的桥是一个什么样的形象？

2. 作者赞美桥实际上想表达什么愿望？

3.【咏桥】古代诗词中有不少关于桥的名句，如唐·郑谷《张谷田舍》“一径入寒竹，小桥穿野花”；宋·方岳《春晚》“只有小桥杨柳外，杏花未肯放春归”；元·幼武《浣溪沙》“竹阴深处小桥横”等。请你在学过的诗词中找出相应的诗句写在下面。

______________________________，______________________________

【情节六】

树

一棵树，一棵树
彼此孤离地兀立着
风与空气
告诉着它们的距离
但是在泥土的覆盖下
它们的根伸长着
在看不见的深处
它们把根须纠缠在一起
注：本诗写于抗日战争最艰苦的阶段。

1. 本诗采用了象征的手法，文中的“树”象征的是什么？

2. “彼此孤离地兀立着”反映了怎样的现象?

3. 试指出“兀立”“伸长”“纠缠”三个动词的表达效果。

【情节七】

乞丐

在北方
乞丐徘徊在黄河的两岸
徘徊在铁道的两旁
在北方
乞丐用最使人厌烦的声音
呐喊着痛苦
说他们来自灾区
来自战地
饥饿是可怕的
它使年老的失去仁慈
年幼的学会憎恨
在北方
乞丐用固执的眼
凝视着你
看你在吃任何食物
和你用指甲剔牙齿的样子
在北方
乞丐伸着永不缩回的手
乌黑的手
要求施舍一个铜子
向任何人
甚至那掏不出一个铜子的兵士

1. 这首诗写于1938年陇海路上，日本全面侵华战争以后，诗中哪些语句交代了时代背景?

2. 这首诗从哪些方面塑造了乞丐的形象?(　　)

A. 眼睛　　B. 衣着　　C. 声音　　D. 手

3. “饥饿是可怕的/它使年老的失去仁慈/年幼的学会憎恨”，联系背景思考乞丐们“憎恨”的是什么?

【情节八】

黎明的通知

①为了我的祈愿
诗人啊，你起来吧
②而且请你告诉他们
说他们所等待的已经要来
③说我已踏着露水而来
已借着最后一颗星的照引而来
④我从东方来
从汹涌着波涛的海上来
⑤我将带光明给世界
又将带温暖给人类
⑥借你正直人的嘴
请带去我的消息
⑦通知眼睛被渴望所灼痛的人类
和远方的沉浸在苦难里的城市和村庄
⑧请他们来欢迎我——
白日的先驱，光明的使者

1. 用文中原话回答“黎明”的任务和诗人的任务分别是什么？

2. 借助联想和想象来理解③④两节的意境并填空。“露水”“最后一颗星”形象地表明了“黎明”到来的________，“东方”“海上”则具体说明了“黎明”到来的____________，“汹涌着波涛”则说明了“黎明”历经________________________而来的情状。
3. 简要分析“通知眼睛被渴望所灼痛的人类/和远方的沉浸在苦难里的城市和村庄”的含义。

【情节九】

给乌兰诺娃

——看芭蕾舞《小夜曲》后作

像云一样柔软，
像风一样轻，
比月亮更明亮，
比夜更宁静——
人体在太空里游行；
不是天上的仙女，
却是人间的女神，

比梦更美，
比幻想更动人——
是劳动创造的结晶。

1. 找出最能体现芭蕾舞姿特色的比喻句，并分析其作用。

2. “比月亮更明亮，比夜更宁静，人体在太空里游行”，这里运用了什么手法描写舞姿？展示了一种怎样的意境？

3. “不是天上的仙女，却是人间的女神”，描绘了怎样的形象？诗的最后一句起什么作用？

【情节十】

一个黑人姑娘在歌唱

在那楼梯的边上，
有一个黑人姑娘，
她长得十分美丽，
一边走一边歌唱……
她心里有什么欢乐？
她唱的可是情歌？
她抱着一个婴儿，
唱的是催眠的歌。
这不是她的儿子，
也不是她的弟弟；
这是她的小主人，
她给人看管孩子；
一个是那样黑，
黑得像紫檀木；
一个是那样白，
白得像棉絮；
一个多么舒服，
却在不住地哭；
一个多么可怜，
却要唱欢乐的歌。

1. “她心里有什么欢乐？她唱的可是情歌？”这两个诗句在诗中有什么作用？

2. 作者在诗中运用了哪两种修辞手法，又有怎样的作用？

3. 这首诗所要表达的是什么样的主题？

【情节十一】

鱼化石

动作多么活泼，
精力多么旺盛，
在浪花里跳跃，
在大海里浮沉；

不幸遇到火山爆发，
也可能是地震，
你失去了自由，
被埋进了灰尘；

过了多少亿年，
地质勘察队员
在岩层里发现你，
依然栩栩如生。

但你是沉默的，
连叹息也没有，
鳞和鳍都完整，
却不能动弹；

你绝对的静止，
对外界毫无反应，
看不见天和水，
听不见浪花的声音。

凝视着一片化石，
傻瓜也得到教训：
离开了运动，
就没有生命。

活着就要斗争，
在斗争中前进，
当死亡没有来临，
把能量发挥干净。

1. 第一节写鱼儿生前自由、活泼、快乐的生活，这对后文有什么作用？

2. 综观全诗，点明中心意思的是哪一节？

3. 作者通过对鱼化石的记叙和描写，告诉我们一个什么道理？

【情节十二】

伞

早晨，我问伞：
“你喜欢太阳晒，
还是喜欢雨淋？”
伞笑了，它说：
“我考虑的不是这些。”
我追问它：
“你考虑些什么？”
伞说：
“我想的是——
雨天，不让大家衣服淋湿；
晴天，我是大家头上的云。”

1. 诗中“伞”象征什么？

2. 这首诗表达了一种怎样的主题思想？

3. 从写作方法来看，你认为这首诗有什么特点？

【情节十三】

希　望

梦的朋友
幻想的姊妹
原是自己的影子
却老走在你前面
像光一样无形

像风一样不安定
她和你之间
始终有距离
像窗外的飞鸟
像天上的流云
像河边的蝴蝶
既狡猾而美丽
你上去，她就飞
你不理她，她撵你
她永远陪伴你
一直到你终止呼吸

1. 诗中主要使用了什么修辞手法来描写希望？请具体分析这样写的好处。

2. 作者通过这首诗想告诉读者的人生真谛是什么？

3. 你怎样理解“希望”？

【情节十四】

盼　望

一个海员说，
他最喜欢的是起锚所激起的
那一片洁白的浪花，
一个海员说，
最使他高兴的是抛锚所发出的
那一阵铁链的喧哗，
一个盼望出发，
一个盼望到达。

1. 这首诗的两个象征性意象是“______________”和“______________”。
2. 诗中所描述的海员们的两种“盼望”各有什么含义？

【情节十五】

古罗马的大斗技场（节选）

斗技场的奴隶越紧张
看台上的人群越兴奋；

厮杀的叫喊越响
越能爆发狂暴的笑声；
看台上是金银首饰在闪光
斗场上是刀叉匕首在闪光；
两者之间相距并不远
却有一堵不能逾越的墙。

这就是古罗马的斗技场
它延续了多少个世纪
谁知道有多少奴隶
在这个圆池里丧生。
神呀，宙斯呀，丘比特呀，耶和华呀
一切所谓“万能的主”呀，都在哪里？
为什么对人间的不幸无动于衷？
风呀，雨呀，雷霆呀，
为什么对罪恶能宽容？

1. 诗人在描写当年大斗技场的场景时运用了什么写法？这种写法有怎样的作用？

2. “两者之间相距并不远，却有一堵不能逾越的墙。”这里的“墙”指什么？

3. 面对着古罗马的斗技场，诗人为什么向神与自然发出诘问？

【情节十六】

光的赞歌（节选）

作为一个微不足道的人
天文学数字中的一粒微尘
即使生命像露水一样短暂
即使是恒河岸边的细沙
也能反映出比本身更大的光
我也曾经用嘶哑的喉咙歌唱
在不自由的岁月里我歌唱自由
我是被压迫的民族我歌唱解放
在这个茫茫的世界上
我曾经为被凌辱的人们歌唱
我曾经为受欺压的人们歌唱
我歌唱抗争，我歌唱革命

在黑夜把希望寄托给黎明
在胜利的欢欣中歌唱太阳
我是大火中的一点火星
趁生命之火没有熄灭
我投入火的队伍、光的队伍
把“一”和“无数”溶合在一起
进行为真理而斗争
和在斗争中前进的人民一同前进
我永远歌颂光明
光明是属于人民的
未来是属于人民的
任何财富都是人民的
和光在一起前进
和光在一起胜利
胜利是属于人民的
和人民在一起所向无敌

1. “我也曾经用嘶哑的喉咙歌唱”，这诗句我们很熟悉，诗人曾化身为一只鸟，用“嘶哑的喉咙歌唱”过什么？请用诗歌的原句回答，并写出诗歌的题目。

2. 联系原著中整首诗歌，说说在这首诗歌中，“光”有什么象征意义？

3. “我是大火中的一点火星/趁生命之火没有熄灭/我投入火的队伍、光的队伍”，表达了诗人怎样的情感？

水浒传

全程导读

一、作者简介

施耐庵（约1296—约1370），扬州府兴化（今江苏兴化）人，原名彦端，字肇瑞，号子安，别号耐庵。

施耐庵自幼聪明好学，才气过人，事亲至孝，为人仗义。元延祐元年（1314）考中秀才，泰定元年（1324）中举人，至顺二年（1331）登进士。不久任钱塘县尹，因替穷人辩冤纠枉遭县官的训斥，遂辞官回家。

元至正十三年（1353年），白驹场盐民张士诚等十八名壮士率壮丁起义反元。张士诚敬其文韬武略，再三邀请他为军幕，施耐庵抱着建造“王道乐土”的宏远计划欣然前往，为张士诚献了许多攻城夺地的计策。后因施耐庵几次谏劝，张士诚都不予采纳，于是愤然离开平江，并作《秋江送别》套曲赠予同在张幕的鲁渊、刘亮等人。此后，浪迹江湖，替人医病解难。

后入江阴祝塘财主徐骐家中坐馆，除了教书以外，还与拜他为师的罗贯中一起研究《三国演义》《三遂平妖传》的创作，搜集、整理北宋末年以宋江为首的一百零八人在水泊梁山起义的故事，为撰写《江湖豪客传》准备素材。至正二十七年（1367年），朱元璋灭张士诚后，到处侦查张士诚的部属。为避免麻烦，施耐庵征求兴化好友顾逖的意见，在白驹修了房屋，从此隐居，专心于《江湖豪客传》的创作。《江湖豪客传》成书后，定为《水浒传》。

二、作品主题

全书以农民起义的发生、发展过程为主线，通过各个英雄被逼上梁山的不同经历，描写出他们由个体觉醒到走上小规模联合反抗，到发展为盛大的农民起义队伍的全过程，表现了“官逼民反”这一封建时代农民起义的必然规律，塑造了农民起义领袖的群体形象，深刻反映出北宋末年的政治状况和社会矛盾。

作者站在被压迫者一边，歌颂了农民起义领袖们劫富济贫、除暴安良的正义行为，肯定了他们敢于造反、敢于斗争的革命精神。宋江原是一位周急扶困的义士，当他被逼上梁山之后，壮大了起义军的声威，取得了一系列胜利。但由于他性格的二重性和思想的局限性，在起义事业登上巅峰之时选择了妥协、招安，最终葬送了起义事业。小说通过宋江起义的失败，客观上总结了封建时代农民起义失败的经验教训。

小说以高俅发迹作为故事的开端，意在表明“乱自上作”，高俅是封建统治集团的代表人物。作者还写了大批的贪官污吏和地方恶霸，正是他们狼狈为奸，鱼肉百姓，才迫使善良而正直的人们不得不铤而走险，奋起反抗。同时，小说还对田虎、王庆、方腊等其他地区的农民起义军做了一定的侧面描写，从广度和深度两方面深刻地挖掘出了封建时代的各种社会现象和问题，以及农民起义的深层原因。

三、艺术特色

（一）《水浒传》的艺术成就，最突出地显示在英雄人物的塑造上。全书巨大的历史主题，主要是通过对起义英雄的歌颂和对他们斗争的描绘中具体表现出来的。因而英雄形象塑造的成功，是作品具有光辉艺术生命的重要因素。在《水浒传》中，至少出现了一二十个个性鲜明的典型形象，这些形象有血有肉，栩栩如生，跃然纸上。

在人物塑造方面，最大特点是作者善于把人物置身于真实的历史环境中，扣紧人物的身份、经历和遭遇来刻画他们的性格。

全书几乎没有什么具体的社会环境的介绍，但通过对各阶层人物及他们之间的关系的描绘，一幅北宋社会生活的图景便非常逼真、清晰地呈现在读者面前，统治阶级的骄奢淫逸以及受压迫人民“撞破天罗归水浒，掀开地网上梁山”的愿望，则是组成这幅历史图景的经纬。

书中的人物性格，正是在这样的环境中产生和成长起来的。林冲、鲁达、杨志虽同是武艺高强的军官，但由于身份、经历和遭遇的不同，因而走上梁山的道路也很不一样，作者正是这样表现了他们不同的性格特征的。

禁军教头的地位，优厚的待遇，美满的家庭，使林冲很自然地形成了一种安于现实，怯于反抗的性格，对统治阶级的逼害一再隐忍；同时这种经历，又使他结交了四方好汉，形成了豪爽、耿直、不甘久居人下的品德。因此林冲的隐忍不同于逆来顺受。在他“忍”的性格中，蕴藏着“不能忍”的因素，聚集着复仇的怒火。

最后，他被逼上梁山，正是这种怒火的总爆发，是他性格发展的必然结果。与林冲相比，鲁达并未遇到那样的不幸，但他在和统治阶级长期周旋中，看透了他们荒淫腐朽的本质，加之他一无牵挂的身世，形成了他酷爱自由，好打不平的性格。这种性格和当时黑暗的现实，存在着不可调和的矛盾。

因此，鲁达是向整个封建统治阶级挑战而主动地走上了反抗的道路。

此外在对招安的不同态度上，来自社会底层的李逵等人是坚决反对的；封建文人出身的吴用主张有条件的招安；来自官军的绝大部分的将领则是殷切地盼望着招安。这种不同的态度，可以从他们各自的身份、经历中找到充分的根据。

而在英雄人物的塑造上，总是把人物置在生死存亡的关头，以其行动和语言显示其性格特点。如在“劫法场石秀跳楼”一回，通过石秀几个异常敏捷动作的白描，把他当机立断、临危不惧的性格表现得入木三分。

在塑造人物时，作者既植根于现实，又把自己的爱憎感情熔铸在人物身上，如吴用的机智过人，李逵的赤胆忠心，以及对武松打虎、鲁智深倒拔垂杨柳等夸张的描写，结合了现实主义和浪漫主义写作手法。

在塑造人物时，作者亦多用对比手法。如在武松斗杀西门庆的事件中，何九叔与郓哥恰恰形成了鲜明的对照。何九叔抱着多一事不如少一事的态度，处处预留退步，表现其世故机变而怯懦的性格；郓哥则好管闲事，反映其年轻好胜、幼稚天真而又抱打不平的态度。

刻画人物，往往在人物第一次出场时，首先通过肖像描写，展示人物独具的性格特征，这是《水浒传》刻画人物的特色。如第三回鲁达第一次出场时，通过史进的眼睛看见：他是个军官模样，“生得面圆耳大，鼻直口方，腮边一部络腮胡须，身长八尺，腰阔十围”。只几笔就揭示出鲁达这个粗莽正直的英雄性格。对行者武松，写他“一双眼光射寒星，两弯眉浑如刷漆”。眼睛是心灵的窗户，一下子就揭示出武松精明英武的性格特征。

（二）《水浒传》曲折动人的情节，尖锐激烈的矛盾冲突，往往通过一个个场面展开、一个个细节描写，一步步地推向高潮。第 23 回写武松打虎的情节就是如此。第一个场面，写他在景阳冈下酒店一连喝了十几碗酒。接着第二个场面，写他走出酒店被店家喊住说：有大虫伤人和三碗不过冈。武松怀疑店家用心不良，决计过冈。第三个场面写他行数里，看见剥皮树干上写着有大虫伤人等两行字，武松将信将疑地仍继续上冈。第四个场面写他来到景阳冈上，看到山神庙前的印信榜文确信有虎。接着第五个场面才写他在冈上遇虎、打虎。在打虎这个场面中，老虎的一扑、一掀、一剪，武松一一躲过，以及武松的哨棒打在树上被折断，他就势按住老虎拳打脚踢，老虎以利爪刨出土坑等等，都是一个个细节。这些细节在写武松神勇的同时，扣人心弦地把情节推向高潮。

《水浒传》的情节生动曲折，大小事件都写得腾挪跌宕，引人入胜。有一些段落，集中了很多人物、精彩的场面，如“智取生辰纲”“三打祝家庄”等。而每一组的情节又往往是人物的性格发展史，如“景阳冈打虎”“斗杀西门庆”“醉打蒋门神”“大闹飞云浦”“血溅鸳鸯楼”等情节，使人不期然想起武松。

类似的事件写出不同的情节，这也是《水浒传》的显著特色。如林冲买刀和杨志卖刀、武松打虎和李逵杀虎、武松杀嫂和石秀杀嫂、江州劫法场和大名府劫法场，以及林冲起解和卢俊义起解等等，事件类似却写出了完全不同的情节，显示出生活丰富多彩和人物性格异彩纷呈。

（三）《水浒传》的结构是纵横交错的复式结构。梁山起义的发生发展和失败的全过程纵贯全篇，其间连缀着一个一个相对独立自成整体的主要人物的故事。这些故事自身在结构上既纵横开合，各尽特色，又是整个水浒故事的有机组成部分。《水浒传》的这种独具特色的结构，是民间艺人“说话”特色的具体表现。与之相联系的是《水浒传》的语言，它在群众口语基础上经过加工提炼，保存了群众口语的优点，具有洗练、明快、生动、色彩浓烈、造型力强的特色。《水浒传》的语言，以北方口语为基础，经过加工，故其语言特色明快、洗练。如写鲁达三拳打死“镇关西”郑屠，第一拳“正打在鼻子上，打得鲜血迸流，鼻子歪在半边，却便似开了个油酱铺，咸的，酸的，辣的，一发都滚出来”。既通俗，又生动。《水浒传》的语言生动准确，富有表现力。如写鲁智深打店小二时，“鲁达大怒，揸开五指，去那店小二脸上只一掌……”用“大怒”和“一掌”还不足表现鲁达之愤怒，而用了一个“开”字，表现出其神韵。

四、人物形象

宋江

字公明，山东济州府郓城县人。他排行第三，身体黑矮，有孝名，为人仗义疏财，人称孝义黑三郎。他广泛交结英雄豪杰，且好行方便，每每排难解纷，扶困济危，在江湖上威信极高，被人尊为“及时雨”“呼保义”，作品写他是天魁星临凡，天罡地煞星之星主。

晁盖

梁山义军前期领导人。绰号托塔天王（龚开画赞称铁天王），山东济州府郓城县人，原是东溪村保正。他豪爽豁达，勇武果断，敢作敢为，仗义疏财，爱结识天下好汉，兼之武艺高强，因此遐迩闻名。

卢俊义

绰号玉麒麟。北京城里的员外大户，一身好武艺，棍棒天下无双。骁勇善战、敢于承担，但也会因为盲目自信而导致自己陷入两难境地。

林冲

原为东京八十万禁军教头，生得豹头环眼，燕颔虎须，绰号豹子头。作品写他是天雄星临凡。他武艺高强，不满滥官当道的黑暗现实，常有本事抱负不得施展的感慨，而注意交结好汉，表现其英雄本色。但教头的优渥、美满的家庭生活，也形成他温厚、隐忍和怯于反抗的性格。

吴用

山东郓城县人，表字学究，道号加亮先生，他广读诗书，精通韬略，足智多谋，人称智多星，为人沉稳冷静又善于谋略，忠义两全还有着一定的理想主义。作品写他是天机星临凡。

李逵

山东沂州沂水县人，绰号黑旋风，小字铁牛，作品写他是天杀星临凡。是个黑凛凛大汉，一头蓬松黄发，脸上长满髭须，使两把板斧，力大如牛。其兄与人家做长工，他因为打死人逃到江州做小牢子。他无家无业，赤贫的生活环境和闯荡江湖的经历，造就了他对统治阶级的仇恨和强烈的反抗精神，敢于藐视官府、封建律条和秩序。

鲁智深

本名鲁达，是渭州经略府提辖，出家后法名智深，因脊背上刺有花绣，人称花和尚。作品写他是天孤星下凡。生得面圆耳大，鼻直口方，腮下一部络腮胡须，身长八尺，腰阔十围。使一件六十二斤禅杖。力大无穷，曾倒拔垂杨柳。他只身一人，无家无业，长期的军旅生活和下层军官的阅历。不只锻炼出他一身好武艺，也造就了他粗豪爽直、酷爱自由、疾恶如仇、见义勇为的思想和性格。

武松

山东清河县人。排行第二，人称武二郎，血溅鸳鸯楼后，为逃避缉捕，改为行者打扮，故亦称“行者武松”。作品写他是天伤星临凡。他身长八尺，仪貌堂堂，浑身上下有千百斤气力。疾恶如仇，有勇有谋，武艺高强。武松是个有恩必报的武者，但是他有些鲁莽冲动。

石秀

建康府人，平生性直，路见不平，便要舍命相助，以此人称拼命三郎，作品写他是天慧星临凡。有反抗精神，有正义感，疾恶如仇。坦率、正直，但在大事面前很冷静。

燕青

绰号浪子。是三十六天罡星最后一名。原为北京人氏，自幼父母双亡，在卢俊义家中长大，吹箫唱曲样样能行，射箭发镖百步穿杨，人称“浪子燕青”。他才貌双全，风流聪慧，心细，忠心，义气。不张扬，处事低调，才能卓著。

孙二娘

绰号母夜叉。张青之妻。在孟州道十字坡与张青开酒店卖人肉，专干杀人夺货的勾当。她胆子大，武艺强，有智慧，精明豪放，是一位男性化的女性。但她也行动野蛮，杀人成性。

五、故事梗概

《水浒传》，中国四大名著之一，是一部以北宋末年宋江起义为主要故事背景、类型上属于英雄传奇的章回体长篇小说。作者或编者一般被认为是施耐庵，现存刊本署名大多有施耐庵、罗贯中两人中的一人，或两人皆有。

全书通过描写梁山好汉反抗欺压、水泊梁山壮大和受宋朝招安，以及受招安后为宋朝征战，最终消亡的宏大故事，艺术地反映了中国历史上宋江起义从发生、发展直至失败的全过程，深刻揭示了起义的社会根源，满腔热情地歌颂了起义英雄的反抗斗争和他们的社会理想，也具体揭示了起义失败的内在历史原因。

《水浒传》问世后，在社会上产生了巨大的影响，成了后世中国小说创作的典范。《水浒传》是中国历史上最早用白话文写成的章回小说之一，流传极广，脍炙人口；同时也是汉语文学中具备史诗特征的作品之一，对中国乃至东亚的叙事文学都有极其深远的影响。

六、章节概括

第一回　张天师祈禳瘟疫　洪太尉误走妖魔

仁宗嘉祐三年，瘟疫盛行，洪太尉奉皇帝命前往江西信州龙虎山，宣请嗣汉天师张真人来朝禳疫。洪太尉上山求见天师不成，回至方丈，不顾众道士劝阻，打开“伏魔之殿”，放出妖魔，遂致大祸。他吩咐从人，隐瞒放走妖魔一节，假报天师除尽瘟疫，得到仁宗赏赐。

第二回　王教头私走延安府　九纹龙大闹史家村

高俅与端王（后来的徽宗）结识，被提拔为殿帅府太尉，对曾打翻他的王升的儿子八十万禁军教头王进施行报复。王进出走延安府，在史家村给史进教枪棒。史进因擒少华山陈达而和朱武、杨春相识往来。华阴县中秋夜来史家村捉拿赏月喝酒吃肉的史进并少华山三好汉。

第三回　史太郎夜走华阴县　鲁提辖拳打镇关西

三头领杀退县衙之兵，去延安寻找师傅王进，与鲁提辖在渭州潘家酒店相遇。鲁达救助金翠莲父女，打死郑屠。

第四回　赵员外重参文殊院　鲁智深大闹五台山

鲁达出逃代州雁门县，金老女婿赵员外送他去五台山，做僧避祸。鲁达晚不坐禅，喝酒打人。打造关王刀一样的戒刀和禅杖。假借过往僧人名义喝酒吃狗肉，在半山拽拳使脚，打坍亭子，打坏金刚，要烧寺院，回寺呕吐，给禅和子嘴里塞狗腿，搞得大家卷堂而散。监寺、都寺遣众人来打，鲁达趁酒醉大闹一场，被长老喝住。

第五回　小霸王醉入销金帐　花和尚大闹桃花村

长老赠智深四句偈言，智深去东京大相国寺讨职事僧做。在桃花村为刘太公解除逼婚之忧。假扮太公小女，打了来庄逼亲的桃花山二头领周通，大头领李忠为二头领打仇，与鲁达相认。李忠、鲁达、刘太公三人到桃花山聚义厅，休了亲事。智深趁李忠、周通下山劫掠金银给他，自拿山寨金银，从后山滚下而去。

第六回　九纹龙剪径赤松林　鲁智深火烧瓦罐寺

在寺院上了假扮道士和尚，实则捣毁寺院，养女吃酒的崔道成和丘小乙的当，二次复回，被二贼击败，到赤松林，遇到剪径的史进，二次再回寺院，打死崔、丘二贼，烧了瓦罐寺。投大相国寺管菜园，被一帮泼皮包围。

第七回　花和尚倒拔垂杨柳　豹子头误入白虎堂

花和尚力服泼皮，众泼皮买酒牵猪请鲁智深。智深连根拔起垂杨柳，众泼皮惊服。智深还席，为众泼皮使禅杖，林冲看见喝彩，两人结为兄弟。高太尉螟蛉之子高衙内调戏林冲之妻。林冲见是高衙内，虽然恼怒，但忍了。智深来助，林冲忍让。高衙内思念林妻，富安和林冲好友陆虞候陆谦出卖朋友，请林冲去吃酒。高衙内却哄林妻到陆虞候家调戏，林冲闻讯赶到，衙内逾窗而逃。老都管引陆谦、富安见高太尉，定下陷害林冲的计策。林冲中计被擒。

第八回　林教头刺配沧州道　鲁智深大闹野猪林

林冲被押开封府。当案孔目孙定与府尹将林冲刺配沧州。陆虞候买通防送公人董超、薛霸，要于途中杀害林冲。薛霸、董超一路上百般折磨林冲。在野猪林，薛、董将林绑在树上，说明高太尉陆虞候指使他俩陷害林冲的根由。两人要用水火棍打死林冲。

第九回　柴进门招天下客　林冲棒打洪教头

鲁智深在野猪林救了林冲，林冲叫鲁智深不要打董薛二人，与鲁智深分别后，来到柴进庄上，受到柴进厚待。与洪教头比武取胜。来到沧州，用钱买通差拨管营，又得柴大官人书信照看，免挨一百杀威棒，还开了枷，派去天王堂当看守，林冲深感“有钱可以通神”。

第十回　林教头风雪山神庙　陆虞候火烧草料场

陆虞候再次设计陷害林冲，曾被林冲救过命的店主人李小二向林冲报告了消息，林冲怒寻陆谦不遇。管营派林冲管草料场，欲烧死林冲。林冲杀死了差拨、富安、陆谦。林冲在一庄上烤衣讨酒，打散庄客，醉倒雪地，被庄客捉住。

第十一回　朱贵水亭施号箭　林冲雪夜上梁山

林冲被捆至柴进庄暂住。官司追捕甚急，柴进周济他去梁山。在酒店吃酒时乘酒兴赋诗一首，发抒对高俅的不满，表现对未来的向往。与朱贵相识，被船接去梁山泊。王伦出于嫉妒之心，先不肯收留。后要林冲拿“投名状”来，林冲下山等了两天，第三日等得一人，却是杨志。

第十二回　梁山泊林冲落草　汴京城杨志卖刀

王伦想要杨志在山，以牵制林冲，杨志不从，只得让林冲坐了第四把交椅。杨志乃杨令公之孙，因丢了花石纲，想补殿帅职役，被高俅批倒赶了出来。缠盘用尽，便卖宝刀。遇到泼皮牛二，无理取闹，杨志性起用刀杀了牛二，被监禁于死囚牢中。众人见他为东京街除了牛二这害，多方周济。又被送北京大名府留守司充军。留守梁中书见杨大喜，想通过演武试艺，抬举杨志。

第十三回　急先锋东郭争功　青面兽北京斗武

杨志枪胜周谨，箭胜周谨。又与索超相斗，不分胜负，两人都被封为管军提辖使。梁中书与夫人商议收买十万贯礼物玩器，选人上京去庆贺蔡太师生日。朱仝、雷横巡捕贼人，在东溪村边的灵官庙里抓住赤发鬼刘唐。

第十四回　赤发鬼醉卧灵官殿　晁天王认义东溪村

晁盖设计救了专门拜访他的刘唐，以甥舅相称，瞒过雷横。又送雷横银两。刘唐向晁盖说知梁中书要用十万不义之财买来金珠宝贝庆贺蔡京生日，“取之何碍”。晁盖曰：“壮哉。”叫他安歇，从长计议。刘唐去赶雷横，要追回晁盖送的银两，与雷两扑刀相斗，吴学究铜链相隔，晁盖赶来劝住。晁、吴、刘三人计议智取梁中书不义之财。

第十五回　吴学究说三阮撞筹　公孙胜应七星聚义

吴用向晁盖、刘唐介绍三阮。并连夜起程行百二里地，来到梁山泊边的石碣村。阮氏三弟兄充满对官府不满；而对梁山泊好汉则生羡慕之情。吴用因势利导，说转三阮。六好汉在晁家庄设誓化纸；公孙胜强求会见晁盖，与晁盖说知取不义十万贯之财的事。

第十六回　杨志押送金银担　吴用智取生辰纲

七星聚义，在黄泥冈东十里路的安乐村白胜处安身。梁中书要杨志送宝，杨志不要大张旗鼓，而要扮做客商。并要老都管、两个虞候都听他的，不要在路上闹别扭。一行十五人，出北京城，取大路往东京进发。正是五六月天气，酷热难行，军汉倒地。七个好汉装做贩枣子的小本经纪人，白胜装做卖酒的，八人使计用蒙汗药药倒众军汉、老都管、老虞候。杨志喝得少，起得早，要跳冈自尽。

第十七回　花和尚单打二龙山　青面兽双夺宝珠寺

杨志不忍自尽，下冈而去。做制使失了花石纲，做提辖又失生辰纲，只好投二龙山落草。鲁达杀死郑龙在二龙山落草。都管、厢禁军回京谎报杨志勾结贼人，盗走珠宝，梁中书告知蔡京。蔡京命令府尹捉拿贼人。府尹责成缉捕使臣何涛限十日捉拿贼人上京，何涛为之烦恼，兄弟何清向他说出了晁盖与白胜。

第十八回　美髯公智稳插翅虎　宋公明私放晁天王

何涛、何清兄弟到府尹告状，拿来白胜，搜出赃物。何观察等人于郓城县捉拿晁保正，遇到押司宋江。宋江稳住何涛，飞报晁盖。捉拿晁盖的朱仝、雷横放了晁盖。何涛回禀府尹，带人捉拿三阮。

第十九回　林冲水寨大并火　晁盖梁山小夺泊

何涛带领官兵捉拿三阮，何涛被割耳放走。众好汉上梁山，王伦嫉妒，不肯收留，吴用计激林冲火并王伦。林冲仗义，杀死王伦，吴用要林冲坐第一把交椅，林冲辞之。

第二十回　梁山泊义士尊晁盖　郓城县月夜走刘唐

林冲推晁盖为首，吴用、公孙为辅，自己坐了第三把交椅。吴用施计，大败官兵，捉拿黄安，得了不少人马船只，获财物金银无数。方营救白胜谢宋江。宋江济阎婆之困，阎婆为谢宋江，把女儿婆惜与宋江作妻。婆惜与张三通奸。刘唐持金谢宋江，宋江收晁盖谢书。

第二十一回　虔婆醉打唐牛儿　宋江怒杀阎婆惜

阎婆硬逼宋江与女和好。未成，宋江欲给王公棺材钱，发现招文袋忘在家中，招文袋里有晁盖书信和谢金。回到家里，为婆惜陪话，婆惜不给招文袋，以官司相逼，宋江将刀杀之。阎婆骗宋江至衙门告状，众公人不捉拿宋江。唐牛儿又来隔开阎婆，宋江逃走。

第二十二回　阎婆大闹郓城县　朱仝义释宋公明

知县想庇护宋江，只把唐牛儿问罪；阎婆再三哭闹，知县差朱仝、雷横捉拿宋江。宋江藏于家中，朱仝有意放走；雷横不捉拿宋太公。两人只抄宋江和父亲断绝关系的执凭公文回县回话。宋江与兄弟宋清到柴进庄上躲避，撞见正发疟疾烤火的武二郎，武松正要在病好后去拜访他。

第二十三回　横海郡柴进留宾　景阳冈武松打虎

武松被宋江惊出一身汗，疟疾好了。武松要回到清河县探望哥哥，宋江兄弟两个专程相送，与武松结为兄弟。武松到阳谷县地面。在景阳冈打死猛虎。知县赏钱一千贯，武松把钱散与猎户。知县抬举武松为步兵都头。

第二十四回　王婆贪贿说风情　郓哥不忿闹茶肆

武松遇到哥哥武大郎。行至家中，与潘金莲相见。金莲顿生邪心，调戏武松，被武松臭骂一顿。金莲反咬武松调戏她。武松要去东京出差，向哥嫂辞行，遭到嫂嫂冷骂。只劝哥哥安分守己。武大只按武松所说行事。西门庆偶见金莲，一日三进王婆门，王婆贪贿说风情。郓哥到王婆家寻西门庆看破机关，报知武大。

第二十五回　王婆计啜西门庆　淫妇药鸩武大郎

郓哥与武大设计捉奸，武大被打卧床，王婆设计陷害武大。金莲用砒霜毒死武大。西门庆心怀鬼胎，宴请团头何九叔，何疑之，看了武大尸首后惊倒。

第二十六回　偷骨殖何九叔送丧　供人头武二郎设祭

何九叔假昏，听夫人言，收下武大骨殖并西门庆给的十两银子。武松回家，引何九叔、郓哥到县府告状，知县得了西门庆贿赂，把武松驳了回来。武松酒请四邻，寻下淫妇、王婆口供，挖了金莲心肺五脏，割下狗头，又到狮子楼把西门庆倒跌街心割下头来，并金莲头一处供于武大灵前。

第二十七回　母夜叉孟州道卖人肉　武都头十字坡遇张青

武松告官，府尹送他到东平县，陈府尹给他减了罪，解赴武松到孟州交割。中途遇母夜叉孙二娘，没有喝其蒙汗药酒，假装昏死，二娘来拖，就势按她在地下。菜园子张青出来解除了误会。

第二十八回　武松威镇安平寨　施恩义夺快活林

张青要做翻两个公人，引武松去二龙山落草。武松不让伤害两个公人。来到东平府，不主动给差拨行贿，愿挨一百杀威棒。多亏施恩相助，未遭杀威棒、盆吊、土布袋之刑。小管营施恩厚待武松，言说要他将息半年三五个月，有事相央。武松听了不吃酒，去天王堂前把那三五百斤重的石头只一撇，打下地里一尺来深，又掷起，离地一丈来高，神力惊人。

第二十九回　施恩重霸孟州道　武松醉打蒋门神

施恩告诉武松与蒋门神争夺快活林失利一事，武松要立即为施恩报仇，并与施恩结为兄弟。武松喝了许多酒，来到快活林，在“河阳风月”酒肆将蒋门神夫人丢进酒缸。给蒋门神使了个玉环步，鸳鸯脚，打得蒋门神告饶。

第三十回　施恩三入死囚牢　武松大闹飞云浦

蒋门神把快活林酒店归还旧主施恩。施恩敬重武松，重霸快活林。张都监请武松来家，酒肉相待。灌醉武松，设计擒拿，指使知府将武松下入死囚牢里。施恩给康节级、叶孔目各一百两银子，以保武松性命。武松被脊杖二十刺配恩州牢城。半路施恩送衣送吃，备说蒋门神复夺快活林之事，在飞云浦，武松杀死四个公人，奔孟州城里来。

第三十一回　张都监血溅鸳鸯楼　武行者夜走蜈蚣岭

武松在鸳鸯楼，杀死蒋门神、张团练、张都监，连夜越城而走。孟州知府着人缉拿武松，张青介绍武松到二龙山宝珠寺鲁智深、杨志处去。孙二娘母夜叉教武松打扮成行者，当时来到蜈蚣岭，与庵里假扮出家与女人调笑的先生斗将起来。

第三十二回　武行者醉打孔亮　锦毛虎义释宋江

在蜈蚣岭杀了王道人。救了张太公家女儿，来到白虎山孔太公庄上，为讨酒肉，打了孔亮。跌进溪里，醉中被孔明孔亮捉拿，却被在此庄上居住的宋江搭救。武松表示要去二龙山落草，“异日不死，受了招安。”宋江鼓励他归顺朝廷青史留名。宋江夜来清风山，与燕顺、王矮虎、郑天寿相会。王矮虎劫一妇人到自己房中，宋江问明是花荣同僚刘高的妻子，便跪拜在地，要王英放她回去，并许下日后与王英娶一个妻子的诺言。

第三十三回　宋江夜看小鳌山　花荣大闹清风寨

宋江投花荣处，劝花荣与刘知寨和好。元宵佳节，宋江月夜鳌山前观灯，刘知寨夫人指他为贼，刘知寨派人捉了，花荣带人救回宋江。宋江当晚去清风山躲避，又被刘高所捉，黄信与刘高设计骗花荣到清风寨内，和宋江一起解青州府来。

第三十四回　镇三山大闹青州道　霹雳火夜走瓦砾场

清风山三好汉燕顺、王英、郑天寿拦路打败黄信，抢回宋江、花荣。慕容知府派秦明来清风山，秦明跌入陷马坑被活捉。众好汉挽留，秦明不肯背负朝廷，来到青州，慕容知府不开城门，言说昨夜秦明引人打城杀人，并把秦明老小头割了拿给秦明看。秦明只好退回。宋江、花荣说明这是要秦明死心塌地的计策。宋江把花荣的妹妹许与秦明。秦明单骑来清风寨，说转黄信入伙。

第三十五回　石将军村店寄书　小李广梁山射雁

传说朝廷要来征剿，宋江要大家去梁山泊入伙。中途宋江收到宋清家书，知父病丧，在本乡村口张社长处听到老父不死，大骂兄弟写假书信。宋太公说明怕宋江落草，做个不忠不孝的人，因此叫石勇捎书去叫他回。宋江拜了父亲，当晚即被新来都头赵能赵得团团围定。

第三十六回　梁山泊吴用举戴宗　揭阳岭宋江逢李俊

宋江主动就缚，被刺配江州牢城，宋太公相送，教宋江不可入伙，免做不忠不孝之人。不虞中途被刘唐截住，宋江借刀自刎，不愿落草，严尊父教，揭阳岭在李立酒店被蒙汗酒麻翻。在扬子江撑船为生的李俊赶来相救，李立劝他不要去江州，宋江不肯。在揭阳镇上资助卖膏药的薛永，被一大汉所打。

第三十七回　没遮拦追赶及时雨　船火儿大闹浔阳江

张艄公（张横）救宋江过浔阳江，在江心几乎被谋财害命，李俊赶紧来相救。与揭阳一霸穆弘穆春相见。宋江来到江州府，蔡九知府（蔡太师第九子）当厅。管营着宋江做了抄写文案的人。

第三十八回　及时雨会神行太保　黑旋风斗浪里白条

戴宗向宋江索取常例银，宋江不给，取出吴用书信，与戴宗相认。宋江与戴宗手下的小牢子李逵相见。李逵拿了宋江十两银子去赌，输了不认账，抢走别人的银两。宋江把银子还给小张乙，并给了被李逵所打之人的将息钱。宋江、戴宗、李逵三人上琵琶亭，宋江热情招呼李逵吃肉喝酒，李逵因放走活鱼，被张顺淹得半死。宋江叫戴宗拿出张横书信，喝住张顺，救了李逵。

第三十九回　浔阳楼宋江吟反诗　梁山泊戴宗传假信

宋江来到浔阳楼自饮自吃，吟反诗两首。无为军通判黄文炳于浔阳楼上发现宋江反诗，蔡九知府下令捉拿。宋江装疯。蔡九知府闻知是假疯，把宋江下到死囚中，派戴宗去东京报告蔡太师。戴宗被朱贵领上梁山泊，吴用教戴宗赚萧让（书法家）金大坚（雕刻家）上山，假造蔡京回书。

第四十回　梁山泊好汉劫法场　白龙庙英雄小聚义

黄文炳道破假回书上破绽，戴宗被打成招，下进牢里，斩首之日，梁山好汉及李逵来救，李逵不分官兵百姓，举斧乱砍，晁盖喝止不听。二十九条好汉在白龙庙聚义。

第四十一回　宋江智取无为军　张顺活捉黄文炳

众好汉大败江州官军，到穆太公庄上饮酒。宋江提议攻打无为军，派侯健、薛永、白胜去城内做内应。石勇、杜迁扮为乞丐在城门左右埋伏。用火烧了黄文炳的家，拿走银钱。黄文炳从江州回家，在船上被李逵，张顺擒拿。李逵割黄文炳的肉给众头领下酒吃。宋江表示死心塌地入伙落草。晁盖坐第一把交椅，李逵提出要晁盖当大皇帝，宋江当小皇帝。

第四十二回　还道村受三卷天书　宋公明遇九天玄女

宋江不听晁盖劝阻，回家搬取老父，被官军追赶，进还道村避难，在玄女庙神橱里躲避。九天玄女用酒、枣相待宋江，又赐三卷天书，赠四句诗。天明欲回。李逵来救，晁盖又派人接宋太公上山，与宋江相会。公孙胜要回家搬母，李逵也要回家搬母。

第四十三回　假李逵剪径劫单人　黑旋风沂岭杀四虎

李逵回家搬母，途中遇李鬼冒名自己剪径打劫，未杀，给银十两。后知受骗，杀了李鬼，李鬼妻逃走。回家见娘，娘双目失明，李逵骗娘说做了官，接娘享受。哥哥李达回家，揭穿李逵秘密，并去财主家要领人捉拿李逵。李逵给他留下一锭大银走了。李达领人亦不去赶。背娘至沂岭，给娘取水，娘被虎吃，连杀子母四虎，被众猎户迎至曹太公庄上，被李鬼老婆认出，曹太公设计灌醉，报告知府。朱贵朱富救得李逵性命，李逵杀了曹太公、里正及李鬼老婆。

第四十四回　锦豹子小径逢戴宗　病关索长街遇石秀

晁、宋、吴派戴宗往蓟州探望公孙胜，中途遇见公孙胜推荐上梁山的杨林，在饮马川遇见邓飞、孟康。又与铁面孔目裴宣相见。戴宗、杨林来到蓟州城未找见公孙胜。一日遇见杨雄与张保厮打，拼命三郎石秀助杨雄赶走张保。二人结为兄弟，杨雄引见石秀回家与新娶寡妇潘巧云相见。戴宗、杨林寻公孙胜不见，回饮马川同裴宣、邓飞、孟康等人一起上梁山。潘公、石秀开肉铺。

第四十五回　杨雄醉骂潘巧云　石秀智杀裴如海

潘巧云与报恩寺和尚裴如海来往。石秀发现，与杨雄设计捉拿裴、潘。杨雄酒醉回家大骂潘巧云，潘巧云诬陷石秀调戏她。杨雄怀疑石秀，石秀相辞而去，住在客店，五更捉住知情的胡道人，问明底里，杀了胡道人，又扮做胡道人杀了裴如海。

第四十六回　病关索大闹翠屏山　拼命三火烧祝家店

杨雄悔悟，与石秀到翠屏山杀了潘巧云，和来古坟掘觅东西的鼓上蚤时迁一起，要去梁山泊。三人来郓州地面的祝家店吃酒，听到店中小二哥介绍了祝家庄的情况。石秀讨刀未遂，时迁又偷了报晓的鸡来下酒，小二哥发现，叫出几条大汉，被石秀、时迁打跑了。石秀放火烧了酒店，半路被庄客追赶，时迁被挠钩绊倒擒拿了。杨雄、石秀在一酒店遇见曾被杨雄救过命的杜兴。

第四十七回　扑天雕双修生死书　宋公明一打祝家庄

杜兴介绍祝家庄、扈家庄、李家庄三家誓盟，共拒梁山的情况及李家庄主扑天雕李应。李应修书去祝家庄取时迁，被祝氏三杰臭骂一顿，扯了书札。李应与祝彪在独龙冈前交锋，被祝彪射中臂膀，杨雄、石秀回梁山泊搬兵。宋江带两路人马，到独龙山前安寨，派石秀、杨林去看路径，石秀在酒店遇到钟离老人，问了盘陀路，方知遇见白杨树便转弯才是活路，否则都是死路。杨林因不知盘陀路被捉。宋江不见石秀、杨林，急于救人，杀奔祝家庄来，中计被围。

第四十八回　一丈青单捉王矮虎　宋公明二打祝家庄

宋江迷了盘陀路，石秀说明遇见白杨林转弯的道理，并说明烛灯为号的秘密，花荣射灭烛灯，使敌伏兵慌乱，方逃出去，镇三山黄信被捉。杨雄出主意去会李应。李应不见宋江，杜兴说明三庄结盟情况，讲明进攻时间宜昼不宜夜，攻门宜夹攻不宜只攻前门等。宋江引三路兵来到独龙冈前。两路兵把住祝家庄前后门。一丈青扈三娘捉了王矮虎。林冲捉了扈三娘。晁盖派吴用前来助战，宋江表示破敌决心。吴用献计。

第四十九回　解珍解宝双越狱　孙立孙新大劫牢

毛太公毛仲仪赖解珍解宝打死的老虎，又买通了包节级，要害死兄弟二人，登州兵马提辖孙立及孙新、顾大嫂、邹渊、邹润等劫牢报仇，投奔梁山，适逢宋江两打祝家庄失利，愿做内应，以此功作为入伙之礼。

第五十回　吴学究双掌连环计　宋公明三打祝家庄

扈家庄扈成牵牛担酒，来讨扈三娘。宋江、吴用要求他不要协助祝家庄。孙立扮作对调来郓州把守的登州提辖，与栾廷玉及祝朝奉、祝氏三杰相见。并捉得石秀，取得信任，作为内应，杀死祝氏三杰；李逵烧了扈家庄。宋江谢绝了钟离老人，免烧庄院，给村民粮赏，凯歌归山。宋江、吴用设计截李应入伙。宋江让一丈青扈三娘与王矮虎结婚。

第五十一回　插翅虎枷打白秀英　美髯公误失小衙内

宋江与吴用商议各头领重新分工。雷横不愿上山入伙。他打死与知县相好的白秀英，被押进牢里，雷母央求朱仝节级，朱仝在一家酒店开枷放了雷横。朱仝被断配沧州，知府留他在本府听候使唤。七月十五日朱仝抱四岁小衙内往地藏寺看点放河灯，在水陆堂放生池边与雷横说话，朱仝先不愿入伙。吴用使计教李逵杀了小衙内，朱仝怒追李逵到柴进庄上，柴进说明底里，吴用、雷横、朱仝、李逵相见。

第五十二回　李逵打死殷天锡　柴进失陷高唐州

朱仝要杀黑旋风，方才入伙，柴进只得暂留李逵。吴用及雷、朱先上山。柴进叔叔柴皇城，宅后院花园被高太尉的叔伯兄弟，新任知府高廉带来的妻舅殷天锡所占，李逵打死殷天锡，柴进被高廉下在牢里。宋江引军与高廉三百飞天神兵对阵，高廉使起神法，林冲等败退五十里下寨。宋江使回风返火之法。高廉又使神兽之法，宋江又败。高廉使风雨之法劫寨扑空，被杨林箭射左臂。

第五十三回　戴宗智取公孙胜　李逵斧劈罗真人

戴宗、李逵奉宋江、吴用之命，离高唐州去蓟州找公孙胜。一天到素面店吃饭，从一老人口中得知公孙胜在九宫县二仙山。戴宗去见，被公孙老母回绝。戴宗叫李逵去屋里打闹，公孙胜只好出来，以老母年迈，罗真人不放为由不去梁山。李逵于五更偷去松鹤轩，斧劈罗真人。罗真人使白手帕捉弄李逵，戴宗再三央求，罗真人派黄巾力士从蓟州牢中救李逵回来。

第五十四回　入云龙斗法破高廉　黑旋风探穴救柴进

罗真人教公孙胜八个字："逢幽而止，遇汴而还。"公孙胜使出神法，使高廉所使兽行法尽现原形，高廉劫寨，被公孙使法把三百神兵杀个尽绝。吴用假做援军到来。高廉出城迎接，城被夺，人被杀。节级蔺仁，藏柴进于枯井中，李逵下井，吊他上来。呼延灼奉命征剿梁山义军。

第五十五回　高太尉大兴三路兵　呼延灼摆布连环马

呼延灼保荐韩滔、彭玘为正、付先锋。分三路往梁山泊来。一丈青用红锦套索俘虏了彭玘。宋江释放彭玘表示只待圣主宽恩，赦宥重罪，忘生报国。二次交战，宋江被连环马打败。呼延灼通过高太尉调来轰天雷凌振，造炮攻打山寨。宋江设计擒得凌振上山。众将商议破连环马，金钱豹子汤隆献人献军器。

第五十六回　吴用使时迁盗甲　汤隆赚徐宁上山

汤隆言他能造破连环马的钩连枪，要使钩镰枪却需要他的姑舅哥哥徐宁。而徐宁上山，又需先把他的雁翎锁子甲盗来。吴用差鼓上蚤时迁盗甲。时迁去东京盗得徐宁雁翎锁子甲，转与戴宗拿上梁山。汤隆假装和徐宁、时迁追赶盗甲之人，碰上乐和赶车，一起上坐。乐和用麻药麻翻徐宁，赚上梁山，教习钩镰枪法。

第五十七回　徐宁教使钩镰枪　宋江大破连环马

连环马被破，韩滔被徐宁说转入伙。呼延灼逃走，在酒店被桃花山周通、李忠盗了御赐好马，呼延灼领兵讨马，李中、周通写信要二龙山鲁智深、杨志、武松帮助，三头领和呼延灼交锋，不分胜负。因白虎山孔明、孔亮要向青州借粮，慕容知府要呼延灼回青州城。呼延灼捉了孔明、孔亮逃回，遇见武松、鲁智深、杨志，四人商议联络桃花山周通、李忠一起攻打青州。

第五十八回　三山聚义打青州　众虎同心归水泊

杨志主张联合梁山泊宋江一起攻打青州，宋江答应出兵。宋江、吴用、花荣设计擒获呼延灼。宋江为之去缚，声称权借水泊避难，只待朝廷招安，呼延灼愿留山寨，引得几个头领假装逃回城里，杀了慕容知府，桃花、二龙同归梁山。鲁智深和武松去少华山请史进入伙，史进被华州贺太守拿在牢里。鲁智深去救，被贺太守擒拿。

第五十九回　吴用赚金铃吊挂　宋江闹西岳华山

宋江引三路人马来少华山，赚宿元景太尉上山；又派人假扮太尉，杀了贺太守，救了史进，鲁智深、宋江对宿太尉毕恭毕敬，表示要归顺朝廷。徐州县芒砀山中攀端、项充、李衮要吞并梁山泊，宋江派林冲收擒，林冲初战大败。

第六十回　公孙胜芒砀山降魔　晁天王曾头市中箭

公孙胜设诸葛亮摆石为阵之法，擒了项充、李衮，二将又去说服攀端，归顺宋江。晁盖攻打曾头市，因轻信被诱入包围圈，面颊中史文恭毒箭，回山身亡，众头领推宋江为山寨之主，宋江改聚义厅为忠义堂，主张替天行道，重新安排座次，欲取北京大名府玉麒麟卢俊义。

第六十一回　吴用智赚玉麒麟　张顺夜闹金沙渡

吴用和李逵同往北京劝说卢俊义上山。吴用给卢俊义算卦，百日之内，尸首异处。说去东南千里之外可避此难，并留四句歌给卢。卢俊义留燕青在家，身带李固要去山东太安州避难烧香观景，中途经过梁山泊，被众好汉轮番相斗，逃至李俊船上，被三阮、张顺等翻船落水。

第六十二回　放冷箭燕青救主　劫法场石秀跳楼

卢俊义被张顺擒拿，宋江带头领动着鼓乐迎接，要卢俊义上山坐第一把交椅，卢不肯。众头领轮流请客，卢俊义住了两个多月。李固与卢俊义娘子结婚，并到官府告发。卢俊义回城，被李固设伏绑送梁中书前。屈打成招，下入死牢。燕青讨饭给主人吃。柴进和戴宗买通两院节级蔡福，卢俊义被脊杖二十，刺配三千里外沙门岛，李固收买防送公人董超、薛霸杀害卢俊义。卢俊义被燕青所救，要上梁山，中途被捉拿，燕青告知宋江；石秀奉宋江之命到北京打听卢员外消息。适逢斩首卢员外，石秀从酒楼上跳将下去，吓跑蔡福、蔡庆，抢走卢俊义。

第六十三回　宋江兵打北京城　关胜议取梁山泊

卢俊义、石秀被擒，下于死牢，梁山泊好汉散发没头帖数十张，梁中书不敢杀害卢员外及石秀，派索超于城二十五里外飞虎峪下寨，等待梁山泊来人与之厮杀。梁山泊人马，大战索超，大名府危急。蔡京大惊，关胜献围魏救赵之计，主张攻打梁山泊。

第六十四回　呼延灼月夜赚关胜　宋公明雪天擒索超

吴用识破关胜围魏救赵之计，逐步退兵。花荣、林冲埋伏飞虎峪两边，打退追兵。宋江兵回梁山。张横劫关胜之寨被俘。三阮、张顺救张横，阮小七中伏被俘。呼延灼诈降，关胜不疑，夜晚偷营，关胜被擒。忠义堂上，宋江重待关胜，关胜先欲就死，后为义气所感入伙，成了攻打北京的前部前锋。一交战便打败索超，吴用又故意输于索超一战，使他欢喜入城。吴用雪天掘下陷坑，引索超追来，被伏兵擒拿。

第六十五回　托塔天王梦中显圣　浪里白条水上报冤

梁中书坚守不出，宋江礼待索超，索超归顺梁山。宋江染病，张顺要到建康府请安道全来医治，在扬子江船上被张旺投入水中，盗去盘缠。张顺咬断绳索，在王定六帮助下到建康府，杀了李巧奴，逼安道全上山。又在扬子江船中把张旺扔下去，说服王定六上梁山。戴宗使神行法接安道全上山，医好宋江疾病。吴用要在春秋时节打下北京，救取卢俊义并石秀。

第六十六回　时迁火烧翠云楼　吴用智取大名府

吴用要在元宵节时，先于北京城中埋伏，里应外合，破城救人。吴用又告诉宋江东京蔡太师力主招安之意。北京城元宵放灯。梁山泊宋江守寨，吴用引八路人马进驻城下。时迁在北京翠云楼放火，城中大乱，梁中书四个城门冲不出去。后从南门夺路而走。城内柴进救出卢俊义、石秀，捉了李固、贾氏。

第六十七回　宋江赏马步三军　关胜降水火二将

宋江要让卢员外坐前位，卢不允，武松、李逵亦不乐，吴用说："尔后有功却再让位。"宋江方允，并犒赏三军。谏议大夫赵鼎主张招安，蔡京主张剿捕。天子革赵鼎之官，蔡京举荐单廷珪魏定国剿捕梁山好汉。关胜得到宋江允许，同宣赞、郝思文一起，要擒单廷珪（圣水将军）、魏定国（神火将军）。关胜用大刀使单廷珪落马，单愿降。魏定国使神火打败关胜，城里却被李逵放火烧了，不敢回城，于中陵县屯住。关胜围城，单廷珪、关胜劝说魏定国降了梁山泊。

第六十八回　宋公明夜打曾头市　卢俊义活捉史文恭

曾头市郁保四拦梁山好马二百余匹，宋江要与之战，想叫卢俊义为前部先锋，夺得战功，便让尊位，吴用则反其意，只叫卢俊义去平川埋伏。宋江与曾家军对阵，五次交锋，各有胜负。吴用施计，大败曾家军，活捉史文恭。忠义堂上，将史文恭剖腹剜心，享祭晁盖。宋江让卢俊义坐尊位，吴用等不同意。

第六十九回　东平府误陷九纹龙　宋公明义释双枪将

宋江与众头领打东平府，卢俊义与众头领打东昌府。宋江到东平府前，先差郁保四、王定六给董平下战书，董平打了来使，激怒宋江，派史进与旧相识李瑞兰相见，被李瑞兰父亲告于程太守，史进被下死牢。吴用跑来用计，要宋江打汶上县，宋江围城，董平出战，中计被俘。董平因婚事与程太守不和，投降宋江，引兵入城，夺得程太守女儿。

第七十回　没羽箭飞石打英雄　宋公明弃粮擒壮士

卢员外攻打东昌府，因遇没羽箭张清，吃了败仗。宋江前去助战，被张清用石子打中一十五员大将。吴用教用粮草车子和船只赚张清出城劫粮，张清去抢水中船上粮食时被水军头领擒拿。吴用又使人打进东昌府内。张清被宋江义气所动，愿降。又荐兽医皇甫瑞上山。

第七十一回　忠义堂石碣受天文　梁山泊英雄排座次

忠义堂上做醮七日，每日三朝，恳求上苍，拜求报应。石碣天书，替天行道，忠义双全；一〇八人排座次，对天盟誓。宋江在菊花会上酒醉赋词，盼望招安。武松、李逵大闹菊花会，反对招安，宋江欲斩李逵，众人劝阻，监之，宋江酒醒，悲念李逵，并说服武松、鲁智深，要去招安。宋江要私去东京观灯。

第七十二回　柴进簪花入禁苑　李逵元夜闹东京

宋江、柴进扮作闲凉官，同戴宗、李逵、燕青来到李师师家，给钱，与之饮酒，李逵不满而骂。宋江欲让李师师启奏皇上，李师师不懂；适逢此时皇上来了，宋江等三人商议要就此告一道招安赦书，未商量妥，李逵用交椅打倒杨太尉，用火烧李师师家。宋江等先自出城，吴用派人接了。李逵、燕青还在城内。

第七十三回　黑旋风乔捉鬼　梁山泊双献头

李逵替狄太公捉鬼，杀了狄太公女儿和奸夫王小二。刘太公说他十八岁的女儿被宋江抢去了，李逵到忠义堂扯了杏黄旗，与宋江以头相赌。经对证后不是宋江，李逵负荆请罪，去牛头山杀了强贼，救了刘女，回山。

第七十四回　燕青智扑擎天柱　李逵寿张乔坐衙

燕青往太安州和擎天柱任原相扑，使鹁鸽旋，把任原撺下献台。任原徒弟起哄，李逵动怒相打，卢俊义等接燕青回山，不见李逵，派人去寻。李逵到寿张县县衙，装作县官判案，放了打人的人，枷了吃打的人。又去学堂吓跑教师，吓哭学生。被穆弘拖回。天子听了御史大夫崔靖的启奏，差陈宗善太尉去梁山泊招安，以拒辽兵。

第七十五回　活阎罗倒船偷御酒　黑旋风扯诏骂钦差

陈宗善领着东京蔡京派来的张干办，高俅派来的李虞候，带十瓶御酒，来到济州，太守张叔夜力主办成招安一事。梁山泊内，宋江力主招安，以为此方算得“正果”。吴用等对招安持怀疑态度。阮小七用十瓶村醪水白酒换掉了御酒送上金沙滩去。肖让读诏。诏中要宋江领人去东京免罪。李逵从梁上跳下来，扯碎诏书，揪打陈太尉，被宋江、卢俊义抱住。宋江打开御酒，尽是村醪白酒，众人骇然。宋江、卢俊义送走太尉，吴用主张先打后商量。皇帝派东厅枢密使童贯为大元帅，前往征剿梁山泊。

第七十六回　吴加亮布四斗五方旗　宋公明排九宫八卦阵

陈太尉招安梁山失败，朝廷派大军征剿，枢密使童贯率八州都监、两名上将领十万大军出征。宋江点起众好汉在水泊边迎战。吴用布置四斗五方旗，摆下了九宫八卦阵，梁山好汉阵中扬威，官军胆寒。头一阵秦明打死敌将陈翥，童贯大败。

第七十七回　梁山泊十面埋伏　宋公明两赢童贯

童贯战败后又重振旗鼓与宋江等人再战，没想到被浪里白条张顺戏弄于水上、虚晃一枪，继而被美髯公朱仝、插翅虎雷横、霹雳火秦明、大刀关胜、双鞭呼延灼等梁山好汉所带领的大军十面埋伏、围追堵截，得胜后，梁山众将领论功行赏、犒赏三军。这次得胜所采用的是智多星吴用的十面埋伏之计。

第七十八回　十节度议取梁山泊　宋公明一败高太尉

宋江派戴宗、刘唐去东京打探消息。高俅向皇上隐瞒宋江希望招安一事，亲领十节度使，水陆征剿。吴用使董平、张清在凤尾坡拦路打了王文德。第一次交战，林冲与王焕不分胜负，呼延灼打死节度使荆忠，项元镇箭射董平。水路刘梦龙逃走，党世雄被捉。这十节度使，旧日都是绿林丛中出身，后来受了招安。

第七十九回　刘唐放火烧战船　宋江两败高太尉

张清捉了韩存保。宋江礼待党世雄、韩存保，表白招安之心，二人回去高俅欲斩，众人劝阻。再战，高俅败回济州。梁山泊里，宋江招安心切，吴用施用计策，设下伏兵。

第八十回　张顺凿漏海鳅船　宋江三败高太尉

高俅移改诏书，吴用识破诡计，众头领大战一场而归。高俅听从叶春之计，造海鳅船。张顺等凿漏海鳅船，高俅落水，宋江对高俅以礼相待，尽述委屈之情，表示招安之意。酒醉，高俅与燕青相扑，高俅出丑。萧让、乐和承高俅进京见天子，以求招安，高俅留闻焕章于梁山为信。

第八十一回　燕青月夜遇道君　戴宗定计出乐和

吴用对高俅不信任，对招安不抱希望。宋江派戴宗、燕青带上闻焕章给宿元景太尉的书信，前往东京（开封）。燕青来李师师家歇宿，天子私行妓馆，李师师荐燕青面见天子，燕青备说两次招安经过，天子方知受了童贯与高俅之蒙蔽。燕青持闻焕章书信见宿元景，宿元景收礼在心。燕青、戴宗于半夜四更救乐和、萧让出高俅花园。

第八十二回　梁山泊分金大买市　宋公明全伙受招安

天子临朝，大骂童贯、高俅，夸奖宋江。宿元景招安来到济州。宋江等众头领迎接宿元景上山，饮酒作乐相庆。梁山泊买市十日，宋江要起送各家老小还乡，吴用劝阻，让招安事成再送不迟。宋江率领众多人马，经济州到东京，红旗上写“顺天”“护国”等字样。宋江等接受天子检阅。皇上于文德殿接见众义士。又有人要一百零八人分散归回本地。童贯要赚众将入城剿灭，天子不决。宿太尉大骂奸臣，启奏天子。

第八十三回　宋公明奉诏破大辽　陈桥驿滴泪斩小卒

宿元景要宋江等去破辽，功成封官，天子大喜，大骂童贯等。宋江、吴用回山寨，焚化晁盖灵牌，遣送各老小还乡。天子赐宋江诸军一人酒一瓶，肉一斤。朝廷官员从中作弊，酒扣半瓶，肉扣半斤。军校发现，杀死厢官，宋江滴泪斩杀军校。在密云县与番兵交战，连胜两阵。吴用用计，水陆并用，打破檀州。

第八十四回　宋公明兵打蓟州城　卢俊义大战玉田县

宋江得檀州后，攻打蓟州，先使石秀、时迁于城内放火，宋江在外加紧攻城，番将弃城而逃，宋江进驻蓟州。

第八十五回　宋公明夜渡益津关　吴学究智取文安县

辽国派欧阳侍郎来蓟州招安，吴用有背宋归辽之心，宋江以忠义为重，不愿背负朝廷，宁愿青史留名，吴用只好同意。辽国使者欧阳侍郎又来招安，宋江佯为同意，里应外合，打开霸州，卢俊义回守蓟州。

第八十六回　宋公明大战独鹿山　卢俊义兵陷青石峪

宋江、卢俊义不听吴用、朱武之言，深入幽州，卢俊义被困青石峪。宋江领兵打进青石峪，解救了卢俊义，杀了辽统帅贺统军，得幽州。

第八十七回　宋公明大战幽州　呼延灼力擒番将

宋江听吴用计，于幽州城外摆成九宫八卦阵，兀颜小将要破八卦阵，被呼延灼活捉。李金吾欲救之，被秦明打死。兀颜统军率琼、寇二将出战，琼将军被花荣射中，被史进打死。寇将军被孙立打死。

第八十八回　颜统军阵列混天象　宋公明梦授玄女法

兀颜统军摆太乙混天象阵，宋江兵败。二次交锋，李逵被捉。吴用施计，用兀颜小将军对换李逵。吴用要守，等番军杀来再战，宋江听呼延灼之言，领兵杀去大败而回。御前八十万禁军枪棒教头王文斌给宋江军兵送“御赐衣袄”，愿破辽兵混天阵势，不想被辽将砍死马下。九天玄女授以相生相克之理，教以破辽军的阵法。

第八十九回　宋公明破阵成功　宿太尉颁恩降诏

宋江破混天象阵，打死兀颜统军。兵至燕京，辽主投降。辽国丞相褚坚贿赂四大奸臣，启奏天子，让宋江罢兵，存辽国以做屏障。宋江回京。所取檀州、蓟州、霸州、幽州依旧归还。

第九十回　五台山宋江参禅　双林镇燕青遇故

宋江等于文德殿前朝见天子，天子欲封，蔡京、童贯故意拖延。戴宗、石秀出陈桥驿闲玩在酒店吃酒时，听一公人说河北田虎作乱。

第九十一回　宋公明兵渡黄河　卢俊义赚城黑夜

宋江奏过天子，要求征剿田虎。天子宣入之朝，封宋江为平北正先锋。宋江率兵来卫州屯扎。卢俊义夺得陵川，杀死董澄、沈骥，活捉耿恭，又使耿恭扮作陵川逃军，至高平城内，与卢俊义里应外合，破了高平。宋江从吴用之计，攻打盖州。

第九十二回　振军威小李广神箭　打盖郡智多星密筹

宋江统领五路军马，攻打盖州不下，向降将耿恭了解城中情况，杀退了晋宁来的援兵。

派石秀、时迁偷偷入城，扮作北军，放火烧了草料场和神祠。解珍、解宝趁机入城，里应外合夺了盖州，守将钮文忠带兵逃走。

第九十三回　李逵梦闹天池　宋江兵分两路

宋江于宣和五年元旦在盖州与众兄弟饮酒赏雪。李逵于睡梦中到天池岭山林打抱不平，老夫妇要把女儿许与他，他不要。走到文德殿，皇帝封他做值殿将军，杀了蔡京、童贯、杨戬，高俅四个贼子。又遇老母，背往宋江城中。李逵与众兄弟俱述梦中之事，众兄弟齐称快当。

第九十四回　关胜义降三将　李逵莽陷众人

宋江东路，卢俊义西路，宋江执杯对卢俊义说："生擒田虎，报效朝廷，同享富贵。"宋江经过李逵梦中所见的天池岭，来到壶关。两次交锋取胜。唐斌与宋江献城投降，事成，壶关破。宋江兵攻昭德。田虎手下乔道清做起妖法，李逵、新降将唐斌插翅难飞。

第九十五回　宋公明忠感后土　乔道清术败宋兵

唐斌、李逵被活捉，耿恭逃回。宋江不听吴用劝告，往救李逵，被乔道清打得大败。前临大江，后有追兵，欲要自刎，却被土神所变的奇异之人所救。攀瑞两使法术，斗不过乔道清，圣水将军单廷珪，神火将军魏定国均被乔道清打败。

第九十六回　幻魔君术窘五龙山　入云龙兵围百谷岭

公孙胜斗败乔道清，宋江等为防其入城固守，追至五龙山，与之相斗大败乔道清，乔道清欲进昭德之城而不得，逃至百谷岭神农庙中。

第九十七回　陈瓘谏官升安抚　琼英处女做先锋

城中将士放出被俘宋将，向宋江投降。卢俊义攻克晋宁城，义释孙安。孙辽与乔道清同乡，往百谷岭神农庙，说了罗真人"遇德魔降"的法语，说了公孙胜要点化他归正道的用心，乔道清愿意投降，并拜公孙胜为师。戴宗往东京报捷，宿太尉奏过天子，陈瓘亲临河北监战。田虎处，邬梨国舅愿往出征，并荐小女琼英为前部先锋，田虎封为郡主。

第九十八回　张清缘配琼英　吴用计鸩邬梨

琼英本非邬梨女，其母因不愿给田虎做压寨夫人而跳下高冈撞死。琼英早欲为母报仇。邬梨被孙安手中军士冷箭身中脖项。这一阵丢失鲁智深。叶清以求医为名，来宋江寨中说明琼英身世，吴用将计就计，派张清、安道全、叶清同往北军，给邬梨看病，取得信任，以做内应。张清假名全羽，与琼英结婚，鸩死邬梨。

第九十九回　花和尚解脱缘缠井　混江龙水灌太原城

在汾阳城东郭，戴宗正追的马灵，被鲁智深打翻，鲁智深先前自襄垣城外跌入缘缠井，后被一道人指与路径，方得出井。三人来到汾阳，马灵投降，卢俊义计议征进。田虎离威胜城望邬国舅处来。李俊趁连日大雨引智伯渠及晋水，灌浸太原城。

第一百回　张清琼英双建功　陈瓘宋江同奏捷

叶清、张清、琼英于襄垣城外计捉田虎。琼英假作保护田虎进威胜城，又遇张清助战，卢俊义领兵来到，踏平威胜城。宋江进驻。

第一百一回　谋坟地阴险产逆　蹈春阳妖艳生奸

宋江接圣旨离威胜向淮西征王庆。田虎被凌迟碎剐，琼英祭奠父母已毕，往宛州来助宋江。王庆父亲为了一块坟地逼得人家倾家荡产，弃地而走，于是生王庆。王庆作为副排军，是个好色之徒，与童贯养女，蔡京孙媳妇勾搭。

第一百二回　王庆因奸吃官司　龚端被打师军犯

童贯兄弟借故把王庆刺配陕州。王庆在北邙山东一市镇使棒赢了庞元。龚端拜王庆为师，学使枪棒，欲了被黄达所打之仇。

第一百三回　张管营因妾弟丧身　范节级为表兄医脸

王庆助龚端、龚正两弟兄打了黄达，张管营为了妾弟庞元被王庆所打报复王庆。王庆初更杀了张管营并庞元，逃出陕州，被母姨表兄范全领往房州，藏于城外定山堡以东范全所买农田种地躲避。百余日后，范全用安道全的办法治好了脸上金印，官司之事也慢了。

第一百四回　段家庄重招新女婿　房山寨双并旧强人

王庆与段三娘相扑，后结婚。打黄达事发经李助介绍，到房山寨找寨主廖立入伙。廖立怕丢了寨主，拒绝了。王庆杀死廖立，占了房山寨。

第一百五回　宋公明避暑疗军兵　乔道清回风烧贼寇

王庆与房州叛军一处，占了房州，又得南丰府。从李助计，得荆南城池。李助为军师，王庆为楚王。又得宋八座军州，僭号改元。宋江遵君命前来，打败王庆军。

第一百六回　书生谈笑却强敌　水军汩没破坚城

宋江带领军马杀向山南军来，王庆派人应战。宋军杀死了王庆五员大将，把敌军杀得四散而逃，宋军折了文仲容、崔埜，厚葬。縻胜回到山寨报告了段二，段二大怒，左谋献计，让王庆攻打宛州，前后夹攻，段二同意。宋江与吴用商议计谋。縻胜去打宛州，萧让设空城计，打败了縻胜。宋江又假装中计，引人出来，打得王庆的军队大败。宋江等人又决定派卢俊义打西京，宋江打荆南。

第一百七回　宋江大胜纪山军　朱武打破六花阵

宋江统领军马，杀奔荆南，大军所过地方，百姓秋毫无犯。戎马已到纪山地方屯扎。征战数次，互有胜负。吴用设计，令鲁智深等埋伏在岭后，令琼英等在山前讨战，鲁智深等将士从后面杀上山来，一举夺了山寨。前后夹击，破了纪山，大兵兵进荆南。卢俊义带领另一支兵马，长驱直入，来到西京城南伊阙山。城中统军奚胜摆下六花阵，朱武以诸葛亮八阵图法大破六花阵。

第一百八回　乔道清兴雾取城　小旋风藏炮击贼

话说杨志、孙安、卞祥正追赶奚胜到伊阙山侧，不提防山坡后有贼将埋伏，领一万骑兵突出，与杨志等大杀一阵。奚胜得脱，领败残兵进城去了。孙安奋勇厮并，杀死贼将二人。却是众寡不敌。卢俊义计点军马，只不见了冲头阵的杨志、孙安、卞祥一千军马。当下卢俊义教解珍、解宝、邹渊、邹润，各领一千人马，分四路去寻。杨志、孙安、卞祥与一千军士，马疲人困，都于树林下坐以待毙。见了解宝等人马，众人都喜跃欢呼。两阵相对，擂鼓呐喊。卢俊义等驱兵卷杀过去。贼兵大败。乔道清破解妖法，枭了贼将首级，率领降贼来见卢先锋献捷。卢俊义感谢不已。

第一百九回　王庆渡口被捉　宋江剿寇成功

话说当日宋江升帐，诸将听调，王庆调拨军兵抵御，一场大战中，王庆惨败，损兵折将，宋军大胜，王庆逃跑。孙安袭取南丰，王庆的伪妃段三娘被活捉，南丰被攻占。兵败的王庆想回云安，可城已被占，于是投东川，渡江时被李俊活捉。

第一百十回　燕青秋林渡射雁　宋江东京城献俘

燕青秋林渡射雁，宋江赞扬雁为仁义智信五德俱备之禽，不该射之，并因此而郁郁不乐，深有所感。公孙胜相辞，回见罗真人。宋江朝主回来不乐。黑旋风要上梁山，被宋江唾骂。皇上不准入城，众人皆有反意。水军头领与吴用商议欲反，宋江不允，表示自己的忠心。琼英夫被杀后，其子张节和吴玠大败金兀术。方腊出身樵夫，起事后占据八州二十五县。

第一百十一回　张顺夜伏金山寺　宋江智取润州城

宋江派张顺、石秀等四人过江去探听消息。张顺在金山寺探听到了润州陈观父子交结方腊、准备来打扬州的消息。吴用设计，令燕青扮作吕枢密的心腹去劳军，晚上称鲁智深等里应外合，杀了陈将士。宋江命军士穿了南军号衣，驾了三百只船，过江来到润州。赚开城门，混战起来，得了润州。吕枢密退守丹徒县。

第一百十二回　卢俊义分兵宣州道　宋公明大战毗陵郡

宋江请卢俊义商量分兵之事，最后抓阄宋江抓到常州苏州，卢俊义抓到宣州湖州。常州守将金节原本就有归降之心，故意战败，韩滔乘势追击。高可立看见金节被韩滔追赶得紧，射出一箭，把韩滔射下马来。张近仁在咽喉上补了一枪，结果了性命。彭玘要为韩滔报仇，被张近仁一枪毙命。守将金节的妻子秦玉兰劝金节改邪归正，最后金节和宋江联系，献了常州城。宋江攻打宣州时，首战失利，连折八位兄弟。宋江听说后晕倒。

第一百十三回　混江龙太湖小结义　宋公明苏州大会垓

宋江被救醒后，悲叹连折八位兄弟，心想无法克方腊，得吴用安慰，并令卢俊义前去攻打湖州。方腊军吕师囊正遇见三大王带八骠骑守湖州。宋江军派八人迎战八骠骑，结果美髯公刺死苟正，方腊收兵，闭城门不战。宋江无法，正自踌躇，忽有李俊前来报捷，领赏归来，献计给宋江，让他水陆并进，宋江拨童威童猛给他，到太湖中被四人识破，捉拿了，那四人为头的叫费保，却见他们仗义，放了李俊等，结义为兄弟，众人依计破城，武松斩下方貌。大喜中却又听闻又死了施恩孔亮，嗟叹不已。

第一百十四回　宁海军宋江吊丧　涌金门张顺归神

费保与李俊定下约定，待李俊功成，即与四人离去。柴进献计，自愿去打入敌军内部，与燕青同去。燕青临去时报告了军情，宋江军至临平山，与方腊军交手，花荣射死王仁，秦明棍打凤仪。此后在东新桥不见一名敌兵，不敢轻动，一日徐宁郝思文却轻心中计，徐宁中箭，郝思文被杀，宋江又决定以水路进攻。张顺前去放火，却撞动金铃，被敌军发现，乱箭射死。夜来托梦，宋江吊丧。

第一百十五回　张顺魂捉方天定　宋江智取宁海军

宋江与戴宗在西陵桥祭奠张顺，方天定派将来捉。宋兵屡战皆败，后扮作艄公进得城去，里应外合，方才得胜。张顺借张横躯壳杀了方天定，杭州破。

第一百十六回　卢俊义分兵歙州道　宋公明大战乌龙岭

张顺死了，他的哥哥张横病倒了。宋江和卢俊义兵分两路，卢俊义攻打歙州，宋江攻打乌龙岭，为达到里应外合，宋江派柴进假装投降方腊，方腊于是把女儿嫁给了柴进。乌龙岭地势险恶，为了探路，宋江派解珍、解宝上去探路，不想上面的敌人早已察觉，就势乱箭，鹅卵石等都砸下来，可怜兄弟俩都被砸死。又报阮小二攻打钱塘江时，被敌人用钩子钩住，阮小二怕捉住受辱，于是拿一把刀子自尽。

第一百十七回　睦州城箭射邓元觉　乌龙岭神助宋公明

宋江得到百姓指引，从小路来到睦州城下。邓元觉回援，被花荣一箭射死。天师包道乙和郑彪迎战宋江。王英、扈三娘不敌郑彪妖法，夫妻同亡，宋江也被妖法所困，得到乌龙神指引才脱险。武松被包道乙飞剑斩去一臂，凌振炮轰包道乙，关胜刀劈郑彪，鲁智深追敌将失踪，宋江打下睦州城。

第一百十八回　卢俊义大战昱岭关　宋公明智取清溪洞

关胜与童贯，里应外合，占了乌龙岭。李俊、二阮、二童假意投降献粮取得方腊信任，里应外合，攻占了清溪县，方腊逃至邦源洞。

第一百十九回　鲁智深浙江坐化　宋公明衣锦还乡

在方腊身边卧底的柴进阵前倒戈，方腊军覆灭，鲁智深将方腊活捉。虽然取胜，但梁山好汉已经死伤大半，宋江班师，路经杭州。六和寺内，鲁智深听到钱塘江潮信，想起师父赠言大彻大悟，坐化圆寂，武松已成断臂废人，在寺中出家，林冲、杨志、张横、杨雄、时迁等也相继病亡，李俊、燕青看破朝廷险恶，飘然而去。回京后，梁山一百单八将只有二十七人领赏受封。

第一百二十回　宋公明神聚蓼儿洼　徽宗帝梦游梁山泊

宋江任职楚州，上任而去，众好汉分离。阮小七被人陷害丢官，仍回村打鱼，柴进、戴宗也辞官不做。高俅等奸臣贼心不死，一心要害宋江，先在卢俊义酒里下了水银，卢俊义落水身亡。宋江也喝下下了毒的御酒，自知将死，怕死后李逵造反，骗李逵喝下毒酒，两人同死，葬于楚州城外蓼儿洼。吴用花荣闻讯，在宋江坟前大哭一场，双双自缢。宋徽宗梦见宋江冤死，追封旌表梁山好汉。

七、片段赏析

1. 鲁提辖拳打镇关西

郑屠右手拿刀，左手便来要揪鲁达；被这鲁提辖就势按住左手，赶将入去，望小腹上只一脚，腾地踢倒在了当街上。鲁达再入一步，踏住胸脯，提起那醋钵儿大小拳头，看着这郑屠道："洒家始投老种经略相公，做到关西五路廉访使，也不枉了叫做镇关西！你是个卖肉的操刀屠户，狗一般的人，也叫做镇关西！你如何强骗了金翠莲？"扑的只一拳，正打在鼻子上，打得鲜血迸流，鼻子歪在半边，却便似开了个油酱铺，咸的、酸的、辣的，一发都滚出来。郑屠挣不起来，那把尖刀也丢在一边，口里只叫："打得好！"鲁达骂道："直娘贼！还敢应口！"提起拳头来就眼眶际眉梢只一拳，打得眼睖缝裂，乌珠迸出，也似开了个彩帛铺，红的、黑的、绛的都绽将出来。

【赏析】写动作要根据表达需要来写。这里既写了鲁智深拳打的动作，也写了拳打的效果："踏住胸脯，提起那醋钵儿大小拳头——扑的只一拳，正打在鼻子上，打得鲜血迸流，鼻子歪在半边，却便似开了个油酱铺，咸的、酸的、辣的一发都滚出来。……"表现了鲁智深疾恶如仇的性格和力大过人的特点，让人深感痛快。

2. 醉打蒋门神

武松大踏步赶将出来。那个捣子迳奔去报了蒋门神。蒋门神见说，吃了一惊。踢翻了交椅，丢去蝇拂子，便钻将来。武松恰好迎着。正在大阔路上撞见。蒋门神虽然长大，近因酒色所迷，淘虚了身子，先自吃了那一惊，奔将来，那步不曾停住，怎地及得武松虎一般似健的人，又有心来算他。蒋门神见了武松，心里先欺他醉，只顾赶将入来。说时迟，那时快。

武松先把两个拳头去蒋门神脸上虚影一影，忽地转身便走。蒋门神大怒，抢将来。被武松一飞脚踢起，踢中蒋门神小腹上。双手按了，便蹲下去。武松一踅，踅将过来，那只右脚早踢起，直飞在蒋门神额角上，踢着正中。望后便倒。武松追入一步，踏住胸脯，提起这醋钵儿大小拳头，望蒋门神脸上便打。原来说过的打蒋门神扑手：先把拳头虚影一影，便转身，却先飞起左脚，踢中了，便转过身来，再飞起右脚。这一扑，有名唤做“玉环步，鸳鸯脚”。这是武松平生的真才实学，非同小可。打的蒋门神在地下叫饶。武松喝道：“若要我饶你性命，只要依我三件事。”蒋门神在地下叫道：“好汉饶我！休说三件，便是三百件，我也依得。”

【赏析】文中绘声绘色地描写了武松打蒋门神的经过：先是“猛一回身踢中小腹”，痛得蒋门神双手按住肚子蹲下去，可见武松踢得有多重。武松又“飞起右脚，踢在蒋门神额头正中”，蒋门神顿时倒在地上动弹不得，可见武松踢得有多狠。最后，武松一脚踏在蒋门神的胸脯上，提起醋钵儿大小的拳头，往蒋门神脸上打，打得蒋门神连声求饶，可见武松的拳法很了得。武松这伸张正义、惩治恶人的三招，一招比一招厉害，让打的人解气，让看的人解恨。一位疾恶如仇、扶危济困 、重义轻财、有勇有谋的肝胆英雄便活生生地显现在我们面前。

3．武松打虎

原来但凡世上云生从龙，风生从虎。那一阵风过处，只听得乱树背后扑地一声响，跳出一只吊睛白额大虫来。武松见了，叫声：“阿呀！”从青石上翻将下来，便拿那条哨棒在手里，闪在青石边。那个大虫又饥又渴，把两只爪在地下略按一按，和身望上一扑，从半空里撺将下来。武松被那一惊，酒都做冷汗出了。说时迟，那时快，武松见大虫扑来，只一闪，闪在大虫背后。那大虫背后看人最难，便把前爪搭在地下，把腰胯一掀，掀将起来。武松只一躲，躲在一边。大虫见掀他不着，吼一声，却似半天里起个霹雳，振得那山冈也动，把这铁棒也似虎尾，倒竖起来只一剪。武松却又闪在一边。原来那大虫拿人，只是一扑，一掀，一剪；三般提不着时，气性先自没了一半。那大虫又剪不着，再吼了一声，一兜兜将回来。武松见那大虫复翻身回来，双手抡起哨棒，尽平生气力只一棒，从半空劈将下来。只听得一声响，簌簌地将那树连枝带叶劈脸打将下来。

【赏析】武松打虎的经过写得如此具体精彩，这主要归功于作者善于捕捉人物的动作，对人物动作的观察细致敏锐，文字干净利落，情节曲折生动。人物在关键时刻的动作最能突出人物的思想品质。武松“闪、轮、劈”等一系列动作写出了当时情况的危急，突出了武松的武艺高强，老虎的“一扑、一掀、一剪”都写得惟妙惟肖，让人读后如临其境，为武松捏一把汗。

4．误入白虎堂

太尉喝道：“林冲，你又无呼唤，安敢辄入白虎节堂？你知法度否？你手里拿着刀，莫非来刺杀下官？有人对我说，你两三日前，拿刀在府前伺候，必有歹心。”林冲躬身禀道：“恩相，恰才蒙两个承局呼唤林冲，将刀来比看。”太尉喝道：“承局在那里？”

【赏析】太尉故意要加害林冲，两厢早已埋伏好了，二十余人。而且给林冲定罪为“手执利刃，故入节堂，欲杀本官”。可见要致林冲于死地！

5．浔阳楼宋江吟反诗

乘其酒兴，磨得墨浓，蘸得笔饱，去那白粉壁上，挥毫便写道：“自幼曾攻经史，长成亦有权谋。恰如猛虎卧荒丘，潜伏爪牙忍受。不幸刺文双颊，那堪配在江州。他年若得报冤仇，血染浔阳江口。”宋江写罢，自看了，大喜大笑。一面又饮了数杯酒，不觉欢喜，自狂荡起来，手舞足蹈，又拿起笔来，去那西江月后，再写下四句诗，道是：“心在山东身在吴，飘蓬江海谩嗟吁。他时若遂凌云志，敢笑黄巢不丈夫。”宋江写罢诗，又去后面大书五字道：“郓城宋江作。”写罢，掷笔在桌上，又自歌了一回。

【赏析】“浔阳楼宋江吟反诗”是《水浒传》中的一个重要情节，从中可以看出宋江是一个有学问、有谋略，胸怀大志而又壮志难酬的人。

经典演练

一、填空题

1.《水浒传》的作者________，朝代________，它是我国第一部____________小说。

2.《水浒传》中“智取生辰纲”的组织领导者是________。

3. 在《水浒传》中，绰号为“智多星”的人是________________，也被称为“赛诸葛”。他与一伙好汉在“黄泥冈上巧施功”，干了一件大事是________________。

4. 梁山一百单八将中第一个出场的是__________，他的绰号是__________。

5.《水浒传》中共有________将，天罡星________人，地煞星________人。

6. 补全回目：

（1）史大郎夜走华阴县，________拳打镇关西

（2）梁山泊________落草，汴京城________卖刀

7.《水浒传》中身怀绝技的三位英雄：善盗的是鼓上蚤________，善射的是小李广________，善行的是神行太保________________。

8. 武松在血洒鸳鸯楼，杀死西门庆等人后，在墙上写下的八个字是：______________________。

9.《水浒传》中叙述了好汉________“大闹野猪林”的故事。

10.《水浒传》中冒充李逵拦路打劫，后被李逵一刀打翻在地的人是__________________。

11.《水浒传》主要人物有及时雨____________，行者________________，花和尚____________等。

二、简答题

1.《水浒传》中三位女将是谁？她们的绰号是什么？

2. 请用简练的语言说出《水浒传》中英雄好汉们性格上的共同特征。

3. 按要求写出《水浒传》中的人物及形象特征。

（1）“倒拔垂杨柳”的人物是________，性格特征是：______________________________。

（2）“醉打蒋门神”“血溅鸳鸯楼”说的英雄是__________，性格特征是：__________。

（3）“智取生辰纲”的领导者是__________，性格特征是：______________________。

三、重点情节阅读

【情节一】

郑屠右手拿刀，左手便来要揪鲁达；被这鲁提辖就势按住左手，赶将入去，望小腹上只一脚，腾地踢倒在当街上。鲁达再入一步，踏住胸脯，提起那醋钵儿大小拳头，看着这郑屠道：“洒家始投老种经略相公，做到关西五路廉访使，也不枉了叫做‘镇关西’！你是个卖肉的操刀屠户，狗一般的人，也叫做‘镇关西’！你如何强骗了金翠莲?”扑的只一拳，正打在鼻子上，打得鲜血迸流，鼻子歪在半边，却便似开了个油酱铺，咸的、酸的、辣的一发都滚出来。郑屠挣不起来，那把尖刀也丢在一边，口里只叫：“打得好！”鲁达骂道：“直娘贼！还敢应口！”提起拳头来就眼眶际眉梢只一拳，打得眼棱缝裂，乌珠迸出，也似开了个彩帛铺，红的、黑的、紫的都绽将出来。两边看的人惧怕鲁提辖，谁敢向前来劝？郑屠当不过，讨饶。鲁达喝道：“咄！你是个破落户！若只和俺硬到底，洒家倒饶了你！你如今对俺讨饶，洒家偏不饶你！”又只一拳，太阳上正着，却似做了一个全堂水陆的道场，磬儿、钹儿、铙儿一齐响。鲁达看时，只见郑屠挺在地上，口里只有出的气，没了入的气，动掸不得。鲁提辖假意道：“你这厮诈死，洒家再打！”只见面皮渐渐的变了。鲁达寻思道：“俺只指望痛打这厮一顿，不想三拳真个打死了他。洒家须吃官司，又没人送饭，不如及早撒开。”拔步便走，回头指着郑屠尸道：“你诈死，洒家和你慢慢理会！”一头骂，一头大踏步去了。

（第三回）

1. 伸张正义、惩治恶人的鲁提辖所打出的“三拳”，一拳一个落点，一拳比一拳厉害。作者用三个形象的比喻对鲁提辖所打出的三拳做了形象的描述，请你写出这三个比喻句。

2. 比喻之所以生动，在于它的精彩，请你结合语段内容，赏析用来描述鲁提辖所打三拳情形的比喻句子各有哪些精彩之处。

3. 这一语段不仅让读者读起来觉得解气、解恨，同时为读者刻画出了鲁提辖这一“梁山好汉”的形象，请你用精彩的语言对其加以描述。

【情节二】

智深一味地打将出来，大半禅客都躲出廊下来。监寺、都寺不与长老说知，叫起一班职事僧人，点起老郎、火工道人、直厅轿夫，约有一二百人，都执杖叉棍棒，尽使手巾盘头，一齐打入僧堂来。智深见了，大吼一声，别无器械，抢入僧堂里佛面前，推翻供桌，撧两条桌脚，从堂里打将出来。但见：心头火起，口角雷鸣。奋八九尺猛兽身躯，吐三千丈凌云志气。按不住杀人怪胆，圆睁起卷海双睛。直截横冲，似中箭投崖虎豹；前奔后涌，如着枪跳涧豺狼。直饶揭帝也难当，便是金刚须拱手。恰似顿断绒绦锦鹞子，犹如扯开铁琐火猢狲。

当时鲁智深轮两条桌脚，打将出来。众多僧行见他来得凶了。都拖了棒，退到廊下。智深两条桌脚着地卷将来，众僧早两下合拢来。智深大怒，指东打西，指南打北，只饶了两头的。当时智深直打到法堂下，只见长老喝道："智深不得无礼！众僧也休动手。"两边众人被打伤了十数个，见长老来，各自退去。（第四回）

1. 选文写的是鲁智深第二次大闹五台山，鲁智深这次大闹五台山的原因是什么？

2. 鲁智深这次大闹五台山产生了怎样的后果？

3. 作者两次写鲁智深大闹五台山的情节，对于塑造鲁智深这个人物以及揭示其命运，有什么作用？

【情节三】

众泼皮商量，凑些钱物，买了十瓶酒，牵了一个猪，来请智深。都在廨宇安排了，请鲁智深居中坐了，两边一带坐定那二三十泼皮饮酒。智深道："什么道理，叫你众人们坏钞。"众人道："我们有福，今日得师父在这里，与我等众人做主。"智深大喜。吃到半酣里，也有唱的，也有说的，也有拍手的，也有笑的。正在那里喧哄，只听得门外老鸦哇哇的叫。众人有扣齿的，齐道："赤口上天，白舌入地。"智深道："你们做什么鸟乱？"众人道："老鸦叫，怕有口舌。"智深道："那里取这话！"那种地道人笑道："墙角边绿杨树上新添了一个老鸦巢，每日只聒到晚。"众人道："把梯子去上面拆了那巢便了。"几个道："我们便去。"智深也乘着酒兴，都到外面看时，果然绿杨树上一个老鸦巢。众人道："把梯子上去拆了，也得耳根清净。"李四便道："我与你盘上去，不要梯子。"智深相了一相，走到树前，把直裰脱了，用右手向下，把身倒缴着，却把左手拔住上截，把腰只一趁，将那株绿杨树带根拔起。众泼皮见了，一齐拜倒在地，只叫："师父非是凡人，正是真罗汉！身体无千万斤气力，如何拔得起！"智深道："打甚鸟紧！明日都看洒家演武使器械。"众泼皮当晚各自散了。（第七回）

1. 写鲁智深，为什么穿插了很多描写众泼皮的细节？

2. 文中插进老鸦啼叫的细节描写，有怎样的作用？

3. 小说中常常运用行动描写来展示人物的思想性格，请找出选文中关于鲁智深的典型行动描写，并说明其展现了鲁智深怎样的性格特点。

【情节四】

进得到厅前，林冲立住了脚。两个又道："太尉在里面后堂内坐地。"转入屏风，至后堂，又不见太尉。林冲又住了脚。两个又道："太尉直在里面等你。叫引教头进来。"又过了两三重门，到一个去处，一周遭都是绿栏杆。两个又引林冲到堂前，说道："教头，你只在此少待，等我入去禀太尉。"

林冲拿着刀，立在檐前，两个人自入去了。一盏茶时，不见出来。林冲心疑，探头入帘看时，只见檐前额上有四个青字，写道"白虎节堂"。林冲猛省道："这节堂是商议军机大事处，如何敢无故辄入，不是礼！"急待回身，只听的靴履响，脚步鸣，一个人从外面入来。林冲看时，不是别人，却是本管高太尉。林冲见了，执刀向前声喏。太尉喝道："林冲，你又无呼唤，安敢辄入白虎节堂！你知法度否？你手里拿着刀，莫非来刺杀下官？有人对我说，你两三日前拿刀在府前伺候，必有歹心。"林冲躬身禀道："恩相，恰才蒙两个承局呼唤林冲，将刀来比看。"太尉喝道："承局在那里？"林冲道："恩相，他两个已投堂里去了。"太尉道："胡说！什么承局敢进我府堂里去。左右，与我拿下这厮！"说犹未了，旁边耳房里走出二十余人，把林冲横推倒拽，恰似皂雕追紫燕，浑如猛虎啖羊羔。高太尉大怒道："你既是禁军教头，法度也还不知道。因何手执利刃，故入节堂，欲杀本官？"叫左右把林冲推下。

（第六回）

1．高俅为什么要设计陷害林冲？他是怎样设计陷害林冲的？

2．"只见檐前额上有四个青字，写道'白虎节堂'。林冲猛省道：'这节堂是商议军机大事处，如何敢无故辄入。不是礼！'急待回身，只听的靴履响，脚步鸣，一个人从外面入来。"这段话写出了林冲怎样的心理？

3．林冲误入白虎堂，失误在什么地方？

【情节五】

早望见前面烟笼雾锁，一座猛恶林子。但见：层层如雨脚，郁郁似云头。杈枒如鸾凤之巢，屈曲似龙蛇之势。根盘地角，弯环有似蟒盘旋；影拂烟霄，高耸直教禽打捉。直饶胆硬心刚汉，也作魂飞魄散人。这座猛恶林子，有名唤做"野猪林"，此是东京去沧州路上第一个险峻去处。宋时，这座林子内，但有些冤仇的，使用些钱与公人，带到这里，不知结果了多少好汉在此处。今日这两个公人带林冲奔入这林子里来。董超道："走了一五更，走不得十里路程，似此沧州怎的得到。"薛霸道："我也走不得了，且就林子里歇一歇。"

三个人奔到里面，解下行李包裹，都搬在树根头。林冲叫声"呵也！"靠着一株大树便倒了。只见董超说道："行一步，等一步，倒走得我困倦起来。且睡一睡却行。"放下水火棍，便倒在树边，略略闭得眼，从地下叫将起来。薛霸腰里解下索子来，把林冲连手带脚和枷紧紧的绑在树上。两个跳将起来，转过身来，拿起水火棍，看着林冲，说道："不是俺要结果你，自是前日来时，有那陆虞候传着高太尉钧旨，教我两个到这里结果你，立等金印回去回话。便多走的几日，也是死数。只今日就这里，倒作成我两个回去快些。休得要怨我弟兄两个。只是上司差遣，不由自己。你须精细着，明年今日是你周年。我等已限定日期，亦要早回话。”林冲见说，泪如雨下，便道：“上下！我与你二位，往日无仇，近日无冤。你二位如何救得小人，生死不忘。”董超道：“说甚么闲话！救你不得。”话说当时薛霸双手举起棍来，望林冲脑袋上便劈下来。说时迟，那时快，薛霸的棍恰举起来，只见松树背后雷鸣也似一声，那条铁禅杖飞将来，把这水火棍一隔，丢去九霄云外。跳出一个胖大和尚来，喝道：“洒家在林子里听你多时！”两个公人看那和尚时，穿一领皂布直裰，跨一口戒刀，提起禅杖，轮起来打两个公人。林冲方才闪开眼看时，认得是鲁智深。（第八回）

1. 请根据选段内容用简略的语言描述一下野猪林的环境特点，并说明野猪林是一个什么地方。

2. “只见松树背后雷鸣也似一声，那条铁禅杖飞将来，把这水火棍一隔，丢去九霄云外，跳出一个胖大和尚来，喝道：‘洒家在林子里听你多时！’”请从语言表达的角度赏析这个句子。

3. 董超、薛霸为什么要杀害林冲，置林冲于死地？

【情节六】

林冲和差拨两个在路上又没买酒吃处。早来到草料场外看时，一周遭有些黄土墙，两扇大门。推开看里面时，七八间草房做着仓廒，四下里都是马草堆，中间两座草厅。到那厅里，只见那老军在里面向火。差拨说道：“管营差这个林冲来替你回天王堂看守，你可即便交割。”老军拿了钥匙，引着林冲，分付道：“仓廒内自有官司封记。这几堆草一堆堆都有数目。”老军都点见了堆数，又引林冲到草厅上。老军收拾行李，临了说道：“火盆，锅子，碗碟，都借与你。”林冲道：“天王堂内我也有在那里，你要便拿了去。”老军指壁上挂一个大葫芦，说道：“你若买酒吃时，只出草场，投东大路去三二里，便有市井。”老军自和差拨回营里来。

只说林冲就床上放了包裹被卧，就坐下生些焰火起来。屋边有一堆柴炭，拿几块来生在地炉里。仰面看那草屋时，四下里崩坏了，又被朔风吹撼，摇振得动。林冲道：“这屋如何过得一冬？待雪晴了，去城中唤个泥水匠来修理。”向了一回火，觉得身上寒冷，寻思：“却才老军所说五里路外有那市井，何不去沽些酒来吃？”便去包里取些碎银子，把花枪挑了酒葫芦，将火炭盖了，取毡笠子戴上，拿了钥匙，出来把草厅门拽上。出到大门首，把两扇草场门反拽上，锁了，带了钥匙，信步投东。雪地里踏着碎琼乱玉，迤逦背着北风而行。那雪正下得紧。（第十回）

1. 沧州牢营安排林冲去看护草料场，林冲很高兴，打算“待天晴到城中唤个泥水匠修补”草屋。请分析此时林冲的心理活动。

2. 面对草料场如此的境遇，林冲怎么还能有心情去买酒吃呢？

3. 作者善于提炼富有表现力的细节来揭示情节的合理性和人物性格的丰富性。选文中有这样一段描写：“（林冲）把花枪挑了酒葫芦，将火炭盖了，取毡笠子戴上，拿了钥匙，出来把草厅门拽上。出到大门首，把两扇草场门反拽上，锁了，带了钥匙，信步投东。”这处写到“火盆”的细节，不是作者信笔写来，而是独运匠心的安排，能够知微显著，以小见大。从这一细节中，可以得出哪些大的见解来？

【情节七】

林冲听那三个人时，一个是差拨，一个是陆虞候，一个是富安。林冲道：“天可怜见林冲，若不是倒了草厅，我准定被这厮们烧死了！”轻轻把石头掇开，挺着花枪，一手拽开庙门，大喝一声：“泼贼那里去！”三个人急要走时，惊得呆了，正走不动。林冲举手肐察的一枪，先戳倒差拨。陆虞候叫声：“饶命！”吓的慌了手脚，走不动。那富安走不到十来步，被林冲赶上，后心只一枪，又戳倒了。翻身回来，陆虞候却才行的三四步。林冲喝声道：“奸贼！你待那里去！”批胸只一提，丢翻在雪地上。把枪搠在地里，用脚踏住胸脯，身边取出那口刀来，便去陆谦脸上阁着，喝道：“泼贼！我自来又和你无甚么冤仇，你如何这等害我！正是杀人可恕，情理难容。”陆虞候告道：“不干小人事，太尉差遣，不敢不来。”林冲骂道：“奸贼，我与你自幼相交，今日倒来害我，怎不干你事！且吃我一刀。”把陆谦上身衣服扯开，把尖刀向心窝里只一剜，七窍迸出血来，将心肝提在手里。回头看时，差拨正爬将起来要走。林冲按住喝道：“你这厮原来也恁的歹，且吃我一刀。”又早把头割下来，挑在枪上。回来把富安、陆谦头都割下来。把尖刀插了，将三个人头发结做一处，提入庙里来，都摆在山神面前供桌上。再穿了白布衫，系了搭膊，把毡笠子带上，将葫芦里冷酒都吃尽了。被与葫芦都丢了不要。提了枪，便出庙门投东去。（第十回）

1. 小说写林冲杀陆谦写得很有讲究。他这个时候不要花枪了，他把枪拿来插在雪地上，“脚踏陆谦的胸口上”，然后从身边取出一口刀来，在“陆谦的脸上阁着”，作者写林冲杀人，堂堂正正，光明磊落。请你谈一谈这样写对表现人物形象有什么好处。

2. 林冲火烧草料场逼上梁山的过程是一个艰难而漫长的过程，也是一个转变过程。林冲由幻想安度刑期到奋起反抗斗争，这个思想性格的转变是怎样完成的？

3. 林冲性格的发展变化，最终所走的道路，对于我们认识当时的社会有什么意义？

【情节八】

牛二抢到杨志面前，就手里把那口宝刀扯将出来，问道："汉子，你这刀要卖几钱？"杨志道："祖上留下宝刀，要卖三千贯。"牛二喝道："甚么鸟刀，要卖许多钱！我三百文买一把，也切得肉，切得豆腐。你的鸟刀有甚好处，叫做宝刀？"杨志道："洒家的须不是店上卖的白铁刀，这是宝刀。"牛二道："怎地唤做宝刀？"杨志道："第一件砍铜剁铁，刀口不卷；第二件吹毛得过；第三件杀人刀上没血。"牛二道："你敢剁铜钱么？"杨志道："你便将来，剁与你看。"牛二便去州桥下香椒铺里，讨了二十文当三钱，一垛儿将来，放在州桥阑干上，叫杨志道："汉子，你若剁得开时，我还你三千贯。"那时看的人虽然不敢近前，向远远地围住了望。杨志道："这个直得甚么。"把衣袖卷起，拿刀在手，看的较胜，只一刀，把铜钱剁做两半。众人都喝采。牛二道："喝甚么鸟采！你且说第二件是甚么？"杨志道："吹毛过得。就把几根头发望刀口上只一吹，齐齐都断。"牛二道："我不信。"自把头上拔下一把头发，递与杨志："你且吹我看。"杨志左手接过头发，照着刀口上尽气力一吹，那头发都做两段，纷纷飘下地来。众人喝采，看的人越多了。牛二又问："第三件是甚么？"杨志道："杀人刀上没血。"牛二道："怎地杀人刀上没血？"杨志道："把人一刀砍了，并无血痕，只是个快。"牛二道："我不信！你把刀来剁一个人我看。"杨志道："禁城之中，如何敢杀人？你不信时，取一只狗来，杀与你看。"牛二道："你说杀人，不曾说杀狗。"杨志道："你不买便罢，只管缠人做甚么！"牛二道："你将来我看。"杨志道："你只顾没了当！洒家又不是你撩拨的。"牛二道："你敢杀我？"杨志道："和你往日无冤，昔日无仇，一物不成，两物见在。没来由杀你做甚么？"牛二紧揪住杨志说道："我偏要买你这口刀。"杨志道："你要买，将钱来。"牛二道："我没钱。"杨志道："你没钱，揪住洒家怎地？"牛二道："我要你这口刀。"杨志道："俺不与你。"牛二道："你好男子，剁我一刀。"杨志大怒，把牛二推了一跤。牛二爬将起来，钻入杨志怀里。杨志叫道："街坊邻舍都是证见。杨志无盘缠，自卖这口刀。这个泼皮强夺洒家的刀，又把俺打。"街坊人都怕这牛二，谁敢向前来劝。牛二喝道："你说我打你，便打杀直甚么？"口里说，一面挥起右手，一拳打来。杨志霍地躲过，拿着刀抢入来，一时性起，望牛二嗓根上搠个着，扑地倒了。杨志赶入去，把牛二胸脯上又连搠了两刀，血流满地，死在地上。（第十二回）

1. 结合选文简要概括分析牛二是怎样步步紧逼，杨志又是怎样步步退让，直到最后忍无可忍杀死牛二的。

2. 选文中描写牛二反复纠缠的过程，真切而细腻，生动而形象，活画出一个醉酒无赖泼皮的丑恶嘴脸。这一现象折射出当时怎样的社会现状？

3. 杨志面对牛二的纠缠束手无策，显示了他身上怎样的弱点？

【情节九】

只见林冲双眉剔起，两眼圆睁，坐在交椅上大喝道："你前番我上山来时，也推道粮少房稀。今日晁兄与众豪杰到此山寨，你又发出这等言语来。是何道理？"吴用便说道："头领息怒，自是我等来的不是，倒坏了你山寨情分。今日王头领以礼发付我们下山，送与盘缠，又不曾热赶将去。请头领息怒，我等自去罢休。"林冲道："这是笑里藏刀，言清行浊的人！我其实今日放他不过！"王伦喝道："你看这畜生！又不醉了，倒把言语来伤触我！却不是反失上下！"林冲大怒道："量你是个落第腐儒，胸中又没文学，怎做得山寨之主！"吴用便道："晁兄，只因我等上山相投，反坏了头领面皮，只今办了船只，便当告退。"晁盖等七人便起身要下亭子，王伦留道："且请席终了去。"林冲把桌子只一脚，踢在一边，抢起身来，衣襟底下掣出一把明晃晃刀来，搦的火杂杂。吴用便把手将髭须一摸，晁盖、刘唐便上亭子来，虚拦住王伦，叫道："不要火并！"吴用一手扯住林冲，便道："头领不可造次！"公孙胜假意劝道："休为我等坏了大义。"阮小二便去帮住杜迁，阮小五帮住宋万，阮小七帮住朱贵。吓得小喽罗们目瞪口呆。林冲拿住王伦，骂道："你是一个村野穷儒，亏了杜迁得到这里。柴大官人这等资助你，赒给盘缠，与你相交，举荐我来，尚且许多推却。今日众豪杰特来相聚，又要发付他下山去。这梁山泊便是你的？你这嫉贤妒能的贼，不杀了要你何用！你也无大量之才，也做不得山寨之主！"杜迁、宋万、朱贵本待要向前来劝，被这几个紧紧帮着，那里敢动。王伦那时也要寻路走，却被晁盖、刘唐两个拦住。王伦见头势不好，口里叫道："我的心腹都在那里？"虽有几个身边知心腹的人，本待要来救，见了林冲这般凶猛头势，谁敢向前。林冲拿住王伦，骂了一顿，去心窝里只一刀，肐察地搠倒在亭上。

（第十九回）

1. 请你分析王伦被杀的原因。

2. 在林冲眼里，王伦与晁盖有怎样的不同？

3. 林冲为什么会火并王伦？

【情节十】

那一阵风过处，只听得乱树背后扑地一声响，跳出一只吊睛白额大虫来。武松见了，叫声："呵呀！"从青石上翻将下来，便拿那条梢棒在手里，闪在青石边。那个大虫又饥又渴，把两只爪在地下略按一按，和身望上一扑，从半空里撺将下来。武松被那一惊，酒都做冷汗出了。说时迟，那时快，武松见大虫扑来，只一闪，闪在大虫背后。那大虫背后看人最难，便把前爪搭在地下，把腰胯一掀，掀将起来。武松只一躲，躲在一边。大虫见掀他不着，吼一声，却似半天里起个霹雳，振得那山冈也动，把这铁棒也似虎尾倒竖起来，只一剪，武松却又闪在一边。原来那大虫拿人，只是一扑、一掀、一剪，三般提不着时，气性先自没了一半。那大虫又剪不着，再吼了一声，一兜兜将回来。武松见那大虫复翻身回来，双手轮起梢棒，尽平生气力，只一棒，从半空劈将下来。只听得一声响，簌簌地将那树连枝带叶劈脸打将下来。定睛看时，一棒劈不着大虫。原来慌了，正打在枯树上，把那条梢棒折做两截，只拿得一半在手里。那大虫咆哮，性发起来，翻身又只一扑，扑将来。武松又只一跳，却退了十步远。那大虫却好把两只前爪搭在武松面前。武松将半截棒丢在一边，两只手就势把大虫顶花皮肐膊地揪住，一按按将下来。那只大虫急要挣扎，早没了气力。被武松尽气力纳定，那里肯放半点儿松宽。武松把只脚望大虫面门上、眼睛里只顾乱踢。那大虫咆哮起来，把身底下扒起两堆黄泥，做了一个土坑。武松把那大虫嘴直按下黄泥坑里去。那大虫吃武松奈何得没了些气力。武松把左手紧紧地揪住顶花皮，偷出右手来，提起铁锤般大小拳头，尽平生之力，只顾打。打得五七十拳，那大虫眼里、口里、鼻子里、耳朵里，都迸出鲜血来。那武松尽平昔神威，仗胸中武艺，半歇儿把大虫打做一堆，却似躺着一个锦布袋。

（第二十三回）

1. 用"扑""掀""剪"几个字描写大虫的动作，有什么作用？

2. "只一闪，闪在大虫背后。""却又闪在一边。"这些关于武松动作的描写，表现出了武松怎样的特点？

3. 后人称颂武松是打虎英雄，选文中的哪句话是用来评论武松的英雄气概的？

【情节十一】

武松把那被包打开一抖，那颗人头血渌渌的滚出来。武松左手提了人头，右手拔出尖刀，挑开帘子，钻将入来，把那妇人头望西门庆脸上掼将来。西门庆认得是武松，吃了一惊，叫声："哎呀！"便跳起在凳子上去。一只脚跨上窗槛，要寻走路。见下面是街，跳不下去，心里正慌。说时迟，那时快，武松却用手略按一按，托地已跳在桌子上，把些盏儿碟儿都踢下来。两个唱的行院惊得走不动。那个财主官人慌了脚手，也惊倒了。西门庆见来得凶，便把手虚指一指，早飞起右脚来。武松只顾奔入去，见他脚起，略闪一闪，恰好那一脚正踢中武松右手，那口刀踢将起来，直落下街心里去了。西门庆见踢去了刀，心里便不怕他，右手虚照一照，左手一拳，照着武松心窝里打来。却被武松略躲个过，就势里从肋下钻入来，左手带住头，连肩胛只一提，右手早捽住西门庆左脚，叫声："下去!"那西门庆一者冤魂缠定，二乃天理难容，三来怎当武松勇力，只见头在下，脚在上，倒撞落在当街心里去了，跌得个发昏。街上两边人都吃了一惊。武松伸手去凳子边，提了淫妇的头，也钻出窗子外，涌身望下只一跳，跳在当街上。先抢了那口刀在手里。看这西门庆，已自跌得半死，直挺挺在地下，只把眼来动。武松按住，只一刀，割下西门庆的头来。把两颗头相结做一处，提在手里。

（第二十六回）

1．武松为什么杀西门庆？

2．从选文中看，哪些原因注定了西门庆之死？

3．你怎样看待武松斗杀西门庆这件事？

【情节十二】

武松大踏步赶将出来，那个捣子径奔去报了蒋门神。蒋门神见说，吃了一惊，踢翻了交椅，丢去蝇拂子，便钻将来。武松却好迎着，正在大阔路上撞见。蒋门神虽然长大，近因酒色所迷，淘虚了身子，先自吃了那一惊；奔将来，那步不曾停住，怎地及得武松虎一般似健的人，又有心来算他！蒋门神见了武松，心里先欺他醉，只顾赶将入来。说时迟，那时快，武松先把两个拳头去蒋门神脸上虚影一影，忽地转身便走。蒋门神大怒，抢将来，被武松一飞脚踢起，踢中蒋门神小腹上。双手按了，便蹲下去。武松一踅，踅将过来，那只右脚早踢起，直飞在蒋门神额角上，踢着正中，望后便倒。武松追入一步，踏住胸脯，提起这醋钵儿大小拳头，望蒋门神头上便打。原来说过的打蒋门神扑手：先把拳头虚影一影，便转身，却先飞起左脚，踢中了便转过身来，再飞起右脚。这一扑有名，唤作"玉环步，鸳鸯脚"。——这是武松平生的真才实学，非同小可，打得蒋门神在地下叫饶。武松喝道："若要我饶你性命，只要依我三件事!"蒋门神在地下叫道："好汉饶我！休说三件，便是三百件，我也依得!"

（第二十九回）

1．武松为什么打蒋门神？

2．武松惩治恶人的三招，一招比一招厉害，让打的人解气，让看的人解恨。结合文章分析一下"三招"的妙处。

3. 从“武松醉打蒋门神”中可以看出武松是一个怎样的人？

【情节十三】

武松在胡梯口听，只听得蒋门神口里称赞不了。只说：“亏了相公与小人报了冤仇。再当重重地报答恩相。”这张都监道：“不是看我兄弟张团练面上，谁肯干这等的事！你虽费用了些钱财，却也安排得那厮好。这早晚多是在那里下手，那厮敢是死了。只教在飞云浦结果他。待那四人明早回来，便见分晓。”张团练道：“这一夜四个对付他一个，有甚么不了。再有几个性命也没了。”蒋门神道：“小人也分付徒弟来，只教就那里下手，结果了快来回报。”正是：暗室从来不可欺，古今奸恶尽诛夷。金风未动蝉先觉，暗送无常死不知。武松听了，心头那把无明业火高三千丈，冲破了青天。右手持刀，左手叉开五指，抢入楼中。只见三五枝画烛高明，一两处月光射入，楼上甚是明朗。面前酒器，皆不曾收。蒋门神坐在交椅上，见是武松，吃了一惊，把这心肝五脏都提在九霄云外。说时迟，那时快，蒋门神急待挣扎时，武松早落一刀，劈脸剁着，和那交椅都砍翻了。武松便转身回过刀来。那张都监方才伸得脚动，被武松当时一刀，齐耳根连脖子砍着，扑地倒在楼板上。两个都在挣命。这张团练终是个武官出身，虽然酒醉，还有些气力。见剁翻了两个，料道走不迭，便提起一把交椅轮将来。武松早接个住，就势只一推。休说张团练酒后，便清醒白醒时，也近不得武松神力，扑地望后便倒了。武松赶入去，一刀先剁下头来。蒋门神有力，挣得起来。武松左脚早起，翻筋斗踢一脚，按住也割下头。转身来，把张都监也割了头。见桌子上有酒有肉。武松拿起酒钟子，一饮而尽，连吃了三四钟，便去死尸身上割下一片衣襟来，蘸着血，去白粉壁上大写下八字道：“杀人者，打虎武松也！”（第三十一回）

1. 联系选文内容，说说武松为什么要杀张都监等三人？

2. 武松杀死这三人后，去白粉壁上大写下八字道：“杀人者，打虎武松也！”这体现了武松什么样的性格特点？

3. “血溅鸳鸯楼”这一情节中，武松杀了数人，对于此事的评论，后人多有微词，你如何看待？

【情节十四】

说时迟，那时快，那人只要诱得李逵上船，便把竹篙望岸边一点，只脚一蹬，那只渔船，箭也似投江心里去了。李逵虽然也识得水，却不甚高，当时慌了手脚。那人也不叫骂，撇了竹篙，叫声：“你来！今番和你定要见个输赢！”便把李逵胳膊拿住，口里说道：“且不和你厮打，先教你吃些水。”两只脚把船只一晃，船底朝天，英雄落水，两个好汉扑通地都翻筋斗撞下江里去。宋江、戴宗急赶至岸边，那只船已翻在江里。两个只在岸上叫苦。江岸边早拥上三五百人在柳阴底下看，都道："这黑大汉今番却着道儿！便挣扎得性命，也灌了一肚皮水！"宋江、戴宗在岸边看时，只见江面开处，那人把李逵提将起来，又淹将下去。两个正在江心里面，清波碧浪中间，一个显浑身黑肉，一个露遍体霜肤。两个打做一团，绞做一块。江岸上那三五百人贪看，没一个不喝采。……当时宋江、戴宗看见李逵被那人在水里揪住，浸得眼白，又提起来，又纳下去，何止淹了数十遭。宋江见李逵吃亏，便叫戴宗央人去救。（第三十八回）

1. "那人只要诱得李逵上船，便把竹篙望岸边一点，只脚一蹬，那只渔船，箭也似投江心里去了。"此句运用了哪种描写方法？有何作用？

2. "这黑大汉今番却着道儿！便挣扎得性命，也灌了一肚皮水！"这里所说李逵着了道儿，是指什么？

3. 这段选文看似描写李逵与张顺打斗的场面，其实作者的意图是用来反衬相关人物的性格特点。联系选文内容，概括李逵与张顺各自的性格特点。

【情节十五】

临风触目，感恨伤怀。忽然做了一首《西江月》词调，便唤酒保，索借笔砚。起身观玩，见白粉壁上，多有先人题咏。宋江寻思道："何不就书于此？倘若他日身荣，再来经过，重睹一番，以记岁月，想今日之苦。"乘其酒兴，磨得墨浓，蘸得笔饱，去那白粉壁上，挥毫便写道："自幼曾攻经史，长成亦有权谋。恰如猛虎卧荒丘，潜伏爪牙忍受。不幸刺文双颊，那堪配在江州。他年若得报冤仇，血染浔阳江口。"宋江写罢，自看了，大喜大笑。一面又饮了数杯酒，不觉欢喜，自狂荡起来，手舞足蹈，又拿起笔来，去那《西江月》后，再写下四句诗，道是："心在山东身在吴，飘蓬江海谩嗟吁。他时若遂凌云志，敢笑黄巢不丈夫。"宋江写罢诗，又去后面大书五字道："郓城宋江作。"（第三十九回）

1. 宋江上梁山前，作者为其设置了浔阳楼题写《西江月》和《七绝》的情节，这样的安排有何用意？

2. 怎样理解宋江所题《西江月》一词？

3. 为什么说宋江所题的后一首《七绝》是反诗？

【情节十六】

李逵道："叵耐这厮无礼，却在这里夺人的包裹行李，却坏我的名目，学我使两把板斧，且教他先吃我一斧。"劈手夺过一把斧来便砍。李鬼慌忙叫道："爷爷！杀我一个便是杀我两个。"李逵听得，住了手问道："怎的杀你一个，便是杀你两个？"李鬼道："小人本不敢剪径，家中因有个九十岁的老母，无人养赡，因此小人单题爷爷大名唬吓人，夺些单身的包裹，养赡老母。其实并不曾敢害了一个人。如今爷爷杀了小人，家中老母必是饿杀。"李逵虽是个杀人不眨眼的魔君，听的说了这话，自肚里寻思道："我特地归家来取娘，却倒杀了一个养娘的人，天地也不佑我。罢罢，我饶了你这厮性命。"放将起来。李鬼手提着斧，纳头便拜。李逵道："只我便是真黑旋风，你从今已后，休要坏了俺的名目。"李鬼道："小人今番得了性命，自回家改业，再不敢倚着爷爷名目，在这里剪径。"李逵道："你有孝顺之心，我与你十两银子做本钱，便去改业。"李鬼拜谢道："重生的父母，再长的爹娘！"李逵便取出一锭银子，把与李鬼，拜谢去了。李逵自笑道："这厮却撞在我手里。既然他是个孝顺的人，必去改业，我若杀了他，也不合天理。我也自去休。"拿了朴刀，一步步投山僻小路而来。（第四十三回）

1. 李逵非但没杀李鬼，还取出一锭银子给了李鬼，让其回家改业。从李逵的这一举动，可以看出他是个什么样的人？

2. 李鬼编造了什么样的谎言骗过了李逵，并从李逵那里取得了银子？

3. 为什么李鬼能够骗得李逵的信任，得以全身而退？

【情节十七】

李逵心里忖道："我从梁山泊归来，特为老娘来取他，千辛万苦背到这里，却把来与你吃了。那鸟大虫拖着这条人腿，不是我娘的是谁的？"心头火起，赤黄须竖立起来，将手中朴刀挺起来，来搠那两个小虎。这小大虫被搠得慌，也张牙舞爪钻向前来，被李逵手起，先搠死了一个，那一个望洞里便钻了入去。李逵赶到洞里，也搠死了，却钻入那大虫洞内，李逵却便伏在里面张外面时，只见那母大虫张牙舞爪，望窝里来。李逵道："正是你这业畜吃了我娘！"放下朴刀，胯边掣出腰刀。那母大虫到洞口，先把尾去窝里一剪，便把后半截身躯坐将入去。李逵在窝内看得仔细，把刀朝母大虫尾底下尽平生气力，舍命一戳，正中那母大虫粪门。李逵使得力重，和那刀靶也直送入肚里去了。那老大虫吼了一声，就洞口带着刀，跳过涧边去了。李逵却拿了朴刀，就洞里赶将出来，那老虎负疼，直抢下山石岩下去了。李逵恰待要赶，只见就树边卷起一阵狂风，吹得败叶树木如雨一般打将下来。自古道："云生从龙，风生从虎。"那一阵风起处，星月光辉之下，大吼了一声，忽地跳出一只吊睛白额虎来。那大虫望李逵势猛一扑，那李逵不慌不忙，趁着那大虫的势力，手起一刀，正中那大虫颔下。那大虫不曾再展再扑：一者护那疼痛，二者伤着他那气管。那大虫退不勾五七

步，只听得响一声，如倒半壁山，登时间死在岩下。（第四十三回）

1．作者对李逵打虎和武松打虎的描写，各有什么特点？

2．从选段的哪些情节中可以看出李逵艺高人胆大？

3．“那一阵风起处，星月光辉之下，大吼了一声，忽地跳出一只吊睛白额虎来。”选段中写最后一只虎出场以及它死“如倒半壁山”的场景，有什么作用？

【情节十八】

不说万事皆休，才然说罢，晁盖大怒，喝叫：“孩儿们！将这两个与我斩讫报来！”宋江慌忙劝道：“哥哥息怒。两个壮士不远千里而来，同心协助，如何要斩他？”晁盖道：“俺梁山泊好汉自从火并王伦之后，便以忠义为主，全施仁德于民，一个个兄弟下山去，不曾折了锐气。新旧上山的兄弟们，各各都有豪杰的光彩。这厮两个把梁山泊好汉的名目去偷鸡吃，因此连累我等受辱！今日先斩了这两个，将这厮首级去那里号令。我亲领军马去洗荡那个村坊，不要输了锐气！孩儿们！快斩了报来！”宋江劝住道：“不然。哥哥不听这两位贤弟却才所说，那个鼓上蚤时迁，他原是此等人，以致惹起祝家那厮来，岂是这二位贤弟要玷辱山寨。我也每每听得有人说，祝家庄那厮要和俺山寨对敌了。即目山寨人马数多，钱粮缺少，非是我等要去寻他，那厮倒来吹毛求疵，因而正好乘势去拿那厮。若打得此庄，倒有三五年粮食。非是我们生事害他，其实那厮无礼！哥哥权且息怒，小可不才，亲领一支军马，启请几位贤弟们下山去打祝家庄。若不洗荡得那个村坊，誓不还山；一是与山寨报仇，不折了锐气；二乃免此小辈，被他耻辱；三则得许多粮食，以供山寨之用；四者就请李应上山入伙。”（第四十七回）

1．晁盖要斩杨雄、石秀的一番陈词，掷地有声，从中我们能看出晁盖怎样的形象？

2．从此选段中看，宋江为什么要打祝家庄？

3．晁盖此刻要斩杨雄、石秀，为什么宋江要加以阻止？

【情节十九】

山坡下来军约有二三十骑马军，当中簇拥着一员女将，那来军正是扈家庄女将一丈青扈三娘。一骑青鬃马上，轮两口日月双刀，引着三五百庄客，前来祝家庄策应。宋江道：“刚说扈家庄有个女将，好生了得，想来正是此人。谁敢与他迎敌？”说犹未了，只见这王矮虎是个好色之徒，听得说是个女将，指望一合便捉得过来；当时喊了一声，骤马向前，挺手中便出迎敌。

两军呐喊。那扈三娘拍马舞刀来战王矮虎。一个双刀的熟闲，一个单枪的出众。两个斗敌十数合之上，宋江在马上看时，见王矮虎枪法架隔不住。原来王矮虎初见一丈青，恨不得便捉过来；谁想斗过十合之上，看看的手颤脚麻，枪法便都乱了。不是两个性命相扑时，王矮虎要做光起来，那一丈青是个乖觉的人，心中道："这厮无理！"便将两把双刀直上直下砍将入来。这王矮虎如何敌得过，拨回马待要走；被一丈青纵马赶上，把右手刀挂了，轻舒猿臂，将王矮虎提脱雕鞍，活捉去了。（第四十八回）

1. 王矮虎偷鸡不成蚀把米，他的出场给本段增加了笑料，那么本段写王矮虎的目的是什么？

2. "宋江道：'刚说扈家庄有个女将，好生了得，想来正是此人。谁敢与他迎敌？'"宋江此言有什么作用？

3. 从本段对扈三娘的描写，我们可以看出扈三娘是一个什么样的人？

【情节二十】

孙立道："我是登州的军官，怎地敢做这等事？"顾大嫂道："既是伯伯不肯，我们今日便和伯伯并个你死我活！"顾大嫂身边便掣出两把刀来。邹渊、邹润各拔出短刀在手。孙立叫道："婶子且住！休要急速，待我从长计较，慢慢地商量。"乐大娘子惊得半晌做声不得。顾大嫂又道："既是伯伯不肯去时，即便先送姆姆前行，我们自去下手。"孙立道："虽要如此行时，也待我归家去收拾包裹行李，看个虚实，方可行事。"顾大嫂道："伯伯，你的乐阿舅透风与我们了！一就去劫牢，一就去取行李不迟。"孙立叹了一口气，说道："你众人既是如此行了，我怎地推得开？不成日后倒要替你们吃官司。罢，罢，罢！都做一处商议了行。"先叫邹渊登云山寨里，收拾起财物马匹，带了那二十个心腹的人来店里取齐。邹渊去了。又使孙新入城里来，问乐和讨信，就约会了，暗通消息解珍、解宝得知。

（第四十九回）

1. 从孙立的话语中，我们能看出他怎样的性格特点？请结合选文进行分析。

2. 文中对顾大嫂的描写运用了哪些方法？联系选文内容分析顾大嫂这一人物形象。

3. 你如何看待他们去劫狱这种行为？

【情节二十一】

柴进施礼罢，便问事情。继室答道："此间新任知府高廉，兼管本州兵马，是东京高太尉的叔伯兄弟。倚仗他哥哥势要，在这里无所不为。带将一个妻舅殷天锡来，人尽称他做殷直阁。那厮年纪却小，又倚仗他姐夫高廉的权势，在此间横行害人。有那等献勤的卖科，对他说我家宅后有个花园水亭，尽造的好。那厮带将许多诈奸不及的三二十人，迳入家里，来宅子后看了，便要发遣我们出去，他要来住。皇城对他说道：'我家是金枝玉叶，有先朝丹书铁券在门，诸人不许欺侮。你如何敢夺占我的住宅，赶我老小那里去？'那厮不容所言，定要我们出屋。皇城去扯他，反被这厮推抢殴打。因此受这口气，一卧不起。饮食不吃，服药无效，眼见得上天远，入地近。今日得大官人来家做个主张，便有些山高水低，也更不忧。"柴进答道："尊婶放心，只顾请好医士调治叔叔。但有门户，小侄自使人回沧州家中去取丹书铁券来，和他理会。便告到官府，今上御前，也不怕他。" （第五十二回）

1. 为什么柴进要取"丹书铁券"？

2. 殷天锡凭什么径直冲到人家的院子，要霸占人家的宅院？他对"先朝丹书铁券"持有怎样的态度？

3. 面对当朝官员的横行霸道，柴进选择怎样做？从他的这种做法，可以看出他具有怎样的思想？

【情节二十二】

徐宁见了，抢向前来，一把揪住时迁，喝道："这厮好大胆！如何盗了我这副甲来？"时迁道："住，住，不要叫！是我盗了你这副甲来，你如今却是要怎地？"徐宁喝道："畜生无礼，倒问我要怎的！"时迁道："你且看匣子里有甲也无。"汤隆便把匣子打开看时，里面却是空的。徐宁道："你这厮把我这副甲那里去了？"时迁道："你听我说：小人姓张，排行第一，泰安州人氏。本州有个财主要结识老种经略相公，知道你家有这副雁翎锁子甲，不肯货卖，特地使我同一个李三两人来你家偷盗，许俺们一万贯。不想我在你家柱子上跌下来，闪肭了腿，因此走不动，先教李三把甲拿了去，只留得空匣在此。你若要奈何我时，我到官司，只是拼着命，就打死我也不招，休想我指出别人来。若还有肯饶我官司时，我和你去讨这副甲还你。不知尊意如何？"徐宁踌躇了半晌，决断不下。汤隆便道："哥哥，不怕他飞了去，只和他去讨甲。若无甲时，须有本处官司告理。"徐宁道："兄弟也说得是。"

（第五十六回）

1. 时迁在《水浒传》中是一个具有特殊才能的人。请说出他的绰号，并说明他有哪方面特长。

2. 在选文中，时迁发挥了自己的特长，不但盗来了徐宁的雁翎锁子甲，并且将其送到了安全的地方。梁山泊好汉们为什么要如此大费周折来做这件事呢？

3. 军师吴用被称作智多星，是众好汉一致推举的受人敬重的领袖型人物。本段选文展示的情景即为他所设的计策。由此可以看出他具有怎样的特点？

【情节二十三】

就青州府里做个庆喜筵席，请三山头领同归大寨。且说李忠、周通使人回桃花山，尽数收拾人马钱粮下山，放火烧毁寨栅。鲁智深也使施恩、曹正回二龙山，与张青、孙二娘收拾人马钱粮，也烧了宝珠寺寨栅。数日之间，三山人马都皆完备。宋江领了大队人马，班师回山。先叫花荣、秦明、呼延灼、朱仝四将开路。所过州县，分毫不扰。乡村百姓，扶老挈幼，烧香罗拜迎接。数日之间，已到梁山泊边，众多水军头领具舟迎接。晁盖引领山寨马步头领，都在金沙滩迎接，直至大寨，向聚义厅上列位坐定。大排筵席，庆贺新到山寨头领。

（第五十八回）

1. “三山人马”包括选文中写到的李忠、周通占据的桃花山，鲁智深、杨志、武松占据的二龙山，另一座山是指谁占据的哪座山？

2. 三山头领同归水泊梁山，才刚刚齐聚一起的队伍，却能“所过州县，分毫不扰”，他们如何能做到这一点呢？

3. “乡村百姓，扶老挈幼，烧香罗拜迎接。”梁山众人与朝廷做对，被统治者称作贼寇，为什么会受到黎民百姓的热烈欢迎？你怎么看待这个问题？

【情节二十四】

宋江执着骨朵，躬身声喏。吴学究立在船头上，说道：“梁山泊义士宋江，谨参祗候。”船上客帐司出来答道：“此是朝廷太尉，奉圣旨去西岳降香。汝等是梁山泊义士，何故拦截？”宋江躬身不起。船头上吴用道：“我们义士，只要求见太尉尊颜，有告复的事。”客帐司道：“你等是甚么人，造次要见太尉！”两边虞候喝道：“低声！”宋江却躬身不起。船头上吴用道：“暂请太尉到岸上，自有商量的事。”客帐司道：“休胡说！太尉是朝廷命臣，如何与你商量！”宋江立起身来道：“太尉不肯相见，只怕孩儿们惊了太尉。”朱仝把枪上小号旗只一招动，岸下花荣、秦明、徐宁、呼延灼引出马军来，一齐搭上弓箭，都到河口，摆列在岸上。那船上梢公都惊得钻入梢里去了。客帐司人慌了，只得入去禀复。宿太尉只得出到船头上坐定。宋江躬身唱喏道：“宋江等不敢造次。”

（第五十九回）

1.《水浒传》里几乎所有的人都有自己的绰号，请写出宋江、花荣的绰号，并简要说明这绰号有着怎样的意义。

2.“那船上梢公都惊得钻入梢里去了。客帐司人慌了，只得入去禀复。宿太尉只得出到船头上坐定。”这样的结果让人大快人心，为什么会有这样的结果呢？

3. 选文中宋江等人的做法可以用一句成语进行概括，请写出这句成语，并对宋江的做法做简要分析。

【情节二十五】

晁盖带同诸将上马，领兵离了法华寺，跟着和尚行不到五里多路，黑影处不见了两个僧人，前军不敢行动。看四处时，又不见有人家，军士却慌起来，报与晁盖知道。呼延灼便叫急回旧路。走不到百十步，只见四下里金鼓齐鸣，喊声振地，一望都是火把。晁盖众将引军夺路而走，才转得两个弯，撞见一彪军马，当头乱箭射将来，不期一箭，正中晁盖脸上，倒撞下马来。却得呼延灼、燕顺两骑马，死并将去。背后刘唐、白胜救得晁盖上马，杀出村中来。村口林冲等引军接应，刚才敌得住。两军混战，直杀到天明，各自归寨。

林冲回来点军时，三阮、宋万、杜迁水里逃得性命；带入去二千五百人马，止剩得一千二三百人，跟着欧鹏，都回到帐中。众头领且来看晁盖时，那枝箭正射在面颊上；急拔得箭，出血晕倒了；看那箭时，上有“史文恭”字。林冲叫取金疮药敷贴上。原来却是一枝药箭，晁盖中了箭毒，已自言语不得。（第六十回）

1. 前文说到有两个出家人前来求见，主动要求带晁盖去杀敌。林冲谏道：“哥哥休得听信，其中莫非有诈？”晁盖却不信，认为出家人不会骗人，执意要去，才出现了选文中写到的结果。什么原因造成了晁盖历此一劫？

2. 晁盖不顾林冲劝阻，一意孤行，定要跟着两个僧人走。虽然僧人的言行中多有可疑之处，然而晁盖却未识破，请你分析此时晁盖的心境。

3.“走不到百十步，只见四下里金鼓齐鸣，喊声振地，一望都是火把。”作者安排这样热闹的场面意在说明什么？如此阵仗，注定了晁盖等人怎样的命运？

【情节二十六】

吴用取出一把铁算子来，排在桌上，算了一回，拿起算子桌上一拍，大叫一声“怪哉！”卢俊义道：“正要先生与迷人指路，但说不妨。”吴用道：“员外这命，目下不出百日之内必有血光之灾，家私不能保守，死于刀剑之下。”卢俊义笑道：“先生差矣。卢某生于北京，长在豪富之家，祖宗无犯法之男，亲族无再婚之女；更兼俊义作事谨慎，非理不为，非财不取，又无寸男为盗，亦无只女为非，如何能有血光之灾？”吴用改容变色，急取原银付还，起身便走，嗟叹而言：“天下原来都要人阿谀谄佞。罢，罢！分明指与平川路，却把忠言当恶言。小生告退。”卢俊义道：“先生息怒，前言特地戏耳。愿听指教。”吴用道：“小生直言，切勿见怪。”卢俊义道：“在下专听，愿勿隐匿。”吴用道：“员外贵造，一向都行好运，但今年时犯岁君，正交恶限，目今百日之内，身首异处。此乃生来分定，不可逃也。”卢俊义道：“可以回避否？”吴用再把铁算子搭了一回，便回员外道：“则除非去东南方巽地上一千里之外，可以免此大难。虽有些惊恐，却不伤大体。”（第六十一回）

1. 卢俊义起初并不相信吴用所说的话，是吴用的哪一举动博取了卢俊义的信任并按照他所说的去做了呢？用原文回答。

2. 卢俊义一开始凭什么认为自己不可能有灾祸呢？请用自己的语言简要概括。

3. 卢俊义最终中了吴用的计谋，向他讨要破解血光之灾的办法，于是吴用水到渠成地点出了“去东南方巽地上一千里之外”可免此灾。联系选文，对吴用其人初步加以评价。

【情节二十七】

却说关胜正在中军帐里点灯看书。有伏路小校悄悄来报：“芦花荡里，约有小船四五十只，人人各执长枪，尽去芦苇里面两边埋伏，不知何意，特来报知。”关胜听了，微微冷笑：“盗贼之徒，不足与吾对敌。”当时暗传号令，教众军俱各有准备。“贼兵入寨，帐前一声锣响，四下各自捉人。”三军得令，各自潜伏。且说张横将引三二百人，从芦苇中间藏踪蹑迹，直到寨边，拔开鹿角，迳奔中军，望见帐中灯烛荧煌，关胜手捻髭髯，坐看兵书，张横暗喜，手搦长枪，抢入帐房里来。旁边一声锣响，众军喊动，如天崩地塌，山倒江翻，吓的张横倒拖长枪，转身便走。四下里伏兵乱起，可怜会水张横，怎脱平川罗网。二三百人不曾走的一个，尽数被缚，推到帐前。关胜看了，笑骂：“无端草贼，小辈匹夫，安敢侮我！”将张横陷车盛了，其余者尽数监了，“直等捉了宋江，一并解上京师，不负宣赞举荐之意。”

（第六十三回）

1. “关胜听了，微微冷笑：‘盗贼之徒，不足与吾对敌。’当时暗传号令，教众军俱各有准备。”关胜为何有如此的表现？

2. 关胜儒雅风流，大有关羽之风。这一点从选文中哪里可以体现？

3. 张横劫寨表现了他怎样的特点？作者安排这一情节有什么目的？

【情节二十八】

次日，索超亲引一支军马，出城冲突。吴用见了，便教军校迎敌戏战，他若追来，乘势便退。此时索超又得了这一阵，欢喜入城。当晚彤云四合，纷纷雪下，吴用已有计了，暗差步军去北京城外，靠山边河路狭处，掘成陷坑，上用土盖。是夜雪急风严，平明看时，约有二尺深雪。城上望见宋江军马，各有惧色，东西栅立不定。索超看了，便点三百军马，就时追出城来。宋江军马四散奔波而走。却教水军头领李俊、张顺，身披软战，勒马横枪，前来迎敌。却才与索超交马，弃枪便走，特引索超奔陷坑边来。这里一边是路，一边是涧。李俊弃马跳入涧中去了，向着前面，口里叫道："宋公明哥哥快走！"索超听了，不顾身体，飞马抢过阵来。山背后一声炮响，索超连人和马攧将下去。后面伏兵齐起，这索超便有三头六臂，也须七损八伤。（第六十四回）

1. 找出选文中有关描写雪的语句，说一说这样的描写在本段中有怎样的作用？

2. 这是一个妙绝的诱敌深入、实施智擒的好计。请结合选文内容，概述诱敌、擒敌的过程。

3. 为什么李俊弃马跳入涧中时，口里还要叫道"宋公明哥哥快走"？

【情节二十九】

卢俊义大惊道："卢某是何等人，敢为山寨之主？但得与兄长执鞭坠镫，做一小卒，报答救命之恩，实为万幸！"宋江再三拜请。卢俊义那里肯坐。只见李逵叫道："哥哥偏不直性！前日肯坐坐了，今日又让别人！这把鸟交椅便真个是金子做的？只管让来让去，不要讨我杀将起来！"宋江大喝道："你这厮！"卢俊义慌忙拜道："若是兄长苦苦相让，著卢某安身不牢。"李逵又叫道："若是哥哥做皇帝，卢员外做个丞相，我们今日都住在金殿里，也值得这般鸟乱；无过只是水泊子里做个强盗，不如仍旧了罢！"宋江气得话说不出。吴用劝道："且教卢员外东边耳房安歇，宾客相待；等日后有功，却再让位。"宋江方才住了，就叫燕青一处安歇，另拨房屋，叫蔡福、蔡庆安顿老小。关胜家眷，薛永已取到山寨。宋江便叫大设筵宴，犒赏马步水三军，令大小头目并众喽罗军健各自成团作队去吃酒。忠义堂上，设宴庆贺，大小头领，相谦相让，饮酒作乐。卢俊义起身道："淫妇奸夫，擒捉在此，听候发落。"宋江道："我正忘了，叫他两个过来！"众军把陷车打开，拖在堂前，李固绑在左边将军柱上，贾氏绑在右边将军柱上。（第六十七回）

1. 请用简练的语言概括选文的主要内容。

2. "李逵又叫道：'若是哥哥做皇帝，卢员外做个丞相，我们今日都住在金殿里，也值得这般鸟乱；无过只是水泊子里做个强盗，不如仍旧了罢！'"从这句话中可以看出李逵什么样的性格特点？这句话表明了梁山泊怎样的内部矛盾？

3. "宋江气得话说不出"体现了宋江思想上怎样的局限性？

【情节三十】

宋江就忠义堂上与众弟兄商议立梁山泊之主。吴用便道："兄长为尊，卢员外为次，其余众弟兄各依旧位。"宋江道："向者晁天王遗言：'但有人捉得史文恭者，不拣是谁，便为梁山泊之主。'今卢员外生擒此贼，赴山祭献晁兄，报仇血恨，正当为尊，不必多说。"卢俊义道："小弟德薄才疏，怎敢承当此位！若得居末，尚自过分。"宋江道："非宋某多谦，有三件不如员外处：第一件，宋江身材黑矮，貌拙才疏；员外堂堂一表，凛凛一躯，有贵人之相。第二件，宋江出身小吏，犯罪在逃，感蒙众弟兄不弃，暂居尊位；员外生于富贵之家，长有豪杰之誉，又非众人所能得及。第三件，宋江文不能安邦，武又不能附众，手无缚鸡之力，身无寸箭之功；员外力敌万人，通今博古，天下谁不望风而降。尊兄有如此才德，正当为山寨之主。他时归顺朝廷，建功立业，官爵升迁，能使弟兄们尽生光彩。宋江主张已定，休得推托。"卢俊义拜于地下，说道："兄长枉自多谈，卢某宁死，实难从命。"吴用劝道："兄长为尊，卢员外为次，人皆所伏。兄长若如是再三推让。恐冷了众人之心。"原来吴用已把眼视众人，故出此语。只见黑旋风李逵大叫道："我在江湖舍身拼命，跟将你来，众人都饶让你一步。我自天也不怕，你只管让来让去，做甚鸟！我便杀将起来，各自散伙！"武松见吴用以目示人，也发作叫道："哥哥手下许多军官，受朝廷诰命的，也只是让哥哥，他如何肯从别人？"刘唐便道："我们起初七个上山，那时便有让哥哥为尊之意。今日却要让别人！"鲁智深大叫道："若还兄长推让别人，洒家们各自都散开！"

（第六十八回）

1. 请用简洁的语言概括选文的主要内容。

2. 宋江为什么要让卢俊义坐头把交椅？

3. 结合上下文说说，在众人不同意的情况下，宋江试图用什么方法说服众人？

【情节三十一】

乐和唱这个词，正唱到“望天王降诏早招安”，只见武松叫道：“今日也要招安，明日也要招安，却冷了弟兄们的心！”“黑旋风”便睁圆怪眼，大叫道：“招安，招安，招甚鸟安！”只一脚，把桌子踢起，颠做粉碎。宋江大喝道：“这黑厮怎敢如此无礼？左右与我推去，斩讫报来！”众人都跪下告道：“这人酒后发狂，哥哥宽恕。”宋江答道：“众贤弟请起，且把这厮监下。”众人皆喜。有几个当刑小校，向前来请李逵，李逵道：“你怕我敢挣扎。哥哥杀我也不怨，剐我也不恨，除了他，天也不怕。”说了，便随着小校去监房里睡。宋江听了他说，不觉酒醒，忽然发悲。吴用劝道：“兄长既设此会，人皆欢乐饮酒，他是粗卤的人，一时醉后冲撞，何必挂怀，且陪众兄弟尽此一乐。”宋江道：“我在江州醉后，误吟了反诗，得他气力来，今日又作《满江红》词，险些儿坏了他性命！早是得众兄弟谏救了。他与我身上情分最重，因此潸然泪下。”便叫武松：“兄弟，你也是个晓事的人，我主张招安，要改邪归正，为国家臣子，如何便冷了众人的心？”鲁智深便道：“只今满朝文武，多是奸邪，蒙蔽圣聪，就比俺的直裰染做了，洗杀怎得干净？招安不济事，便拜辞了，明日一个个各去寻趁罢。”宋江道：“众弟兄听说：今皇上至圣至明，只被奸臣闭塞，暂时昏昧，有日云开见日，知我等替天行道，不扰良民，赦罪招安，同心报国，青史留名，有何不美！因此只愿早早招安，别无他意。”众皆称谢不已。当日饮酒，终不畅怀，席散各回本寨。

（第七十一回）

1. 请用简洁的语言概括选文的主要内容。

2. 武松和李逵都是反对招安的重要人物，但在具体做法上为什么会有所不同？

3. 从“改邪归正”一词可以看出宋江对梁山聚义有着怎样的态度？他的做法为何会“冷了众人的心”？

儒林外史

全程导读

一、作者简介

吴敬梓（1701—1754），字敏轩，号粒民，晚年又号文木老人、秦淮寓客。清代最伟大的小说家之一。汉族，全椒（今属安徽）人。出生于“一门三鼎甲，四代六尚书”的官宦门第，科举世家。天资颖异，文章过目辄能背诵。他除精读百家经史典籍外，还广泛涉猎稗官野史、诗词曲赋，因之学识渊博，见解过人，诗文援笔立就。一生创作了大量的诗歌、散文和史学研究著作，有《文木山房诗文集》十二卷，今存四卷。长篇讽刺小说《儒林外史》确立了他在中国文学史上的杰出地位。

二、作品主题

《儒林外史》是清代吴敬梓创作的长篇小说，成书于乾隆十四年（1749）或稍前，先以抄本传世，初刻于嘉庆八年（1803）。

全书五十六回，以写实主义描绘各类人士对于“功名富贵”的不同表现，一方面真实的揭示人性被腐蚀的过程和原因，从而对当时吏治的腐败、科举的弊端、礼教的虚伪等进行了深刻的批判和嘲讽；一方面热情地歌颂了少数人物以坚持自我的方式所作的对于人性的守护，从而寄寓了作者的理想。

小说形象地刻画了在科举制度下，知识阶层精神道德和文化教育腐朽糜烂的现状。它透过人生百态揭示了士人功名利禄的观念、官僚制度、人伦关系和整个社会风气。作者从揭露科举制度以及在这个制度奴役下的士人丑恶的灵魂入手，进而讽刺了封建官吏的昏聩无能、地主豪绅的贪吝刻薄、附庸风雅的名士的虚伪卑劣，以及整个封建礼教制度的腐朽和人们灵魂的扭曲。吴敬梓的讽刺给了封建社会有力的一击，宣泄了大多数心有同感的读书人对人性卑劣、社会黑暗的控诉。

三、艺术特色

（一）结构

《儒林外史》是一部短篇艺术与长篇艺术相结合的作品。虽然它一般被归类为长篇小说，但它的结构却与人们平常所说长篇小说的结构有着很大的不同。小说全书中没有贯穿始终的主要人物和故事框架，而是一个个相对独立的故事的连环套；前面一个故事说完了，引出一些新的人物，这些新的人物便成为后一个故事中的主要角色。有的人物上场表现一番以后，就不再出现，有的人物还再次出现，但基本上只是陪衬性的了。但全书也不只是若干短篇的集合，它以明代为背景，揭露在封建专制下读书人的精神堕落和与此相关的种种社会弊端，有一个非常明确的中心主题，也有大致清楚的时间线，整部小说有着统一的情节线索：第一回以王冕的故事喻示全书的主旨；第二至三十二回分写各地和各种类型的儒林人物；第三十三回以后，随着杜少卿从天长迁居南京，全书的中心便转移到南京士林的活动，并以祭泰伯祠为主要事件；最后以“市井四大奇人”收结全书，与第一回遥相呼应。

（二）白描手法

《儒林外史》通过精确的白描，写出“常见”“公然”“不以为奇”的人事的矛盾、不和谐，显示其蕴含的意义。例如严贡生正在范进和张静斋面前吹嘘：“小弟只是一个为人率真，在乡里之间从不晓得占人寸丝半粟的便宜。”言犹未了，一个小厮进来说：“早上关的那口猪，那人来讨了，在家里吵哩。”通过言行的不一，揭示严贡生欺诈无赖的行径。又如汤知县请正在居丧的范进吃饭，范进先是“退前缩后”地坚决不肯用银镶杯箸。汤知县赶忙叫人换了一个瓷杯，一双象箸，他还是不肯，直到换了一双白颜色竹箸来，“方才罢了”。汤知县见他居丧如此尽礼，正着急“倘或不用荤酒，却是不曾备办”，忽然看见“他在燕窝碗里拣了一个大虾元子送在嘴里”，心才安下来。真是“无一贬词，而情伪毕露”。

（三）讽刺艺术

《儒林外史》通过不和谐的人和事进行婉曲而又锋利的讽刺。五河县盐商送老太太入节孝祠，张灯结彩，鼓乐喧天，满街是仕宦人家的牌仗，满堂有知县、学师等官员设祭，庄严肃穆。但盐商方老六却和一个卖花牙婆伏在栏杆上看执事，“权牙婆一手扶着栏杆，一手拉开裤腰捉虱子，捉着，一个一个往嘴里送”。把崇高、庄严与滑稽、轻佻组合在一起，化崇高、庄严为滑稽可笑。

（四）美学风格

《儒林外史》具有悲喜交融的美学风格。吴敬梓能够真实地展示出讽刺对象中戚谐组合、悲喜交织的二重结构，显示出滑稽的现实背后隐藏着的悲剧性内蕴，从而给读者以双重的审美感受。周进撞号板，范进中举发疯，马二先生对御书楼顶礼膜拜，王玉辉劝女殉夫的大笑等。这瞬间的行为是以他们的全部生命为潜台词的，所以这瞬间的可笑又蕴含着深沉的悲哀，这最惹人发笑的片刻恰恰是内在悲剧性最强烈的地方。作者敏锐地捕捉人物瞬间行为，把对百年知识分子命运的反思和他们瞬间的行为巧妙地结合在一起，使讽刺具有文化容量和社会意义。

（五）人物塑造

《儒林外史》人物形象创作的一个重要特点，就是以生活中的真人真事为原型，加以艺术的锤炼，使之成为具有典型意义的人物形象。在此时，吴敬梓笔下的人物形象已经不等同于生活中的人物原型，而是成为了一个艺术形象。

《儒林外史》人物形象的创作主要运用了纪实、剪辑、集中、综合、变形、理想化等方法，并呈现出整体性的特点。吴敬梓以生活中的人物原型为基础，运用这六种创作方法，创作出了高士王冕、名士杜少卿、真儒虞育德等富有光彩的艺术形象。然而在吴敬梓将生活中的人物采撷到作品中，将生活原型创作为艺术形象的过程中，产生了一个值得思考的问题，即是对真儒虞育德、庄绍光等理想人物的塑造上，表现出不重才学重品德的倾向。

在人物塑造上，《儒林外史》展现了作者深厚的文学功力。作者塑造人物形象以真实为最高原则，即按照人物所处的特定情景，写得符合真情实理。就是反面人物也常有可取之处，而不是脸谱式描绘。小说中许多人物性格处于流动发展状态，和现实生活十分贴切。如范进、荀玫因地位升迁而变异，匡超人、牛浦郎因受环境污染而变色。吴敬梓笔下的人不是定型的，也不是单色的，而是杂色的。

四、人物形象

王冕

王冕是历史上真实存在的人物，作者据此进行了改编。王冕在小说中具有重要的作用，在整个小说的人物塑造上，他奠定了作者理想人物的基本特点，正如回目所说“说楔子敷陈大义，借名流隐括全文”。王冕作为一个士人，作为一个“名流”，在他身上体现着中国士人的精神。

周进

周进原本是个教书先生，对科举考试极为热衷，可惜到了花甲之年，却连个秀才都没考中。有一回，他和姐夫来到省城开科取士的考场贡院，触景生情，伤心欲绝，竟一头撞到号板上，晕了过去。醒来以后，他满心悲怆无法排解，索性嚎啕大哭，满地打滚。这一幕被几个商人见到了，他们出于怜悯，凑钱帮这个可怜的老头儿捐了个监生。周进欣喜不已，向他们叩头谢恩。后来，借着监生的身份，他居然中了举人，接着又中了进士，到广东为官。

范进

范进时年五十余岁，连秀才都没考中，家中穷困不堪，他腊月还穿着单衣，冻得他直打哆嗦，广东虽然气候温暖，但腊月时节温度也不高。周进见到他，便想起了自己当年的惨状，在惺惺相惜之下，将他录取为秀才，后来又将他录取为举人，因此上演了一出“范进中举”的癫狂闹剧。

严致和

严致和即严监生，清雍正朝规定，秀才中凛生，凛生被选入国子学称贡生，次于凛生、凛生选入国子学成为监生，而且当时一些未能入府、州、县学而欲考举人者，可以出资捐一监生资格参加乡试，或直接出钱捐一监生，此种情况统称之为捐建或者例监。严监生就是书没读过太多，他这个监生也是花钱捐来的监生。他最被人熟知的桥段莫过于临死前那两根放不下去的手指了，几个侄儿以及奶妈怎么也猜不中严监生到底说的是什么，而赵氏一语道破，原来是灯中有两茎灯草，严监生怕它费油才难以合眼，待赵氏挑去一根，严监生便一口咽了气。

严致中

严致中是一个贡生，经考选等方式进入设于京师的国子学以后就称为贡生。这类人社会地位相对较高，严贡生也是因为自己是个贡生而瞧不起自己的胞弟严监生，入监者一般要求“学行端庄，文理悠长”，但是在作者笔下的严贡生却恰恰相反，是一个十足的衣冠禽兽。严贡生的第一次出场是在第四回中，范进在服丧期被张静斋劝说一同前去汤知县那里“打秋风”，刚到高要县坐定准备喝些茶水，严贡生便进来搭讪，当得知二人是要去拜见汤知县时，便开始称自己与汤知县是老相熟，又编造了一段与汤知县相遇的故事，还夸赞汤知县的为人，只是为了显示对汤知县的了解。

匡超人

原名匡迥，号超人，温州府乐清县人。小说在匡超人的行为描写中大致可以分为两种，一是表现质朴孝顺的匡超人，二是表现泯灭人性的匡超人。他本是一个淳朴的农村少年，为人乖巧、做事勤快，其对父亲的一片孝思，令人感动。

小说最初对匡超人的行为描写是表现他纯朴孝顺的一面。在流落他乡时，他受社会影响逐步发生了变化。在杭州，匡超人遇到了马二先生，并受其影响，把科举作为人生的唯一出路。考上秀才后，又受一群斗方名士的“培养”，以名士自居，以此作为追名逐利的手段。社会给他这样的道路，他巧妙周旋其间，一步步走向堕落。他吹牛撒谎，钻取功名，卖友求荣，忘恩负义，变成了一个衣冠禽兽。

沈琼枝

沈琼枝是教书先生沈大年的女儿，遵父命嫁给盐商宋为富为妻。但到了盐商宋为富府上之后，才知道是一场骗局，盐商宋为富原来是娶沈琼枝为妾。琼枝父状告宋为富，宋重金贿赂知县，把沈大年押回常州。沈琼枝带着金银细软独自去往南京，开始了她新的独立生活。

五、故事梗概

《儒林外史》是我国一部著名的古典长篇讽刺小说，主要描写封建社会后期知识分子及官绅的活动和精神面貌，成功塑造生活在封建末世和科举制度下的封建文人群像。反映了封建社会末期腐朽黑暗的社会现实，批判了八股科举制度，揭露了反动统治的罪恶和虚伪。

整书开首以王冕“视功名如粪土”为引子“敷陈大义”，把历史上王冕追求功名的旧事一概不提，塑造了一个高人的形象，然后描写的是周进、范进一批八股学士，包括王惠、荀玫，都不再是光鲜亮丽的形象。荀玫等人之后，《儒林外史》中大着笔墨的便是蘧公孙娄公子一批官宦之后，也不过是附庸风雅之辈，接着又引出马二先生匡超人等一批人物来，坑蒙拐骗，混迹“文坛”之上。最后作者写下琴棋书画四大奇人，身有一技之长，谋生吃饭，闲暇便做“学问”，自言“我也不是要做雅人。也只为性情相近，故此时常学学……”

六、章节概括

第一回　说楔子敷陈大义　借名流隐括全文

王冕家境贫寒，善画荷花。京官危素想见他，因不愿结交官绅，又恐受害，遂远走山东。后山东洪灾，于是回乡。奉养母亲送了终，正值元末明军起义，朱元璋取了天下，为避免入仕，归隐会稽山。

第二回　王孝廉村学识同科　周蒙师暮年登上第

薛家集上的乡绅商讨春节期间举办龙灯会的事情。期间提到要给孩子们请一个教书先生。夏总甲推荐60余岁的周进。宴请周进时请梅玖作陪，只是中了秀才的梅玖席间作弄周进，并说梦见好兆头才中的秀才。王举人避雨路过村塾，同样轻视周进，也讲了梦见与周进的学生荀玫共同中了举人，故弄玄虚。周进很受刺激。村人因此嘲笑称呼荀玫为“荀进士”，以为是周进所为，而辞退了周进。后周进随姐夫去省城做生意，路过贡院，受刺激过度，撞上号板。本篇体现了文人相轻（学位高的看不起学位低的）、文人们故弄玄虚的现象。

第三回　周学道校士拔真才　胡屠户行凶闹捷报

周进的姐夫等人可怜周进，凑钱替他捐了个监生，得以直接考举人，考中，后来又考中进士，任广东学道。遇范进考秀才，因可怜他而将他录取。后范进又考中举人，张乡绅来结交，赠予银子及房子。本篇体现了文人们皓首穷经追求仕途及趋炎附势的变态心理。

第四回　荐亡斋和尚契官司　打秋风乡绅遭横事

范进的母亲忽然得到阔绰的房子及家饰，兴奋过度而亡。范进服丧三年后，张静斋与他一起去拜访高要县汤知县。因朝廷下令禁止屠耕牛，不得食用牛肉，恰逢回民来送牛肉希望知县不要严格执行禁食牛肉的规定，张静斋把这看作“严格执法，以求升迁”的机会，使得知县打死了送牛肉的人，引来了回民的围攻。本篇体现了官绅张静斋夺人田地、打秋风，表现了他通过陷害别人达到自己升官目的的阴险心计。

第五回　王秀才议立偏房　严监生疾终正寝

唐知县处理完回民的案子，有俩人来告严贡生，一个告严贡生抢夺别人的猪，一个是告严贡生强要别人的利钱。知县下令拿人，严贡生畏罪而逃。他哥哥严监生替他料理官司，自己出钱赔偿的赔偿，打点的打点。后来，严监生的妻子王氏重病，妾赵氏被扶为正房。在举行婚庆的当天，王氏病亡。后来，严监生也病故。文章体现出了严贡生的霸道、赵氏的心计和严监生的吝啬。

第六回　乡绅发病闹船家　寡妇含冤控大伯

严监生病故。赵氏同哥哥王德王仁商议如何发送，严监生的大哥严贡生科举回来，却不顾弟弟的死，不仅不安排丧事，反倒为了儿子的亲事去了省城。赵氏的儿子后来又病亡，王德给严贡生写信让其回来，商议立嗣的事。此时严贡生在省城接亲。因给吹打手的银子太少，吹打手不愿来，新娘因此不发轿。最后来了两个人才勉强把新娘接回来。回来的路上，严贡生又假装发病，故意留下云片糕给船家吃，反污船家吃了救人的药，最后赖了船钱。回到家后，声称赵氏是妾，而让儿子及新娘搬到死去的大哥家的正房住，目的是要霸占房子。赵氏告状，族长不敢管，知县判决遵从赵氏的意见。严贡生不服，告到省里，后又告到部里。体现出严贡生的吝啬、霸道、无赖行径。

第七回　范学道视学报师恩　王员外立朝敦友谊

范进去拜见恩师周进。因范进要去山东任学道，周进叮嘱范进到山东后关注荀玫使其进学。其时荀玫已同王惠共同考中。两人遇到了算命先生陈礼，并为王惠的前途算了一卦。荀玫的母亲病故，荀玫和王惠想等殿试后再回家奔丧，因此想隐瞒亡情，不成，只得回家。王惠同荀玫共同办完丧事后，王惠独自返回省城。体现了文人的虚伪及薄情。

第八回　王观察穷途逢世好　娄公子故里遇贫交

王惠回省城后，正遇朝廷下令补南昌知府缺，于是上任。到南昌后，故意不肯接印，直到蘧太守送了银子才正式就职。后来宁王反叛，攻下南昌，王惠降顺。后宁王兵败，王惠逃走，巧遇蘧公孙。蘧公孙回到家后，向爷爷蘧太守诉说此事。蘧公孙的两个表叔来访，住了几日后，送回省城。体现出王惠的贪财、无立场的行径。

第九回　娄公子捐金赎朋友　刘守备冒姓打船家

娄公子两人回省城的路上，看到了为其家族看坟的仆人邹吉甫的儿子邹三，自言在附近住。娄氏公子于是进家看望。席中得知杨执中因替人管账有亏空，被下了监狱。娄氏公子决定救人。回到家后，叫家仆晋爵带银子去县里讲情，摄于娄府的家威，知县放了杨执中。杨执中因不知道是谁救了他，径自就回到了家中。多日后，娄氏公子想拜见杨执中到底何许人，去杨家找，但未找到。路上遇到刘守备的船家冒名娄府逞凶，娄氏公子仅予说教后放行。几日后再次拜访，仍未见到。

第十回　鲁翰林怜才择婿　蘧公孙富室招亲

娄氏公子二次仍未找到杨执中，返回途中遇到了鲁编修。谈到杨执中时，鲁编修不以为然。几日后，陈礼来访。此时蘧公孙住在娄府，陈礼是为鲁家的女儿提亲。蘧老太爷来信让娄氏公子酌情办理。按鲁编修的意思，蘧公孙入赘鲁家。择吉日，办了婚事。

第十一回　鲁小姐制义难新郎　杨司训相府荐贤士

婚后，鲁小姐才貌双全，而蘧公孙的文采学识很一般，却也无可奈何。邹吉甫来到娄府，又谈到了杨执中，决定再次去拜访。见面后，相谈甚欢。因蘧公孙学识太低，鲁编修担心他不能考学做官，想再娶一妾，以图再生一子。引来老夫人的不满，鲁编修因此发病。此时，因见娄氏公子极好结交贤士，杨执中向娄氏二公子推荐了一个学识渊博的人，名叫权勿用。

第十二回　名士大宴莺脰湖　侠客虚设人头会

娄氏公子正要去拜访权勿用时，新到任的魏老爷来访。看到琐事繁多，杨执中建议让仆人带书信去请。途中仆人了解到权勿用是个无所事事、不务正业的人。写了两封书信权勿用才来到娄府。并带来一个侠客。娄公子另邀请了一些朋友陪同一起游玩喝酒一连数日。侠客骗了娄公子500两银子后不知去向。而权勿用则在原籍有案底在身，被跟随来的差役带走。娄氏公子略感失望。鲁编修被朝廷升了侍读，却高兴而亡。

第十三回　蘧駪夫求贤问业　马纯上仗义疏财

蘧公孙遇到马纯上，听他大谈升学的窍门，很受启发。娄家的仆人宦成与蘧家的丫鬟双红私通，带着原先王惠丢在蘧老太爷家的箱子跑了。蘧公孙告了官，而拿人的差役知道了那个箱子是叛官的赃物后，诈走了宦成身上的全部银子，并以宦成的名义去诈蘧公孙要银子，并假惺惺提要求给双红赎身。差人没见到蘧公孙，找到了马纯上，马纯上极力要自己出银子把事情压下来。

第十四回　蘧公孙书坊送良友　马秀才山洞遇神仙

经过讨价还价，马纯上出了92两银子，并替蘧公孙写了给双红赎身的文书，方把赃箱取回来。而差人则拿了其中的大部分银子。宦成与双红远去他乡。事情理清后，马纯上去了杭州。到杭州后，一连几日，四处游玩，直到在丁家祠遇到了一位“仙人”，名叫洪憨仙。

第十五回　葬神仙马秀才送丧　思父母匡童生尽孝

仙人了解到马纯上当前窘迫，有意周济。给了几块黑煤，马纯上带回家中用火一炼即成了银子。仙人又请有钱的胡公子出银万两，用以准备炼丹的物料，说是四十九日后即可炼出“银母”，到时可点石成金。随后，仙人却“驾鹤西去”。他的仆人说出了原委，洪憨仙并非仙人，只是意在周济马纯上。协助办完丧事后，马纯上在街上遇到一个拆字的少年匡迥，流落街头，无钱回家。而家中的父亲又病重，很是惨然。马纯上借与他十两银子，资助他回家尽孝，并一再叮嘱要举业进学。回家的船上，遇到郑老爹（日后成了匡迥的丈人），讲了一件事情——张氏兄弟因埋怨父亲偏袒小儿子而打闹。被父亲告官后，老大老二上下使钱，并冒充父亲的名义撤了诉。

第十六回　大柳庄孝子事亲　乐清县贤宰爱士

因匡超人的三叔要强占他父亲的宅子，他父亲一病不起，母亲终日以泪洗面。匡超人回到家，尽心尽力服侍父亲，安慰三叔，并拿马纯上给的银子做个小买卖，以补贴家用。村里失了火，匡超人一家被迫搬到了租屋。一次知县路过，见到匡超人辛勤读书，很是赏识，资助银两命其去考试。结果匡超人连续考中，直至中了举人。

第十七回　匡秀才重游旧地　赵医生高踞诗坛

匡超人进学之后，连续拜望了老师。不久，父亲病逝。不知什么原因，知县被革职摘印，但百姓拥戴知县。上面派人捉拿带头的人，连累了匡超人。匡超人到杭州避祸，结识了民间的贤士景兰江及他的一帮朋友。这些人经常聚会作诗。

第十八回　约诗会名士携匡二　访朋友书店会潘三

匡超人寓居的文瀚楼主人让他帮忙选编一些文章，马纯上当初两个月才能完成的工作他只用了七天，也因此得到一些酬劳。景兰江带匡超人通过胡三公子的生日认识了一些新的文人朋友。他们一起举行诗会，但有的人的文采着实一般，去省城举行诗会的当天晚上，因醉酒而夜行，被巡夜的官员拿住。本回体现了大财主的儿子胡三公子的吝啬、文人的虚假才学及酒后的丑态。

第十九回　匡超人幸得良朋　潘自业横遭祸事

匡超人见了潘老爹的弟弟潘自业，他很爽快，头脑灵活，专替人解决难题挣钱。金东崖的儿子想考学，但没学问，想出银五百两找人替考。经过潘三爷仔细筹划，由匡超人替考，并顺利考中。匡超人也因此得到了二百两银子，因此买了房，并由潘三爷保媒，介绍郑老爹的女儿成了亲。匡大给弟弟来信，让其去温州应考，考中。同时匡超人的老师，乐清县知县被诬陷一事查清，知县被释放，并升官至给事中，给匡超人来信，邀请他过去。潘三爷终于因为作案太多被拿下监。

第二十回　匡超人高兴长安道　牛布衣客死芜湖关

匡超人找到了老师，老师欣赏他的才华，要把外甥女嫁给她，他谎称未婚，就成了亲。一次回浙江办事，顺便到家看望，不想妻子因不习惯乡间生活病逝了。旧友景兰江找到他，要他去看望在监狱的潘三哥，因他与潘三的案子有染，推脱说因为是为朝廷效力不能去看望犯人。办完事后，他在回京的船上，遇到了牛布衣，并向他吹嘘自己的才学高超。牛布衣在芜湖县住在甘露庵里，不幸病亡，死前请老和尚给他料理丧事。和尚及众邻居照办不误。本回揭露了匡超人做官后，不顾结发妻子之情、不念旧友之谊、好吹嘘抬高自己的丑态。

第二十一回　冒姓字小子求名　念亲戚老夫卧病

牛浦郎在庵里读书，认识了老和尚，趁老和尚不在时，偷看了牛布衣留下的个人诗集，因是同姓，就想冒名牛布衣，因此改名牛浦，字布衣，自刻了手章。卜老爹有个外甥女，母亲已亡，父亲常年在外经商，与牛老爹商议嫁与了牛浦郎。

牛浦郎不善于经商，自接手爷爷的杂货店后，日益亏空。牛老爹知悉后上火，病亡。亲家卜老爹年岁已大，办完了牛老爹的丧事后，随之而亡。老和尚的弟子做了九门提督，差人接了老和尚去京，留下庵子让牛浦照顾。

第二十二回　认祖孙玉圃联宗　爱交游雪斋留客

因为牛浦冒名牛布衣，董瑛慕名前来拜访，为显出气势，牛浦让两个丈舅一个端茶倒水，一个收拾卫生。接待完后，互相埋怨不懂礼数，惹得卜信卜成把牛浦从家里赶了出去，自寻房住。牛浦无计可施，就想去投奔董瑛。在船上遇到了牛玉圃，因是同姓，虚张声势的牛玉圃认了牛浦为孙子。

后来在半路上遇到了牛玉圃的结拜兄弟王义安，吃饭时王义安被人臭打一顿，侧面反映了牛玉圃的人品。到杭州后，牛浦随牛玉圃去拜访万雪斋，在池塘边散步时，不小心掉进池塘，被牛玉圃数落上不得台面。

第二十三回　发阴私诗人被打　叹老景寡妇寻夫

牛玉圃去万家时，道士向牛浦说了万雪斋的底细。万雪斋原是盐商程家的管家，后来自己做生意发的家，因此最恨别人提起此事。牛浦向牛玉圃说如果在万雪斋面前提起程明卿，就会要挟住万雪斋而得到更大好处，不料引起万雪斋的愤怒，将牛玉圃赶了出来。

牛玉圃迁怒于牛浦，找到他暴打了一顿。牛浦恰好遇到黄姓船家，因为说与董知县相好，得到了黄的敬重，并把四女儿嫁与了他。董知县升任到京，他不知道牛布衣已死，更不知道牛浦是假冒的，他向冯琢庵说牛布衣在甘露庵，致使牛布衣的妻子找上门来。

第二十四回　牛浦郎牵连多讼事　鲍文卿整理旧生涯

牛奶奶不知道丈夫已死，以为是牛浦害死了她丈夫，才冒充的牛布衣，于是告了状。但向知县以为只是同名，不予审理，发回了原籍去审理。上司认为向知县不务正业，欲参他，被戏子鲍文卿所救。鲍文卿回到南京，想找几个人成立一个小戏班子。

第二十五回　鲍文卿南京遇旧　倪廷玺安庆招亲

鲍文卿在街上游走，遇到一个修理乐器的老者。遂请到家中帮忙修理乐器。期间谈到倪老爹做了二十多年的秀才，家贫如洗，五个儿子已经卖出去了四个。最后一个也是难以养活，与鲍文卿商议后，两相情愿，过继给鲍文卿，更名鲍廷玺。

由此，鲍文卿带着儿子四处开班演戏。一日在街上遇到原来的向知县，已到本地升任知府，经知府介绍，将府上看门人王老爹的女儿许配给了鲍廷玺。

第二十六回　向观察升官哭友　鲍廷玺丧父娶妻

鲍廷玺的妻子王太太难产而死。向知府升任福建道台。鲍文卿因年岁太大，回到老家南京，到家后不久病重而死。戏班老师金次福来给鲍廷玺提亲，鲍老太太叫归姑爷打听女方的底细，归姑爷找到媒婆的丈夫沈天孚，沈天孚告诉他女方是一个泼辣的人，但有些积蓄，归姑爷就请媒婆沈大脚说和此事。女方王太太虚荣心极强，媒婆极力夸大了鲍廷玺的身家情况，王太太同意了。

第二十七回　王太太夫妻反目　倪廷珠兄弟相逢

婚后，因鲍家有个婆婆，丈夫也并非举人，也没有字号店，这些事实都显露出来，鲍太太脾气大发，气出病来。鲍老太太不堪忍受，在女儿及姑爷的建议下，把鲍廷玺夫妇赶出了家门。鲍廷玺的大哥倪廷珠一直在苏州抚院姬大人那里做幕僚，来到南京时找到了鲍廷玺，给了些银子，叫他买所房子。因马上要去苏州，叫兄弟过几日去苏州找他，再给些银子做些生意。不料鲍廷玺到苏州后得知大哥已经病亡。幸巧在来时的路上遇到了季苇萧（鲍廷玺是他的姑丈人），就去扬州找季公子。

第二十八回　季苇萧扬州入赘　萧金铉白下选书

季苇萧此时正在娶二房亲。各名士纷纷来贺。鲍廷玺到来后，因为还要回南京，季苇萧托他给朋友季恬逸带封信。此时季恬逸在南京，身无分文。诸葛佑找他帮忙找一位选书先生，想共同刻书，以借此成名。季恬逸找到了朋友萧金铉，但萧金铉的学问并不高，只是为了挣诸葛佑的银子。三人找到一处僧庵做住所，开始安排刻书事宜。

第二十九回　诸葛佑僧寮遇友　杜慎卿江郡纳姬

恰遇僧官刚刚升任，要摆酒庆贺，众多朋友纷来捧场。诸葛天申（诸葛佑）在路上看到了杜慎卿，带朋友前去拜访。因杜慎卿在考试时得过头名，众人都很仰慕。杜慎卿留下众人吃了饭。杜慎卿没有儿子，决意纳妾。

第三十回　爱少俊访友神乐观　逞风流高会莫愁湖

季苇萧同杜慎卿相谈甚欢。杜慎卿谈起缺少一位知己，季苇萧有意戏弄他，告诉他在神乐观里有一个才貌俱全的人，杜慎卿信以为真，去了后才知道是开玩笑，要找的人是来霞士，而来霞士竟是一个黑丑胖壮的道士。杜慎卿同鲍廷玺商议，召集众多戏子，要开莫愁湖湖亭大会，挑选色艺俱全的人。最后选出了前三名，分别是，郑魁官，葛来官，王留歌。

第三十一回　天长县同访豪杰　赐书楼大醉高朋

通过召开的戏子大会，鲍廷玺看到了杜慎卿的慷慨大方，就想借些银子重新建立一个戏班。但杜慎卿向他介绍了自己的堂弟杜少卿，说他是一个更大方的人，只要提认识杜老太爷，并高抬他，就可以向他借出银子。鲍廷玺去找杜少卿的路上，遇到了同去拜访的韦四太爷。杜少卿果然更是慷慨，不仅好酒好菜招待客人，给门客抓药治病，并且不畏权势，不去攀附本县知县，还在自身无钱的情况下，当了自己新做的衣服给杨裁缝死去的母亲买棺材。

第三十二回　杜少卿平居豪举　娄焕文临去遗言

韦四太爷要回家，杜少卿送了一只玉杯；因平日慷慨施舍，家里没有银子使用，就叫管家王胡子卖了一块地，卖了一千多两银子。娄老伯的孙子要回去，杜少卿送了一百两银子；仆人黄大的房子倒塌了，杜少卿送了五十两修缮银子；臧三爷收了别人三百两银子，替人买秀才不成，人家索要银子，臧三爷怕吃官司，找杜少卿来借了三百两；张俊民的儿子想考学，因为是冒籍，杜少卿出了一百二十两银子替他疏通关系；知县王老爷丢了官，没处住，虽然从未来往，仍然腾出一间屋子让他搬进来住；鲍廷玺见别人都能借到银子，终于开了口，说是要组建戏班子，也借到了一百两。娄老伯的病越来越重，回家前，叮嘱杜少卿要学会持家，出借银子要分人分事，有的人是来骗银子的，并不会心怀感激。杜少卿依旧大方如故，又卖了一块地。

第三十三回　杜少卿夫妇游山　迟衡山朋友议礼

杜少卿搬去了南京。众朋友纷纷前来拜访，杜少卿也回拜。杜老太爷的门生李大人要举荐杜少卿做官，杜少卿自知无才，又不愿受官场的束缚，装病不去。迟衡山同杜少卿商量为吴泰伯（周太王的儿子）建一座祠堂，以便传承传统礼乐，并向众朋友募集资金。

第三十四回　议礼乐名流访友　备弓旌天子招贤

薛乡绅宴请众朋友，包括迟衡山、马纯上、蘧先夫、萧柏泉、季苇萧、余和声等人，杜少卿推病不去。期间高老先生大谈杜少卿没有做官的本事，将历代积累下的家产都挥霍空了。迟衡山同杜少卿去拜访庄绍光，商议建祠堂的事。庄绍光受徐巡抚举荐，要进京赴任。在客店遇到押解银饷的孙守备。同行。孙守备的马队遇到了响马，被孙守备的朋友萧昊轩用弹弓击退。

第三十五回　圣天子求贤问道　庄征君辞爵还家

庄绍光应诏觐见皇帝。皇上大为赞赏他的才学，但是他不谙官场事故，得罪了太保，当皇帝要重用他时，太保说不适宜用没有通过正规渠道进学的人。于是皇上赐了银两及元武湖，允许他回乡著书立说。庄绍光回乡的路上，借宿到一老农家，不幸老农夫妇双亡，庄绍光花费银子安葬了。回家中途及到家后，各路官僚、乡绅因为他被皇上召见，纷纷前来拜见，庄绍光不堪其扰。搬到了皇上赐予的元武湖上。卢信侯随即到湖上来访，因为卢信侯收藏了禁书，被官府追来捉拿。卢信侯自首，一个月后，被庄绍光疏通关系救了出来。迟衡山、杜少卿来找他商议需找一个贤士主祭泰伯祠堂。

第三十六回　常熟县真儒降生　泰伯祠名贤主祭

常熟有个虞博士五十多岁才中进士，为人极其忠厚，做了一系列善举：受朋友之托，到南京国子监后即履行诺言，给予武书以关照；储信和伊昭劝虞博士在春天时举行生日，以便收些礼金用来春游，被拒绝；虞博士的旧邻汤相公来找他，告诉他因缺钱用，把虞博士让他住的房子拆卖了，虞博士不但没有生气，还另给了银子让他再去租房住；应天府送来一个犯了赌博罪的监生，虞博士不但不治他的罪，反而与他同吃同住，过了几日就放回了家。因此，虞博士被选为泰伯祠堂大典的主祭。

第三十七回　祭先圣南京修礼　送孝子西蜀寻亲

虞博士带领众人举行隆重的祭祀大典，乡人围观。礼毕，蘧公孙见到了张铁臂，原来就是张俊民，从游侠变成了医生，张俊民见劣迹显露，辞别而去。武书给杜少卿又讲了两个虞博士的善举。一个是虞博士监考时，发现了考生挟带小抄，虞博士不但不查，还替他隐瞒，并给考生留足面子，事后不承认查过；一个是虞博士白白把丫头许配给严管家，严管家并不领情，要带丫头离开，虞博士不但不怪，反而给了十两银子的安置费。武书遇到了孝子郭铁山，因父亲曾随宁王反叛而隐居，郭孝子苦寻几十年后仍在寻找。虞博士等江南名士凑了二十两银子，并给西安的朋友修书一封请予协助，资助他去四川继续寻找父亲。

第三十八回　郭孝子深山遇虎　甘露僧狭路逢仇

郭孝子找到尤知县，住了几日，临走前，尤知县赠予盘缠，并修书一封，命其到成都后可找好友萧昊轩兹助。郭孝子一路风餐露宿，途中遇到劫道的木耐，劝说他归了正，并收为弟子，传授武艺，赠予银两，令其做个小买卖。到了成都后找到了父亲，已在庵里出家。但未料到父亲坚决不予承认。郭孝子在附近住了下来，每日做工给父亲送饭。郭孝子在西安时曾在海月禅林里住过，此时老和尚要去访问峨眉山，顺便看看郭孝子。路上遇到了劫道的赵大，因赵大以前被老和尚赶出过山门，怀恨在心，要害老和尚。一个卖酒的老妇人指了一条生路，让他去找附近的一个少年。

第三十九回　萧云仙救难明月岭　平少保奏凯青枫城

能救老和尚的这个少年是萧昊轩之子萧云仙，他跟随老和尚返回庵里，用弹弓射伤了赵大，背着老和尚逃出来。途中遇到了郭孝子，郭孝子的父亲已经病逝，郭孝子要背父亲的骨骸回到湖广安葬。正值番兵夺了青枫城，京里派平少保剿灭番兵。萧昊轩叫儿子萧云仙去投军，以博取功名。投军的路上遇到了也要去投军的木耐，遂收了木耐同行。平少保命令萧云仙打头阵攻城，大军垫后，萧云仙用计潜进城去，配合大军里应外合，拿下了青枫城。

第四十回　萧云仙广武山赏雪　沈琼枝利涉桥卖文

萧云仙留在青枫城休整被破坏的城池，开垦荒地，安抚百姓，兴修水利，又请教书先生给幼童教授知识。城池修好后，萧云仙向朝廷上报所花费用。但朝廷说有虚报，让萧云仙自行承担七千两。后来四川知府调走，新任知府提升萧云仙为守备，去南京任职。船上遇到了曾在青枫城教书的沈大年，正要把女儿沈琼枝送到扬州嫁与宋为富，未料到宋为富是纳妾，沈大年告状，由于宋家暗中疏通，沈大年被押解回常州，女儿私自逃到了南京。

第四十一回　庄濯江话旧秦淮河　沈琼枝押解江都县

武书与杜少卿在南京城遇到了庄濯江等人，庄濯江与杜少卿的父亲是旧相识，但却是庄绍光的族亲侄子。几个人相互拜访，游玩作诗。看到了沈琼枝的招牌后，前去认识。引来沈琼枝到杜少卿家的回访。此时，江都县差役来捉拿沈琼枝，沈只得随他们回去。回去的船上，遇到李老四带着两个妓女投奔汤老六。

第四十二回　公子妓院说科场　家人苗疆报信息

李老四将两个妓女领到汤六老爷处，汤老六欣喜异常。汤镇台的两个儿子要来南京赶考，路过这里，堂弟兄汤老六接待。席间，两个公子大谈考场上的程序、排场。考完后，两个公子请戏班演戏，又找戏子饮酒作乐。汤二公子因与人争执，被脱光衣服关了起来。二十天后揭榜，均未考中。

第四十三回　野羊塘将军大战　歌舞地酋长劫营

苗民造反，汤镇台给两个儿子来信，嘱其尽快回家，协助平叛。在贵州，汤镇台按上级指示，出兵打败苗兵。但苗民首领别庄燕及降将冯君瑞脱逃，上司不看捷报，只关注苗首下落。减四打探到别庄燕要来城中复仇的计划，汤镇台设计拿下了别庄燕及冯君瑞。雷太守上奏朝廷时使坏，汤总镇反被降三级，卸任回家。

第四十四回　汤总镇成功归故乡　余明经把酒问葬事

汤镇台回到家后，见到侄子汤老六不成气候的样子，十分生气，又看到两个儿子的学识太差，就想请教书先生。萧柏泉介绍了余有达，但因大公子汤由的傲慢无礼，余有达拒绝应聘。余有达的父亲已过世多年，他与弟弟余有重因找不到好地，一直未葬。余有达去南京看望朋友，在与杜少卿谈论风水之事时，迟衡山劝解不可过于相信风水，还举出施御史家的例子来证明风水不可信。

第四十五回　敦友谊代兄受过　讲堪舆回家葬亲

身在南京的余有达接到了在家的弟弟的来信，令其暂时不要回家。原来，余有达在无为州曾收人钱财，帮助打了一桩人命官司，但用的是弟弟余持的名字。现在案发，差役去捉拿余持。余持以没有到过无为州为由，帮哥哥反复应付差役。三番五次，打发了差役后，有人请余有达的堂弟余敷及余殷帮忙看风水，并请余有达及余有重作陪。徐戴及余殷高谈阔论，余有达并不以为然。但哥两个还是去找了张云峰帮忙择地及择日期，安葬了已过世多年的父母。

第四十六回　三山门贤人饯别　五河县势利熏心

余有达无事可做，就去南京拜访杜少卿，在杜家又遇到迟衡山、庄绍光、虞博士、武书等人，时值重阳，登高饮酒作诗作乐。余有重来信让大哥余有达回去，说是虞华轩要请余有达教子读书。因乡绅彭老四、方老六等依仗钱势，放高利贷，府里派季苇箫下来查问。唐二棒槌认准不可能是季苇箫，他以为要是真的来了，应该先去拜访彭老四、方老六等，而不是先来拜访虞华轩。事后证明确是季苇箫，显出唐二棒槌等人趋炎附势的势利眼心态。

第四十七回 虞秀才重修元武阁 方盐商大闹节孝祠

成老爹来找虞华轩，说乡下有份田地，因方家作威作福，不想卖给方家，虞华轩答应要买。并要留下成老爹吃饭，成老爹说有很多事要办，并说后日方家要请他吃饭。虞华轩打听到成老爹在说大话，替方家做了一张假请帖送给了成老爹，戏弄了成老爹一回。县里的节孝祠建好后，方家、彭家、余家、虞家都要送故去的女性老人的牌位到祠里。因方、彭两家势大，四里五乡的人都跟在方彭两家的队伍后面随队而行，包括虞、余两家的本家亲属。而虞、余两家送牌位的只有寥寥几个人，冷冷清清。方彭两家在祠里大摆筵席时，虞、余两家凑成一桌将就吃了点酒食。

第四十八回 徽州府烈妇殉夫 泰伯祠遗贤感旧

余有达被选了徽州府学训导，到任后，六十多岁的老秀才王玉辉来拜。交谈中得知，王玉辉一直在著书立说，因而家贫如洗。王玉辉的三女婿病逝后，女儿也要殉夫，公公婆婆、母亲都苦劝，只有王玉辉赞成这么做，说是可以青史留名。三女儿绝食而亡，县里举行了隆重的祭祀典礼。葬了女儿后，王玉辉不耐烦老妻的整日哀愁，要去南京散心，余有达给他写信去找杜少卿、庄绍光等人。到了南京后，要找的几个人都不在，却遇到了老朋友的侄子邓质夫。他来南京帮东家卖盐。两人一起去看了南京的泰伯祠，不胜叹息虞博士在南京时的崇文风气。一个月后，王玉辉把余有达写的书信交给邓质夫，让他转交杜少卿等人，自己返回了徽州。

第四十九回 翰林高谈龙虎榜 中书冒占凤凰池

万里自称被保举为中书，万中书来访高翰林时，高翰林邀请武书作陪。高翰林看不起当时的迟衡山、庄绍光、马纯上等所谓名人，因为他们一直是秀才，不能考中举人。也看不起那些非通过正规科举渠道而靠保举取得职衔的人。因万中书补缺后就与高翰林的亲家秦中书是同衔，秦中书因此要在家中请他吃饭。席间，万中书被方知县带领差役锁走。

第五十回 假官员当街出丑 真义气代友求名

凤四老爹提醒几位朋友应去探寻捉走万中书的原因，管家去打探，但未搞清。凤四老爹自己去打探才搞清楚。原来是台州一名总兵被参，万中书受了牵连。但公文上说万里是秀才。在凤四老爹的追问下，万里才承认自己是秀才，借中书之名骗取钱财。本来官司不大，但若牵涉到假冒官职则事态严重。凤四老爹一心救人，叫秦中书托施御史等人保举一个真的中书官衔，如此在把万中书押解回台州后，再打官司就无大碍。

第五十一回 少妇骗人折风月 壮士高兴试官刑

凤四老爹同府差押着万中书回台州。途中同船的有一名年少的丝客，受妓女的诱惑，被偷去二百两银子。凤四老爹教把船摇回去，找到了妓女，骗到了这条小船上来，叫丝客人去找她的丈夫把银子要了回来。到台州后，凤四老爹叮嘱万中书在受审时，把责任都推到自己的身上来，万中书照办。大堂给凤四老爹用刑时，身怀武艺的凤四老爹接连崩断了三副夹棍而不招认。知府将情况上报。当时，案首苗总兵已经死在狱中，且牵连不大，就释放了万中书及凤四老爹。

第五十二回 比武艺公子伤身 毁厅堂英雄讨债

凤四老爹到南京找朋友陈正公。陈正公借过他的银子，凤四老爹想把银子要回来做盘缠回家。到杭州时遇到了秦二侉子与胡尚书的八公子胡八乱子，逗留了几日。在胡八乱子家吃饭时，众人见胡八乱子脚功厉害，一脚踢断了马腿，就怂恿胡八乱子踢凤四老爹一脚看看，结果胡八乱子的脚趾头几乎折断。此时，陈正公与好友毛二胡子在南京贩丝。毛二胡子接连介绍了两笔放贷的生意给陈正公，收获颇丰。后来因毛二胡子自己要盘一家典当行，银子不够，陈正公主动借与他一千两。待陈正公找到那家典当行时，毛二胡子已将店面转与他人。这时，凤四老爹来找陈正公，并答应帮他要回银子。他们找到毛家当铺，凤四老爹徒手掀翻了他半间屋子，毛二胡子无奈，只得连本带利清还了欠银。

第五十三回　国公府雪夜留宾　来宾楼灯花惊梦

聘娘长相娇媚，喜好结交名贵。她舅舅给她介绍国公府里徐九公子的表兄陈四老爷认识。见面的前一日，陈木南与徐九公子闲谈，表达了妓女地位比戏子地位高的看法。陈木南来到来宾楼，聘娘很高兴，叫他与正在和她下棋的师父邹泰来下了十几盘棋。陈木南说日后若得官做，定替她赎身。

第五十四回　病佳人青楼算命　呆名士妓馆献诗

陈木南从聘娘处出来，来向表弟借银子。此时，徐三公子要去福建上任，徐九公子同去。因此耽搁了两日陈木南才借到银子。他回到来宾楼时，聘娘正在生病，需人参、黄连等名贵药材补着。陈木南的房东董老太劝他不要把银子花在聘娘身上，陈木南不听。果然，陈木南再无银子可用时，聘娘就不再理他了。陈和甫的儿子也是个算命先生，为人混账，整日与丈人吵架。在一次争吵后一气之下出了家。出家后还与同行测字先生丁言志为了莺脰湖大会有无作诗的事大吵一回。丁言志拿着仅有的二两多银子也想会会聘娘，被聘娘奚落出来。虔婆疑心聘娘私收了花钱，向聘娘索要。二人争执起来，聘娘受气不过，在延寿庵出了家。

第五十五回　添四客述往思来　弹一曲高山流水

万历二十三年，老一辈的名士逐渐故去之后，社会上崇尚文学的风气渐渐衰败下来。虽然也有琴棋书画的高手如荆元、王太、季遐年、盖宽等后辈出现，但空有满腹才学，却不得重用，只能在田间舍头艰难度日。

第五十六回　神宗帝下诏旌贤　刘尚书奉旨承祭

万历四十三年，水旱偏灾，百姓聊穷。河南道监察御史单扬言上奏朝廷说，是因为民间有很多有才学之士，朝廷不委以用，有才无处施展，积聚的怨气与天地合为一体，致使水旱成灾。因此请求朝廷深入民间调查，对于确有才学的，不论生死，均赐予学位，以梳理气息。朝廷采纳，对于文中出现的贤人名士，根据才情大小，分别给予了不同学位。

七、片段赏析

1. 范进不看便罢，看了一遍，又念一遍，自己把两手拍了一下，笑了一声，道："噫！好了！我中了！"说着，往后一交跌倒，牙关咬紧，不省人事。老太太慌了，慌将几口开水灌了过来。他爬将起来，又拍着手大笑道："噫！好！我中了！"笑着，不由分说，就往门外飞跑，把报录人和邻居吓了一跳。走出大门不多路，一脚踹在塘里，挣起来，头发都跌散了，两手黄泥，淋淋漓漓一身的水。众人拉他不住，拍着笑着，一直走到集上去了。众人大眼望小眼，一齐道："原来新贵人欢喜疯了。"老太太哭道："怎生这样苦命的事！中了一个甚么举人，就得了这拙病！这一疯了，几时才得好？"娘子胡氏道："早上好好出去，怎的就得了这样的病！却是如何是好？"众邻居劝道："老太太不要心慌。我们而今且派两个人跟定了范老爷。这里众人家里拿些鸡蛋酒米，且管待了报子上的老爹们，再为商酌。”

【赏析】作者此处对范进的语言描写，用了反复的修辞手法。一个“噫”，写出他惊喜过望的心情，与狂喜的心情合拍，语句短小，语气强烈。作者反复中又有变化，前一处用“好了”，后一处只用一个“好”字，冲动的劲儿又有区别。疯跑的动作，用了“飞跑”来形容，写足了那股疯劲。作者写范进踹在塘里，包含了极其强烈的讽刺意味。作者通过对范进的狂态的生动描绘，以犀利的笔触深刻地揭露了热衷科举的封建知识分子可鄙而又可悲的丑恶灵魂。

2. 自此严监生的病，一日重似一日，毫无起色。诸亲六眷，都来问候，五个侄子，穿梭的过来陪郎中弄药。到中秋以后，医生都不下药了；把管庄的家人，都从乡里叫了来，病重得一连三天不能说话。晚间挤了一屋子的人，桌上点着一盏灯；严监生喉咙里，痰响得一进一出，一声接一声的，总不得断气。还把手从被单里拿出来，伸着两个指头；大侄子上前问道：“二叔！你莫不是还有两个亲人不曾见面？”他就把头摇了两三摇。二侄子走上前来问道：“二叔！莫不是还有两笔银子在那里，不曾吩咐明白？”他把两眼睁的溜圆，把头又狠狠的摇了几摇，越发指得紧了。奶妇抱着哥子插口道：“老爷想是因两位舅爷不在跟前，故此惦念？”他听了这话，两眼闭着摇头。那手只是指着不动。赵氏慌忙揩揩眼泪，走近上前道：“老爷！别人都说的不相干，只有我晓得你的意思！”……“你是为那盏灯里点的是两茎灯草，不放心，恐费了油；我如今挑掉一茎就是了。”说罢，忙走去挑掉一茎；众人看严监生时，点一点头，把手垂下，登时就没了气。

【赏析】严监生临终之际，伸着两个指头就是不肯断气，大侄子、二侄子以及奶妈等人都上前猜度解劝，但都没有说中，最后还是赵氏走上前道：“爷，只有我能知道你的心事。你是为那灯盏里点的是两茎灯草，不放心，恐费了油。”直到赵氏挑掉一根灯草，他方才点点头，咽了气。这细节成为中国文学史上极著名的一例，它对那些悭吝乡绅的揭露讽刺可谓入木三分，同时也为严监生的性格塑造添上了极传神的一笔。

3. 头戴一顶旧毡帽，身穿元色绸旧直裰，那右边袖子同后边坐处都破了，脚下一双旧大红绸鞋，黑瘦面皮，花白胡子。

【赏析】周进出场，简单的几笔，就把一个穷老塾师的神情面目勾勒出来。“旧毡帽”表明他还不是秀才，“右边袖子”先破，表明他经常伏案写字，这些都是用笔极细的地方。而这种例子在小说中是随处可见的。

4. 那日，正是黄梅时候，天气烦躁。王冕放牛倦了，在绿草地上坐着。须臾，浓云密布，一阵大雨过了。那黑云边上，镶着白云，渐渐散去，透出一派日光来，照耀得满湖通红。湖边山上，青一块，紫一块，绿一块。树枝上都像水洗过一番的，尤其绿得可爱。湖里有十来枝荷花，苞子上清水滴滴，荷叶上水珠滚来滚去。

【赏析】语言质朴，句子简洁，却十分生动形象，读来如身临其境。

经典演练

一、填空题

1.《儒林外史》作者________，字________，________人，________代小说家。《儒林外

史》是一部长篇________小说，共______回。它揭露了______________________________。

2.《儒林外史》没有贯穿全书的中心人物和主要情节，而是由________而成，表现的是日常生活中的________________，以______描绘他们对“功名富贵”的不同表现。

3. 我国古代文学研究专家陈美林说：“《儒林外史》不仅描写了一个时代的______的生活命运，而且反映了以他为代表的先进知识分子对社会理想的探索和追求。”______在《中国小说史略》中称《儒林外史》为______________________________。

4. 整书开首以______“视功名如粪土”为引子“敷陈大义”，塑造了一个高人的形象。

5.《儒林外史》塑造了______、______等一批醉心于功名的八股学士形象。

6. 临死时还因为灯盏里多点了一根灯草，迟迟不肯断气的人是______。

7. 年过六十的徽州府穷秀才______，年年科举，屡试不中，但他却恪守礼教纲常。他的三女婿死了，女儿要殉夫，公婆不肯，他反而劝亲家让女儿殉节。

8.《儒林外史》中以作者为原型塑造的正面人物是______，他不热衷功名，反对八股科举，不愿做官，被视为“自古及今难得的一个奇人”。

9. 宋神宗下诏表彰的贤人中，唯一的女子是______。

10. 在《儒林外史》中，足以和范进媲美，被科举制拨弄得神魂颠倒的可悲可怜可笑的人是______。

11. ______，五河乡下人，是一个秀才，当了兴贩行的行头。因说假话，在虞华轩家饿了一顿肚子。

12. 在《儒林外史》中，______是以一个巧取豪夺、横行乡里的奸诈、卑鄙小人的形象出现的，围绕这点，作者记叙了好几件事情，其中描写最为生动传神的是__________。

13. ______，曾在娄家人头会事件中骗取娄式兄弟钱财。此后，他以张俊民的身份，出入天长杜府，后被蘧公孙“看破了相”。

14. ______原本与祖父相依为命，后隔壁开米店的卜老爹做主把自己的外孙女嫁与他做妻。但后来他却恩将仇报，撇下妻子。为了结交官府，追求名利，他竟冒名顶替、到处招摇撞骗。

二、简答题

1. 在《儒林外史》中，具体描写的四位“奇人”是在寺院里安身的季遐年、卖纸火筒的王太、开小茶馆的盖宽、做裁缝的荆元。他们分别有什么奇本领？

2. 读完《儒林外史》，你喜欢杜少卿其人吗？为什么？

3. 读完《儒林外史》，你感受最深的一点是什么？今天的我们又应该为何而读书？

三、重点情节阅读

【情节一】

他天性聪明，年纪不满二十岁，就把那天文地理，经史上的大学问，无一不贯通。但他性情不同：既不求官爵，又不交朋友，终日闭户读书。又在《楚辞图》上看见画的屈原衣冠，他便自造一顶极高的帽子，一件极阔的衣服。遇着花明柳媚的时节，把一乘牛车载了母亲，他便戴了高帽，穿了阔衣，执着鞭子，口里唱着歌曲，在乡村镇上，以及湖边，到处玩耍，惹得乡下孩子们三五成群跟着他笑，他也不放在意下。（第一回）

1．选文中“他”是谁？画线句子用了什么描写方法？

2．“他”在书中还做了哪些事？写出两件。

3．作者写他时，赞颂了他哪些优秀品质？

【情节二】

荏苒三年，（周学道）升了御史，钦点广东学道。这周学道虽也请了几个看文章的相公，却自己心里想道：“我在这里面吃苦久了，如今自己当权，需要把卷子都细细看过，不可听著幕客，屈了真才。”主意定了，到广州上了任。

次日，行香挂牌，先考了两场生员。第三场是南海、番禺两县童生。周学道坐在堂上，见那些童生纷纷进来，也有小的，也有老的，仪表端正的，獐头鼠目的，衣冠齐楚的，褴褛破烂的。最后点进一个童生来，面黄肌瘦，花白胡须，头上戴一顶破毡帽。广东虽是气候温暖，这时已是十二月上旬；那童生还穿着麻布直裰，冻得乞乞缩缩，接了卷子，下去归号。周学道看在心里，封门进去。

出来放头牌的时节，坐在上面，只见那穿麻布的童生上来交卷，那衣服因是朽烂了，在号里又扯破了几块。周学道看看自己身上，绯袍锦带，何等辉煌。因翻一翻点名册，问那童生道：“你就是范进？”范进跪下道：“童生就是。”学道道：“你今年多少年纪了？”范进道：“童生册上写的是三十岁，童生实年五十四岁。”学道道：“你考过多少回了？”范进道：“童生二十岁应考，到今考过二十余次。”学道道：“如何总不进学？”范进道：“总因童生文字荒谬，所以各位大老爷不曾赏取。”周学道道：“这也未必尽然。你且出去，卷子待本道细看。”范进磕头下去了。（第三回）

1．范进已经五十四岁，为什么还叫“童生”？

2．文章第二段画线句子属于什么描写，写出范进怎样的特点？

3. 范进考了二十余次未考中，还在继续考，是什么促使他如此热衷于科举？

【情节三】

那日将到高要县，不过二三十里路了，严贡生坐在船上，忽然一时头晕上来，两眼昏花，口里作恶心，哕出许多清痰来。来富同四斗子，一边一个，架着膊子，只是要跌。严贡生口里叫道："不好！不好！"叫四斗子快丢了去烧起一壶开水来。四斗子把他放了睡下，一声不倒一声的哼。四斗子慌忙同船家烧了开水，拿进舱来。严贡生将钥匙开了箱子，取出一方云片糕来，约有十多片，一片一片，剥着吃了几片，将肚子揉着，放了两个大屁，登时好了。剩下几片云片糕，阁在后鹅口板上，半日也不来查点。那掌舵驾长害馋痨，左手扶着舵，右手拈来，一片片的送在嘴里了。严贡生只作不看见。

少刻，船拢了马头。严贡生叫来富速叫他两乘轿子来，摆齐执事，将二相公同新娘先送了家里去；又叫些马头上人来把箱笼都搬了上岸，把自己的行李也搬上了岸。船家、水手都来讨喜钱。严贡生转身走进舱来，眼张失落的，四面看了一遭，问四斗子道："我的药往那里去了？"四斗子道："何曾有甚药？"严贡生道："方才我吃的不是药？分明放在船板上的！"那掌舵的道："想是刚才船板上几片云片糕？那是老爷剩下不要的，小的大胆就吃了。"严贡生道："吃了好贱的云片糕！你晓得我这里头是些甚么东西？"掌舵的道："云片糕无过是些瓜仁、核桃、洋糖、面粉做成的了，有甚么东西？"严贡生发怒道："放你的狗屁！我因素日有个晕病，费了几百两银子合了这一料药，是省里张老爷在上党做官带了来的人参，周老爷在四川做官带了来的黄连！你这奴才！'猪八戒吃人参果，全不知滋味'！说的好容易！是云片糕！方才这几片，不要说值几十两银子，'半夜里不见了枪头子，攮到贼肚里'；只是我将来再发了晕病，却拿甚么药来医？你这奴才，害我不浅！"叫四斗子开拜匣，写帖子："送这奴才到汤老爷衙里去，先打他几十板子再讲！"掌舵的吓了，陪着笑脸道："小的刚才吃的甜甜的，不知道是药，只说是云片糕。"严贡生道："还说是云片糕！再说云片糕，先打你几个嘴巴！"

说着，已把帖子写了，递给四斗子。四斗子慌忙走上岸去。那些搬行李的人帮船家拦着。两只船上船家都慌了，一齐道："严老爷，而今是他不是，不该错吃了严老爷的药；但他是个穷人，就是连船都卖了，也不能赔老爷这几十两银子。若是送到县里，他那里耽得住？如今只是求严老爷开恩，高抬贵手，恕过他罢。"严贡生越发恼得暴躁如雷。搬行李的脚子走过几个到船上来道："这事原是你船上人不是。方才若不如是着紧的问严老爷要喜钱、酒钱，严老爷已经上轿去了。都是你们拦住那严老爷，才查到这个药。如今自知理亏，还不过来向严老爷跟前磕头讨饶！难道你们不赔严老爷的药，严老爷还有些贴与你不成？"众人一齐捺着掌舵的磕了几个头。严贡生转湾道："既然你众人说，我又喜事匆匆，且放着这奴才，再和他慢慢算帐！不怕他飞上天去！"骂毕，扬长上了轿，行李和小厮跟着，一哄去了。船家眼睁睁看着他走去了。（第六回）

1. 请简要概括选文内容。

2. 从这件事里可以看出严贡生怎样的性格特点？

3. 书中还有哪些情节也表现了严贡生的上述特点？

【情节四】

周司业正在沉吟，长班又送进一个手本，光头名字，没有称呼，上面写着“范进”，周司业知道是广东拔取的，如今中了，来京会试，更叫快请进来。范进进来，口称恩师，叩谢不已。

会试已毕，范进果然中了进士。授职部属，考选御史。数年之后，钦点山东学道，命下之日，范学道即来叩见周司业。周司业道：“山东虽是我故乡，我却也没有甚事相烦。只心里记得训蒙的时候，乡下有个学生叫荀玫，那时才得七岁，这又过了十多年，想也长成人了。他是个务农的人家，不知可读得成书，若是还在应考，贤契留意看看，果有一线之明，推情拔了他，也了我一番心愿。”范进听了，专记在心，去往山东到任。

考事行了大半年，才按临兖州府，生童共是三棚，就把这件事忘怀了。直到第二日要发童生案，头一晚才想起来，说道：“你看我办的是甚么事！老师托我汶上县荀玫，我怎么并不照应？大意极了！”慌忙先在生员等第卷子内一查，全然没有。随即在各幕客房里把童生落卷取来，对着名字、坐号，一个一个的细查，查遍了六百多卷子，并不见有个荀玫的卷子。学道心里烦闷道：“难道他不曾考？”又虑着：“若是有在里面，我查不到，将来怎样见老师？还要细查，就是明日不出案也罢。”一会同幕客们吃酒，心里只将这件事委决不下。众幕宾也替疑猜不定。

内中一个少年幕客蘧景玉说道：“老先生这件事倒合了一件故事。数年前有一位老先生点了四川学差，在何景明先生寓处吃酒，景明先生醉后大声道：‘四川如苏轼的文章，是该考六等的了。’这位老先生记在心里，到后典了三年学差回来，再会见何老先生，说：‘学生在四川三年，到处细查，并不见苏轼来考，想是临场规避了。’”说罢将袖子掩了口笑。又道：“不知这荀玫是贵老师怎么样向老先生说的？”范学道是个老实人，也不晓得他说的是笑话，只愁着眉道：“苏轼既文章不好，查不着也罢了，这荀玫是老师要提拔的人，查不着不好意思的。”一个年老的幕客牛布衣道：“是汶上县？何不在已取中入学的十几卷内查一查？或者文字好，前日已取了也不可知。”学道道：“有理，有理。”忙把已取的十几卷取来对一对号簿，头一卷就是荀玫。学道看罢，不觉喜逐颜开，一天愁都没有了。

次早发出案来，传齐生童发落。先是生员。一等、二等、三等都发落过了；传进四等来，汶上县学四等第一名上来是梅玖，跪着阅过卷，学道作色道：“做秀才的人，文章是本业，怎么荒谬到这样地步！平日不守本分，多事可知！本该考居极等，姑且从宽，取过戒饬来，照例责罚！”梅玖告道：“生员那一日有病，故此文字糊涂，求大老爷格外开恩！”学道道：“朝廷功令，本道也做不得主。左右，将他扯上凳去，照例责罚！”说着，学里面一个门斗已将他拖在凳上。梅玖急了，哀告道：“大老爷！看生员的先生面上开恩罢！”学道道：“你先生是那一个？”梅玖道：“现任国子监司业周蕢轩先生，讳进的，便是生员的业师。”

范学道道："你原来是我周老师的门生。也罢，权且免打。"门斗把他放起来，上来跪下，学道吩咐道："你既出周老师门下，更该用心读书。像你做出这样文章，岂不有玷门墙桃李？此后须要洗心改过，本道来科考时，访知你若再如此，断不能恕了！"喝道："赶将出去！"

传进新进儒童来。到汶上县，头一名点著荀玫，人丛里一个清秀少年上来接卷，学道问道："你知方才这梅玖是同门么？"荀玫不懂这句话，答应不出来。学道又道："你可是周蒉轩老师的门生？"荀玫道："这是童生开蒙的师父。"学道道："是了，本道也在周老师门下。因出京之时，老师吩咐来查你卷子，不想暗中摸索，你已经取在第一，似这少年才俊，不枉了老师一番栽培，此后用心读书，颇可上进。"荀玫跪下谢了。候众人阅过卷，鼓吹送了出去，学道退堂掩门。（第七回）

1. 第三段中的画线句表现了范进怎样的心理？他为什么会有这样的心理？

2. 第四段为什么要提及有关苏轼的事例？反映了怎样的社会现实？

3. 范进对荀玫与梅玖的态度有什么不同？说明了什么？

【情节五】

说到交接一事，王太守著实为难；蘧公子道："老先生不必过费清心。家君在此数年，布衣蔬食，不过仍旧是儒生行径；历年所积俸余，约有二千余金。如此地仓谷、马匹、杂项之类，有什么缺少不够处，悉将此项送与老先生任填补。家君知道老先生数任京官，宦囊清苦，决不有累。"王太守见他说得大方爽快，满心欢喜。

须臾，摆上酒来，奉席坐下。王太守慢慢问道："地方人情，可还有甚么出产？词讼里可也略有些甚么通融？"蘧公子道："南昌人情，鄙野有余，巧诈不足；若说地方出产及词讼之事，家君在此，准的词讼甚少，若非纲常伦纪大事，其余户婚田土，都批到县里去，务在安辑，与民休息。至于处处利薮，也绝不耐烦去搜剔他，或者有也不可知。但只问著晚生，便是'问道于盲'了。"王太守笑道："可见'三年清知府，十万雪花银'的话，而今也不甚准了！"当下酒过数巡，蘧公子见他问的都是些鄙陋的话，因又说起："家君在这里无他好处，只落得个讼简刑清；所以这些幕宾先生在衙门里，都也吟啸自若。曾记得前任臬司向家君说道：'闻得贵付衙门里有三样声息。'"王太守道："是那三样？"蘧公子道："是吟诗声，下棋声，唱曲声。"王太守大笑道："这三样声息，却也有趣的紧。"蘧公子道："将来老先生一番振作，只怕要换三样声息！"王太守道："是那三样？"蘧公子道："是戥子声，算盘声，板子声。"王太守并不知这话是讥诮他，正容答道："而今你我要替朝廷办事，只怕也不得不如此认真。"

蘧公子十分大酒量，王太守也最好饮，彼此传杯换盏，直吃到日西时分，将交接的事当面言明，王太守许定出了结，辞别去了。过了几日，蘧太守果然送了一项银子，王太守替他出了结；蘧太守带著公子家眷，装了半船行李书画，回嘉兴去了。王太守送到城外回来，果然听了蘧公子的话，钉了一把头号的库戥，把六房书办都传进来，问明了各项内的余利，不许欺隐，都派入官，三日五日一比。用的是头号板子，把两根板子拿到内衙上秤，较了一轻一重，写了暗号在上面，出来坐堂之时，吩咐叫用大板，皂隶若取那轻的，就知他得了钱了，就取那重板子打皂隶。这些衙役百姓，一个个被他打得魂飞魄散；全城的人，无一不知道太守的利害，睡梦里也是怕的。因此各上司访闻，都道是江西第一个能员。　（第八回）

1. 从王太守和蘧公子的对话之中，可以看出蘧太守是一个怎样的人？

2. 选文中表现了王太守怎样的性格特点？

3. 选文在塑造王太守的形象时用了怎样的表现手法？请举例说明。

【情节六】

权勿用看那人时，便是他旧相识侠客张铁臂。张铁臂让他到一个茶室里坐下，叫他喘息定了，吃过茶，向他说道："我前日到你家作吊，你家人说道，已是娄府中请了去了。今日为甚么独自一个在城门口闲撞？"权勿用道："娄公子请我久了，我却是今日才要到他家去，不想撞着这官，闹了一场，亏你解了这结。我今便同你一齐到娄府去。"

当下两人一同来到娄府门上，看门的看见他穿着一身的白，头上又不戴帽子，后面领着一个雄赳赳的人，口口声声要会三老爷、四老爷。门上人问他姓名，他死不肯说，只说："你家老爷已知道久了。"看门的不肯传，他就在门上大嚷大叫。闹了一会，说："你把杨执中老爹请出来罢！"看门的没奈何，请出杨执中来。杨执中看见他这模样，吓了一跳，愁着眉道："你怎的连帽子都弄不见了！"叫他权且坐在大门板凳上，慌忙走进去，取出一项旧方巾来与他戴了，便问："此位壮士是谁？"权勿用道："他便是我时常和你说的有名的张铁臂。"杨执中道："久仰，久仰。"三个人一路进来，就告诉方才城门口这一番相闹的话。杨执中摇手道："少停见了公子，这话不必提起了。"这日两公子都不在家，两人跟着杨执中竟到书房里，洗脸吃饭，自有家人管待。

……

张铁臂道："晚生的武艺尽多，马上十八，马下十八，鞭、锏、锤、锤、刀、枪、剑、戟，都还略有些讲究。只是一生性气不好，惯会路见不平，拔刀相助，最喜打天下有本事的好汉。银钱到手，又最喜帮助穷人。所以落得四海无家，而今流落在贵地。"四公子道："只才是英雄本色。"权勿用道："张兄方才所说武艺，他舞剑的身段，尤其可观，诸先生何不当面请教？"　（第十二回）

1. 选文第一段写了什么内容？有什么作用？

2. 权勿用帽子不见了，杨执中取出一顶旧方巾给他戴上，这一举动可见杨执中的什么特点？

3. 作者在这里写张铁臂吹嘘自己喜欢帮助穷人，这与后文什么形成鲜明对比，有什么意味？

【情节七】

两公子请遍了各位宾客，叫下两只大船，厨役备办酒席，和司茶酒的人另在一个船上；一班唱清曲打粗细十番的，又在一船。此时正值四月中旬，天气清和，各人都换了单夹衣服，手执纨扇。这一次虽算不得大会，却也聚了许多人。在会的是：娄玉亭三公子、娄瑟亭四公子、蘧公孙駪夫、牛高士布衣、杨司训执中、权高士潜斋、张侠客铁臂、陈山人和甫，鲁编修请了不曾到。席间八位名士，带挈杨执中的蠢儿子杨老六也在船上，共合九人之数。当下牛布衣吟诗，张铁臂击剑，陈和甫打哄说笑，伴着两公子的雍容尔雅，蘧公孙的俊俏风流，杨执中古貌古心，权勿用怪模怪样：真乃一时胜会，两边船窗四启，小船上奏着细乐，慢慢游到莺脰湖。酒席齐备，十几个阔衣高帽的管家在船头上更番斟酒上菜，那食品之精洁，茶酒之清香，不消细说，饮到月上时分，两只船上点起五六十盏羊角灯，映着月色湖光，照耀如同白日，一派乐声大作，在空阔处更觉得响亮，声闻十余里。两边岸上的人，望若神仙，谁人不羡？游了一整夜。

次早回来，蘧公孙去见鲁编修，编修公道："令表叔在家只该闭户做些举业，以继家声，怎么只管结交这样一班人？如此招摇豪横，恐怕亦非所宜。"次日，蘧公孙向两表叔略述一二。三公子大笑道："我亦不解你令外舅就俗到这个地位！"不曾说完，门上人进来禀说："鲁大老爷开坊升了侍读，朝命已下，京报适才到了，老爷们须要去道喜。"蘧公孙听了这话，慌忙先去道喜。到了晚间，公孙打发家人飞跑来说："不好了，鲁大老爷接着朝命，正在合家欢喜，打点摆酒庆贺，不想痰病大发，登时中了脏，已不省人事了。快请二位老爷过去！"两公子听了，轿也等不得，忙走去看。到了鲁宅，进门听得一片哭声，知是已不在了。众亲戚已到，商量在本族亲房立了一个儿子过来，然后大殓治丧。蘧公孙哀毁骨立，极尽半子之谊。（第十二回）

1. 文中鲁编修说："怎么只管结交这样一班人？"这班人大多是哪一类人？

2. 娄三、娄四公子选了这么样的一批人来进行宴游，能看出他们两兄弟是怎样的人？

3. 鲁编修一生追求功名，可是最后荣升到了"侍读"却痰病大发，不省人事。这个情节让你想到了《儒林外史》中的哪个人物？两个人的结局有什么不同？

【情节八】

马二先生大喜，当下受了他两拜，又同他拜了两拜，结为兄弟。留他在楼上，收拾菜蔬，替他饯行。吃着，向他说道："贤弟，你听我说。你如今回去，奉事父母，总以文章举业为主。人生世上，除了这事，就没有第二件可以出头。不要说算命、拆字是下等，就是教馆、作幕，都不是个了局。只是有本事进了学，中了举人、进士，即刻就荣宗耀祖。这就是《孝经》上所说的'显亲扬名'，才是大孝，自身也不得受苦。古语道得好：'书中自有黄金屋，书中自有千钟粟，书中自有颜如玉。'而今甚么是书？就是我们的文章选本了。贤弟，你回去奉养父母，总以做举业为主。就是生意不好，奉养不周，也不必介意，总以做文章为主。那害病的父亲，睡在床上，没有东西吃，果然听见你念文章的声气，他心花开了，分明难过也好过，分明那里疼也不疼了。这便是曾子的'养志'。假如时运不好，终身不得中举，一个禀生是铮的来的，到后来，做任教官，也替父母请一道封诰，我是百无一能，年纪又大了，贤弟你少年英敏，可细听愚兄之言，图个日后宦途相见。" （第十五回）

1. 文中的"他"是指谁？他在少年时有什么特点？

2. 从文中画线句子可以看出马二先生有什么特点？

3. "书中自有千钟粟，书中自有黄金屋，书中自有颜如玉"出自哪首诗？作者是谁？意思是什么？

【情节九】

次日清早起来，拿银子到集上买了几口猪，养在圈里，又买了斗把豆子。先把猪肩出一个来杀了，烫洗干净，分肌劈理的卖了一早晨。又把豆子磨了一厢豆腐，也都卖了钱，拿来放在太公床底下。就在太公跟前坐着，见太公烦闷，便搜出些西湖上景致，以及卖的各样的吃食东西，又听得各处的笑话，曲曲折折，细说与太公听。太公听了也笑。太公过了二会，向他道："我要出恭，快喊你娘进来。"母亲忙走进来，正要替太公垫布，匡超人道："爹要出恭。不要这样出了。象这布垫在被窝里，出的也不自在，况每日要洗这布，娘也怕熏的慌，不要熏伤了胃气。"太公道："我站的起来出恭倒好了，这也是没奈何！"匡超人道："不妥站起来，我有道理，"连忙走到厨下端了一个瓦盆，盛上一瓦盆的灰，拿进去放在床面前，就端了一条板凳，放在瓦盆外边，自己扒上床，把太公扶了横过来，两只脚放在板凳上，屁股紧对着瓦盆的灰。他自己钻在中间，双膝跪下，把太公两条腿捧着肩上，让太公睡的安安稳稳，自在出过恭；把太公两腿扶上床，仍旧直过来。又出的畅快，被窝里又没有臭气。他把板凳端开，瓦盆拿出去倒了，依旧进来坐着。

到晚，又扶太公坐起来吃了晚饭。坐一会，伏侍太公睡下，盖好了被。他便把省里带来的一个大铁灯盏装满了油，坐在太公傍边，拿出文章来念。太公睡不着，夜里要吐痰、吃茶，一直到四更鼓，他就读到四更鼓。太公叫一声，就在跟前。

只见一个白胡老者，背剪着手来看，看了半日，在傍边说道："老兄这一盘输了！"匡超人抬头一看，认得便是木材大柳庄保正潘老爹。因立起身来叫了他一声，作了个揖。潘保正道："我道是谁，方才几乎不认得了，你是匡太公家匡二相公。你从前年出门，是几时回来了的？你老爹病在家里？"匡超人道："不瞒老爹说，我来家已是有半年了，因为无事，不敢来上门上户，惊动老爹。我家父病在床上，近来也略觉好些，多谢老爹记念。请老爹到舍下奉茶。"潘保正道："不消取扰。"因走近前，替他把帽子升一升，又拿他的手来细细看了，说道："二相公，不是我奉承你，我自小学得些麻衣神相法，你这骨格是个贵相，将来只到二十六八岁，就交上好的运气，妻、财、子、禄，都是有的，现今印堂颜色有些发黄，不日就有个贵人星照命。"又把耳朵边抬着看看，道："却也还有个虚惊，不大碍事，此后运气一年好似一年哩。"匡超人道："老爹，我做这小生意，只望着不折了本，每日寻得几个钱养活父母，便谢天地菩萨了，那里想甚么富贵轮到我身上。"潘保正摇手道："不相干，这样事那里是你做的？"说罢，各自散了。（第十六回）

1. 选文记叙了匡超人一天的生活内容，试简要概括。

2. 作者写匡超人帮助父亲出恭时，运用了什么描写方法？结合选文，说一说这样写的目的是什么？

3. 潘老爹给匡超人看相这一情节有何作用？

【情节十】

直到四五日后，匡超人送过宗师，才回家来，穿着衣巾，拜见父母，嫂子是因回禄后就住在娘家去了，此时只拜了哥哥。他哥见他中了个相公，比从前更加亲热些。潘保正替他约齐了分子，择个日子贺学，又借在庵里摆酒。此舍不同，共收了二十多吊钱，宰了两个猪和些鸡鸭之类，吃了两三日酒，和尚也来奉承。

匡超人同太公商议，不磨豆腐了，把这剩下来的十几吊钱把与他哥，又租了两间屋开个小杂货店。嫂子也接了回来，也不分在两处吃了，每日寻的钱家里盘缠。忙过几日，匡超人又进城去谢知县。知县此番便和他分庭抗礼，留着吃了酒饭，叫他拜做老师。事毕回家，学里那两个门斗又下来到他家说话。他请了潘老爹来陪。门斗说："学里老爷要传匡相公去见，还要进见之礼。"匡超人恼了，道："我只认得我的老师！他这教官，我去见他做甚么？有甚么进见之礼！"潘老爹道："二相公，你不可这样说了，我们县里老爷虽是老师，是你拜的老师，这是私情。这学里老师是朝廷制下的，专管秀才，你就中了状元，这老师也要认的。怎么不去见？你是个寒士，进见礼也不好争，每位封两钱银子去就是了。"当下约定日子，先打发门斗回去。到那日，封了进见礼去见了学师回来，太公又吩咐买个牲醴到祖坟上去拜奠。

那日上坟回来，太公觉得身体不大爽利，从此病一日重似一日，吃了药也再不得见效，饭食也渐渐少的不能吃了。匡超人到处求神问卜，凶多吉少，同哥商议，把自己向日那几两本钱，替太公备后事，店里照旧不动。当下买了一具棺木，做了许多布衣，合着太公的头，做了一顶方巾，预备停当。太公奄奄在床，一日昏聩的狠，一日又觉得明白些。那日，太公自知不济，叫两个儿子都到跟前，吩咐道："我这病犯得拙了，眼见得望天的日子远，入地的日子近。我一生是个无用的人，一块土也不曾丢给你们，两间房子都没有了。第二的侥幸进了一个学，将来读读书，会上进一层也不可知，但功名到底是身外之物，德行是要紧的。我看你在孝弟上用心，极是难得，却又不可因后来日子略过的顺利些，就添出一肚子里的势利见识来，改变了小时的心事。我死之后，你一满了服，就急急的要寻一头亲事，总要穷人家的儿女，万不可贪图富贵，攀高结贵。你哥是个混账人，你要到底敬重他，和奉事我的一样才是！"兄弟两个哭着听了，太公瞑目而逝，合家大哭起来，匡超人呼天抢地，一面安排装殓。因房屋偏窄，停放过了头七，将灵柩送在祖茔安葬，满庄的人都来吊孝送丧。两弟兄谢过了客。匡大照常开店。匡超人逢七便去坟上哭奠。（第十七回）

1. 用简洁的语言概括选文内容。

2. 选文中两处画线句子说明了怎样的社会现实？

3. 匡太公临死之前对儿子尤其是匡超人进行了哪些方面的嘱托？有什么作用？

【情节十一】

当下同景兰江别了刑房，回到街上，景兰江作别去了。匡超人到家，踌躇了一夜，不曾睡觉，娘子问他怎的，他不好真说，只说："我如今贡了，要到京里去做官，你独自在这里住着不便，只好把你送到乐清家里去。你在我母亲跟前，我便往京里去做官；做的兴头，再来接你上任。"娘子道："你去做官罢了，我自在这里，接了我妈来做伴。你叫我到乡里去，我那里住得惯？这是不能的！"匡超人道："你有所不知。我在家里，日逐有几个活钱，我去之后，你日食从何而来？老爹那边也是艰难日子，他那有闲钱养活女儿？待要把你送在娘家住，那里房子窄，我而今是要做官的，你就是诰命夫人，住在那地方，不成体面；不如还是家去好。现今这房子转的出四十两银子，我拿几两添着进京，剩下的，你带去放在我哥店里，你每日支用。我家那里东西又贱，鸡、鱼、肉、鸭，日日有的，有甚么不快活？"娘子再三再四不肯下乡，他终日来逼，逼的急了，哭喊吵闹了几次。他不管娘子肯与不肯，竟托书店里人把房子转了，拿了银子回来。娘子到底不肯去，他请了丈人、丈母来劝。丈母也不肯。那丈人郑老爹见女婿就要做官，责备女儿不知好歹，着实教训了一顿。女儿拗不过，方才允了。叫一只船，把些家伙什物都搬在上。匡超人托阿舅送妹子到家，写字与他哥，说将本钱添在店里，逐日支销。择个日子动身，娘子哭哭啼啼，拜别父母，上船去了。

匡超人也收拾行李来到京师见李给谏，给谏大喜；问着他又补了廪，以优行贡入太学，益发喜极，向他说道："贤契，目今朝廷考取教习，学生料理，包管贤契可以取中。你且将行李搬在我寓处来盘桓几日。”匡超人应诺，搬了行李来。又过了几时，给谏问匡超人可曾婚娶，匡超人暗想，老师是位大人，在他面前说出丈人是抚院的差，恐惹他看轻了笑，只得答道：“还不曾。”给谏道：“恁大年纪，尚不曾娶，也是男子汉‘摽梅之候’了。但这事也在我身上。”

次晚，遣一个老成管家来到书房里向匡超人说道：“家老爷拜上匡爷。因昨日谈及匡爷还不曾恭喜取过夫人，家老爷有一外甥女，是家老爷夫人自小抚养大的，今年十九岁，才貌出众，现在署中，家老爷意欲招匡爷为甥婿。一切恭喜费用俱是家老爷备办，不消匡爷费心。所以着小的来向匡爷叩喜。”匡超人听见这话，吓了一跳，思量要回他说已经娶过的，前日却说过不曾；但要允他，又恐理上有碍；又转一念道：“戏文上说的蔡状元招赘牛相府，传为佳话，这有何妨！”即便应允了。给谏大喜，进去和夫人说下，择了吉日，张灯结彩，倒赔数百金装奁，把外甥女嫁与匡超人。到那一日，大吹大擂，匡超人纱帽圆领，金带皂靴，先拜了给谏公夫妇；一派细乐，引进洞房。揭去方巾，见那新娘子辛小姐，真有沉鱼落雁之容，闭月羞花之貌；人物又标致，嫁装又齐整，匡超人此时恍若亲见瑶宫仙子，月下嫦娥，那魂灵都飘在九霄云外去了。自此，珠围翠绕，宴尔新婚，享了几个月的天福。

（第二十回）

1. 上文着重刻画了哪两件事突出表现匡超人的无耻？

2. 在叙述匡超人进京再娶时作者采用了什么手法？表现了其怎样的性格特点？

3. 作者塑造匡超人这个人物形象的用意是什么？

【情节十二】

又过了些时，老和尚下乡到人家去念经，有几日不回来，把房门锁了，殿上托了浦郎。浦郎自心里疑猜：“老师父有甚么诗，却不肯就与我看，哄我想的慌。”仔细算来，“三讨不如一偷”，趁老和尚不在家，到晚把房门掇开，走了进去。见桌上摆着一座香炉，一个灯盏，一串念珠，桌上放着些废残的经典，翻了一交，那有个甚么诗？浦郎疑惑道：“难道老师父哄我？”又寻到床上，寻著一个枕箱，一把铜锁锁着，浦郎把锁撬开，见里面重重包裹，两本锦面线装的书，上写“牛布衣诗稿”。浦郎喜道：“这个是了！”慌忙拿了出来，把枕箱锁好，走出房来，房门依旧关上，将这两本书拿到灯下一看，不觉眉开眼笑，手舞足蹈的起来。是何缘故？他平日读的诗是唐诗，文理深奥，他不甚懂；这个是时人的诗，他看着就有五六分解的来，故此欢喜。又见那题目上都写着：“星相国某大人”，“怀督学周大人”，“娄公子偕游莺脰湖分韵，兼呈令兄通政”，“与鲁太史话别”，“寄怀王观察”，其余某太守、某司马，某明府、某少尹，不一而足。浦郎自想：“这相国、督学、太史、通政以及太守、司马、明府，都是而今的现任老爷们的称呼，可见只要会做两句诗，并不要进学、中举，就可以同这些老爷们往来，何等荣耀！”因想：“他这人姓牛，我也姓牛。他诗上只写了牛布衣，并不曾有个名字，何不把我的名字，合着他的号，刻起两方图书来印在上面，这两本诗可不算了我的了！我从今就号做牛布衣！"当晚回家盘算，喜了一夜。（第二十一回）

1. 在《儒林外史》第二十回的最后一段描写了牛浦郎这一人物的出场：夜晚时分了，寺里的老和尚正要关上门的时候："只见一个十七八岁的小厮，左手拿着一本经折，右手拿着一本书，进来坐在韦驮脚下，映着琉璃灯便念。"牛浦郎一出场给读者留下了怎样的印象？

2. 牛浦郎趁老和尚下乡念经的时候偷翻老和尚的屋子，找到了老和尚说的两本诗集，拿到灯下一看，为什么"不觉眉开眼笑，手舞足蹈的起来"？

3. 选文末尾写牛浦郎"当晚回家盘算，喜了一夜"。请问他盘算的是什么事？为什么会喜了一夜？

【情节十三】

早饭时候，一个青衣人手持红帖，一路问了来，道："这里可有一位牛相公？董老爷来拜。"卜诚道："在这里。"接了帖，飞跑进来说。迎了出去，见轿子已落在门首。董孝廉下轿进来，头戴纱帽，身穿浅蓝色缎圆领，脚下粉底皂靴，三绺须，白净面皮，约有三十多岁光景。进来行了礼，分宾主坐下。董孝廉先开口道："久仰大名，又读佳作，想慕之极！只疑先生老师宿学，原来还这般青年，更加可敬！"牛浦道："晚生山鄙之人，胡乱笔墨，蒙老先生同冯琢翁过奖，抑愧实多。"董孝廉道："不敢。"卜信捧出两杯茶，从上面走下来，送与董孝廉。董孝廉接了茶，牛浦也接了。卜信直挺挺站在堂屋中间。牛浦打了躬，向董孝廉道："小价村野之人，不知礼体，老先生休要见笑。"董孝廉笑道："先生世外高人，何必如此计论。"卜信听见这话，头脖子都飞红了，接了茶盘，骨都着嘴进去。牛浦又问道："老先生此番驾往何处？"董孝廉道："弟已授职县令，今发来应天候缺，行李尚在舟中。因渴欲一晤，故此两次奉访。今既已接教过，今晚即要开船赴苏州去矣。"牛浦道："晚生得蒙青目，一日地主之谊也不曾尽得，如何便要去？"董孝廉道："先生，我们文章气谊，何必拘这些俗情！弟此去，若早得一地方，便可奉迎先生到署，早晚请教。"说罢，起身要去。牛浦攀留不住，说道："晚生即刻就来船上奉送。"董孝廉道："这倒也不敢劳了，只怕弟一出去，船就要开，不得奉候。"当下打躬作别，牛浦送到门外，上轿去了。

（第二十二回）

1. 董瑛董孝廉登门拜会牛浦郎的原因是什么？见面后让董孝廉意外的又是什么？

2. 选文主要运用了哪种人物描写方法刻画牛浦郎的形象？根据选文概括牛浦郎的特点。

3. 联系全书说说文中画线句为下文哪些情节埋下了伏笔？

【情节十四】

次日，叫船到苏州去寻牛浦。上船之后，盘缠不足，长随又辞去了两个，只剩两个粗夯汉子跟着，一直来到苏川，找在虎丘药材行内。牛浦正坐在那里，见牛玉圃到，迎了出来，说道："叔公来了。"牛玉圃道："雪虾蟆可曾有？"牛浦道："还不曾有。"牛玉圃道："近日镇江有一个人家有了，快把银子拿来同着买去。我的船就在阊门外。"当下押着他拿了银子同上了船，一路不说出。走了几天，到了龙袍洲地方，是个没人烟的所在。是日，吃了早饭，牛玉圃圆睁两眼，大怒道："你可晓的我要打你哩？"牛浦吓慌了道："做孙子的又不曾得罪叔公，为甚么要打我呢？"牛玉浦道："放你的狗屁！你弄的好乾坤哩！"当下不由分说，叫两个夯汉把牛浦衣裳剥尽了，帽子鞋袜都不留，拿绳子捆起来，臭打了一顿，抬着往岸上一掼，他那一只船就扯起篷来去了。（第二十三回）

1. 牛浦郎自小是个孤儿，是祖父养大的，那他称牛玉圃为叔公是怎么回事？

2. 文中哪些地方可以看出牛玉圃要置牛浦郎于死地？

3. 此后牛浦郎的命运如何？联系全书作答。

【情节十五】

看看过了新年，开了印，各县送童生来府考。向知府要下察院考童生，向鲍文卿父子两个道："我要下察院去考童生。这些小厮们若带去巡视，他们就要作弊。你父子两个是我心腹人，替我去照顾几天。"鲍文卿领了命，父子两个在察院里巡场查号。安庆七学共考三场。见那些童生，也有代笔的，也有传递的，大家丢纸团，掠砖头，挤眉弄眼，无所不为。到了抢粉汤、包子的时候，大家推成一团，跌成一块，鲍廷奎看不上眼。有一个童生，推着出恭，走到察院土墙眼前，把土墙挖个洞，伸手要到外头去接文章，被鲍廷奎看见，要采他过来见太爷。鲍文卿拦住道："这是我小儿不知世事。相公，你一个正经读书人，快归号里去做文章，倘若太爷看见了，就不便了。"忙拾起些土来，把那洞补好，把那个童生送进号去。（第二十六回）

1. 鲍文卿是一位戏曲演员，他因何事成为向知府的"心腹人"？联系前文回答。

2. 选文哪些文字能看出当时科考的乱象？

3. 鲍文卿规劝府考中违规的童生，并送回号里。如果把这个情节理解成鲍文卿是非不分，是否符合人物的性格逻辑？

【情节十六】

那正是春暮夏初，天气渐暖，杜公孙穿着是莺背色的夹纱直裰，手摇诗扇，脚踏丝履，走了进来。三人近前一看，面如傅粉，眼若点漆，温恭尔雅，飘然有神仙之概。这人是有子建之才，潘安之貌，江南数一数二的才子。进来与三人相见，作揖让坐。杜公孙问了两位的姓名、籍贯，自己又说道："小弟贱名倩，贱字慎卿。"说过，又向诸葛天申道："天申兄，还是去年考较时相会，又早半载有余了。"诸葛天申向二位道："去岁申学台在敝府合考二十七州县诗赋，是杜十七先生的首卷。"杜慎卿笑道："这是一时应酬之作，何足挂齿！况且那日小弟小恙，进场以药物自随，草草塞责而已。"萧金铉道："先生尊府，江南王谢风流，各郡无不钦仰。先生大才，又是尊府'白眉'，今日幸会，一切要求指教。"杜慎卿道："各位先生一时名宿，小弟正要请教，何得如此倒说！"

（第二十九回）

1. 选文中说杜慎卿有"子建之才"，请你找出体现这一特点的句子。

2. 画线句体现了杜慎卿怎样的特点？

3. 根据上下文，推测"尊府'白眉'"的含义。

【情节十七】

杜慎卿到了亭子跟前，太阳地里看见自己的影子，徘徊了大半日。大家藉草就坐在地下。诸葛天申见远远的一座小碑，跑去看，看了回来坐下说道："那碑上刻的是'夷十族处'。"杜慎卿道："列位先生，这'夷十族'的话是没有的。汉法最重，'夷三族'是父党、母党、妻党。这方正学所说的九族，乃是高、曾、祖、考、子、孙、曾、元，只是一族，母党、妻党还不曾及，那里诛的到门生上？况且永乐皇帝也不如此惨毒。本朝若不是永乐振作一番，信着建文软弱，久已弄成个齐梁世界了！"萧金铉道："先生，据你说，方先生何如？"杜慎卿道："方先生迂而无当。天下多少大事，讲那皋门、雉门怎么？这人朝服斩于市，不为冤枉的。"坐了半日，日色已经西斜，只见两个挑粪桶的，挑了两担空桶，歇在山上。这一个拍那一个肩头道："兄弟，今日的货已经卖完了，我和你到永宁泉吃一壶水，回来再到雨花台看看落照。"杜慎卿笑道："真乃菜佣酒保都有六朝烟水气，一点也不差！"当下下了岗子回来。

（第二十九回）

1. 选文画线句写出杜慎卿怎样的特点?

2. 在选文中杜慎卿关于哪两位人物的评价，迥异于常人?

3. 请你谈谈杜慎卿所说的六朝烟水气，具体指的是什么?

【情节十八】

选段一：杜少卿收了这银子，随即叫了娄太爷的孙子到书房里，说道："你明日要回去?"他答应道："是。老爹叫我回去。"杜少卿道："我这里有一百两银子给你，你瞒着不要向你老爹说。你是寡妇母亲，你拿着银子回家去做小生意养活着。你老爹若是好了，你二叔回家去，我也送他一百两银子。"娄太爷的孙子欢喜接着，把银子藏在身边，谢了少爷。次日辞回家去，娄太爷叫只称三钱银子与他做盘缠，打发去了。

选段二：像你这样做法，都是被人骗了去，没人报答你的。虽说施恩不望报，却也不可这般贤否不明。你相与这臧三爷、张俊民，都是没良心的人。近来又添一个鲍廷玺，他做戏的，有甚么好人，你也要照顾他?若管家王胡子，就更坏了! （第三十二回）

1. 本文段选自《____________》，作者________。

2. 结合选段一，谈谈杜少卿的性格特点。

3. 选段二是娄老伯归家前给予杜少卿的叮嘱，从这份叮嘱中，你读出了娄老伯怎样的担忧?

【情节十九】

话说杜少卿别了迟衡山出来，问小厮道："那差人他说甚么?"小厮道："他说少爷的文书已经到了，李大老爷吩咐县里邓老爷请少爷到京里去做官，邓老爷现住在承恩寺。差人说，请少爷在家里，邓老爷自己上门来请。"杜少卿道："既如此说，我不走前门家去了，你快叫一只船，我从河房栏杆上上去。"当下小厮在下浮桥雇了一只凉篷，杜少卿坐了来家。忙取一件旧衣服、一顶旧帽子，穿戴起来，拿手帕包了头，睡在床上，叫小厮："你向那差人说，我得了暴病，请邓老爷不用来，我病好了，慢慢来谢邓老爷。"小厮打发差人去了。娘子笑道："朝廷叫你去做官，你为甚么装病不去?"杜少卿道："你好呆!放着南京这样好顽的所在，留着我在家，春天秋天，同你出去看花吃酒，好不快活!为甚么要送我到京里去?假使连你也带往京里，京里又冷，你身子又弱，一阵风吹得冻死了，也不好。还是不去的妥当。" （第三十四回）

1. 选段作者是________代的________（人名）。
2. 杜少卿为什么称病不见邓老爷？

3. 李巡抚以“品行端醇、文章典雅”推荐他入朝为官，杜少卿却以“麋鹿之性，草野惯了”相辞；邓老爷亲自来家中相请，杜少卿谎称抱病，由此可见，他具有怎样的性格特点？

【情节二十】

一日，同娘子凭栏看水，笑说道：“你看这些湖光山色都是我们的了！我们日日可以游玩，不像杜少卿要把尊壶带了清凉山去看花。”闲着无事，又斟酌一樽酒，把杜少卿做的《诗说》，叫娘子坐在傍边，念与他听。念到有趣处，吃一大杯，彼此大笑。庄征君在湖中着实自在。忽一日，有人在那边岸上叫船。这里放船去渡了过来，庄征君迎了出去。那人进来拜见，便是卢信侯。庄征君大喜道：“途间一别，渴想到今。今日怎的到这里？”卢信侯道：“昨日在尊府，今日我方到这里。你原来在这里做神仙，令我羡杀！”庄征君道：“此间与人世绝远，虽非武陵，亦差不多。你且在此住些时，只怕再来就要迷路了。”

（第三十五回）

1.“此间与人世绝远，虽非武陵，亦差不多。你且在此住些时，只怕再来就要迷路了。”这一句所用典故出自我们初中阶段所学的哪篇文章？

2. 卢信侯说：“你原来在这里做神仙，令我羡杀！”庄征君的生活为什么令人羡慕？

3. 结合选段，谈谈庄征君具有怎样的性格特点。

【情节二十一】

又过了三年，虞博士五十岁了，借了杨家一个姓严的管家跟着，再进京去会试。这科就中了进士，殿试在二甲，朝廷要将他选做翰林。那知这些进士，也有五十岁的，也有六十岁的，履历上多写的不是实在年纪。只有他写的是实在年庚五十岁。天子看见，说道：“这虞育德年纪老了，着他去做一个闲官罢。”当下就补了南京的国子监博士。虞博士欢喜道：“南京好地方，有山有水，又和我家乡相近。我此番去，把妻儿老小接在一处，团集着，强如做个穷翰林。”当下就去辞别了房师、座师和同乡这几位大老。翰林院侍读有位王老先生，托道：“老先生到南京去，国子监有位贵门人，姓武，名书，字正字，这人事母至孝，极有才情。老先生到彼，照顾照顾他。”虞博士应诺了。收拾行李，来南京到任。打发门斗到常熟接家眷。此时公子虞感祁已经十八岁了，跟随母亲一同到南京。（第三十六回）

1. 虞育德是国子监博士，而他最重要的活动则是什么？

2. “那知这些进士，也有五十岁的，也有六十岁的，履历上多写的不是实在年纪。只有他写的是实在年庚五十岁。”从中可以看出虞博士是一个怎样的人？

3. 根据后文的表现，虞博士还具有哪些优秀品质？

【情节二十二】

郭孝子接着行李，又走了几天，那日天气甚冷，迎着西北风，那山路冻得像白蜡一般，又硬又滑。郭孝子走到天晚，只听得山洞里大吼一声，又跳出一只老虎来。郭孝子道：“我今番命真绝了！”一交跌在地下，不省人事。原来老虎吃人，要等人怕的。今见郭孝子直僵在地下，竟不敢吃他，把嘴合着他脸上来闻。一茎胡子戳在郭孝子鼻孔里去，戳出一个大喷嚏来，那老虎倒吓了一跳，连忙转身，几跳跳过前面一座山头，跌在一个涧沟里，那涧极深，被那棱撑像刀剑的冰凌横拦着，竟冻死了。郭孝子扒起来，老虎已是不见，说道：“惭愧！我又经了这一番！”背着行李再走。

走到成都府，找着父亲在四十里外一个庵里做和尚。访知的了，走到庵里去敲门。老和尚开门，见是儿子，就吓了一跳。郭孝子见是父亲，跪在地下恸哭。老和尚道：“施主请起来，我是没有儿子的，你想是认错了。”郭孝子道：“儿子万里程途，寻到父亲眼前来，父亲怎么不认我？”老和尚道：“我方才说过，贫僧是没有儿子的。施主你有父亲，你自己去寻，怎的望着贫僧哭？”郭孝子道：“父亲虽则几十年不见，难道儿子就认不得了？”跪着不肯起来。老和尚道：“我贫僧自小出家，那里来的这个儿子？”郭孝子放声大哭，道：“父亲不认儿子，儿子到底是要认父亲的！”三番五次，缠的老和尚急了，说道：“你是何处光棍，敢来闹我们？快出去！我要关山门！”郭孝子跪在地下恸哭，不肯出去。和尚道：“你再不出去，我就拿刀来杀了你！”郭孝子伏在地下哭道：“父亲就杀了儿子，儿子也是不出去的！”老和尚大怒，双手把郭孝子拉起来，提着郭孝子的领子，一路推搡出门，便关了门进去，再也叫不应。

郭孝子在门外哭了一场，又哭一场，又不敢敲门。见天色将晚，自己想道：“罢！罢！父亲料想不肯认我了！”抬头看了，这庵叫做竹山庵。只得在半里路外租了一间房屋住下。

次早，在庵门口看见一个道人出来，买通了这道人，日日搬柴运米，养活父亲。不到半年之上，身边这些银子用完了，思量要到东山去寻萧昊轩，又恐怕寻不着，耽搁了父亲的饭食。只得左近人家佣工，替人家挑土、打柴，每日寻几分银子，养活父亲，遇着有个邻居往陕西去，他就把这寻父亲的话，细细写了一封书，带与海月禅林的老和尚。（第三十八回）

1. 用简洁的语言概括选文的内容。

2. 郭孝子被父亲赶走后，是怎样尽孝的？

3. 你怎样理解郭孝子这种尽孝行为？

【情节二十三】

萧云仙拿出一个卷子递与武书，道："这是小弟半生事迹，专求老先生大笔，或作一篇文，或作几首诗，以垂不朽。"武书接过来，放在桌上，打开看时，前面写着"西征小纪"四个字。中间三幅图：第一幅是"椅儿山破敌"，第二幅是"青枫取城"，第三幅是"春郊劝农"。每幅下面都有逐细的纪略。武书看完了，叹惜道："飞将军数奇，古今来大概如此。老先生这样功劳，至今还屈在卑位。这做诗的事，小弟自是领教。但老先生这一番汗马的功劳，限于资格，料是不能载入史册的了。须得几位大手笔，撰述一番，各家文集里传留下去，也不埋没了这半生忠悃。"萧云仙道："这个也不敢当。但得老先生大笔，小弟也可借以不朽了。"武书道："这个不然。卷子我且带了回去，这边有几位大名家素昔最喜赞扬忠孝的，若是见了老先生这一番事业，料想乐于题咏的。容小弟将此卷传了去看看。"萧云仙道："老先生的相知，何不竟指小弟先去拜谒？"武书道："这也使得。"萧云仙拿了一张红帖子，要武书开名字去拜。武书便开出：虞博士果行、迟均衡山、庄征君绍光、杜仪少卿，俱写了住处递与萧云仙，带了卷子，告辞去了。（第四十回）

1. 萧云仙的卷子在文中有何作用？

2. 从卷子中间三幅图可以看出萧云仙是一个怎样的人？

3. 萧云仙这个人物寄托了作者怎样的理想？

【情节二十四】

庄濯江叫从新拿上新鲜酒来，奉与诸位吃。庄濯江就问："少卿兄几时来的？寓在那里？"庄绍光道："他已经在南京住了八九年了。尊居现在这河房里。"庄濯江惊道："尊府大家，园亭花木甲于江北，为甚么肯搬在这里？"庄绍光便把少卿豪举，而今黄金已随手而尽，略说了几句。庄濯江不胜叹息，说道："还记得十七八年前，我在湖广，乌衣韦四先生寄了一封书子与我，说他酒量越发大了，二十年来，竟不得一回畅醉，只有在天长赐书楼吃了一坛九年的陈酒，醉了一夜，心里快畅的紧，所以三千里外寄信告诉我。我彼时不知府上是那一位做主人，今日说起来，想必是少卿兄无疑了。"武书道："除了他，谁人肯做这一个雅东？"杜少卿道："韦老伯也是表叔相好的？"庄濯江道："这是我髫年的相与了。尊大人少时，无人不敬仰是当代第一位贤公子。我至今想起，形容笑貌还如在目前。"卢信侯又同武书谈到泰伯祠大祭的事。庄濯江拍膝嗟叹道："这样盛典，可惜来迟了，不得躬逢其盛。我将来也要怎的寻一件大事，屈诸位先生大家会一会，我就有趣了。"当下四五人谈心话旧，一直饮到半夜。（第四十一回）

1. 杜少卿在很大程度上可以看作是作者的自况，你从选文中可以读出他有怎样的人生遭际？

2. 庄绍光说"少卿豪举，而今黄金已随手而尽"，从这里我们可以读出杜少卿的什么特点？

3. 卢信侯又同武书谈到泰伯祠大祭的事，庄濯江嗟叹自己不得躬逢其盛，想"将来也要怎的寻一件大事，屈诸位先生大家会一会"。请联系后文说说庄濯江要做一件什么大事？

【情节二十五】

差人没奈何，走到宅门上回禀道："拿的那个沈氏到了。"知县听说，便叫带到三堂回话。带了进来，知县看他容貌不差，问道："既是女流，为甚么不守闺范，私自逃出？窃了宋家的银两，潜踪在本县地方做甚么？"沈琼枝道："宋为富强占良人为妾，我父亲和他涉了讼。他买嘱知县，将我父亲断输了。这是我不共戴天之仇！况且我虽然不才，也颇知文墨，怎么肯把一个张耳之妻去事外黄佣奴？故此逃了出来。这是真的。"知县道："你这些事，自有江都县问你，我也不管。你既会文墨，可能当面做诗一首？"沈琼枝道："请随意命一个题，原可以求教的。"知县指着堂下的槐树，说道："就以此为题。"沈琼枝不慌不忙，吟出一首七言八句来，又快又好。知县看了赏鉴，随叫两差到他下处取了行李来，当堂查点。翻到他头面盒子里，一包碎散银子，一个封袋上写着"程仪"、一本书、一个诗卷。

（第四十一回）

1. 阅读选文，说说沈琼枝为什么被抓到官府。

2. 请你概括出沈琼枝出逃的原因。

3. 从"沈琼枝不慌不忙，吟出一首七言八句来，又快又好"，你会想到历史上的哪位诗人？说说选文中沈琼枝的表现给你留下了怎样的印象？

【情节二十六】

看看已是除夕。清江、铜仁两协参将、守备禀道："晦日用兵，兵法所忌。"汤镇台道："且不要管他。'运用之妙，在于一心。'苗子们今日过年，正好出其不意，攻其无备。"传下号令：遣清江参将带领本协人马，从小石崖穿到鼓楼坡，以断其后路；遣铜仁守备带领本协人马，从石屏山直抵九曲岗，以遏其前锋。汤镇台自领本标人马，在野羊塘作中军大队。调拨已定，往前进发。汤镇台道："逆苗巢穴，正在野羊塘。我们若从大路去惊动了他，他踞了碉楼，以逸待劳，我们倒难以刻期取胜。"因问臧岐道："你认得可还有小路穿到他后面？"臧岐道："小的认得。从香炉崖扒过山去，走铁溪里抄到后面，可近十八里。只是溪水寒冷，现在有冰，难走。"汤镇台道："这个不妨。"号令中军马兵穿了油靴，步兵穿了鷂子鞋，一齐打从这条路上前进。

且说那苗酋正在洞里聚集众苗子，男男女女，饮酒作乐过年。忽然一个小卒飞跑了来报道："不好了！大皇帝发兵来剿，已经到了九曲岗了！"那苗酋吓得魂不附体，忙调两百苗兵，带了标枪，前去抵敌。只见又是一个小卒没命的奔来报道："鼓楼坡来了大众的兵马，不计其数！"苗酋同冯君瑞正慌张着急，忽听得一声炮响，后边山头上火把齐明，喊杀连天，从空而下。那苗酋领着苗兵，舍命混战。怎当得汤总镇的兵马，长枪大戟；直杀到野羊塘，苗兵死伤过半。苗酋同冯君瑞觅条小路，逃往别的苗洞里去了。（第四十三回）

1. 请用简洁的语言概括选文的内容。

2. "晦日用兵，兵法所忌"，汤镇台为什么还要在除夕之夜出兵呢？

3. 结合选文说说汤镇台是如何用兵的？体现了汤镇台的什么特点？

【情节二十七】

"又听见他们设了一计。说我们这镇远府里，正月十八日，铁溪里的神道出现。满城人家，家家都要关门躲避。他们打算到这一日，扮做鬼怪，到老爷府里来打劫报仇。老爷须是防范他为妙。"汤镇台听了，道："我知道了。"又赏了臧岐羊酒，叫他歇息去。果然镇远有个风俗，说正月十八日，铁溪里龙神嫁妹子。那妹子生的丑陋，怕人看见，差了多少的虾兵蟹将护卫着他嫁。人家都要关了门，不许出来张看。若是偷着张看，被他瞧见了，就有疾风暴雨，平地水深三尺，把人民要淹死无数。此风相传已久。

到了十七日，汤镇台将亲随兵丁叫到面前，问道："你们那一个认得冯君瑞？"内中有一个高挑子出来跪禀道："小的认得。"汤镇台道："好。"便叫他穿上一件长白布直裰，戴上一顶纸糊的极高的黑帽子，搽上一脸的石灰，妆做地方鬼模样。又叫家丁妆了一班牛头马面，魔王夜叉，极狰狞的怪物。吩咐高挑子道："你明日看见冯君瑞，即便捉住，重重有赏。"布置停当，传令管北门的，天未明就开了城门。那别庄燕同冯君瑞假扮做一班赛会的，各把短刀藏在身边，半夜来到北门，看见城门已开，即奔到总兵衙门马号的墙外。十几个人，各将兵器拿在手里，扒过墙来去里边，月色微明，照着一个大空院子，正不知从那里进去。忽然见墙头上伏着一个怪物，手里拿着一个糖锣子，当当的敲了两下，那一堵墙，就像地动一般，滑喇的凭空倒了下来。几十条火把齐明，跳出几十个恶鬼，手执钢叉、留客住，一拥上前。这别庄燕同冯君瑞着了这一吓，两只脚好像被钉钉住了的。地方鬼走上前一钓镰枪勾住冯君瑞，喊道："拿住冯君瑞了！"众人一齐下手，把十几个人都拿了，一个也不曾溜脱。拿到二堂，汤镇台点了数，次日解到府里。（第四十三回）

1. 请用简洁的语言概括选文的内容。

2. 汤镇台实施了一个什么计谋？为什么会采用这样一个计策呢？

3. 汤镇台是一位很有军事才能的将领，请你说说他这次军事行动取胜的原因。

【情节二十八】

王先生走了二十里，到了女婿家，看见女婿果然病重，医生在那里看，用着药总不见效。一连过了几天，女婿竟不在了，王玉辉恸哭了一场。见女儿哭的天愁地惨。候着丈夫入过殓，出来拜公婆和父亲，道："父亲在上，我一个大姐姐死了丈夫，在家累着父亲养活，而今我又死了丈夫，难道又要父亲养活不成？父亲是寒士，也养活不来这许多女儿！"王玉辉道："你如今要怎样？"三姑娘道："我而今辞别公婆、父亲，也便寻一条死路，跟着丈夫一处去了！"公婆两个听见这句话，惊得泪下如雨，说道："我儿！你气疯了！自古蝼蚁尚且贪生，你怎么讲出这样话来！你生是我家人，死是我家鬼。我做公婆的怎的不养活你，要你父亲养活？快不要如此！"三姑娘道："爹妈也老了，我做媳妇的不能孝顺爹妈，反累爹妈，我心里不安，只是由着我到这条路上去罢。只是我死还有几天工夫，要求父亲到家替母亲说了，请母亲到这里来，我当面别一别，这是要紧的。"王玉辉道："亲家，我仔细想来，我这小女要殉节的真切，倒也由着他行罢。自古'心去意难留'。"因向女儿道："我儿，你既如此，这是青史上留名的事，我难道反拦阻你？你竟是这样做罢。我今日就回家去叫你母亲来和你作别。"亲家再三不肯。王玉辉执意，一径来到家里，把这话向老孺人说了。老孺人道："你怎的越老越呆了！一个女儿要死，你该劝他，怎么倒叫他死？这是甚么话说！"王玉辉道："这样事，你们是不晓得的。"老孺人听见，痛哭流涕，连忙叫了轿子，去劝女儿，到亲家家去了。王玉辉在家，依旧看书写字，候女儿的信息。老孺人劝女儿，那里劝的转。一般每日梳洗，陪着母亲坐，只是茶饭全然不吃。母亲和婆婆着实劝着，千方百计，总不肯吃。饿到六天上，不能起床。母亲看着，伤心惨目，痛入心脾，也就病倒了，抬了回来，在家睡着。又过了三日，二更天气，几个火把，几个人来打门，报道："三姑娘饿了八日，在今日午时去世了。"老孺人听见，哭死了过去，灌醒回来，大哭不止。王玉辉走到床面前说道："你这老人家真正是个呆子！三女儿他而今已是成了仙了，你哭他怎的？他这死的好，只怕我将来不能像他这一个好题目死哩！"因仰天大笑道："死的好！死的好！"大笑着，走出房门去了。（第四十八回）

1．结合上下文，请从姓名、年龄、身份、家境对王先生进行简单的介绍。（不多于30字）

2．王先生的女儿是怎么死的，王先生对女儿寻死持什么态度？

3．阅读选文，说说王先生是一个什么样的形象？

【情节二十九】

次日，余大先生知道，大惊，不胜惨然，即备了香楮三牲，到灵前去拜奠。拜奠过，回衙门，立刻传书办备文书请旌烈妇。二先生帮着赶造文书，连夜详了出去。二先生又备了礼来祭奠。三学的人，听见老师如此隆重，也就纷纷来祭奠的，不计其数。过了两个月，上司批准下来，制主入祠，门首建坊。到了入祠那日，余大先生邀请知县，摆齐了执事，送烈女入祠。阖县绅衿，都穿着公服，步行了送。当日入祠安了位，知县祭、本学祭、余大先生祭、阖县乡绅祭、通学朋友祭、两家亲戚祭、两家本族祭，祭了一天，在明伦堂摆席。通学人要请了王先生来上坐，说他生这样好女儿，为伦纪生色。王玉辉到了此时，转觉心伤，辞了不肯来。众人在明伦堂吃了酒，散了。（第四十八回）

1．本段文字选自《儒林外史》第四十八回：________________，泰伯祠遗贤感旧。

2．王家三姑娘绝食"殉夫"，全县读书人都以为"这样的好女儿，为伦纪生色"，众人的表现是什么？表达了作者怎样的情感？

3．王先生到了此时，心情又发生了怎样的变化？结合全书说说他之后做出了怎样的决定。

【情节三十】

话说那万中书在秦中书家厅上看戏，突被一个官员，带领捕役进来，将他锁了出去。吓得施御史、高翰林、秦中书，面面相觑，摸头不着。那戏也就剪住了。众人定了一会，施御史向高翰林道："贵相知此事，老先生自然晓得个影子？"高翰林道："这件事情，小弟丝毫不知。但是刚才方县尊也太可笑，何必妆这个模样?”秦中书又埋怨道：“姻弟席上被官府锁了客去，这个脸面却也不甚好看!”高翰林道：“老亲家，你这话差了。我坐在家里，怎晓得他有甚事？况且拿去的是他，不是我，怕人怎的?”说着，管家又上来禀道：“戏子们请老爷的示：还是伺候，还是回去?”秦中书道：“客犯了事，我家人没有犯事，为甚的不唱!”大家又坐着看戏。只见凤四老爹一个人坐在远远的，望着他们冷笑。秦中书瞥见，问道：“凤四哥，难道这件事你有些晓得?”凤四老爹道：“我如何得晓得。”秦中书道：“你不晓得，为甚么笑?”凤四老爹道：“我笑诸位老先生好笑。人已拿去，急他则甚！依我的愚见，应该差一个能干人到县里去打探打探，到底为的甚事。一来也晓得下落，二来也晓得可与诸位老爷有碍。”施御史忙应道：“这话是的很!”秦中书也连忙道：“是的很！是的很!”当下差了一个人，叫他到县里打探。那管家去了。（第五十回）

1. 众人在看戏，突然捕役进入抓走了万中书，众人的反应如何，能看出当时怎样的社会风气？

2. 情节的发展总是牵动着读者的心，下文凤四老爹是如何帮助万中书脱困的呢？

3. 在第四十九至五十二回中都有凤四老爹的鲜活形象，请结合原文事例，简析凤四老爹的性格特征。（至少举三个事例）

简·爱

全程导读

一、作者简介

夏洛蒂·勃朗特（1816—1855），英国女作家。她与两个妹妹，即艾米莉·勃朗特和安妮·勃朗特，在英国文学史上有“勃朗特三姐妹”之称。

夏洛蒂生于一个乡村牧师家庭。母亲早逝，八岁的夏洛蒂被送进一所专收神职人员孤女的慈善性机构——柯文桥女子寄宿学校。15 岁时她进了伍勒小姐办的学校读书，几年后又在这个学校当教师。后来她曾做家庭教师，最终她投身于文学创作的道路。于 1847 年，夏洛蒂·勃朗特出版长篇小说《简·爱》，轰动文坛。1848 年秋到 1849 年，她的弟弟和两个妹妹相继去世。在死亡的阴影和困惑下，她坚持完成了《谢利》一书，寄托了她对妹妹艾米莉的哀思，并描写了英国早期自发的工人运动。她另有作品《维莱特》和《教师》，这两部作品均根据其本人生活经历写成。

二、作品主题

《简·爱》是一部具有浓厚浪漫主义色彩的现实主义小说，带有自传色彩。这本小说通过对一位孤女坎坷不平的人生经历的描写，成功地塑造了一个不安于现状、不甘受辱、敢于抗争的女性形象，反映了一个平凡心灵的坦诚倾诉的呼号和责难，一个小写的人成为一个大写的人的渴望。主人公简·爱人生追求有两个基本旋律：富有激情、幻想、反抗和坚持不懈的精神；对人间自由幸福的渴望和对更高精神境界的追求。

小说通过罗切斯特两次截然不同的爱情经历，批判了以金钱为基础的婚姻和爱情观，并始终把简·爱和罗切斯特之间的爱情描写为思想、才能、品质与精神上的完全默契。这本小说说明了人最美好的生活是人的尊严加爱，小说的结局给女主人公安排的就是这样一种生活。虽然这样的结局过于完美，甚至这种圆满本身标志着肤浅，虽然罗切斯特的庄园毁了，罗切斯特自己也成了一个残疾人，正是这样一个条件，使简·爱不再在尊严与爱之间矛盾，而同时获得满足，她在和罗切斯特结婚的时候是有尊严的，当然也是有爱情的。

三、艺术特色

（一）小说是以自叙的形式写成的，小说依据“我”的经历来安排结构，来表现主人公性格成长的不同阶段。作者以第一人称来叙述故事，介绍人物，评价事件。这种方法便于直接表达人物的内心活动，也缩短了同读者的距离，易于取得亲切感人的艺术效果。

（二）小说的结构是一种《神曲》式的艺术构架。简·爱经历了地狱（盖茨赫德和罗沃德）的烤炙，炼狱（桑菲尔德和沼泽地）的净化，最后到达可大彻大悟的天国——理想境界（与罗切斯特结合并诞生了象征新生的下一代）。

（三）大量运用心理描写是这本小说的一大特色。全书构思精巧，情节波澜起伏，给读者制造出一种阴森恐怖的气氛，而又不脱离一个中产阶级家庭的背景。作者还以深情细腻的笔法描写了主人公之间的真挚爱情和自然风景，感情色彩丰富而强烈。在风景描绘上，作者以画家的审美角度去鉴赏，以画家的情趣去把握光和影的和谐。色彩斑斓的景物细致生动，用词精确。

（四）这部小说的一个很大特点是富有激情和诗意。小说的男主人罗切斯特和女主人公简·爱男女双方都用诗的话语来表达各自的激情。

四、人物形象

简·爱

女主人公，一个性格坚强，朴实，刚柔并济，独立自主，积极进取的女性。她出身卑微，相貌平凡，但她并不以此自卑。她蔑视权贵的骄横，嘲笑他们的愚笨，显示出自立自强的人格和美好的理想。她有顽强的生命力，从不向命运低头，最后有了自己所向往的美好生活。简·爱生存在一个父母双亡，寄人篱下的环境。从小就承受着与同龄人不一样的待遇：舅妈的嫌弃，表姐的蔑视，表哥的侮辱和毒打。但她并没有绝望，她并没有自我摧毁，并没有在侮辱中沉沦。相反，种种不幸的一切换回的却是简·爱的无限信心，却是简·爱的坚强不屈的精神，一种不可战胜的内在人格力量。她对自己的命运、价值、地位的思考和努力把握，对自己的思想和人格有着理性的认识，对自己的幸福和情感有着坚定的追求。从简·爱身上，表现当今新女性的形象：自尊、自重、自立、自强，对于自己的人格、情感、生活、判断、选择的坚定理想和执着追求。

罗切斯特

桑菲尔德庄园主，拥有财富和强健的体魄，大约三十六七岁年纪（比简·爱大了将近二十岁），心地善良，表面上看起来有些冷漠，有点顽固，起初在简·爱眼中，他的性格阴郁而又喜怒无常，有一种男子汉气概。他身体强健，不算很英俊，但面孔十分坚毅，有一头浓密的黑卷发和一双又大又亮的黑眼睛。年轻时他被父兄迫害，受骗娶了疯女人伯莎·梅森，那个女人荒淫无度，过着放浪的生活，成天吼叫，罗切斯特非常厌恶她，但由于强烈的责任心和当时的一些要求不能抛弃她。罗切斯特先生为了追求新的生活到欧洲各国旅游，但一直都没有找到自己的心上人，反而频频遭到背叛。后来决心认真生活，便回到了桑菲尔德庄园，认识了家庭女教师简·爱，爱上了她，并向她求婚，但已婚的事实被揭发。简·爱离开，他悲痛欲绝。由于疯子妻子的疯狂放火而失去一条胳膊和一只眼睛，另一只眼睛也失明了。最后成为简·爱的丈夫。婚后两年眼睛复明。

里德太太

简·爱的舅妈，她溺爱自己的儿女，却在丈夫去世后，经常虐待、欺侮简·爱。后来她把简·爱送到了孤儿院，还盼望简·爱在疫病中死掉，是一个冷酷、刻薄的女人。

五、故事梗概

简·爱是个孤女，她出生于一个穷牧师家庭。不久父母相继去世。

幼小的简·爱寄养在舅父母家里。舅父里德先生去世后，简·爱过了10年备受歧视和虐待的生活。舅母把她视作眼中钉，并把她和自己的孩子隔离开来，从此，她与舅母的对抗更加公开和坚决了，简·爱被送进了达罗沃德孤儿院。

孤儿院教规严厉，生活艰苦，院长是个冷酷的伪君子。简·爱在孤儿院继续受到精神和肉体上的摧残。由于恶劣的生活条件，孤儿院经常有孩子病死，她最好的朋友海伦患肺结核去世。海伦去世后也使孤儿院有了大的改善。简·爱在新的环境下接受了六年的教育，并在这所学校任教两年。由于谭波尔小姐的离开，简·爱厌倦了孤儿院里的生活，登广告谋求家庭教师的职业。桑菲尔德庄园的女管家聘用了她。庄园的男主人罗切斯特经常在外旅行，她的学生是一个不到10岁的女孩阿黛拉·瓦朗，罗切斯特是她的保护人。

一天黄昏，简·爱外出散步，邂逅刚从国外归来的主人，这是他们第一次见面。以后她发现她的主人是个性格忧郁、喜怒无常的人，对她的态度也是时好时坏。整幢房子沉郁空旷，有时还会听到一种令人毛骨悚然的奇怪笑声。一天，简·爱在睡梦中被这种笑声惊醒，发现罗切斯特的房间着了火，简·爱叫醒他并帮助他扑灭了火。

罗切斯特回来后经常举行家宴。在一次家宴上向一位名叫英格拉姆的漂亮小姐大献殷勤，简·爱被召进客厅，却受到布兰奇母女的冷遇，她忍受屈辱，离开客厅。此时，她已经爱上了罗切斯特。其实罗切斯特也已爱上简·爱，他只是想试探简·爱对自己的爱情。当他向简·爱求婚时，她答应了他。

在婚礼前夜，简·爱在朦胧中看到一个面目可憎的女人，在镜前披戴她的婚纱。第二天，当婚礼在教堂悄然进行时，突然有人出证：罗切斯特先生15年前已经结婚。他的妻子原来就是那个被关在三楼密室里的疯女人。法律阻碍了他们的爱情，使两人陷入深深的痛苦之中。在一个凄风苦雨之夜，简·爱离开了罗切斯特。在寻找新的生活出路的途中，简·爱风餐露宿，沿途乞讨，历尽磨难，最后在泽地房被牧师圣·约翰收留，并在当地一所小学校任教。

不久，简·爱得知叔父去世并给她留下一笔遗产，同时还发现圣·约翰是她的表兄，简·爱决定将财产平分。圣·约翰是个狂热的教徒，打算去印度传教。他请求简·爱嫁给他并和他同去印度，但理由只是简·爱适合做一位传教士的妻子。简·爱拒绝了他，并决定再看看罗切斯特。她回到桑菲尔德庄园，那座宅子已成废墟，疯女人放火后坠楼身亡，罗切斯特也受伤致残。简·爱找到他并大受震动，最终和他结了婚，得到了自己理想的幸福生活。

六、章节概括

第一章　盖茨海德府

简·爱的父亲是个穷牧师，当她还在幼年时，父母就染病双双去世。简·爱被送到盖茨海德庄园的舅母里德太太家抚养。

第二章　红房子

舅父里德先生在红房子中去世后，简·爱过了 10 年受尽歧视和虐待的生活。一次，由于反抗表哥的殴打，简·爱被关进了红房子。肉体上的痛苦和心灵上的屈辱和恐惧，使她大病了一场。

第三章　病中

舅母把她视作眼中钉，并把她和自己的孩子隔离开来，并决定把她送进达罗沃德孤儿院。

第四章　勃洛克赫斯特先生

由于她与舅母的对抗更加公开和坚决，里德太太加快了送简·爱去孤儿院的脚步，为了赶走简·爱，她在勃洛克赫斯特先生面前处处中伤简·爱，毁坏简·爱的名誉。

第五章　来到洛伍德

孤儿院教规严厉，生活艰苦，院长是个冷酷的伪君子。他用种种办法从精神和肉体上摧残孤儿。简·爱吃不饱、穿不暖，继续受尽非人的折磨。

第六章　海伦·彭斯

简·爱与孤儿海伦结成好友，教师谭波尔小姐也很关心她。

第七章　勃洛克赫斯特先生来访

简·爱失手打碎了石板，被惩罚站在凳子上，当众受到羞辱，是海伦的微笑给了简·爱力量。

第八章　谭波尔小姐

伤心的简·爱到学校下课时才从凳子上下来，悲愤不已，海伦给她端来咖啡和面包，并不断开导她。谭波尔小姐也来看望她，并与海伦谈古论今，使简·爱佩服不已。

第九章　海伦之死

孤儿院里一场传染性的斑疹伤寒，夺走了许多孤儿的生命，海伦就在这场伤寒中死去，这对简·爱打击很大。

第十章　登报求职

斑疹伤寒使孤儿院有了大规模的改善。简·爱在新的环境下接受了六年的教育，并在这所学校任教两年。由于谭波尔小姐的离开，简·爱厌倦了孤儿院里的生活，登广告谋求家庭教师的职业。

第十一章　在桑菲尔德

桑菲尔德庄园的女管家聘用了她。偌大的宅第只有一个不到 10 岁的女孩阿黛拉·瓦朗，罗切斯特先生是她的保护人，她是简·爱的学生。简·爱来到了桑菲尔德庄园，那里的一切很庄严和气派。

第十二章　山径初遇

一天黄昏，简·爱外出散步，邂逅刚从国外归来的主人，这是他们第一次见面。罗切斯特从受惊的马上摔了下来，简·爱急忙上前去扶他，回到家后简·爱才知道他便是庄园主罗切斯特。

第十三章　和罗切斯特先生一席谈

阿黛尔很不容易教，不专心，处处找借口去寻找罗切斯特先生。罗切斯特先生与简·爱面对面交流，了解简·爱的过去，并对简·爱的画做出评价。

第十四章　再次交谈

她发现她的主人是个性格忧郁、喜怒无常的人，对她的态度时好时坏。整幢房子沉郁空旷。

第十五章　着火

夜里，简·爱被一阵奇怪的笑声惊醒，发现罗切斯特的房门开着，床上着了火，她叫醒罗切斯特并扑灭火。罗切斯特告诉简·爱三楼住着一个女裁缝格雷斯·普尔，她神经错乱，时常发出令人毛骨悚然的狂笑声，并要她对此事严守秘密。

第十六章　格雷斯·普尔

简·爱苦思冥想理不清头绪，胡乱猜测缘由，想见到罗切斯特先生又盼不到他。

第十七章　家庭宴会

罗切斯特回来后经常举行家宴，桑菲尔德庄园上上下下开始忙碌起来。在一次家宴上，他向一位名叫英格拉姆的漂亮小姐大献殷勤，简·爱被召进客厅，却受到布兰奇母女的冷遇，她忍受屈辱，离开客厅。

第十八章　算命

在宴会上罗切斯特坚持要简·爱也到客厅里去，客人们对简·爱的态度十分傲慢，而罗切斯特却邀请简·爱跳舞，此时罗切斯特已爱上简·爱，而简·爱也感觉到自己对罗切斯特产生感情。

第十九章　算命的人

罗切斯特外出，家里来了一个蒙着盖头的吉卜赛人。当轮到给简·爱算命时，简·爱发现这个神秘的吉卜赛人就是罗切斯特，他想借此试探简·爱对他的感情。

第二十章　夜半叫声

庄园里又来了个名叫梅森的陌生人，当晚他被三楼的神秘女人咬伤了，简·爱帮罗切斯特把他秘密送走。

第二十一章　里德太太的秘密

不久，里德太太派人来找简·爱，说她病危要见简·爱一面。回到舅母家中，里德太太给她一封信，这封信是三年前简·爱的叔父寄来的，向她打听侄女的消息，并把自己的遗产交给简·爱。里德太太谎称简·爱在孤儿院病死了，直到临终前才良心发现把真相告诉简·爱。

第二十二章　回到桑菲尔德

简·爱又回到桑菲尔德庄园，感觉像回到家一样。人们都在猜测罗切斯特会向布兰奇小姐求婚。

第二十三章　风暴骤起

罗切斯特向简·爱求爱，简·爱答应了，心里充满了幸福感。

第二十四章　婚前一个月

罗切斯特与简·爱筹备婚礼。罗切斯特很宠简·爱，简·爱视罗切斯特为她的整个世界，他是简·爱的偶像。

第二十五章　撕破的面纱

婚礼前夜，简·爱从梦中惊醒，看到一个身材高大、面目可憎的女人正在戴她的婚纱，然后把婚纱的面罩撕成碎片。罗切斯特告诉她那不过是一个梦，第二天当简·爱醒来时发现婚纱的面罩真的成了碎片。

第二十六章　婚礼中断

婚礼如期举行，一位不速之客闯进了教堂，声称婚礼不能进行，他说罗切斯特 15 年前娶梅森先生的妹妹伯莎·梅森为妻。罗切斯特承认了这一事实，并领人们看被关在三楼的疯女人，那就是他的合法妻子。她有遗传性精神病史，就是她在罗切斯特的房间放火，也是她撕碎简·爱婚纱的面罩。

第二十七章　罗切斯特先生的往事

简·爱经历一场严峻的考验，法律阻碍了他们的爱情，使两人陷入深深的痛苦之中。

第二十八章　出走

在一个凄风苦雨之夜，简·爱悲痛欲绝地离开了桑菲尔德庄园。她仅有的积蓄花光后风餐露宿，沿途乞讨，历尽磨难，最后晕倒在牧师圣·约翰家门前，被圣·约翰和他的两个妹妹救了。

第二十九章　里弗斯一家

简·爱睡了三天三夜，终于清醒了过来，在圣·约翰家人的照料下，渐渐恢复体力。简·爱被圣·约翰收留，并为她谋了一个乡村教师的职位。

第三十章　黛安娜、玛丽和圣约翰

简·爱渐渐熟悉了这里的一切。不久，简·爱得知叔父去世并给她留下一笔遗产，同时还发现圣·约翰是她的表兄，简·爱决定将财产平分。

第三十一章　乡村小学

一座山村农舍成了简·爱的家，她有二十名学生，其中能识字的只有三个，能写和算的一个也没有。简·爱的责任就是要培育这种萌芽。黄昏时，简·爱一边望着日落的景象，一边自我安慰，这时候，圣·约翰·里弗斯来了，询问简·爱对第一天工作的感觉。

第三十二章　奥利弗小姐

简·爱全心全意忠实地做乡村女教师的工作，渐渐成了那一带乡亲们喜欢的人，那段日子，简·爱表面上很平静，但常常在梦中遇到罗切斯特先生，心里焦躁不安。

第三十三章　女继承人

圣·约翰是个狂热的教徒，准备去印度传教，临行前向简·爱求婚，但他坦率地告诉她，他要娶她并不是因为爱她，而是他需要一个很有教养的助手。

第三十四章　表兄妹

简·爱觉得应该报答他的恩情，但迟迟不肯答应他。当夜，圣·约翰在荒原上等待简·爱的答复，就在简·爱要做出决定的时候，她仿佛听到罗切斯特在遥远的地方呼喊她的名字……

第三十五章 “简！简！简！”

圣·约翰非常自信简·爱会追随他，并不断地做出各种努力帮助简·爱尽快下定决心与他结婚。简·爱在圣师的感召下差点失去了抗争的勇气，在那一刻，简·爱又感受到内心有一种声音在不断地呼唤她，使简·爱无法抗拒，简·爱明白自己应该如何选择了。

第三十六章 焦黑的废墟

心灵有所感应的简·爱赶回到桑菲尔德庄园，那座宅子已成废墟，得知疯女人放火后坠楼身亡，罗切斯特也受伤致残，孤独地生活在几英里外的一个农场里。

第三十七章 我最爱的人

简·爱终于找到了罗切斯特先生并大受震动，和他结了婚，得到了自己理想的幸福生活。

第三十八章 尾声

两年之后，罗切斯特治好了一只眼睛，他看到了简·爱为他生的第一个孩子。

七、片段赏析

1. 我在想，罗切斯特先生现在还丑陋不堪吗？感激之情以及很多愉快亲切的联想，使我终于喜欢看他的长相了。不过我并没有忘记他的缺陷，对各类他看不起的人，他高傲刻薄，喜欢挖苦。我心里明白，他对我的和颜悦色，同对很多其他人的不当的严厉相对等。他有时郁郁寡欢，简直到了难以理解的程度。不过我相信他的郁闷、他的严厉和他以前道德上的过错，都来源于他命运中某些艰苦的磨难。我想他的素质原本很好，只是目前给破坏了。不管是什么样的哀伤，我为他的哀伤而哀伤，并且愿意付出一切代价去减轻它。

【赏析】简·爱的这段心理描写反映了当时社会以社会地位、财富和外貌为基础的婚姻和爱情观。赞扬了简·爱所追求的以精神上的独立平等为基础的婚姻和爱情观。体现了简·爱对自己的思想和人格有着理性认识、对自己的价值和情感有着独立判断、不甘忍受社会压迫、勇于追求个人幸福的精神。

2. 我思念他，挚爱他，刻骨铭心，不可磨灭，并非是阳光驱散的雾气，更不是风暴可以吹塌的沙造塑像。这是刻在碑文上的名字，注定像大理石那样历时久远，无论我到哪里，我的心都是向着他，渴望着他，祝福着他。在莫尔顿时，每晚踏进那间小屋，我就一定惦记起他来，现在沼泽居，每夜走进卧室的时候，每每会被思念的潮水淹没，眼泪也会无声息地流落下来。

【赏析】简·爱同情罗切斯特的不幸命运，认为他的错误是客观环境造成的。尽管他其貌不扬，后来又破产成了残废，但她看到的是他内心的美和令人同情的不幸命运，所以最终与他结婚。小说通过罗切斯特两次截然不同的爱情经历，批判了以金钱为基础的婚姻和爱情观，并始终把简·爱和罗切斯特之间的爱情描写为思想、才能、品质与精神上的完全默契。

3. 但是，我内心的另一个声音却认为我应该这样做，而且告诉我必须这么做。我思索着这个决定，希望自己懦弱些，以躲避已经为我铺下的可怕的走进地狱之门的道路。而良心已变成暴君，抓住激情的喉咙，别有用心地告诉她，她那美丽的脚已经陷入了泥潭，还发誓要用铁臂把她推入无底的痛苦深渊。

【赏析】这是简·爱在与罗切斯特先生结婚那天发现罗切斯特已有一个疯子妻子后的心

理活动。体现简·爱内心的挣扎与艰难的抉择：是留下还是离开？还表达了简·爱对婚礼上发生的事的绝望以及对罗切斯特先生深深的爱，说明了简·爱对自己的幸福和情感有着坚定的追求。同时也对当时社会为追求幸福生活而顽强斗争的行为进行了赞颂。

4. “我跟你说，我一定得离开！”我有些被惹火了，反驳说，“你以为我会留下来，成为一个在你眼里可有可无的人吗？你以为我是一架机器——一架冷漠无感情的机器吗？你以为我能受得了别人把我仅有的一片面包从我口里夺走，把仅有的一滴救命之水从我杯里泼掉吗？你以为，因为我贫穷、卑微、不美、矮小，我就没有灵魂，没有心吗？——你错了，我也有和你一样的灵魂，和你一样的一颗心！如果上帝曾给了我一点儿美丽丰富财产，我也会让你感到难以离开我，就像我现在难以离开你一样。我现在不是通过习俗、常规，甚至也不是通过凡人的血肉之躯跟你讲话——而是用我的心灵在跟你的心灵对话，就如同我们离开了尘世，穿过坟墓，一同平等地站在上帝的面前，我们彼此平等——就如同我们的本质一样。”“就如同我们的本质一样！”罗切斯特先生重复了一句，——“就这样，”他又补充了一句，将我一把抱住，紧紧拥入怀中，将他的唇紧紧贴住我的唇，说：“就这样，简！”

【赏析】此段主要描写了简·爱的爱情观，更加深化了她的个性。她认为爱情应该建立在精神平等的基础上，而不应取决于社会地位、财富和外貌，只有男女双方彼此真正相爱，才能得到真正的幸福。在追求个人幸福时，简·爱表现出异乎寻常的纯真、朴实的思想感情和一往无前的勇气。她并没有因为自己的仆人地位而放弃对幸福的追求，她的爱情是纯洁高尚的。

5. 如果别人不爱我，我宁愿死去而不愿活着，我受不了孤独和被人憎恶。—海伦·彭斯

【赏析】像海伦·彭斯这样灵魂高贵的人，她虽然值得我们崇敬和景仰，但是她并不是一个伟大的榜样。虽然在她短暂的一生中，她比无数苟活的人都要活得充实，但是那又怎么样呢？正像简·爱所说的那样，海伦·彭斯的逆来顺受助长了罪犯的嚣张气焰，让他们变本加厉更加无所畏惧。海伦·彭斯的性格造成她最终的结局是在病痛中默默地死去。死是她最好的归宿，像这么一个善良脆弱的生命，很难想象今后怎么去面对更加残酷的社会和人生。

6. 我无法控制自己的眼睛，忍不住要去看他，就像口干舌燥的人明知水里有毒却还要喝一样。我本来无意去爱他，我也曾努力的掐掉爱的萌芽，但当我又见到他时，心底的爱又复活了。——简·爱

【赏析】简·爱透过他伪装的外表，看到了他本真的心；她穿越了风霜和阅历筑成的围墙，直接触及另一颗埋藏得很深的灵魂；在简·爱与罗切斯特的初次对话中，充分显示了两个人的性格与内心世界，出于对人的防备，罗切斯特始终对简·爱存有戒心，并企图用过激的谈话使简·爱畏惧，而简·爱在强大的压力下则显示出她自身的人格力量——不轻易放弃尊严，保持着独立不羁的人格，不卑不亢，保持着清醒和自我，从小生活在最低阶层，备受歧视的她十分看重人民对她的评价和看法，顽强和固执则伴随着她的成长而更加坚定。

7. “如果大家老是对残酷、不公道的人百依百顺，那么那些坏家伙就更要任性胡来了，他们会什么也不惧怕，这样也就永远也不会改好，反而越来越坏，当我们无缘无故挨了打，我们一定要狠狠地回击。”

【赏析】简·爱拥有一种不屈服的个性，在面对欺凌和伤害时，她敢于站起来反抗，坚强不屈，单纯且善良地维护自己的尊严，她明白纵容罪恶就等于将自己丢弃到无底痛苦的深

渊；面对伤害，我们所要做的不是瑟瑟颤抖的恐惧和一味的避让，就如简·爱所说的，一味顺从，只会让罪恶膨胀，反抗伤害、反抗欺压才是将自己从中解放出来的唯一办法。同时，也可以减小对他人造成同样伤害的可能性。

8. 一想起奥加尔太太和苦果村，我的心就凉了半截；一想起在我与此刻同我并肩而行的主人之间，注定要翻腾着大海和波涛，我的心就更凉了；而一记起在我同我自然和必然所爱的东西之间，横亘着财富、阶层和习俗的辽阔海洋，我的心凉透了。

【赏析】这是个排比句，“心就凉了半截”“心就更凉了”“心凉透了”展现出了简·爱在意识到自己即将失去真爱，想到自己可能因为容貌、地位、财富及社会习俗等原因而不得不离开自己深爱的罗切斯特的痛苦挣扎的内心世界，由浅及深、由轻到重、由表及里表现其痛苦的根本原因。同时，运用比喻，“横亘着财富、阶层和习俗的辽阔海洋”表现出社会现实给简·爱的爱情之路造成的难以逾越的障碍，形象生动。

9. 一缕微风沿着月桂树小径轻拂而过，在七叶树的枝叶间徘徊。它又轻盈地掠过去，——掠过去，飞向渺茫的远方，——最终飞逝了。万籁俱寂，只有夜莺在林间婉转低唱，我听着这婉转的歌声，罗切斯特先生默默地坐着，温柔而认真地看着我。“到那时，你就认不出我来了，先生，我就不再是你的简·爱，而是一只小丑打扮的猴子，——一只披着借来的羽毛的八哥了。我不愿意披上贵妇的长袍，就像我不愿意看见你罗切斯特先生满身戏装打扮一样，先生，虽然我深爱着你，可我不会夸你漂亮。就因为我爱你，所以我决不会违心的奉承你，你也不要来奉承我了。”

【赏析】简·爱说出她的心里话，从中看出她对罗切斯特非常真诚的感情，同时简·爱也站在自己的角度说出了自己内心的隐忧——担心一时冲动的激情是罗切斯特错误地选择自己的原因。虽然自己爱罗切斯特，但是却不以放弃自己的为人准则和独立意志为代价换取罗切斯特夫人的名分和外人羡慕的贵妇人生活。正是因为她爱罗切斯特，她才这样认真地对罗切斯特说这番话，在罗切斯特面前这样剖析和袒露自己的心声。简·爱希望罗切斯特明白，她爱他不是要沦陷为爱情的俘虏成为他的附庸，而是互相爱慕信赖的，可以比肩进退的永远的伴侣。这段文字道出了简·爱对理想爱情追求的表白——即人格上平等的爱。也表现了她真诚、自尊而独立的人格魅力。

经典演练

一、填空题

1.《简·爱》作者是______________。这部作品是____国________文学代表作之一，成书于______世纪______年代。

2.《简·爱》的女主人公__________是一个出身贫寒的孤儿，从小寄养在舅母家，遭到虐待，后来被送进慈善机构举办的寄宿学校__________________。毕业后，应聘来到__________________当家庭教师，与主人罗切斯特相互产生爱情。

3.《简·爱》的作者____________与她的两个姐妹______________和______________并称__________三姐妹。

4.《简·爱》成功塑造了______________和______________________的妇女形象。

开心题典

5. 简·爱在做_________期间，意外地获得了___________的遗产。简·爱最终把两万英镑的遗产与_______________________分了。
6. 小说以罗切斯特第一次婚姻以及和_________的交往，讽刺了以______为基础的爱情和婚姻。
7. 简·爱与_________的主人__________先生产生了爱情。________阻止了他们的婚姻。
8. 对___________________和对______________________是简·爱的两个基本动机。
9.《简·爱》一书中__________和__________曾要与简·爱结婚。
10. 简·爱在雷沃德学校认识的第一个朋友是________。在学校最喜欢的老师是________，在简·爱受教过程中，__________“担任她的母亲、家庭教师和伴侣”。这两个人都曾帮助过她，是简·爱在孤儿院唯一的快乐和温暖。海伦死于__________，给简·爱打击最大。_________出嫁旅行了，使简·爱失去了精神支柱。
11. 简·爱找到第一份工作的方式是__________，工作是在__________做__________。简·爱所教的孩子是________，她是________的养女。在桑菲尔德庄园，简·爱勇敢地宣布了对__________的爱。简·爱逃出桑菲尔德庄园后被__________所救。

二、简答题

1. 简·爱虽然相貌平平，但她身上有强烈的魅力和美感，你认为是什么？

2. 简·爱发现她的主人罗切斯特先生是个性格忧郁、喜怒无常的人，对她的态度时好时坏。罗切斯特给她留下的初步印象是什么样的？

3. “难道就因为我一贫如洗、默默无闻、长相平庸、个子瘦小，就没有灵魂，没有心肠了？——你不是想错了吗？——我的心灵跟你一样丰富，我的心胸跟你一样充实！要是上帝赐予我一点姿色和充足的财富，我也会使你同我现在一样难分难舍，我不是根据习俗、常规，甚至也不是血肉之躯同你说话，而是我的灵魂同你的灵魂在对话，就仿佛我们两个人穿过坟墓，站在上帝脚下，彼此平等——本来就如此!”这段话是简·爱的名言，它体现了女主人公什么样的个性或精神追求？（答出两点即可）

4. 从《简·爱》这本书中，我们可以学到什么？

三、重点情节阅读

【情节一】

我照他的话做了，起初并不知道他的用意。但是他把书举起，拿稳当了，立起身来摆出要扔过来的架势时，我一声惊叫，本能地往旁边一闪，可是晚了，那本书已经扔过来，正好打中了我，我应声倒下，脑袋撞在门上，碰出了血来，疼痛难忍。我的恐惧心理已经越过了极限，被其他情感所代替。

“你是个恶毒残暴的孩子!”我说。“你像个杀人犯——你是个奴隶监工——你像罗马皇帝!”

我读过哥尔斯密的《罗马史》，对尼禄、卡利古拉等人物已有自己的看法，并暗暗作过类比，但决没有想到会如此大声地说出口来。

“什么！什么!”他大叫大嚷。“那是她说的吗？伊丽莎、乔治亚娜，你们可听见她说了？我会不去告诉妈妈吗？不过我得先——”

他向我直冲过来，我只觉得他抓住了我的头发和肩膀，他跟一个拼老命的家伙扭打在一起了。我发现他真是个暴君，是个杀人犯。我觉得一两滴血从头上顺着脖子淌下来，感到一阵热辣辣的剧痛。这些感觉一时占了上风，我不再畏惧，而发疯似地同他对打起来。我不太清楚自己的双手到底干了什么，只听得他骂我“耗子！耗子!”一面杀猪似地嚎叫着。

1. 文中的他是谁？他是怎样一个人？

2. “我读过哥尔斯密的《罗马史》，对尼禄、卡利古拉等人物已有自己的看法，并暗暗作过类比。”句中“自己的看法”“作过类比”是什么意思？

3. 简·爱对他一直都逆来顺受，但在选文中却骂他，表现了简·爱怎样的性格？

【情节二】

我非讲不可，我被践踏得够了，我必须反抗。可是怎么反抗呢，我有什么力量来回击对手呢，我鼓足勇气，直截了当地发动了进攻：“我不骗人，要是我骗，我会说我爱你。但我声明，我不爱你，除了约翰·里德，你是世上我最不喜欢的人，这本写说谎者的书，你尽可以送给你的女儿乔治亚娜，因为说谎的是她，不是我。”

里德太太的手仍一动不动地放在她的活儿上，冷冰冰的目光，继续阴丝丝地凝视着我。

“你还有什么要说?”她问，那种口气仿佛是对着一个成年对手在讲话，对付孩子通常是不会使用的。

她的眸子和嗓音，激起了我极大的反感，我激动得难以抑制，直打哆嗦，继续说了下去：“我很庆幸你不是我亲戚，今生今世我再也不会叫你舅妈了。长大了我也永远不会来看你，要是有人问起我喜欢不喜欢你，你怎样待我，我会说，一想起你就使我讨厌，我会说，你对我冷酷得到了可耻的地步。”“你怎么敢说这话，简·爱?”“我怎么敢，里德太太，我怎么敢，因为这是事实，你以为我没有情感，以为我不需要一点抚爱或亲情就可以打发日子，可是我不能这么生活。还有，你没有怜悯之心，我会记住你怎么推搡我，粗暴地把我弄进红房子，锁在里面，我到死都不会忘记，尽管我很痛苦，尽管我一面泣不成声，一面叫喊，‘可怜可怜我吧，可怜可怜我吧，里德舅妈!’还有你强加于我的惩罚。完全是因为你那可恶的孩子打了我，无缘无故把我打倒在地，我要把事情的经过，原原本本告诉每个问我的人。人们满以为你是个好女人，其实你很坏，你心肠很狠。你自己才骗人呢！”

我还没有回答完，内心便已开始感到舒畅和喜悦了，那是一种前所未有的奇怪的自由感和胜利感，无形的束缚似乎已被冲破，我争得了始料未及的自由，这种情感不是无故泛起的，因为里德太太看来慌了神，活儿从她的膝头滑落，她举起双手，身子前后摇晃着，甚至连脸也扭曲了，她仿佛要哭出来了。

1. 从文中找出简·爱恨里德太太原因的句子。

2. 里德太太是简·爱的舅妈，简·爱这样说她是否有些不敬？

3. 文中写简·爱小时候的痛苦经历对整部作品有何作用？

【情节三】

“小姐，请允许我说上片刻——你该清楚，我培养这些姑娘，不是打算让她们养成娇奢纵欲的习惯，而是使她们刻苦耐劳，善于忍耐，严于克己，要是偶尔有不合胃口的小事发生，譬如一顿饭烧坏了，一个菜作料加少了或者加多了，不应当用更可口的东西代替失去的享乐，来加以补救。那样只会娇纵肉体，偏离这所学校的办学目的。这件事应当用来在精神上开导学生，鼓励她们在暂时困难情况下，发扬坚韧不拔的精神。在这种场合，该不失时宜地发表一个简短的讲话。一位有识见的导师会抓住机会，说一下早期基督徒所受的苦难；说一下殉道者经受的折磨；说一下我们神圣的基督本人的规劝，召唤使徒们背起十字架跟他走；说一下他给予的警告：人活着不是单靠食物，乃是靠上帝口里所说出的一切话；说一下他神圣的安慰，‘饥渴慕义的人有福了。’啊，小姐，当你不是把烧焦的粥，而是把面包和奶酪放进孩子们嘴里的时候，你也许是在喂她们邪恶的肉体，而你却没有想到，你在使她们不朽的灵魂挨饿！”

……

“小姐，”他进而说，“我要为主效劳，他的王国并不是这个世界。我的使命是节制这些姑娘的肉欲，教导她们衣着要谦卑克制，不梳辫子，不穿贵重衣服。而我们面前的每个年轻人，出于虚荣都把一束束头发编成了辫子。我再说一遍，这些头发必须剪掉，想一想为此而浪费的时间，想……”

勃洛克赫斯特先生说到这儿被打断了。另外三位来访者，都是女的，此刻进了房间。他们来得再早一点就好了，赶得上聆听他关于服饰的高论。她们穿着华丽，一身丝绒、绸缎和毛皮。三位中的两位年轻的（十六、七岁的漂亮姑娘）戴着当时十分时髦的灰色水獭皮帽，上面插着鸵鸟毛，在雅致的头饰边沿下，是一团浓密的卷发，烫得十分精致。那位年长一些的女人，裹着一条装饰着貂皮的贵重丝绒披巾，额前披着法国式的假卷发。

这几位太太小姐，一位是勃洛克赫斯特太太，还有两位是勃洛克赫斯特小姐。……

1. 选文中写了勃洛克赫斯特先生造访罗沃德学校的哪两件事？

2. 作者为何要细致描写“另外三位女来访者”精致的发饰和华丽的衣着？

3. 请结合选段分析勃洛克赫斯特的性格特点。

【情节四】

我默不做声。海伦已经使我平静下来了，但在她所传递的宁静里，混杂着一种难以言传的悲哀。她说话时我感受到了这种悲哀，但不知道它从何而来。话一讲完，她开始有点气急，短短地咳了几声，我立刻忘掉了自己的苦恼，隐隐约约地为她担起心来。

我把头靠在海伦的肩上，双手抱住了她的腰，她紧紧搂住我，两人默默地偎依着。我们没坐多久，另外一个人进来了。这时，一阵刚起的风，吹开了沉重的云块，露出了月亮，月光泻进近旁的窗户，清晰地照亮了我们两人和那个走近的身影，我们立刻认出来，那是谭波尔小姐。

“我是特地来找你的，简·爱，”她说，“我要你到我房间里去，既然海伦·彭斯也在，那她也一起来吧。”我们穿过了楼梯，来到她的寓所。房间里炉火正旺，显得很惬意。谭波尔小姐叫海伦·彭斯坐在火炉一边的低靠手椅里，她自己在另一条靠手椅上坐下，把我叫到她身边。

“全都过去了吗？”她俯身瞧着我的脸问，“把伤心都哭光了？”

“恐怕我永远做不到。”

“为什么？”

“因为我被冤枉了，小姐，你，还有所有其他人，都会认为我很坏。”

“孩子，我们会根据你的表现来看待你的。继续做个好姑娘，你会使我满意的。”

“我会吗，谭波尔小姐？”

“你会的，”她说着用胳膊搂住我，“现在你告诉我，被勃洛克赫斯特称为你的恩人的那位太太是谁。”

“里德太太，我舅舅的妻子。我舅舅去世了，他把我交给她照顾。”

“那她不是自己主动要抚养你了？”

“不是，小姐。她感到很遗憾，不得不抚养我。但我常听仆人们说，我舅舅临终前要她答应，永远抚养我。”

“好吧，简，你知道，或者至少我要让你知道，罪犯在被起诉时，往往允许为自己辩护。你被指责为说谎，那你就在我面前尽力为自己辩护吧，凡是你记得的事实你都说，可别加油添醋，夸大其词。”

我暗下决心，要把话说得恰如其分，准确无误。我思考了几分钟，把该说的话理出了个头绪，便一五一十地向她诉说了我悲苦的童年。我已激动得筋疲力尽，所以谈到这个伤心的话题时，说话比平时要克制。我还记住了海伦的告诫，不一味沉溺于怨词，叙述时所掺杂的刻薄与恼恨比往日少得多，而且态度收敛，内容简明，听来更加可信。我觉得，我往下说时，谭波尔小姐完全相信我的话。

我在叙述自己的经历时，还提到了劳埃德先生，说他在我昏厥后来看过我。我永远忘不了可怕的红房子事件，在详细诉说时，我的情绪有点失态，因为当里德太太断然拒绝我发疯似的求饶，把我第二次关进黑洞洞闹鬼的房子时，那种阵阵揪心的痛苦，在记忆中是什么也抚慰不了的。

我讲完了。谭波尔小姐默默地看了我几分钟，随后说：

"给你看病的劳埃德先生我有些认识，我会写信给他的。要是他的答复同你说的相符，我们会公开澄清对你的诋毁。对我来说，简，现在你已经清白了。"

她吻了吻我，仍旧让我待在她身边。（我很乐意站在那里，因为我端详着她的面容、她的装束、她的一、二件饰品、她那白皙的额头、她那一团团闪光的卷发和乌黑发亮的眼睛时，得到了一种孩子般的喜悦）

1. 请以简·爱的口吻概括选段的情节。

2. 说说文中两处画线句的作用。

3. 结合选文谈谈你对谭波尔小姐这一人物形象的理解。

【情节五】

这份文件在我抽屉里整整锁了一天。用完茶点以后，我向新来的校长请假去洛顿，为自己也为一两位共事的老师办些小事。她欣然允诺，于是我便去了。一共有两英里步行路程，傍晚还下着雨，好在白昼依然很长。我逛了一两家商店，把信塞进邮局，冒着大雨回来，外衣都淌着水，但心里如释重负。

1. 这份文件是关于什么内容的？简·爱想获得一份怎样的工作？

2. 简·爱为什么要离开罗沃德学校？

3. 如何理解文中所说的"如释重负"？

【情节六】

“我能帮忙吗?”我又问。

“你得站到一边来,”他边回答边站起来。先是成跪姿,然后站立起来,我照他的话做了。于是出现了一个人喘马嘶、脚步杂踏和马蹄冲击的场面,伴之以狗的狂吠,结果把我撵到了几码远之外,但还不至于远到看不见这件事情的结局。最后总算万幸,这匹马重新站立起来了,那条狗也在叫了一声“躺下,派洛特!”后便乖乖地不吱声了。此刻这位赶路人弯下身子摸了摸自己的脚和腿,仿佛在试验一下它们是否安然无恙。显然他什么部位有些疼痛,因为他蹒跚地踱向我刚才起身离开的台阶,一屁股坐了下来。

我心里很想帮忙,或者我想至少是爱管闲事,这时我再次走近了他。

“要是你伤着了,需要帮忙,先生,我可以去叫人,到桑菲尔德,或者海村。”

“谢谢你,我能行,骨头没有跌断,只不过扭坏了脚。”他再次站起来,试了试脚,可是结果却不由自主地叫了声“唉!”

白昼的余光迟迟没有离去,月亮越来越大,也越来越亮,这时我能将他看得清楚了。他身上裹着骑手披风,戴着皮毛领,系着钢扣子。他的脸部看不大清楚,但我捉摸得出,他大体中等身材,胸膛很宽。他的脸庞黝黑,面容严厉,眉毛浓密;他的眼睛和紧锁的双眉看上去刚才遭到了挫折、并且愤怒过。他青春已逝,但未届中年。大约三十五岁,我觉得自己并不怕他,但有点儿腼腆。要是他是位漂亮英俊的年轻绅士,我也许不会如此大胆地站着,违背他心愿提出问题,而且不等他开口就表示愿意帮忙,我几乎没有看到过一位漂亮的青年,平生也从未同一位漂亮青年说过话,我在理论上尊崇美丽、高雅、勇敢和魅力,但如果我见到这些品质体现在男性的躯体中,那我会本能地明白,这些东西没有,也不可能与我的品质共鸣,那我也会像人们躲避火灾、闪电或者别的虽然明亮却令人厌恶的东西一样,对它们避之不迭。

如果这位陌生人在我同他说话时微笑一下,并且对我和和气气;如果他愉快地谢绝我的帮助,并表示感谢,我准会继续赶路,不会感到有任何职责去重新向他发问。但是这位赶路人的皱眉和粗犷,却使我坦然自若,因此当他挥手叫我走的时候,我仍然坚守阵地,并且宣布:

“先生,没有看到你能够骑上马,我是不能让你留在这条偏僻小路上的,天已经这么晚了。”

我说这话的时候,他看着我,而在这之前,他几乎没有朝我的方向看过。

1. 摔倒的这个人是谁?“他”是因为什么而摔倒?

2. 选文对“他”进行了怎样的描写?表现了他的什么特点?

3. 从文中简·爱的表现上,可以看出她是一个什么样的人?

4. 为什么简·爱说这话的时候，“他”注视着简·爱，而在这之前，“他”几乎没能向简·爱的位置看过？

【情节七】

“你要别一个胸针，”菲尔费克斯太太说。我只有一件单粒小珍珠的饰物，是谭波尔小姐作为临别纪念品送给我的。我把它别好，我们就下楼。我一向不习惯于见生人，这样一本正经地被召到罗切斯特先生面前，简直是受罪。我让菲尔费克斯太太先走进饭厅，我待在她的影子里穿过那间屋子；走过现在帷幔已经放下的拱门，进入雅致幽静的套间。

桌子上放着两支点燃着的蜡烛，壁炉架上也有两支。派洛特躺在熊熊炉火的光和热中取暖，阿黛勒跪在它旁边。罗切斯特先生半靠在卧榻上，一只脚用靠垫垫着，他正看着阿黛勒和狗；炉火照亮了他的脸。两道粗粗的浓眉，方方的额头，乌黑的头发横梳着，使额头显得更方，我一看就知道是我碰到的那个旅客。我认得出他那显得坚毅的鼻子，它与其说是因为美还不如说是因为性格而引人注目；认得出他那大大的鼻孔，我想那样的鼻孔是表示他容易发怒；认得出他那严厉的嘴、下巴和下颚——对，这三样都很严厉，没错。他现在已经脱掉了披风，我觉得他的体形四四方方的和他的容貌很相称。我想这就是体育术语中说的好身材吧——宽胸细腰，虽然不高也不优美。

菲尔费克斯太太和我进去，罗切斯特先生一定已经觉察到了，可是他似乎不想注意我们；因为我们走近他的时候，他头都没有抬起来过。

1. 选文中的“我”指谁？她的身份如何？

2. 选文对罗切斯特主要进行了哪些方面的描写？突出其怎样的性格特征？

3. 怎样理解文中画线句子的含义？

【情节八】

夜幕降落，阿黛勒离开我到婴儿室去和索菲玩，这时候我非常迫切地希望看到他。我听着下面是不是有铃声；听着莉亚是不是上楼来送口信；我有时候想象听到了罗切斯特先生自己的脚步声，便转过身去向着门，指望门会打开让他进来。门依旧关着，只有黑暗从窗口进来。时间并不算晚，他经常七八点钟派人来把我叫去，这时候还不过六点。我今晚肯定不会完全失望，我有那么多事情要说给他听！我要再提起格莱思·普尔这个话题，听听他会怎么回答；我要直截了当地问，他是否真的相信，昨天夜里那可怕的尝试，是她干的；如果是的，他干嘛要为她的恶劣行径保守秘密。至于我的好奇心会不会激怒他，那倒没什么关系；我懂得一会儿惹恼他一会儿安慰他的乐趣；这是最使我高兴的，而且我总是有一种可靠的本能来阻止我做得过分；我从来没敢越过激怒的界限。在最远的边缘我很喜欢试试我的技巧。我可以既保持表示尊重的每一个细小的礼节，保持我的身份所应有的每一种礼貌，又在辩论上对付他，而不感到担心，也不感到不安的约束；这对他对我都合适。

最后，脚步声终于在楼梯上叽叽嘎嘎地响了起来。莉亚出现了；不过只是来通知我，茶点已经在菲尔费克斯太太房间里预备好了。于是我就下去。我感到高兴，至少我是到了楼下了；因为我以为这使我更靠近罗切斯特先生了。

1. 格莱思·普尔是谁？文中所说的“保守秘密”是指什么？

2. 选文中说的最使简·爱高兴的事是什么？

3. 选文突出表现了简·爱怎样的内心想法？

【情节九】

“现在是我溜走的时候了，”我想，但是划破长空的歌声叫我留下了。菲尔费克斯太太曾经说过，罗切斯特先生有一副好嗓子。他的嗓子的确很好，是圆润浑厚的男低音，再加上他自己的感情、他自己的力量，会通过人们的耳朵进入人们的心灵，神奇地在那儿唤醒人们的激情。我一直等到最后一个深沉而强烈的颤音消失，一直等到稍停了片刻的谈话浪潮又一次涌现，才离开我的掩蔽角落，从而就在附近的边门出去了。这儿有一条狭窄的过道通向大厅，我穿过过道的时候，看到我的鞋带松了，便停下来，跪在楼梯脚下的地席上系紧它。我听到餐厅的门开了；一个绅士走了出来；我赶快起来，我和他面对面地站着，是罗切斯特先生。

“你好？”他问道。

“很好，先生。”

“在房间里你干吗不过来和我谈话。”

我想我倒是应该拿这个问题反问一下问这个问题的人，但是我不愿这样放肆，于是答道：

“你似乎很忙，先生，我不想来打扰你。”

“我走以后你干了些什么？”

“没干什么特别的事，像往常一样教阿黛勒功课。”

“你比以前苍白多了——我第一眼就看出来。怎么回事？”

“一点也没什么，先生。”

“你在差点淹死我的那个晚上受凉了吗?”

“丝毫没有。”

“回到休憩室去，你走得太早了。”

“我累了，先生。”

他盯住我看了一分钟。

“还有点抑郁，”他说。“怎么了？告诉我。”

“没什么——没什么，先生。我并不抑郁。”

“但是我能肯定你是的，那么抑郁，再说几句话就会把你引哭了——可不是，眼泪已经在眼眶里闪动，有一颗泪珠已经滚出睫毛，掉在石板上了。如果我有时间，并且不是害怕路过的仆人的讨厌的瞎唠叨，我一定要知道这是怎么回事。好吧，今晚我让你走，但是，你要知道，只要我的客人们待在这儿，我就希望你每天晚上都到休憩室里去；这是我的愿望，千万别忽视。现在走吧，叫索菲来领阿黛勒。晚安，我的——”他停住口，咬紧嘴唇，猝然离去。

1. 罗切斯特在庄园举行聚会，简·爱被召进客厅，却受到布兰奇母女的冷遇，她忍受屈辱，正要离开客厅，却被罗切斯特的歌声吸引。文中哪些语句描绘了罗切斯特歌声的魅力?

2. 简·爱刚从客厅走出来，罗切斯特就走出来站到她对面。从罗切斯特的连续询问中，体现出他对简·爱非常关心，请举例说明这一点。

3. 请赏析选文结尾画线句子的表达效果。

【情节十】

在这样的情况下，虽然有许多令人失望的东西，却没有一样东西能冷却或消除爱情。如果像我这样地位的女人会敢于嫉妒英格拉姆小姐那样地位的女人的话，读者，你也许会认为，有许多东西会引起嫉妒吧。但是，我并不嫉妒，或者说很少嫉妒；我所受的痛苦不能用这个字眼来解释。英格拉姆小姐不是一个值得嫉妒的对象，她不配使人产生那种感觉。原谅我这种看来自相矛盾的话，我是这样认为的。她很喜欢卖弄，可是她没有真才实学；她长得挺美，也有很多出色的技艺，但她的见解浅薄，她的心灵天生贫瘠，在这样的土地上是不会自动开出花朵的，没有经过强迫的天然果实是不会喜欢这种新鲜土地的。她并不善良，也没有独特的见解，她常常背诵那些书本上的夸张的词句，却从来没有讲过、也不曾有过自己的意见。她鼓吹高尚的情操，却不能理解同情与怜悯之情，而且也没有温柔和真诚。她对小阿黛勒怀着一种恶意的憎恨，在不合适地发泄出来的时候，就常常显露出那种性格。如果阿黛勒偶尔走近她，她会用恶毒的话骂她，把她推开，有时候还把她赶出房间，并且总是冷淡而狠毒地对待她。除了我以外，还有一双眼睛注视着这些性格的显露——密切、锐利、机敏地注视着。是的，未来的新郎罗切斯特先生自己也在不停地观察着他的未婚妻，正是由于他的明智，他的谨慎，正是由于他能完全和清楚地看到他那美丽的爱人的缺点，并且明显地对她缺少爱情，我才感到无穷无尽的痛苦。

1. “虽然有许多令人失望的东西，却没有一样东西能冷却或消除爱情。”句中的“许多令人失望的东西”指什么而言？“没有一样东西能冷却或消除爱情”说明了什么？

2. 简·爱误以为贵族小姐英格拉姆是罗切斯特的未婚妻，但她“并不嫉妒，或者说很少嫉妒”的原因有哪些？

3. 按理来说简·爱发现“罗切斯特明智，谨慎，能完全和清楚地看到英格拉姆小姐的缺点，并且明显地对英格拉姆缺少爱情”，她应该庆幸，可为什么会“感到无穷无尽的痛苦”呢？

【情节十一】

罗切斯特先生正站在我身旁。他拉住了我的手，仿佛要领我坐到一条椅子上。我一说出口，他便一阵痉挛，紧紧抓住我的手，嘴上的笑容冻结了，显然一阵抽搐使他透不过气来。

“梅森！——西印度群岛！”他说，那口气使人想起一架自动说话机，吐着单个词汇：“梅森！——西印度群岛！”他念念有词，把那几个字重复了三遍，说话的间隙，脸色白加死灰，几乎不知道自己在干什么。

“你不舒服，先生？”我问。

“简，我受了打击，——我受了打击，简！”他身子摇摇晃晃。

“呵！——靠在我身上，先生。”

“简，你的肩膀曾支撑过我，现在再支撑一回吧。”

“好的，先生，好的，还有我的胳膊。”

他坐了下来，让我坐在他旁边，用双手握住我的手，搓了起来，同时黯然神伤地凝视着我。

“我的小朋友，”他说，“我真希望待在一个平静的小岛上，只有你我在一起，烦恼、危险、讨厌的往事都离我们远远的。”

“我能帮助你吗，先生？——我愿献出生命，为你效劳。”

“简，要是我需要援手，我会找你帮忙，我答应你。”

“谢谢你，先生。告诉我该干什么——至少我会尽力的。”

“简，替我从餐室里拿杯酒来，他们会都在那里吃晚饭，告诉我梅森是不是同他们在一起，他在干什么？”

1. 选文中的画线句运用了哪些描写方法来刻画罗切斯特先生？用一个词概括出此时他的心情。

2. 联系全文，说说选文中的“烦恼、危险、讨厌的往事”指什么。

3. 罗切斯特为什么在知道梅森到来后受到打击，并且关注梅森的一举一动？

【情节十二】

那张熟悉的脸就在那儿，像以前一样严酷无情——还有那任何东西都不能软化的特别的眼睛，以及微微抬起的专横暴虐的眉毛。那张脸曾经多少次向我投来恐吓和仇恨！如今我看着它那严厉的轮廓，童年时代的恐怖和悲伤的回忆是怎样地涌上了心头啊！然而，我还是弯下身子吻了她，她看着我。

“是简·爱吗？”她问。

“是的，里德舅妈，你好吗，亲爱的舅妈？”

我曾经起誓再也不叫她舅妈，我认为现在忘记和违反这个誓言并不是罪过。我的手指紧紧地握住她那只放在被单外面的手。如果她慈爱地握住我的手，那时我会体验到一种真正的愉快。但是不易感动的本性不是那么一下子就能变得柔和的，天生的反感也不是立即能消除的。里德太太把手移开，把脸从我这儿转过去，她说夜晚是暖和的。她又一次这样冷冰冰地对待我，我马上觉察到她对我的看法——她对我的感情——并没有改变，而且是不可能改变的。她那石头般冷酷的眼睛，温柔不能使它感动，眼泪不能使它溶解。从她的眼睛中我看出她决心到最后一刻都还认定我是坏的；因为如果承认我是好的，那么给她带来的将不是宽厚的快乐，而只是一种屈辱的感觉。

1. 请概括选文内容。

2. 选文中哪些文字能看出简·爱原谅了里德舅妈？

3. 选文主要用了哪种写作手法，有什么作用？

【情节十三】

悲与爱在我内心所煽起的强烈情绪，正占上风，并竭力要支配一切，压倒一切，战胜一切，要求生存、扩展和最终主宰一切，不错——还要求吐露出来。

“离开桑菲尔德我很伤心，我爱桑菲尔德——我爱它是因为我在这里过着充实而愉快的生活——至少有一段时间，我没有遭人践踏，也没有弄得古板僵化，没有混迹于志向低下的人之中，也没有被排斥在同光明、健康、高尚的心灵交往的一切机会之外。我已面对面同我所敬重的人、同我所喜欢的人，——同一个独特、活跃、博大的心灵交谈过。我已经熟悉你，罗切斯特先生，硬要让我永远同你分开，使我感到恐惧和痛苦。我看到非分别不可，就像看到非死不可一样。”

1. 选段作者是________（国籍）的作家________。
2. 从小说情节看，主人公为什么产生“非走不可”的念头？

3. 从这一情节可以看出，主人公是个怎样的人？

【情节十四】

“我告诉你我非走不可！”我回驳着，感情很有些冲动。“你难道认为，我会留下来甘愿做一个对你来说无足轻重的人？你以为我是一架机器？——一架没有感情的机器？能够容忍别人把一口面包从我嘴里抢走，把一滴生命之水从我杯子里泼掉？难道就因为我一贫如洗、默默无闻、长相平庸、个子瘦小，就没有灵魂，没有心肠了？——你不是想错了吗？——我的心灵跟你一样丰富，我的心胸跟你一样充实！要是上帝赐予我一点姿色和充足的财富，我会使你同我现在一样难分难舍，我不是根据习俗、常规，甚至也不是血肉之躯同你说话，而是我的灵魂同你的灵魂在对话，就仿佛我们两人穿过坟墓，站在上帝脚下，彼此平等——本来就如此！”

1. 选段内容是________（人名）与________（人名）对话中精彩的一部分，出自经典名著《____________》，作者是________________。
2. 你能从选段中读出主人公拥有怎样的追求？

3. 结合选段分析主人公的性格特点。

【情节十五】

我心灵的回答——“立即离开桑菲尔德”——是那么及时，又那么可怕，我立即捂住了耳朵。我说，这些话我现在可受不了。“我不当爱德华·罗切斯特先生的新娘，是我痛苦中最小的一部份，”我断言，“我从一场美梦中醒来，发现全是竹篮打水一场空，这种恐惧我既能忍受，也能克服。不过要我义无反顾地马上离他而去却让我受不了，我不能这么做。”

但是，我内心的另一个声音却认为我能这样做，而且预言我应当这么做。我斟酌着这个决定，希望自己软弱些，以躲避已经为我铺下的可怕的痛苦道路。而良心已变成暴君，抓住激情的喉咙，嘲弄地告诉她，她那美丽的脚已经陷入了泥沼，还发誓要用铁臂把她推入深不可测的痛苦深渊。

“那么把我拉走吧！”我嚷道，“让别人来帮助我！”

“不，你得自己挣脱，没有人帮助你。你自己得剜出你的右眼；砍下你的右手，把你的心作为祭品而且要由你这位祭司把它刺穿。”

我蓦地站了起来，被如此无情的法官所铸就的孤独，被充斥着如此可怕声音的寂静吓坏了。我站直时只觉得脑袋发晕。我明白自己由于激动和缺乏营养而感到不舒服。那天我没有吃早饭，肉和饮料都没有进过嘴。带着一种莫名的痛苦，我忽然回想起来，尽管我已在这里关了很久，但没有人带口信来问问我怎么样了，或者邀请我下楼去，甚至连阿黛勒也没有来敲我的门，费尔法克斯太太也没有来找我。“朋友们总是忘记那些被命运所抛弃的人，”我咕哝着，一面拉开门闩，走了出去。我在一个什么东西上绊了一下。因为我依然头脑发晕，视觉模糊，四肢无力，所以无法立刻控制住自己。我跌倒了，但没有倒在地上，一只伸出的手抓住了我。我抬起头来。——罗切斯特先生扶着我，他坐在我房门口的一把椅子上。

1. 简·爱为什么要离开桑菲尔德？

2. 你怎样理解简·爱内心的两种声音？

3. “不，你得自己挣脱，没有人帮助你。你自己得剜出你的右眼；砍下你的右手，把你的心作为祭品而且要由你这位祭司把它刺穿。”这段话表现了简·爱怎样的性格特点？

【情节十六】

天快黑的时候，我走过一家农户。农夫坐在敞开着的门口，正用面包和奶酪作晚餐。我站住说：“能给我一片面包吗？因为我实在饿得慌。”他惊异地看了我一眼，但二话没说，便切了一厚片面包给我。我估计他并不认为我是个乞丐，而只是一位怪僻的贵妇，看中了他的黑面包了。我一走到望不见他屋子的地方，便坐下吃了起来。

既然我无法期望在屋檐下借宿，那就让我到前面提到的林子里去过夜吧。但是那晚很糟糕，休息断断续续，地面很潮湿，空气十分寒冷，此外，不止一次地有外人路过，弄得我一次次换地方，没有安全感，也得不到清静。临近早晨天下雨了，第二天下了一整天。

读者呀，别要我把那天的情况说个仔细。我像以前一样寻找工作，像以前一样遭到拒绝，像以前一样挨饿。不过有一回食物倒是进了嘴。在一间小茅屋门口，我看见一个小女孩正要把糊糟糟的冷粥倒进猪槽里。

“可以把它给我吗?”我问。她瞪着我。“妈妈!”她嚷道，“有个女的要我把粥给她。”“行呵，孩子，”里边的一个声音回答，“要是她是个乞丐，那就给了她吧，猪也不会要吃的。”这女孩把结了块的粥倒在我手上，我狼吞虎咽地吃掉了。

1. 是什么原因造成简·爱乞讨的?

2. 简·爱乞讨的行为是否有损于她的形象?

3. 简·爱乞讨后被谁搭救?

【情节十七】

这会儿正是傍晚时分，我独自坐在火炉旁。今天早上，村校开学了。我有二十个学生，但只有三个能读，没有人会写会算，有几个能编织，少数几个会一点缝纫，她们说起话来地方口音很重。眼下我和她们彼此难以听懂对方的语言。其中有几个没有礼貌，十分粗野，难以驾驭，同时又很无知。但其余的却容易管教，愿意学习，显露出一种令人愉快的气质。我决不能忘记，这些衣衫粗陋的小农民，像最高贵血统的后裔一样有血有肉的；跟出身最好的人一样，天生的美德、雅致，智慧、善良的情感，都可能在她们的心田里发芽，我的职责是帮助这些萌芽成长，当然在尽责时我能获得某种愉快。但我并不期望从展现在我面前的生活中尝到多大乐趣。不过无疑我要调节自己的心态，尽力去做，它也会给我以足够的酬报，让我一天天生活下去。

今天上午和下午我在那四壁空空、简陋不堪的教室里度过的几小时，难道自己就快乐、安心、知足吗，为了不自欺欺人，我得回答——没有。我觉得有些孤寂，我感到——是呀，自己真愚蠢——我感到有失身份。我怀疑我所跨出的一步不是提高而是降低了自己的社会地位。我对周围见到和听到的无知、贫穷和粗俗略微有点失望。但别让我因为这些情感而痛恨和蔑视自己。我知道这些情感是不对的——这是一大进步。我要努力驱除这些情感。我相信明天我将部分地战胜它们；几周之后或许完全征服它们；几个月后，我会高兴地看到进步，看到学生们大有进展，于是满意就会取代厌恶了。

1. 简·爱已经接受了罗切斯特的爱并同意与他结婚，却为什么要来到这个村校当老师?

2. “我”在这里作老师的职责是什么?

3. 这里的学情如何？“我”对此有怎样的内心感受？

【情节十八】

我继续为积极办好乡村学校尽心尽力。起初确实困难重重。尽管我使出浑身解数，还是过了一段时间才了解我的学生和她们的天性。她们完全没有受过教育，官能都很迟钝，使我觉得这些人笨得无可救药。粗粗一看，个个都是呆头呆脑的，但不久我便发现自己错了。就像受过教育的人之间是有区别的一样，她们之间也有区别。我了解她们，她们也了解我之后，这种区别很快便不知不觉地扩大了。一旦她们对我的语言、习惯和生活方式不再感到惊讶，我便发现一些神态呆滞、目光迟钝的乡巴佬，蜕变成了头脑机灵的姑娘。很多人亲切可爱很有礼貌。我发现她们中间不少人天性就懂礼貌，自尊自爱，很有能力，赢得了我的好感和敬佩。这些人不久便很乐意把工作做好，保持自身整洁，按时做功课，养成斯斯文文有条有理的习惯。在某些方面，她们进步之快甚至令人吃惊，我真诚愉快地为此感到骄傲。另外，我本人也开始喜欢上几位最好的姑娘，她们也喜欢我。学生中有几个农夫的女儿，差不多已经长成了少女。她们已经会读，会写，会缝，于是我就教她们语法、地理和历史的基本知识，以及更精细的针线活。我还在她们中间发现了几位可贵的人物——这些人渴求知识，希望上进——我在她们家里一起度过了不少愉快的夜晚。而她们的父母（农夫和妻子）对我很殷勤。我乐于接受他们纯朴的善意，并以尊重他们的情感来做为回报——对此他们不一定会随时都感到习惯，但这既让她们着迷，也对他们有益，因为他们眼看自己提高了地位，并渴望无愧于所受到的厚待。

我觉得自己成了附近地区的宠儿。无论什么时候出门，我都会处处听到亲切的招呼，受到满脸笑容的欢迎。生活在众人的关心之下，即便是劳动者的关心，也如同“坐在阳光下，既宁静又舒心”。内心的恬静感觉开始萌芽，并在阳光下开放出花朵。在这段时间的生活中，我的心常常涌起感激之情，而没有颓唐沮丧。

1. 正如“我”所期待的那样，一段时间之后，学生有了哪些变化？

2. 读选文中的画线句子，结合你在学校的学习体会，说说老师为什么要经过一段时间才能了解学生呢？

3. 阅读选文，说说“在这段时间的生活中，我的心常常涌起感激之情，而没有颓唐沮丧”的原因是什么。

【情节十九】

（甲）“我第一眼看到的应是府第的正面，”我心里很有把握，“那里雄伟醒目的城垛会立刻扑入眼帘；那里我能认出我主人的那扇窗子，也许他会伫立窗前——他起得很早。也许他这会儿正漫步在果园里，或者前面铺筑过的路上。要是我能见见他该多好！——就是一会儿也好！当然要是那样，我总不该发狂到向他直冲过去吧？我说不上来——我不敢肯定。要是我冲上去了——那又怎么样？上帝祝福他！那又怎么样？让我回味一下他的目光所给予我的生命，又会伤害了谁呢？——我在呓语。也许此刻他在比利牛斯山或者南部风平浪静的海面上观赏着日出呢。”

（乙）我带着怯生生的喜悦朝堂皇的府第看去，我看到了一片焦黑的废墟。

没有必要躲在门柱后面畏缩不前了，真的！——没有必要偷偷地眺望房间的格子窗，而担心窗后已有动静！没有必要倾听打开房门的声音——没有必要想象铺筑过的路和砂石小径上的脚步声了，草地、庭院已踏得稀烂，一片荒芜。入口的门空张着。府第的正门像我一次梦中所见的那样，剩下了贝壳似的一堵墙，高高耸立，却岌岌可危，布满了没有玻璃的窗孔。没有屋顶，没有城垛，没有烟囱——全都倒塌了。

这里笼罩着死一般的沉寂和旷野的凄凉。怪不得给这儿的人写信，仿佛是送信给教堂过道上的墓穴，从来得不到答复。黑森森的石头诉说着府宅遭了什么厄运——火灾？但又是怎么烧起来的呢？这场灾难的经过如何？除了灰浆、大理石和木制品，还有什么其他损失呢，生命是不是像财产一样遭到了毁灭？如果是，谁丧失了生命？这个可怕的问题，眼前没有谁来回答——甚至连默默的迹象、无言的标记都无法回答。

1. 甲段主要运用了什么描写手法？表现了“我”怎样的感情？

2. 是什么促使简·爱又重新踏上去桑菲尔德的路？同时她在圣·约翰和罗切斯特之间做了怎样的选择，为什么？

3. “我”原以为会看到一座宏伟的宅子，但却看到了一片焦黑的废墟，它遭受了什么灾难？这场灾难是如何发生的？罗切斯特遭遇如何？

【情节二十】

第二天一早，我听见他起来走动了，从一个房间摸到另一个房间。玛丽一下楼，我就听见他问：“爱小姐在这儿吗？”接着又问：“你把她安排在哪一间？里面干燥吗？她起来了吗？去问问是不是需要什么，什么时候下来？”

我一想到还有一顿早餐，便下楼去了。我轻手轻脚进了房间，他还没有发现我，我就已瞧见他了。说实在的，目睹那么生龙活虎的人沦为一个恹恹的弱者，真让人心酸。他坐在椅子上——虽然一动不动，却并不安分，显然在企盼着。如今，习惯性的愁容，已镌刻在他富有特色的脸庞上。他的面容令人想起一盏熄灭了的灯，等待着再度点亮——唉！现在他自己已无力恢复生气勃勃、光彩照人的表情了，不得不依赖他人来完成。我本想显得高高兴兴、无忧无虑，但是这个强者那么无能为力的样子，使我心碎了。不过我还是尽可能轻松愉快地跟他打了招呼：

“是个明亮晴朗的早晨呢，先生，”我说。“雨过天晴，你很快可以去走走了。”

我已唤醒了那道亮光，他顿时容光焕发了。

“呵，你真的还在，我的云雀！上我这儿来。你没有走，没有飞得无影无踪呀？一小时之前，我听见你的一个同类在高高的树林里歌唱，可是对我来说，它的歌声没有音乐，就像初升的太阳没有光芒。凡我能听到的世间美妙的音乐，都集中在简的舌头上，凡我能感受到的阳光，都全聚在她身上。”

听完他表示对别人的依赖，我不禁热泪盈眶。他仿佛是被链条锁在栖木上的一头巨鹰，竟不得不企求一只麻雀为它觅食。不过，我不喜欢哭哭啼啼，抹掉带咸味的水珠，便忙着去准备早餐了。

1. 从人物描写的角度对下列文字进行赏析。

   我就听见他问：“爱小姐在这儿吗？”接着又问：“你把她安排在哪一间？里面干燥吗？她起来了吗？去问问是不是需要什么，什么时候下来？”

2. 简·爱下楼时，看到了一个怎样的罗切斯特？什么触动了她的心？

3. 听到罗切斯特坦率承认依赖自己，泪水涌上了简·爱的眼睛，于是这只可爱的麻雀开始为“锁在栖木上的雄鹰”觅食，结合下文谈一谈，他们最终的结局如何？

经典演练参考答案

朝花夕拾

一、填空题

1.《从百草园到三味书屋》《阿长与〈山海经〉》

2. 散文　鲁迅　思想家　革命家

3.《天演论》　4. 鉴略　5. 百草园

6. 子路负米、郭巨埋儿、老莱娱亲

7. 三　8. 活无常　9. 江南水师学堂

10.《琐记》　11. 乌烟瘴气　12. 强烈欲望

13. 生活片段　14. 弃医从文

15. “卧冰求鲤”“老莱娱亲”“郭巨埋儿”

16. 迎神赛会　17.《藤野先生》

18. “子路负米”，“黄香扇枕”，“陆绩怀橘”“哭竹生笋”“卧水求鲤”

19. 封建孝道　20.《琐记》

21.《无常》　《五猖会》

22. 新学堂与旧学堂

23. 无常　24. 藤野先生　25. 范爱农

二、简答题

1. 爱憎分明，为人正直

2. 猫偷鱼肉，深夜在树上大叫

3. 治学严谨，认真负责，不拘小节，没有民族歧视，关爱年轻人，为人正直的人。

4. 父亲对儿童心理的无知和隔膜。

三、重点情节阅读

【情节一】

1. 借动物讽刺了人的虚伪做作。

2. 目的是在与“虫蛆和鸷禽猛兽”作对比，将“正人君子们”虚伪、丑恶的灵魂暴露在光天化日之下。

3. 作者是对“正人君子们”辛辣的嘲骂，表现了作者强烈的愤慨之情。

【情节二】

1. 是指那隐鼠其实并非被猫所害，是它缘着长妈妈的腿要爬上去，被她一脚踏死了。

2. 猫的偷鱼肉，拖小鸡，深夜大叫。

3. 对猫“尽情折磨”弱者、“到处嗥叫”、时而“一副媚态”等特性的憎恶；追忆童年时救养的一只可爱的隐鼠遭到摧残的经历和感慨，表现了对弱小者的同情和对暴虐者的憎恨。

【情节三】

1. 使诈失真，不合儿童心理。

2.《太平御览》版本在前，扮孩子哭是机智之举，显得自然；日本人版本在后，将婴儿啼变成了故意行为，还增加了穿彩衣做儿戏的情节，认为夸张，显得牵强。

3. 这种变化说明了封建孝道宣传者为强化封建孝道宣传而进行失真夸张，效果适得其反。（或这种变化说明了封建孝道宣传者将“肉麻当作有趣”一般，以不情为伦纪，诬蔑了古人，教坏了后人。

【情节四】

1. 家贫无法供养母亲，儿子还要分去母亲的粮食。

2. 小时家穷，“我”怕父亲要做孝子而把“我”埋掉。表达了对封建孝道的批判和讽刺。

3. 示例：（1）为孝母亲，却埋儿子，郭巨即便孝心可嘉，也是做法残忍；（2）让母亲痛失爱孙，让妻子痛失爱子：既不孝，也不慈；（3）虎毒尚不食子，郭巨竟可埋儿！上天安可怜此恶贼，此事置于当今，既不合情理，也触犯刑律，郭巨其人，当受严惩！（4）荒诞的结尾，显然是迷信思想结合愚民政策的畸形产物。

【情节五】

1. 高兴地“笑着”“跳着”“催”——“忐忑”

"担着心"地强记——梦幻"铁钳"的帮助——热闹却"没有什么大意思"。
2. 恭敬严肃；奇怪；因为父亲就站在"我"背后；说明了父亲的严厉，家人、工人都怕他。
3. 有念"仁远乎哉我欲仁斯仁至矣"的，有念"笑人齿缺曰狗窦大开"的，有念"上九潜龙勿用"的，有念"厥土下上上错厥贡苞茅橘柚"的……

【情节六】
1. 景物描写；烘托人物内心的焦急。
2. 在无奈的困境中，"我"自然地出现幻想："头里要伸出许多铁钳，将什么'生于太荒'之流夹住"；它暗示了父亲下令强迫背书如梦魇一般让"我"讨厌。
3. 对比；含蓄地反映了父亲的严厉对"我"心灵上的伤害。

【情节七】
1. 因为在阳间人们是得不到公正的待遇的，公正的裁判在阴间。无常至少还能公正客观断案。
2. 正人君子：这里的"正人君子"和下文的"教授先生"，都是指当时现代评论派中的某些人。
3. 讽刺人间没有公正，恶人不得恶报，所谓正人君子根本不是公正的代表，并且想告诉人们：连鬼都有如此善心，人又应该怎么样呢。

【情节八】
1. 通过无常这个"鬼"和现实中的"人"对比，深刻地刻画出了现实生活中某些"人格"不如"鬼格"的人的丑恶面目。
2. 表现无常的勇敢公正，不畏权势。
3. 阎王昏庸无道。对于活无常让别人"还阳半刻"都知道，却无中生有诬陷无常"得钱买放"，将他"捆打四十"。

【情节九】
1. 阔得不耐烦、诊费昂贵
2. 说明故事中的闺女已经病故。医生既然知道患者病故。不宣布患者已死亡，还故弄玄虚，装作开的是神丹妙药，说明他故意蒙骗，贪婪无耻。
3. 父亲的病更重了，"名医"说自己才学用尽，推荐别的医生代替自己，从此脱了干系。通过写这篇文章，表达了作者对庸医误人、故弄玄虚、勒索钱财、草菅人命的深切的痛恨。

【情节十】
1. "思想"是指希望父亲快点死去；"犯了罪"是从中国的孝子们的思想说的，即使无法医治，也"希望父母多喘几天气"，这才是孝。
2. 作者希望父亲早点结束病痛的折磨，认为这才是真正地爱父亲。
3. 刻骨铭心的负罪感，一种永远的内疚。

【情节十一】
1. 比喻　形容自己当时被人冤枉时的心境，生动形象，简洁有力。
2. 唆使孩子偷母亲首饰并散布流言说"我"偷了母亲的首饰　阴险奸诈、搬弄是非、造谣生事
3. 怂恿孩子冬天吃冰；怂恿孩子比赛打旋子，孩子摔倒又装作关心；让孩子看不健康的图片。

【情节十二】
1. 中国当时闭关自守的严重程度可见一斑。这也足见当时人们头脑之古旧、思想之老化，人们对新思想的不接受与排斥。
2. 记述了最初接触《进化论》的兴奋心情和不顾老辈反对，如饥如渴地阅读《天演论》的情景。
3. 物竞天择　对封建思想深恶痛绝，对新知识有着强烈的渴望和追求，渴望探求真理。

【情节十三】
1. 他们的相互嘲笑和悲哀主要由此刻境遇生出。曾经胸怀壮志、愤世嫉俗的青年现在只能藏身于故乡，生活落寞困顿，现实距离理想越来越远，因此深感悲哀，这悲哀里也有对现实的失望、无奈。所以也只能相互嘲笑。
2. 范爱农的老师被害，同乡会的学生主张发电报到北京痛斥满清政府，写文章悼念，但是范爱农反对，我们认为他冷酷、懦弱。
3. 后来没有了学费，不能再留学，回到故乡之后，受轻蔑，排斥，迫害，几乎无地可容，躲在乡下，教几个小学生糊口，有时觉得很气闷，便借酒浇愁。

【情节十四】
1. 不矛盾。范爱农是凫水高手，即使酒醉也不至于溺水而亡，所以作者疑心消息不确，同时，表疑心也有鲁迅不愿意接受现实的意思。但从前文对绍兴光复后换汤不换药的描述和下一段范爱农处境的交代中也可以看出，辛亥革命的

不彻底性，使范爱农的希望换来的是失望，甚至绝望，这样他的死就成了必然，因此作者又觉得这消息极其可靠。

2. 从范爱农的角度而言，这体现了他对新生活的期待与憧憬和对友人的信赖；从鲁迅的角度来说，这表现了鲁迅的一种歉疚的心理。

3. 范爱农是一个孤傲、正直、倔强、追求革命的爱国者。同情和悼念。

西游记

一、填空题

1. 章回　神话小说　神怪　玄奘远出西域取经
2. 吴承恩　汝忠　射阳山人　明
3. 100　大闹天宫　100　八十一　人必须经历艰难才能最终获得幸福成功
4. 大闹天宫　唐僧　唐僧师徒取经途中历经 81 难和师徒终成正果，带经回东土大唐
5. 东胜神洲　西牛贺洲　南赡部洲　北俱芦洲
6. 菩提祖师　定海神针　如意金箍棒　五行山下　孙行者　斗战胜佛
7. 猪悟能　天蓬元帅　福陵山云栈洞　净坛使者
8. 沙悟净　卷帘大将　流沙河　金身罗汉
9. 西海龙王　八部天龙广力菩萨　擎天华表柱
10. 《西游记》　大闹天宫
11. 七十二变　筋斗云　如意金箍棒　如来佛祖　观世音菩萨　孙行者
12. 孙悟空　猪八戒　猪悟能　沙僧
13. 白骨精　天宫　美猴王　芭蕉扇
14. 大闹天宫
15. 一百　美猴王
16. 示例：二十七　尸魔三戏唐三藏　圣僧恨逐美猴王

二、简答题

1. 讽刺批判社会现实的黑暗，歌颂悟空的敢于斗争、善于斗争、不畏强权、乐观顽强的精神，同时也告诉人们，必须经历艰难才能最终获得幸福成功。
2. 蔑视皇权，神通广大，敢于造反的英雄形象，表现了作者对反抗传统，反抗权威，蔑视等级制度等反封建、叛逆思想和斗争精神的热情讴歌，向世界人民展示了不惧艰险，勇往直前的积极乐观的斗争精神和美好品质。
3. 集封建儒士迂腐和佛教信徒虔诚为一身的高僧，一遇妖魔涕泪交流，见佛就拜，不论真假，说明必须经历艰难、坚持不懈才能获得幸福成功。
4. 沙僧：忠厚诚恳，任劳任怨，正直无私，一心一意保唐僧西行，谨守佛门戒律。　八戒：性情憨直，奸懒谗滑，常怀退缩之心，善奉承谄媚。

三、重点情节阅读

【情节一】

1. 《西游记》　吴承恩
2. 真心诚意，不怕千难万险。
3. （1）须菩提祖师（2）因美猴王是猢狲，所以祖师从“狲”字取姓为“孙”；又从道家分派起名的十二个字中取“悟”字，所以取法名“孙悟空”。

【情节二】

1. 明朝　悟空　悟能　悟净
2. 知礼仪、能说会道。
3. 孙悟空来到龙宫，以邻居的身份很礼貌地向敖广告求兵器，使敖广很愿意给他兵器；在试过几件兵器后，孙悟空没有气馁，执着地向敖广求要更重的兵器，才引出龙婆、龙女推荐神珍铁；看到定海神柱之后，孙悟空很快知道了金箍棒的使用方法，得到了如意金箍棒。

【情节三】

1. 仙卿们唯唯诺诺、卑躬屈膝、狐假虎威，唯玉皇大帝之命是从。孙悟空则无视权贵、无所畏惧、丝毫不把玉帝和仙卿放在眼里。这样写的目的是突出悟空没有等级观念，有反抗精神、平等思想。
2. 孙悟空自封为齐天大圣，说明有着朴素的反抗意识、平等思想。但由于他不懂天庭官制，被玉帝封为“未入流”的弼马温，他认为达到了与天平等的目的，所以很高兴，并且殷勤养马。
3. 因为得知弼马温是不入流没品位的小官，感觉受了藐视和欺骗，因此打出南天门，大闹天宫。

【情节四】

1. 示例：哪吒闹海　削骨还父，削肉还母　哪吒大战美猴王
2. 可以看出孙悟空心地善良，礼貌有加，不欺负小孩子。
3. 孙悟空十分尊重对手，敬佩哪吒身手不凡，他

武艺高强、变化多端、更胜一筹。

【情节五】

1. 选文共写了三件事。悟空偷酒、悟空偷食仙丹、悟空逃离仙界。体现了孙悟空不畏强权，敢于反抗，追求平等自由的性格特点。
2. 画线句子写出了悟空酒醉朦胧、酣畅淋漓。这一句形象、自然、有动有静，符合孙悟空整体的人物性格。
3. 孙悟空认为自己闯了大祸。他的解决方法是逃回花果山。他这样的做法不能解决问题，因为逃避永远不是解决问题的有效方法。

【情节六】

1. 孙悟空所以先败下阵来是因为他看到本营中妖猴惊散，担心众猴的安全。
2. 大圣不恋战，只情跑起。
3. 悟空变成土地庙时，发现自己的尾巴“不好收拾”。这样设计情节既符合大圣本是一只猴子的事实，又充满了诙谐的趣味。

【情节七】

1. 他敢于反抗，有着追求自由、平等的思想。
2. 远大理想的实现，要经历长久时间的考验，要克服不计其数的坎坷甚至失败。
3. 人外有人，天外有天，做事要谦虚，不可过于狂妄。

【情节八】

1. 说明他对伯钦曾经替他“脸上薅草”这件小事一直铭记于心。表现了孙悟空有情有义、感恩图报的特点。
2. 可以看出唐僧是一个一心向佛，慈悲为怀的人。
3. 欲从五行山下脱身前，一再叮嘱师父退避得远些，以保安全；重获自由后，“对三藏拜了四拜，急起身，与伯钦唱个大喏”；谢毕，立即去收拾行李，殷勤服侍师父。

【情节九】

1. (1) 都是触犯了天条，受到惩罚；(2) 都是受到观音指点，等待东土高僧来拜师。
2. 是因为他戒了“五荤三厌”，唐僧希望他能时时为戒，坚持下去，所以给他取名“猪八戒”。
3. 孙悟空受罚是因为其个性叛逆不羁，追求自由平等，因此不服天庭约束，大闹天宫惹下祸患；而猪八戒是由于贪图美色而受到责罚，被贬人凡间。

【情节十】

1. 悟空来找菩萨是因为在流沙河遇到了水怪。遇到这个麻烦的根本原因是他不曾说出自己是保护唐僧去西天取经的。
2. (1) 天庭的卷帘大将。 (2) 因王母降蟠桃，设宴瑶池邀众将。失手打破琉璃盏，玉皇嗔怒，要杀他，多亏赤脚大仙求情，饶过死罪，遭贬流沙东岸上。
3. 沙悟净　沙和尚

【情节十一】

1. “忍”“耐”。
2. 你却要好生服侍我师父，逐日家三茶六饭，不可欠缺。若少了些儿，老孙回来和你算账，先捣塌你的锅底。衣服禳了，与他浆洗浆洗。脸儿黄了些儿，我不要；若瘦了些儿，不出门。
3. 怀疑这是脱身走路之法，不相信他能找到医活仙树之法，尤其是唐僧以紧箍咒相要挟，可见大家对孙悟空缺乏信任。

【情节十二】

1. 美女、老妇、老翁。
2. 唐僧是个善良虔诚的苦行僧，不辞劳苦，不畏艰险，但又昏庸顽固，是非不分。
3. 示例：三调芭蕉扇

【情节十三】

1. 八戒先说行者“打死三个人”，后又说行者故意骗唐僧。
2. 表现了行者心中的不服气和骄傲，一句“我去！我去！——去便罢了”中有太多的无奈、不甘和不舍，从中我们不难品味出行者对唐僧真挚的情感和关心。
3. 唐僧师徒的这一次遭难，是整个取经过程中最危险的一次。它是内部矛盾的集中爆发，也是人物冲突最大化的体现。这一情节是全书的一个转折，这支由四个人组成的取经队伍，在经历这次磨难后才开始真正团结起来，向着同一个目标前进。

【情节十四】

1. 悟空自觉与师父情意深重，且一路上护送师父降妖除怪，并帮助他收了两个徒弟。然而师父却不念素昔之情，以对新徒弟的信任来刺激和伤害自己。因此他连声喊“苦”。
2. 伤心、失望、灰心。

3. 当师徒关系解除后，虽然唐僧恩断义绝，但孙悟空深念师徒情分，同时自觉辜负菩萨指教、半途而废，心存歉意，于是想尽办法给师父行拜别礼。这些未断的情分，为故事的发展留有余地。

【情节十五】

1. 八戒充分地掌握了悟空的喜好和弱点，他还借白龙马的话来奉承悟空，将悟空摆在一个很高的道德标准上，从而让他不能心安理得地坐视师父受难而不管。另外，他也充分地利用了悟空争强好胜的特点，绘声绘色地杜撰妖精的言辞，刺激了悟空，使其最终决定离开花果山，去救唐僧。
2. 行者道："你这个呆子！我临别之时，曾叮咛又叮咛，说道：'若有妖魔捉住师父，你就说老孙是他大徒弟。'怎么却不说我？"
3. 这一情节促进了悟空和八戒关系的发展，他们开始真正认识对方和了解对方。

【情节十六】

1. 孙行者三调芭蕉扇
2. (1) 红孩儿十分精明，懂得审时度势。(2) 他能抓住唐僧的心理。(3) 红孩儿抓住了取经队伍中的矛盾，尤其是孙悟空和师父唐僧的矛盾，再加上猪八戒在中间怂恿，最终达到虏获唐僧的目的。也正是这种师徒之间的矛盾，给了许多妖怪可乘之机。
3. 可见唐僧过于迂弱、不讲是非、顽固不化。

【情节十七】

1. 孙悟空大战红孩儿不胜，去落伽山请来观音菩萨，收服了红孩儿，让他做了观音菩萨的善财童子，使他最终得归正果。
2. 通过景物描写侧面烘托风之狂猛，为下文写唐僧被卷走做铺垫。
3. 沙僧是取经队伍里的"黏合剂"和"润滑剂"。

【情节十八】

1. 那泼猴夺我子，欺我妾，骗我妻，番番无道。
2. 为了骗回被孙悟空骗走的芭蕉扇。以其人之道还治其人之身。
3. 八戒闻言大怒，举钉钯，当面骂道："我把你这血皮胀的遭瘟！你怎敢变作你祖宗的模样，骗我师兄，使我兄弟不睦！"你看他没头没脸的使钉钯乱筑。

【情节十九】

1. (1) 禅光瑞霭之中有些凶气；(2) 似雷音却又道路差池。
2. 因为雷音寺是佛祖所在的圣地，唐僧激动慌张所以看错。表现了他的虔诚和昏庸。
3. 因为唐僧一心礼佛，诚心修行，故不听悟空劝诫；八戒入寺是为有好人可能提供食宿；沙僧不置可否，心存期盼，所以悟空无法阻拦。

【情节二十】

1. 因为悟空化身为小妖，号称"总钻风"，哄骗小钻风，小钻风为了得到"总钻风"的信任，故实情相告。
2. "因怕他一个徒弟孙行者十分利害，自家一个难为，径来此处与我这两个大王结为兄弟，合意同心，打伙儿捉那个唐僧也。"
3. (1) 主要运用了心理描写和行为描写。(2) 两段心理描写表现了孙悟空本领高强、骄傲自信，然而又善良知理，不愿枉屈别人。之后假扮小钻风的行为描写表明他思维迅捷、智勇双全。

【情节二十一】

1. 因为唐僧一心礼佛，心慈面软，极易轻信他人。
2. 选文中向唐僧师徒求救的人是心藏不轨的妖怪，帮助他等于助长了邪恶之气，甚至可能使无辜者枉送性命。唐僧不分善恶，一律相救，更显其昏庸顽固。
3. 因为唐僧坚信救人一命，胜造七级浮屠；救人一命，强似取经拜佛。进一步表明了他昏庸、呆板，但也从另一个侧面反映了他礼佛的虔诚。

【情节二十二】

1. 脱胎换骨
2. 因为"下海净身闯祸，踏倒水晶宫，捉住蛟龙要抽筋为绦子。天王知道，恐生后患，欲杀之。"
3. 还父母生养之恩，与父母断绝关系，以立誓明志。

【情节二十三】

1. 无底洞的妖怪本唤作金鼻白毛老鼠精。因偷香花宝烛获罪，幸而得到天王李靖的帮助，得饶恕来到人间为妖。他为报恩，认李靖为父。悟空得知此前因后果之后，便寻李天王与哪吒前来相助，以救出师父。
2. "果然好个洞啊：依旧双轮日月，照般一望山川。珠渊玉井暖韬烟，更有许多堪羡。迭迭朱楼画阁，嶷嶷赤壁青田。三春杨柳九秋莲，兀的洞天罕见。”“洞里一重小小门，一间矮矮屋，盆栽了几种花，檐傍着数竿竹，黑气氲氲，暗香馥馥。”这样写既衬托了妖怪神通广大，难以降伏，也暗示出了妖魔的邪恶心性。

3. 说明了道高一尺，魔高一丈，正义之路充满艰难坎坷。由此可见取经路途的艰辛，需要凭借坚强的意志和坚定的信念，以及聪明才智和不懈的努力，才能最终取得真经。

【情节二十四】

1. “朕常年有愿杀僧者，曾因僧谤了朕，朕许天愿，要杀一万和尚做圆满。”
2. 孙悟空施法一夜间剃光了国王、嫔妃、大臣的头发，使君臣都认为是由于杀害僧人，而遭到了天谴报应。
3. 说明孙悟空希望国君从蔑视法律、昏庸无能的君主，变成一个依法治国、善待子民的明君。

【情节二十五】

1. 唐三藏在过通天河时答应帮老鼋向佛祖问他自己的“归着之事，还有多少年”，三藏答应后，却忘了问。这是师徒的第八十一场灾难。
2. “受人之托，忠人之事”，但历尽磨难长途跋涉，好不容易来到了西天，见到了如来佛祖，又求得真经，实现了平生夙愿，高兴至极，便把许多事忘记了，这也是人之常情，可以理解。虽然不应该忘记了承诺，但并非是“不守信用”。唐僧此过乃无心之错，从中可见老鼋心胸狭隘，不通情理。
3. 古人认为天地本来就不全备，根据天人合一的理论，万事万物都无法达到理想中的完美。所以这世界本来就是不完美的，任何事情，想完美无缺几乎是不可能的。

【情节二十六】

1. 唐僧师徒以非凡的意志，经受了西行路上九九八十一难的磨炼，终于脱胎换骨，悟道成佛，取经归来，喜上朝京，为大唐臣民祈来福分。
2. 目的是凸显喜庆嘉会盛况空前，歌颂盛唐气象，国富民强。表达作者对盛唐繁华的向往和歌颂。衬托唐僧师徒取来真经，福荫人间的功劳之大。
3. 表达了作者对华夏国民的赞美和身为华夏儿女的自豪感。

【情节二十七】

1. 唐僧：旃檀功德佛；孙悟空：斗战胜佛；猪八戒：净坛使者；沙僧：金身罗汉；白龙马：八部天龙马。
2. （1）起到为唐僧师徒一路取经的过程做一归结的作用，令小说内容更加浑融完整。（2）凡事有果必有因，这是事物发展的客观规律。启示我们要正确面对问题，善于为自己的人生和行为承担责任。
3. 示例：唐僧自长安出发前，曾在唐王面前拈香起誓：“我这一去，定要捐躯努力，直至西天；如不到西天，不得真经，既死也不敢回国。”自此，唐僧不远万里，矢志西天拜佛求经。虽经历九九八十一难，无数次死里逃生，但从不轻言放弃，最终带领他的“西天取经团队”，不辱使命，取得真经，胜利返回大唐。唐僧师徒四人也因经历磨难，修成正果。因此可见，我们每个人都要有理想，有进取心，有坚强的意志，有坚持不懈的奋斗精神以及团队合作的精神，只有这样，才能取得最终的成功。

骆驼祥子

一、填空题

1. 老舍　舒庆春　满　北京　人民艺术家
2. 《骆驼祥子》　三　三　3. 祥子与车　虎妞
4. 拉车　刘四爷　5. 孙侦探　6. 老马　7. 北平
8. 老舍　9. 《骆驼祥子》　10. 二强子
11. 骆驼　12. 虎妞　13. 阮明　14. 祥子　骆驼
15. 有一辆自己的新车　给虎妞办丧事
16. 人民艺术家　17. 小福子　18. 《骆驼祥子》
19. 拉车的一老一少（拉车的老者和他的孙子小马）
20. 骆驼祥子　虎妞　小福子

二、简答题

1. 出身于旧社会中国的下层劳动人民家庭，勤劳、善良、忠厚、朴实，注重信用和讲义气，有小生产者所共同的积极进取的求生意志和人生理想。可是自己不爱的虎妞和爱的小福子相继死后，他丧失了对生活的希望和信心，最终成为一堆行尸走肉。
2. 人和车厂厂主刘四爷的女儿，长得虎头虎脑，性格大胆泼辣，办事爽快利落，在和祥子的感情纠葛中，她一直处于主动地位，敢于追求个人自由爱情。但好逸恶劳，市侩气很浓。她既是旧社会一个沾染了诸多恶习的妇女，也是黑暗社会的牺牲品。

3. 提炼了北京口语，生动鲜明地描绘北京的自然景物和社会风情，准确传神地刻画北平下层社会民众的言谈心理，简洁朴实、自然明快。

4. （1）点明小说的主人公——祥子；（2）概括小说的一个主要情节——骆驼祥子称号的得来；（3）揭示主人公的性格——像骆驼一样吃苦耐劳、沉默憨厚。

三、重点情节阅读

【情节一】

1. 老舍　骆驼祥子
2. 祥子终于拥有一辆自己的车，极度的激动和欢喜。
3. 说明祥子把车子当作自己生命的一部分，体现他爱车的程度；昭示着新生活、新生命的开始，他想通过拉车摆脱贫困，过上好日子。

【情节二】

1. 文字质朴，口语化，亲切、活泼、恰当。
2. 祥子买车不是为了炫耀而是为了谋生，为了过上更好的生活，买车后多拉快跑不仅是对得起新车，更是对自己负责。
3. 吃苦耐劳。

【情节三】

1. 刘四爷
2. 祥子用自己的人力车出城拉客，途中被兵抓走，丢了车，他趁乱逃走，顺带牵走了三匹骆驼，贱卖给了别人。
3. 希望刘四爷帮他把钱存起来以备重新买车。

【情节四】

1. 刘四爷，虎妞
2. 勤快、老实、善良。
3. 侧面烘托出祥子为人厚道，受人欢迎。

【情节五】

1. 人们以为他发财了，就另眼相待；见他仍旧拉车并没有钱时，就对他冷淡。这变化说明了人们的趋炎附势，社会的世态炎凉。
2. 说他拾了个金表，还白弄了三百块大洋，把三匹骆驼传成了三十四骆驼。可以看出人们精神的空虚无聊，渴望发财，希望天上掉馅饼的心理。
3. 神态和语言描写，表现了祥子老实不善言辞的特点。

【情节六】

1. 景物描写，写出初秋夜晚的凉爽，衬托出了祥子内心的忧郁、愁苦。
2. （1）在杨家受到了侮辱，他觉得憋闷；（2）对生活感觉无望，担心自己一辈子都不会有什么起色了；（3）再回人和厂，又觉得自己会被大家嘲笑，因而伤心，觉得没脸。
3. 运用心理描写的方法，刻画了祥子此刻失望、委屈而又好强的复杂心理。

【情节七】

1. 这个片段发生在祥子拉车送曹先生回家，碰到石头上，人仰马翻的情况后。可以看出祥子是一个极负责任，即使丢掉工作也要维护自己尊严的人。
2. 一个平凡的教书人，爱好传统美术，因为信奉社会主义，所以待人宽和、民主，被祥子认为是“圣人”。愿意帮助祥子重新生活。
3. 心地善良、为人要强的老妈子，乐意帮助别人，经历了不幸，学会了在旧社会最底层生活的方法。她保留了大多数劳动人民的善良、质朴，生活教会了她在社会上为自己找到生路，做事也仔细有心眼，是适应了旧社会的为数不多的劳动人民。

【情节八】

1. 过年本是一件开心的事，但过节需要送礼，祥子没有那么多的钱。
2. 这些环境描写渲染了过年时欢乐热闹的氛围，而这些欢乐的景象与祥子生活贫穷孤单形成了鲜明的对比。
3. 虎妞

【情节九】

1. “出溜”是“滑”的意思，这里形象地写出了老马又冷又饿、不由自主晕倒的状态。
2. 掌柜的处理车夫晕倒的状况很有经验，说明了掌柜的善良，常常救助这样的车夫；也说明了车夫因冷、饿晕倒的现象较常见；还说明了底层人民普遍生活很贫苦。
3. 老车夫喝糖水、谢大家；谦和。

【情节十】

1. 老马　外貌描写

2. 善良　富有同情心
3. 祥子感到深深的悲哀：老者的今天就是自己的明天，自己的今天就是老者的昨天。自己的愿望是通过辛勤工作拥有一辆属于自己的车，可是看看老者，拥有了自己的车又能怎样？依然走不出贫困、悲惨。

【情节十一】
1. 曹先生得罪了教育当局，被学生诬陷为“乱党”，祥子给曹先生拉车，因此被孙侦探胁迫敲诈。
2. 这句话用了比喻的修辞方法。说明在孙侦探眼里，祥子根本不能算是个人，他的命运完全掌控在孙侦探手里，是放、是杀全在孙侦探一念之间。表现了祥子这样的底层百姓所受压迫之深，悲苦可怜。
3. 起初暴跳如雷想反抗——后来委屈无奈颓然而坐——再后来心疼苦苦积攒的买车钱——最后悲愤恐惧只剩哆嗦　祥子老实、懦弱、地位低下、受尽欺侮、遭遇不幸、命运悲苦。

【情节十二】
1. 自己屡遭不幸的原因以及解决目前困境的方法。
2. 祥子用三年攒的钱买了辆新车，在兵荒马乱中连人带车被掳掠走；他干包月苦攒了些钱被孙侦探敲诈去；他总是本分小心，不敢招惹任何人，还是被人欺侮。
3. 无家可归、无处可去的痛苦；担心恐惧孙侦探等再找麻烦；寒冷；自己屡遭不幸的原因以及解决目前困境的方法；担心曹家会有不测。

【情节十三】
1. 祥子。因为曹宅的事，自己好不容易省下的钱被抢了，原本想去曹宅偷些东西，但是又觉得不能去，穷死不偷，内心十分矛盾，不安。
2. 淳朴，善良，勤劳。心中有是非之心，有良心。
3. 不但扫完了院子，还有终于战胜了自己内心的恶念的轻松，但是天气冷的原因，所以便长长地舒了口气。

【情节十四】
1. 为刘四爷摆酒贺寿。
2. 因为祝寿的不光有铺户中的掌柜和先生等，还来了女客，让他想到自己没有老伴儿，没有儿子，只有女儿，感到了孤独，孤苦伶仃。
3. 美中不足是早晨给车夫们摆饭的时节，祥子几乎和人打起来。原因是祥子和同行一起吃饭，同行挖苦祥子说了些难听的话，最后激怒了祥子，差点打了起来。

【情节十五】
1. 因为他是被虎妞逼婚的。
2. 环境描写。因为要过年了，看到红色的春联本来是让人心情愉快些的，但是想到自己当下的遭遇，祥子觉着自己就像挂钱没有着落。
3. 三个破折号分别代表解释说明、意思递进、转折。写出了祥子此时的愤怒。

【情节十六】
1. 车份大，粮食贵，买卖苦，孩子多。
2. 得意是因为别人夸他跑得快，惭愧是因为他觉着别人让着他了。
3. 与高个子形成对比，既写出了祥子们体力不错，也写出了高个子跑得辛苦，体力不如祥子们。

【情节十七】
1. 她是虎妞；是祥子的妻子，是刘老头子的女儿。
2. （1）哭的原因：父亲刘四爷把车场卖了出去，自己拿着钱去享福，做得坚决、毒辣。自己帮父亲经营车场，到头来白忙一场，一分钱没得着，心里不平衡。（2）原本想买两辆车，一辆让祥子自拉，一辆赁出去。（3）现在她改了主意，只买一辆，叫祥子去拉。（4）因为父亲卖车场的事儿刺激了她，她觉得谁都不可信，谁都不可靠；怕将来祥子变心，她不得不防；再者自己爱吃零食，钱放在自己手里，花着方便，不用和祥子要钱，享受一时是一时。
3. 只要买一辆自己的车就好，每天辛苦拉车可以够嚼谷，活得坦然；还觉得有些高兴。过去所受的辛苦，无非为是买上车，现在能再买上，感觉知足。

【情节十八】
1. 生活所迫，为了谋生，不得不在烈日和暴雨中去揽生意。残酷的自然环境为祥子展开一幅拉车生活场景，从而表现出他的不幸和痛苦。
2. （1）是现实人吃人的万恶的旧社会对穷人造成的伤害；（2）是上流社会人对穷人的盘剥和欺压。
3. 风雨中的树叶是单薄的无助的，而黑暗社会中的祥子也是单薄的无助的，他根本没有力量和这个社会抗争，正如风雨中的树叶没有力量与风雨抗衡一样。

【情节十九】

1.《骆驼祥子》　老舍

2. 虎妞是高龄产妇，怀孕存在危险；是头胎；虎妞不爱运动；孕期里贪吃油腻导致胎很大；又没有经过医生的检查。

3. 请虾蟆大仙接生，是愚蠢的；虾蟆大仙骗人钱财，草菅人命，是残忍的；医院认钱不认人，不肯出诊，也是残忍的。愚蠢是因为千千万万的虎妞和祥子没有文化，不懂科学，受到封建迷信的毒害。残忍是因为旧社会土壤里产生了虾蟆大仙这种骗子，利用人民的无知，到处行骗，残害生命；只认钱的医院，毫无人道，见死不救。

【情节二十】

1. （1）战祸（祥子怀着侥幸的心理冒险拉客去清华，结果连人带车被乱兵抓走）（2）虎妞难产死了，为了给虎妞下葬。

2. 要强、老实勤劳，从明知可能有危险，也不肯"要老娘们脾气"可以看出；软弱，对生活的无奈，从选文【B】"坐在炕沿上，点着了一支烟；并不爱吸。呆呆的看着烟头上那点蓝烟，忽然泪一串串的流下来，不但想起虎妞，也想起一切。""三起三落，像个鬼影，永远抓不牢，而空受那些辛苦与委屈。没了，什么都没了，连个老婆也没了！"可以看出。

3. 多用短句，通俗浅显、朴实无华的语言显示出独特的艺术魅力和光彩，形象地反映出祥子此时的痛苦和悲伤。

【情节二十一】

1.《骆驼祥子》

2. 原因是祥子经历了三起三落及心上人小福子的自杀。

3. 表现了祥子从要强、奋斗到绝望、堕落的心态。感悟：当时的社会是一个吃人的社会，它不让好人有出路。

【情节二十二】

1. 喝两碗刷锅水似的茶；他买了全是白菜帮子的十个煎包儿；去找小福子与曹先生。希望获得原谅和帮助，能给他出个好主意；拼命拉车，一直跑到夜里一点才收车。

2. 曹先生是一个较为正直和进步的旧知识分子。同情底层人民的遭遇，有爱心。他对于祥子这样的下层劳动人民表现出一定的关心和同情，不但在生活上帮助祥子，还在精神上鼓励祥子积极生活。小福子是祥子并不长的一生中唯一真爱过的人。她善良，勤劳，坚强。小福子对祥子有情有义，给予困境中的祥子很多的温暖、慰藉和希望。

【情节二十三】

1. 借钱耍无赖（借钱不还）　编谎话骗钱花

2. 厚颜无耻（不知羞耻、恬不知耻）

3. 小福子，曾经是祥子活下去的最后支撑，她的离去，使祥子失去了对生活的向往。这也是黑暗的旧社会制度造成的恶果。

【情节二十四】

1. 小福子上吊自杀，祥子生活希望破灭。

2. （以前）憨厚老实、坚韧、自尊好强、吃苦耐劳；（现在）麻木、潦倒、狡猾、好占便宜、自甘堕落。

3. 当时世道对穷苦老百姓的摧残（旧军阀旧封建社会对祥子这个老实人的压榨和剥削），深不见底的黑暗社会使祥子变成了这样一个人。

海底两万里

一、填空题

1. 法国　"现代科学幻想小说之父"

2. "海洋三部曲"　《格兰特船长的儿女》《神秘岛》

3. "机器时代"　西方和日本　科幻

4. 构思巧妙　情节惊险　科学与幻想巧妙结合

5. 尼摩　阿龙纳斯　康塞尔　尼德·兰　法拉格特

6. 海洋　7. 鲨鱼　儒艮

8. 地理、历史、生物、物理、地质、气象

9. "人类进步的实在是太慢了。"

10. 示例：《气球上的五星期》《八十天环游地球》《机器岛》《大木筏》《隐身新娘》等。

二、简答题

1. 搁浅、土人围攻、同鲨鱼搏斗、冰山封路、章鱼袭击等。

2. 从太平洋出发，经过珊瑚岛、印度洋、红海、地中海，进入大西洋、南极。

3. 故事发生在1866年，海洋中出现了一种不知名

的怪物，阿龙纳斯教授作为一名海洋动物的专家，随远征队去剿灭怪物，不料却掉入海中，被怪物一艘名为“鹦鹉螺”号的潜艇所救。于是，他和神奇的尼摩船长开始了一段惊险、神奇的海底旅行。他们登上从未有人到达过的南极；目睹了海底火山喷发的壮观景象及凄惨的海底沉船；领略了美丽而又充满危险的海底世界……。

4. 尼摩船长逃避人类，蛰居海底，而又隐隐约约和陆地上的某些人有一种特殊联系。他是一个富有同情心，性格阴郁、知识渊博、带有浪漫、神秘色彩，非常吸引人的人物。
5. 示例：海底世界充满异国风情和浓厚的浪漫主义色彩。海底潜艇、人类登月、太空飞行都已成为现实。科幻小说往往也是科学研究基础上的推理和预言。

三、重点情节阅读

【情节一】

1. “鹦鹉螺号”（“诺第留斯号”）潜艇
2. 利用海洋发电。
3. 设置悬念，引起读者兴趣，为下文故事发展做铺垫，突出主题——科学探索精神。

【情节二】

1. 儒勒·凡尔纳　现代科幻小说之父　渴望上天入地、自由翱翔
2. 不认同。他经验丰富，直率认真。
3. 潜水艇　设置悬念，吸引读者兴趣，为后文惊险离奇的情节发展做铺垫。

【情节三】

1. 《林肯号》，他们要去寻找一个出现在海洋上的怪物并把它清除掉。
2. 期限是三天，诺言是指：如果三天期满，怪物还不出现，掌舵的人把舵轮转三次，林肯号就向欧洲海岸进发。几个月的搜寻一无所获，船员们因失望而产生怀疑的心理。
3. 如：“月亮有时从朵朵的云间吐出一线光芒，使沉黑的海面闪耀着光辉；一会儿又消逝在黑暗中了。”这句话写出了海上变幻莫测的瑰丽景色，也为下文的突变渲染了气氛。

【情节四】

1. 生物学家阿龙纳斯及其仆人康塞尔和捕鲸手尼德·兰。
2. 内容：我被抛入海里，与康塞尔在海中相依为命。正当筋疲力尽就要沉入海底时，被躲在独角鲸背上的尼德·兰拉出水面。尼德说，这怪物不是鲸，是钢制的。我这才断定它是一艘潜水艇。我们在艇顶苟延残喘。天亮时，艇盖掀开，八个壮汉出来，把我们拖进艇里去。
3. 潜水艇。

【情节五】

1. 没做到。他大喊大叫甚至暴跳如雷，差点掐死可怜的侍者。
2. 是一个野性十足的鱼叉手，一个比较原始的人。对他来说更重要的是自由，他脾气暴躁，受不了被监禁，也受不了在鹦鹉螺号上的与世孤立的生活，总是计划逃脱。
3. （1）这艘潜水艇既然能开得这样稳稳当当的，上面一定有不少人，因此，万一斗起来，我们碰到的对手是强大的。（2）最要紧的是能够自由，可是我们现在根本就没有自由。（3）这位古怪的船长只要有点保守秘密的意思，他决不让我们随便在船上自由行动。

【情节六】

1. 电
2. 一切都取自于海洋，用海底的煤的热能来提取钠，用钠生产燃料发电。
3. 阿龙纳斯教授　海带

【情节七】

1. 船的双层船壳是钢铁似的坚硬；它没有风浪的翻腾或颠簸可以毁损的缆索一类东西；它没有风可以吹走的帆；它没有蒸汽可以破裂的铁炉；它不会发生可怕的火灾，因为船完全是钢铁制的，不是木头造的；它不用有时会用完的煤炭，因为电是它的机械原动力；因为它在深水独来独往，不会发生可怕的相撞；它又不用冒风暴的危险，因为它在水面几米下便能得到绝对的平静！
2. 因为尼摩船长同时是这只船得到了设计工程师、建造建筑师。
3. 他的各部分零件都是匿名在世界不同的地方定制，在一个岛上组装完成。然后放火把岛上的痕迹烧毁。

【情节八】

1. 尼摩船长一行人到海底森林打猎时所见。在那

里他们遇到一对吃人的角鲨，角鲨视力不好，他们逃过一劫。

2. 具有科学与幻想相结合的特点。作者用超凡的想象力和逼真的细节向我们展示了一个奇幻瑰丽的海底世界，而这一切幻想又都是建立在作者丰富广博的物理学、生物学等知识上的。
3. 康塞尔有丰富的知识，喜欢给动植物分类的特点。当阿龙纳斯教授被意外地抛到海里，生命危在旦夕时，是康塞尔跳入海里，陪他一起游，直到获救，这个情节表现出他对阿龙纳斯教授忠心耿耿的特点。（或当诺第留斯号遭遇冰山撞击，无法换气时，是康塞尔忍受同样的痛苦，将仅剩的一点氧气留给主人，表现了他忠心耿耿的特点。）

【情节九】

1. 作者通过准确的时间、位置和距离，加重了作品的真实性，更具有带入感，引起读者的阅读兴趣。
2. 作者运用了外貌描写和细节描写，将眼前的景象具体地描绘了出来，使文章更具有画面感；在“极力把小孩举在头顶上”这一细节中充分体现了母亲努力保护孩子对孩子的爱；水手们的外貌描写也表现出了他们遇难前的挣扎。
3. 鹦鹉螺号遇到可怕的沉船暗示着鹦鹉螺号在之后的行程会很艰难，也会充满了危险，也预示着新的困难正在来临。

【情节十】

1. 这是个连胆子最大的航海家都不敢穿行的海峡；路易·帕兹·托雷斯从南边的大海回来时在美拉尼西亚迎战的就是这个海峡；一八四年，迪蒙·迪维尔的两条三桅船搁了浅，几乎船毁人亡，也发生在这个海峡里。
2. 景物描写（环境描写）。写出了海上的风浪大，为后来遇险埋下伏笔。
3. 撞上暗礁搁浅，遭到了土著人的围攻。

【情节十一】

1. 尼摩船长
2. 因为他们是穷苦可怜之人，不想因为自己的到来伤害到土著人。
3. 可以看出鹦鹉螺号的力量非常强大，从侧面烘托出“我”是一个善良而充满智慧的人。

【情节十二】

1. 《海底两万里》儒勒·凡尔纳
2. 免受鲨鱼和人类的侵扰。
3. 重情重义，愤世嫉俗。

【情节十三】

1. 阿龙纳斯　博物学家　锡兰岛
2. 不同的人对同一事物有着不同的见解。
3. 双壳类软体动物在它的内膜里，有不孕的卵或沙子等硬东西做核，在这颗卵或这粒沙子周围分泌螺钿质，并一点一点沉淀形成许多同心圆的薄层，最后成为一种呈小球形的凝结物，这就是珍珠。有价值的人生要经过痛苦的磨砺。

【情节十四】

1. 通过引用史学家对红海的观点，渲染红海的神秘色彩，增强文章的趣味性，引起读者的阅读兴趣。
2. 船长认为是由红色束毛藻的胚芽分泌出来的一种紫红色的胶状物质，使海水呈现红颜色，故名红海。
3. 通过两者的对话，引出红海的来历和历史，为作品补充红海知识，也为在红海之旅做铺垫。

【情节十五】

1. 侧面烘托出他的潜水能力高强，超出人们的认知。
2. 利用在海底打捞获得的巨额财富援助那些被压迫的民族和穷苦的民众，支持他们为争取独立而进行正义的斗争。具有正义感，反抗压迫。
3. 从“南极冰山脱险”中，可出看出他的英勇顽强、不畏艰险、镇定沉着；　从“智斗鲨鱼救采珠人”中，可以看出他同情弱者，心地善良，富有同情心；　从“击退土著人袭击”中，可以看出他知识渊博，有创造力和预见性（在船扶手上装有高压电），遇事沉着冷静；　从“含泪掩埋同伴”中，可以看出他虽外表冷郁但内心情感丰富，重情重意；　从“潜航在海底进行大规模的科学研究和躲避开他的敌人和迫害者”，可以看出他的神秘、孤独和追求自由的心理。

【情节十六】

1. 从海底的沉船中打捞而来。
2. “激动”是因为觉得“我”误解了他，他打捞财富并非为自己，而是为了“无数受苦的人，和被压迫的种族”；“后悔”是因为自己情绪激动泄露了秘密。

3. 送给那些起义反抗种族压迫的人们和那些受苦受难的人。

【情节十七】

1. hāo 用手拔（草等），去除。
2. 为了补充他的金属钠。
3. 因为水漫上来了，海水像激流般往我们待的洞里涌来。原因是外面的大海在涨潮。

【情节十八】

1. 长须鲸。
2. 运用比喻的修辞方法，生动形象地写出抹香鲸的凶残和难缠。
3. 抹香鲸成群结队，一群里要两三百头。而且它们头大牙尖嘴大。

【情节十九】

1. （1）苔藓、原始硅藻、黑角菜。（2）南极大陆十分荒凉；气候条件不利植物生长，所以植物稀少。
2. 触须贝等翼步类动物；为岸边的海水平添了生机。
3. 不怕人，和人亲近；在岸上显得笨重；在水里轻巧灵活；叫声怪异，爱成群结队。

【情节二十】

1. 我们已经走了一万四千里，在这比地球赤道线还长的旅途上，有多少或新奇或可怕的偶然事件使得我们的旅行惊心动魄，兴味无穷呀。
2. 冰山翻倒后将他们的船封在了冰层下面，船无法浮出水面，船上的空气逐渐耗尽，船上的人面对的是窒息而死的危险。
3. 《神秘岛》《格兰特船长的儿女》

【情节二十一】

1. 尼摩船长等人大战章鱼救助同伴。
2. 勇敢、智慧、理性、有担当、富有同情心。
3. 示例：搁浅、土人围攻、同鲨鱼搏斗、冰山封路等。

【情节二十二】

1. 尼摩船长下令攻击战舰是为了给他的祖国、亲人复仇。
2. 画线句子属于场面描写。它描写了战舰在鹦鹉螺号的攻击下分崩离析，倾覆下沉的情景以及船上人员被抛离下海的种种惨状，渲染了一种悲壮的氛围，表达出了作为旁观者的“我”的不忍，也侧面反映出尼摩船长作为复仇者的别样形象。
3. 在作者的笔下，尼摩船长既有善良正直、同情弱小的一面，也有冷酷残忍、复仇心极强的一面。在面对弱小的劳动人民时便会表现出他人性中光辉的一面，在面对灭国杀亲的仇人时，他表现得异常冷酷，让人生畏。作者塑造的尼摩船长是爱憎分明的，但并不是完美的人，作者写出了他性格中的复杂，这让整个人物更加立体，符合现实逻辑。

【情节二十三】

1. 阿龙纳斯教授、尼德·兰和康塞尔准备从艇上逃跑时遭遇迈尔大漩流，被漩流抛入水中，最后被渔民救起，在小岛脱险。
2. “这些纪事是完全真实的”这句话不是说文中的故事都是真实的，这只是文中人物的一句话，他强调自己经历的真实，希望读者更加相信。这是作者为增强作品感染力而采用的一种手法。
3. 这句话表现了“我”对尼摩船长的理解、同情和支持。

红星照耀中国

一、填空题

1. 张学良 2. 周恩来 3. 叫死人活过来打仗
4. 对外不实行反帝政策 5. 运动
6. 学徒 国民党逃兵 7. 佃农 贫农
8. 人民 9. 彭德怀 10. 阶级意识
11. 马鸿宾、马步芳
12. 纯属领导人物的个人魅力
13. 俄国的影响
14. 西安事变 八点纲领 周恩来
15. 工农红军的万里长征

二、简答题

1. 示例：学生应该关心国家大事；为了正义事业要不怕牺牲；我们要学习这些学生的大无畏的精神。
2. 示例：（1）年轻时胆大英勇。（2）带军纪律严明。（3）懂得革命的意义。（4）曾经忠于汪精卫，不满国民党，加入共产党。（5）口才好。（6）个人感召力强。（7）性格急躁，但谦虚。（8）仇恨有钱人。

3. 将生死置之度外，大无畏的革命精神。
4. （1）缺少食物。（2）当地少数民族仇视红军。（3）国民党和当地军阀围追堵截。
5. 示例：嫉恶如仇，同情穷苦人民。有一天，彭德怀看到米店的老板不肯帮助穷人，便带领农民攻打他的家。
6. 忠于革命，热爱读书，热爱运动，和士兵同甘共苦。有杰出的领导能力和组织能力。
7. 本书的作者来到红军驻地，受到客人般的招待，毛、周等共产党领导人都和他谈笑风生。
8. 不对。蒋介石的危险有可能来自杨虎城，但是最有可能的是来自东北军和西北军的少壮派军官，来自有不满情绪的士兵或群众。

三、重点情节阅读

【情节一】

1. 《西行漫记》　埃德加·斯诺
2. 打破国民党持续九年的新闻封锁，探寻真相，解开关于“红色中国”的诸多谜团。
3. 作者深入“红区”，解开这些谜团，以一个外国记者身份，客观公正地、毫无党派之见地报道了中国工农红军的成长史，特别是详细介绍了举世无双的红军二万五千里长征的历程，及时澄清和批驳了国民党散布的红军是“流寇”等种种谎言，使世人了解红军从高级将领到普通战士都有崇高的革命理想，都有为劳苦大众谋幸福的崇高宗旨。作者描述的红军神话般的长征令人神往，共产党领导人传奇式的革命经历令人崇敬。唤醒更多民众为崇高的革命理想奋斗。
4. 作者求助宋庆龄，在宋庆龄的帮助下去红区。

【情节二】

1. 红军得到了老百姓的拥护。
2. 剧团为农民演戏；红军给农民分土地。
3. 有的参加红军是为了打日本，有两个是为了要逃脱奴役，三个是从国民党军队中逃过来的，但是他们大多数人参加红军是“因为红军是革命的军队，打地主和帝国主义”。

【情节三】

1. 外貌描写。非常精明的知识分子。
2. 质朴纯真、颇有幽默美感、信念坚定、说话平易、生活简朴，把天真质朴的奇怪品质同锐利的机智和老练的世故结合了起来。
3. 天生精明；记忆力异乎常人；专心致志的能力不同寻常；精力过人，不知疲倦；是一个颇有天才的军事和政治战略家。

【情节四】

1. 读书的内容　善于思考　有反抗精神
2. 因为他看的都是与造反相关的书，而老师和父亲都希望他读经书。
3. 因为这本书分析了中国成为弱国的原因，而且提出改良的方法。

【情节五】

1. 大渡河　金沙水拍云崖暖，大渡桥横铁索寒。
2. 比喻　把“红军队伍”比作“一字长蛇”，生动形象地写出了队伍行进的连绵、曲折状态，把“一万多火炬”比作“万箭俱发”，生动形象地写出了先锋队夜间行军，随时备战的壮观场面。
3. 如果他们能够占领泸定桥，全军就可以进入四川，否则就循原路折回。

【情节六】

1. 成千上万的人死去；苛捐杂税沉重；土地被强占；被迫卖妻女。
2. 叫人吃惊的事情是：许多有钱人，商人、地主老财，在大发其财；做官的和歌舞女玩乐依旧；赈灾委员会收集的赈灾物资不能运去救济灾民；西北有些军阀扣留铁路车皮，国民党将领也不肯让车皮西去。　迷惑不解的是：百姓消极无为，大多数人是在不作任何抗议的情况下死去的。
3. 中国农民不是消极的；中国农民不是胆小鬼。只要有方法，有组织，有领导，有可行的纲领，有希望——而且有武器，他们是会斗争的。共产党人在西北特别受欢迎的原因是带领人民抗争。

【情节七】

1. 语言描写　对比
2. 合作社物资匮乏。农民不怕共产党“官员”，言论自由，政治环境宽松，百姓能够畅所欲言。
3. 红军：为农民工人打仗，保护农民抵抗日本和国民党，买东西付费，不需要百姓缴税；白军掠夺百姓，不顾百姓死活。

【情节八】

1. 生活简朴；平易近人；不因自己的职权特殊化。

2. 对文章起到补充作用，通过政府要缉拿彭德怀，而他却不带警卫，侧面体现了彭德怀的勇敢和武艺的高强；保存这些传单体现了当时红军条件的艰苦和彭德怀的勤俭的精神。
3. 从彭德怀的身上我们学到了生活要节俭朴素，能够吃苦耐劳，要养成好的生活习惯，保持良好的身体，要勇敢地面对困难。

【情节九】

1. 《红星照耀中国》 埃德加·斯诺
2. 受欺辱、受压迫、受不公正的待遇。
3. 敢于反抗，敢于斗争，勇敢。

【情节十】

1. 外貌描写
2. 家中贫困，吃不上饭；红军送“我”上学，并分我家土地。
3. 赶走地主；不必再缴税缴租；分到土地。

【情节十一】

1. 毛泽东积累了丰富的作战经验，逐渐形成了红军的作战原则。毛主席是一个天才的军事家和政治战略家，代表了中国人民大众的迫切要求。
2. 因为毛主席明白，此时已到了民族危急存亡的时候，中国人必须团结起来，一起对抗外来侵略才是最重要的。
3. 从毛主席坚持国共合作对抗日本侵略中，我们能看出毛主席具有长远的发展眼光和爱国的情怀。

【情节十二】

1. 张学良、杨虎城
2. 神态描写，心理描写
3. 共产党以国家利益为先，以民族利益为先，以人民利益为先的大公无私精神。历史证明，只有共产党才能拯救中国。

【情节十三】

1. 贺龙的马被敌人俘获，他又去打仗夺回来；他长征时背受伤的部下行军，他的家人也如此；他的红色游击队令湖南的地主士绅闻风而逃，令国民党驻军闻风丧胆；长征途中释放刑满教士。
2. 大个子，强壮有力，关爱战友，爱兵如子，胆略过人，威名远扬，忠于党，严守党的纪律。
3. 中国老百姓遭受压迫，很多人家破人亡，妻离子散，只有通过战斗，建立属于人民的政权才有希望。

【情节十四】

1. 西藏 藏族 “红汉”指红军 “白汉”指欺压藏民的反动派。
2. “外债”指红军经过藏区时，由于饥饿不得不为几头牛羊打仗，在藏民地里收割青稞，挖掘甜菜和萝卜等蔬菜而没有付给藏民费用。“唯一”指过藏区时由于遇到重重困难不得不破例到藏民地里收割青稞，挖掘甜菜和萝卜等蔬菜等。说明红军一贯纪律严明，不拿群众一针一线。
3. 说明他们被红军感化，了解了红军的革命理想后，也投身了革命。

【情节十五】

1. 因为这些数字说明长征中战事频繁，困难重重，危险重重，异常艰苦；也说明红军长征中创造了许多奇迹，长征是军事史上最伟大的业绩之一。 认识：红军具有英雄主义和坚忍不拔的意志。
2. 作者给予红军长征高度的赞扬与肯定。
3. 示例（1）据了解，你们几乎平均每天就有一次遭遇战，您印象最深刻的一次征战是什么呢？经过如何。示例（2）据统计，红军一共爬过十八条山脉，其中五条是终年盖雪的，您能讲述一下翻山时的艰险吗？（一定要根据材料来提问。）

【情节十六】

1. A 刘志丹 B 志丹县
2. 在土豪劣绅眼里，他对有钱人怀有一贯的仇恨，他还利用职权处决了好几个地主老财，他带领队伍到处打家劫舍，勒索赎金。但从革命者的角度来看，他是个不折不扣的革命者！他受到底层人民发自内心的爱戴！
3. 刘志丹是个现代侠盗罗宾汉，对有钱人怀有山区人民的一贯仇恨。在穷人中间，他的名字带来了希望，可是在地主和老财中间，他成了惩奸除恶的天鞭。

昆虫记

一、填空题

1. 法布尔 昆虫记 昆虫物语 昆虫学札记 昆虫的史诗

2. 杨柳天牛　小甲虫　小麻雀
3. 清道夫　4. 长腹蜂　5. 黄蜂
6. 西绪福斯虫（爱情）

二、简答题

1. 示例：蝉在地下“潜伏”四年，才能钻出地面，在阳光下歌唱五个星期；　蟋蟀善于建造巢穴，管理家务；　蟹蛛多数种类头胸部和腹部短宽，步足向左右伸展，能横行，宛如螃蟹。
2. 示例：蜘蛛。织网很厉害，“即使用了圆规、尺子之类的工具，也没有一个设计家能画出一个比这更规范的网来”。
3. （1）聪明，如：把住宅建在隐秘的地方。
（2）勤劳，如：钻在下面一待就是两个小时。
（3）能根据情况的变化而变化，如：它的洞随天气的变冷和身体的长大而加大加深。
（4）善于管理家务，如：改良和装饰的工作，总是经常地不停歇地在做着。
4. 示例：（1）园蛛捕捉猎物靠的是粘性的网。
（2）蛛网中用来作螺旋圈的丝非常特别：空心；里面有粘液；粘液能从线壁渗出来，使线的表面有粘性。

三、重点情节阅读

【情节一】

1. 石蚕　石蚕的生理习性或石蚕的小鞘作用。
2. （1）表达了作者对生命的关爱之情，对自然万物的赞美之情。　（2）这本书的行文生动活泼，语调轻松诙谐，充满了盎然的情趣。在作者的笔下，石蚕仿佛化身潜水艇一会儿上升，一会儿下降，一会儿又神奇地停留在水中央，它们还能靠着那舵的摆动随意控制航行的方向。
3. 示例：（1）石蚕虽弱小，但是能躲避凶猛的天敌。启示我们：办法总比困难多，对待人生、社会都要充满自信。　（2）石蚕虽不是十分擅长游泳的水手，却能借助小鞘尽情遨游。启示我们要善假于物。　（3）石蚕虽不懂得人类博大精深的物理学原理，但是能靠本能把小鞘造得完美、精巧。启示我们：大自然所支配的一切永远是那么巧妙和谐，值得我们研究、借鉴，并与之友好相处。

【情节二】

1. 只要用镊子夹住一根肌肉柱子，然后轻轻拉动，蝉就又可以唱歌了。
2. 生动说明。
3. （1）特别闷热的傍晚。　（2）阴天或刮冷风的天气。

【情节三】

1. （1）本文细致地描绘了螳螂利用心理战术扑食的过程。（2）螳螂先以“惊奇的姿势”、可怕的声音威胁对方，再用“死死盯人的战术”震慑对方，最后用它的武器制服对方。
2. 螳螂作出奇特的动作，发出可怕的声音，是为了虚张声势，利用对方的恐惧心理而战胜它，而小蝗虫正好中计，在螳螂面前不知所措而命丧黄泉。
3. （1）因此，螳螂现在需要虚张声势一番，假装什么凶猛的怪物的架势，利用心理战术，和面前的敌人进行周旋。螳螂真是个心理专家啊！
（2）这个残暴的魔鬼胜利者便开始咀嚼它的战利品了。它肯定是会感到十分得意的。就这样，像秋风扫落叶一样地对待敌人，是螳螂永不改变的信条。
4. 要做生活的强者；危险时不惧怕，不慌乱；不要被别人的虚张声势所迷惑而吓倒等等。

【情节四】

1. 柴把毛虫
2. （1）为了引出柴把毛虫的穿着很草率。（2）指不注意生活小事。（3）因为这个毛毛虫的衣服只是一些柴枝，没有过多的装饰。
3. 保证安全；抵挡日光、冷水；抵御寒冷气候。

【情节五】

1. 恩布沙
2. 这个魔术家的帽子实际上是自卫的武器，恩布沙也在用它的僧帽来和它的对手进行抵抗。
3. 例如：“如果你在丛林中遇见这个奇怪的东西，它在四只长足上动荡，头部向着你不停地摇摆，转动它的僧帽，凝视着你的眉头。”运用了比喻的修辞方法，形象地写出了恩布沙头部的形状。运用了拟人的修辞方法，生动地写出了倒挂在树上的习性。

【情节六】

1. 不能删去。“大部分”表示大多数，说明也有小部分虫不是生活在地下，如果删去，与事实不符，这体现了说明文语言的准确性。
2. （1）疏松的极容易钻通的泥土；（2）小路的两

旁，太阳照耀着的泥滩上，那些地方的草长得很稀疏。

3. 打比方、列数字　表达作用：生动形象又具体准确地表现了赤条蜂巢穴的形状和大小。

【情节七】

1. 指引路线、筑巢。
2. 松毛虫会迷路，错走到别的巢里，所以有几个巢总能接纳“外来人员”为自己的巢添砖加瓦，它们的巢就显得比其他的巢大了不少。
3. 无私奉献，团结有爱，辛勤工作。

【情节八】

1. A. 贪得无厌　　B. 持之以恒
2. ①摹状貌。生动形象地说明了狼蛛捕食时的动作特征。⑤打比方。“黑绒腰裙”的说法，形象风趣，增加说明的趣味性。⑥作比较。把狼蛛和猫相比较，突出强调了狼蛛捕食动作敏捷的特点。
3. （1）捕食动作敏捷。（2）对猎物蛮横凶狠。（3）饥饿时极其贪婪。

【情节九】

1. C
2. （1）打比方。比如在介绍克鲁蜀蜘蛛的家时，说其“形状好像一个翻转的穹形屋顶”等。（2）列数字。比如“十二个”“每一根足足有九尺长”等。
3. （1）设置悬念。第一句用疑问句，引出下文对克鲁蜀蜘蛛在巢穴中做法的说明。（2）类比手法。先写克鲁蜀蜘蛛的享乐状态，然后列举人的这种状态，以此类比，更易于读者联想、接受。（3）拟人修辞。把克鲁蜀蜘蛛当作人来写，写它的动作、行为、心理，以此表现它此时的愉悦之情。

【情节十】

1. 因为5、6月间多种蜘蛛产卵、护卵，它们肯定会待在洞穴里，这样就方便“我”设陷阱去捕获。
2. 用麦穗做诱饵将蜘蛛引出来。引蛇出洞。
3. 蜘蛛迟迟不愿出洞的情况下。　有耐心。
4. 这套战术是指：首先确定蜘蛛的确切位置，然后探明洞里通道的方向。一切准备就绪后，“我”用一把小刀沿通道斜插进去，堵住蜘蛛的后路，再用东西在洞口装蜘蛛。同义词：百试百中。

【情节十一】

1. 身体笨重，动作并不敏捷，但是它会先刺捕猎物的颈部，然后再咬住主宰它运动的神经，使它立刻失去抵抗的能力。
2. 作比较
3. （1）“这种螽斯，虽然智力很低下，然而却会用一种科学的杀戮方法。”（2）先刺捕猎物的颈部，然后再咬住主宰它运动的神经，使它立刻失去抵抗的能力。

【情节十二】

1. （1）聪明，懂得随机应变，如它会根据天气变冷和自己身体的增长而随时将洞穴加阔；（2）勤劳，如它为了早日完成洞穴的建造，可以在洞穴里一待就是2个小时；（3）善于管理家务，如它总是不停歇地做着改良和装饰的工作。
2. 蟋蟀不辞劳苦地建造自己的住宅，非常勤劳；“我”是一个非常热爱研究昆虫的科学家。（意思答对即可）
3. 我们要确立热爱大自然、热爱细小生命的生活态度；要有严谨细致、实事求是的工作作风。
4. 《昆虫记》行文生动活泼，语调轻松诙谐，充满了盎然的情趣。如作者把蟋蟀的洞穴比喻为“家”，生动形象；而蟋蟀建造住宅的过程，就像一个人在精心设计自己的住房，作者的描述，充满了生活的情趣。

【情节十三】

1. （1）身体细长，腹部底端有可以保护自己的刺；（2）勤劳智慧。它们所筑的巢穴可以防水并有独特的记号，它们采蜜回来后能很快找到自己的小巢；（3）精心细致。它们在筑巢、采运花粉花蜜和育儿过程中都表现得很有耐心，并且把小巢内部修葺得很光滑、很精致。
2. “强盗”指的是一种眼睛是红黑色的、脸是白色的、胸甲是黑银灰色的小蚊子。　斑纹蜂携带着许多花粉回家时，蚊子就紧紧地跟在它后面，跟着打转、飞舞。然后埋伏在洞口，等到斑纹蜂又一次飞走时，蚊子便进去洞里选好一个巢，把自己的卵产在那个巢里。
3. （1）使用多种说明方法。如用列数字的方法介绍斑纹蜂地下巢穴的大小，用打比方的方法介绍斑纹蜂筑巢的工具，用作比较的方法介绍斑纹蜂所做的“小面包”的特点等。（2）语言准确而又生动。如“差不多”“大概”等词的使用使文章语言准确；而用拟人手法写斑纹蜂在自己的巢受到“侵犯”时会“毫不客气地给它一剑”等，使文章语言鲜明生动。（3）多种描写方式的恰当配合。如用动作描写说明斑纹蜂筑巢的过程，用神态描写表现斑纹蜂采蜜的快乐，用景物描写描摹斑纹蜂生活的美好环境等。

【情节十四】

1. 蟹蛛是一种不会织网的蜘蛛，只是等着猎物跑近它才去捉，而且它是横着走路的，有点儿像螃蟹，所以叫蟹蛛。
2. 作者采用拟人手法，表达了他对蟹蛛伟大母爱的赞美，对生命的尊重和热爱。 示例：（1）松毛虫妈妈会把自己身上的毛给它的卵做一件温暖的外套；（2）条纹蛛给它的孩子做巢时会耗干自己所有的丝，从而导致自己的死亡。
3. 蟹蛛捕捉猎物时的残暴和保护孩子的慈爱对比；母鸡孵蛋和蟹蛛护卵对比；条纹蛛的母爱和蟹蛛的母爱对比；母蚁的牺牲精神和蟹蛛的母爱对比。作者多次对比，鲜明突出了蟹蛛为了繁衍下一代无私牺牲的慈母形象。

【情节十五】

1. 长得很漂亮 欧洲，红棕色 杏叶
2. “这种方法”具体指“我看见一只雌的孔雀蛾从茧子里钻出来，我马上把它罩在一个金属丝做的钟罩里。”“我”了解到了孔雀蛾跨越障碍寻找配偶的天赋。
3. 作比较。突出“孔雀蛾”克服障碍寻找对象的“无畏和执着”的特点。
4. 以记叙为主，通过自己对孔雀蛾的观察发现其特点的过程，介绍了孔雀蛾的有关习性，这样写富有趣味性，也让读者感悟到了作者对自然、对生命的关怀。

傅雷家书

一、填空题

1. 傅聪 傅敏 1954 1966
2. 文学 翻译 文艺评论
3. 学问 艺术 真理
4. 道德 情操 饮食 冷暖
5. 《约翰·克利斯多夫》《高老头》《艺术哲学》

二、简答题

1. 《傅雷家书》是傅雷夫妇给他们的孩子写的一些信件的收集本。在本书信集中，傅雷从性格、学习、工作、为人的态度及对国家的热爱等情怀在日常生活中给孩子立下榜样，并教育孩子如何去做一个真正的人。
2. 《傅雷家书》这本书作者通过书信的方式对儿子的生活和艺术进行悉心的指导，像良师益友一样提出意见和建议，循循善诱，感情真挚。
3. 能掀动听众的感情，使他们如醉如狂，哭笑无常，而自己屹如泰山，像调度千军万马的大将军一样不动声色。
4. “得失置之度外”“胜败兵家之常”
5. 这句话饱含哲理，它形象地告诉人们，人的一生不可能一帆风顺，有成功，也有失败；有得意，更有失落。因此要以一种达观的心态坦然地面对人生的诸多痛苦。

三、重点情节阅读

【情节一】

1. （1）二三岁到六七岁间的小故事。（2）回忆儿子的往事。因为回忆儿子的往事而快乐，因为儿子离开父母而惆怅（只能靠回忆寄托思念之情）。
2. 儿子变成了朋友。
3. 青年人应该理解长辈的情感，尊重老人的意见。
4. 落伍、迂腐、不够耐心、不太讲究说话技巧等弱点。

【情节二】

1. 厉行节约。以身作则。
2. 在乐曲方面，首先要集中几个作家，决定以后切勿随便更改。其次是练习的时候要安排恰当，务以最小限度的精力与时间，获得最大限度的成绩为原则。要学会重点学习。
3. 对孩子不只有父爱，更有做人的教育和艺术的指导。

【情节三】

1. 因为傅聪从事音乐，傅雷望子成才，用心良苦，用莫扎特的艺术特色和内心情感的关系与傅聪交流，循循善诱。
2. 爱、真诚、广博的胸襟。
3. 不但在艺术上对傅聪进行指导，而且在生活上十分关心，热爱孩子的父亲。

【情节四】
1. 带着一颗赤诚的心，为朋友打气，为社会主义事业尽力，为本门的业务加工，为儿子作园丁与警卫的工作。
2. 从生活上关心、艺术上教诲、精神上鼓励、修养和做人上告诫。举着他一双瘦长的手臂远远的在支撑、腰酸背疼，两眼昏花还给儿子写信。
3. 对儿子殷切的希望。

【情节五】
1. 为了身体，为了精神，为了艺术，为了国家的荣誉，你都不能不大大减少你的演出。
2. 钢琴家的表演有生气，有新鲜感，他们举行适量的音乐会；“钢琴匠”与“奏琴的机器”则是举行过多的音乐会，麻痹了自己的感觉。
3. 高瞻远瞩，从长远考虑，不被眼前的利益所蒙蔽。

【情节六】
1. 严谨、认真、一丝不苟，对亲人和国家有着无私的热爱，有良知，正直，为人坦荡，秉性刚毅。
2. 从最后一段父亲的话语中，我们可以看出傅雷对儿子的严谨，也能体会到父亲对孩子的想念。
3. 字里行间可以看出傅雷的爱子情深。对于长大的儿子，希望他茁壮成长，向外发展，但又不忍孩子远离身边。作为父母，既为他们而高兴，也为此伤心难过。毕竟是骨肉之情。作为我们应该体会、理解父母的苦心，让父母看到他们想看的一幕——我们快快乐乐地生活，也算是报答了父母含辛茹苦的养育之恩。

【情节七】
1. 崇尚自然反对做作，最自然的艺术才是真实的完美的。
2. 看法：(1) 纯客观事实上是办不到的，人观察事物总要带上主观色彩。(2) 观察事物能多少客观一些，可以让精神上获得松弛与休息。
意图：让儿子在生活中不要过于紧张，不要损害了一种机能（或一切机能）去发展某一种机能，要养成天人合一，劳逸结合的生活习惯。
3. (1) 去野外欣赏山水之美。(2) 每天挤出时间读书，不是作为消遣地读；要每年选定一二部名著而且要细读。

【情节八】
1. 对儿子的牵挂、惦念之情。
2. 物质方面（控制金钱），因为物质方面追求过多，会影响自己的钻研。
3. 希望儿子摒弃物质利诱，全身心投入到对艺术、理想的追求中。

【情节九】
1. 人从青少年到壮年到老年，会从“朝气蓬勃”变为有些“暮气”，作者这样说，是鼓励孩子在年轻时多努力。
2. 狭隘的民族主义，盲目自大，看不到其他民族的优点。
3. 在年富力强的时候，积极地生活；拥有民族自豪感并能欣赏其他民族的优点。

【情节十】
1. 和儿子进行推心置腹的交流，希望能消解一些儿子的苦闷与寂寞。还有对儿子的牵挂。
2. (1) 一方面狂热、执着，一方面洒脱、旷达、怀疑，甚至于消极。(2) 自我反省的精神。
3. (1) 做到人不知而不愠，这是人生最高修养；(2) 学会反躬自省，多征求真正内行而善意的师友的意见：(3) 因为有些艺术家有时会钻牛角尖，所以建议儿子要经常保持冷静和客观的态度。(4) 批评界的黑幕一直都有，对此要借鉴卡拉扬的做法。

【情节十一】
1. 耐寂寞，养成纪律。
2. “感觉敏锐，变化无常的情绪，忽而高潮忽而低潮，忽而兴奋若狂，忽而消沉丧气。” 不适应，“因为艺术家两脚踏在地下，头脑却在天上，这种姿态当然不适应现实的世界。”
3. 爱子、体贴入微、清醒、善于反思

【情节十二】
1. 目力骤然下降、剧烈腹泻。勤奋工作已经成为习惯，不工作就觉得是不务正业、恍惚空虚。
2. 严于律己。
3. 自己生病仍然惦记儿子一家，写信问候。

钢铁是怎样炼成的

一、填空题

1. 苏联　尼古拉·奥斯特洛夫斯基　保尔·柯察金

2. 二　九　3. 奥斯特洛夫斯基　4.《牛虻》
5. 冬妮娅　6. 谢廖沙、冬妮娅
7.《暴风雨所诞生的》
8. 十月革命，布尔什维克
9. 伤寒　肺炎
10. 12　往神父的面粉中撒烟末
11. 冬妮娅　丽达　达雅
12. 文学创作，书稿在途中丢失

二、简答题

1. 小说以保尔·柯察金从一个普通工人子弟成长为无产阶级革命英雄为主要情节线索，描绘了俄国从第一次世界大战起，经过十月革命、国内战争到经济恢复时期的广阔历史画卷，这本巨著以跌宕起伏、生动感人的故事情节歌颂了主人公保尔的高尚情操与顽强毅力，从而教育了全世界亿万青年读者。
2. 题目是个比喻，实际指的是他们那一代人是怎样在残酷的斗争和艰苦的考验中锻炼出来的，钢是在烈火里燃烧，高度冷却中炼成的，因此它很坚硬。
3. （1）刚毅坚强，有着非凡的奉献精神和工作毅力。（2）平凡中见伟大，在烈火中成长起来的钢铁战士。
4. 示例：（1）在修筑铁路中，保尔所在的潘克拉托夫小队“拼命走在前头”，以“疯狂的速度”进行工作。（2）保尔全身瘫痪、双目失明后，非常苦恼，不能自拔。他产生了自杀的念头。他以坚强的毅力克服了悲剧命运的打击，开始了为争取归队而进行的斗争。

三、重点情节阅读

【情节一】

1. 保尔·柯察金
2. 语言、动作描写。神甫是一个自私、势利、凶残、蛮横、心胸狭窄的人。
3. 保尔把一把烟末撒在神甫家过复活节用的发面里。

【情节二】

1. 抢枪、藏枪。
2. 保尔对枪充满了热情，保尔的性格中潜藏着一定的斗争精神。
3. 勇敢。暗示着保尔以后必将有着不平凡的人生。

【情节三】

1. 一次在公园的池塘边钓鱼的时候，保尔偶遇冬妮娅，并拳打流氓苏哈里科的过程。
2. 交往历程：（1）池塘偶遇，并在交往中互生爱慕之情；（2）在保尔面临匪兵搜捕的危险时刻，冬妮娅勇敢地帮助保尔脱险，双方表示永不相忘；（3）参加俱乐部聚会后，爱情产生了危机与决裂。分手原因：出身不同的阶级，且价值观、人生观、社会观也不同。
3. 朱赫来。保尔就是在朱赫来的教育和培养下成长起来的，在保尔由于健康原因做不了肃反工作时，朱赫来还关心地为保尔调换工作。

【情节四】

1. 为了抢夺财物，消除部队的不满情绪和鼓舞士气。
2. 谢廖沙和父亲一起把印刷厂的一半犹太工人藏在自己家的地窖里和暗楼上。为了救犹太老人，谢廖沙被彼得留拉的匪兵砍伤。
3. （1）面对凶狠的歹徒不畏惧。谢廖沙只是个孩子，面对骑在马上、举着鞭子、凶神恶煞的歹徒却毅然保护犹太老人，这需要多么大的勇气啊！（2）不歧视犹太人。当时，俄国正遭受德国的侵略，德国人普遍歧视犹太人，在这种情况下，谢廖沙能对一个犹太人见义勇为，实属不易。（3）付出不求回报。从原文中可以看出，犹太老人的穿着十分简朴，一般不会有很雄厚的经济实力。所以，谢廖沙的行为，的确是出于善良的本性，只想给他人带来温暖与帮助，不求回报。

【情节五】

1. （1）这个句子运用了比喻的修辞手法，生动形象地表现出了朱赫来因被迫躲在保尔家里不能外出工作的烦躁心情。　（2）朱赫来被捕
2. （1）不安现状的信念　团结起来反抗　无畏、不懈斗争、坚强

（2）保尔营救朱赫来　保尔被捕入狱

（3）朱赫来是一个坚定勇敢的布尔什维克战士，也是保尔成长道路上的精神导师。

（4）朱赫来带给保尔最大的影响是帮助保尔确立了坚定的信仰并指引他走上了革命道路。

启示：（1）在生活中有很多岔路口，我们要认真思考，选择一条适合自己的道路。（2）对于

一个人来说，能遇到一位给自己带来重大影响的人，是幸运的。(3) 一个人只有树立了正确的人生目标，才能一步步走向成功。

【情节六】

1. 机智、随机应变
2. 不相信自己会被释放，获得自由，心情激动。
3. 保尔是为了救布尔什维克朱赫来，被维克托告发，抓到城防司令部。

【情节七】

1. 谢廖沙的参军过程。
2. 说明这个小城几易其主，红军曾经来过又走了，这次红军又回来了，小城的人民得到了暂时的放松。
3. 坚决反对，不理解、失望。语言、动作、神态描写。

【情节八】

1. 这句话运用了动作描写和拟人的修辞方法，生动形象地写出了红军行军速度之快。
2. “惊慌失措”指的是波军面对突如其来的红军失去了常态，害怕、慌张，不知道怎么办好。“土崩瓦解”指的是波军彻底崩溃，不可收拾。
3. 托普塔洛：“剽悍的骑兵战士挥起马刀，毫不手软地劈下去，砍倒了一个还没有来得及举枪瞄准的波兰兵。”“托普塔洛和保尔都已经勒不住战马了，他们迎着死神的魔爪，径直向机枪冲过去。”“托普塔洛就像被几十只大黄蜂蜇着似的，连人带马摔倒了。”保尔：“马刀在空中画了一个闪光的弧形，砍进了一顶蓝色的四角军帽里。”“马刀又高高地举了起来，准备向另一个脑袋砍去，但是，那匹跑得性起的战马却蹦到一边去了。”

【情节九】

1. 医生
2. 非凡的毅力和顽强的精神　《牛虻》
3. 侧面描写　对比反衬　人物的语言和动作描写

【情节十】

1. 为保尔和冬妮娅的分手谈判做衬托，预示他们的友谊像落日一样要结束了。
2. 阶级出身和世界观不同、理想不同。
3. 因为我首先是属于党的，其次才能属于你和其他亲人。

【情节十一】

1. 冬妮娅
2. 描写方法：外貌描写、神态描写。
   特点：保尔虽生活贫困潦倒、衣着破烂，但他仍然永不言败顽强生活，坚定不移地为实现崇高理想而奋斗。
3. 阶级观念的差异，保尔所代表的无产阶级与冬妮娅所代表的资产阶级使他们无法互相理解；成长环境的差异，使他们形成了不同的生活习惯、思考方式、处事原则，这些使他们的爱情受到层层阻碍。

【情节十二】

1. 回首往事，不因虚度年华而悔恨；不因卑鄙庸俗而羞愧；将整个生命和全部精力，投入为解放全人类而斗争。
2. 描写方法：环境描写　作用：渲染了寂静、肃穆的氛围；烘托了保尔此时沉重的心情；为下文抒发保尔的内心独白做铺垫。
3. 对共产主义理想的无限忠诚；要有自己的奋斗目标、要培养自己的高尚情操；百折不挠的拼搏精神和钢铁般的意志。

【情节十三】

1. 红军和波兰军队。
2. 营长一丝不苟地守护着边界线小村的安宁。虽然人们绝对不能穿过边界线，但是遇到婚礼和节日的时候，营长还是会允许人民越过边界线庆祝。而且营长严格控制边界线的走私情况，保护着人民的利益。
3. 面对战争，无论是人还是地方都成了战争的牺牲品。本来是一个村子里的邻居和亲朋，却因为两军交战划分边界线而变成陌生人，不能来往。生活中，贫穷的农民不仅要遭受走私商贩的剥削，还要忍受亲人分离的痛苦。可见当时底层人民遭受的苦难，所以唯一的处理办法就是结束战争，创建属于劳动人民的社会。

【情节十四】

1. 列宁逝世。
2. 运用了对比的手法，将屋外冷酷的环境与屋内燥热的环境做对比，一方面向我们展示了当时环境的恶劣，更重要的是象征着当时工人们的心情。虽然外界社会冷酷无情，但是工人们心中有着一腔热血。在工人们的热血面前，恶劣的环境根本不值一提。

3. 因为列宁的逝世。列宁作为苏维埃的领袖，引领着劳苦大众在建设苏维埃的道路上前行，骤然逝世，让人们觉得失去了领头羊，对未来的社会茫然不知所措。

【情节十五】

1. 人民成为主人；国民经济开始恢复；国家越来越强，力量越来越大。
2. 对比。自豪。
3. 两年里，保尔舍不得在睡眠上多花时间，深夜还经常看到他的窗户亮着灯光，两年里，他学完了《资本论》第三卷。(意思对即可)

【情节十六】

1. 因母亲来信要求看望母亲的老朋友，保尔出院，来到丘查姆家。
2. 达雅
3. 老头子专横，暴虐，压制全家，扼杀任何主动精神，剥夺所有自由。他气量小，心地狭窄好吹毛求疵。

【情节十七】

1. 保尔·柯察金　战胜懦弱
2. 动作、语言描写；勇于反思自己、战胜自己的人。
3. 他忍受着肉体精神的痛苦从事文学创作，真正的英雄主义是为了理想，敢于战胜任何艰难困苦的精神。

【情节十八】

1. 写作（文学创作）　《暴风雨所诞生的》
2. 心理描写；奉献精神，顽强的意志。
3. 这样更真实感人，英雄也有人性的弱点，他也有普通人的情感，只是在革命斗争中不断战胜自己、不断强大。

艾青诗选

一、填空题。

1. 蒋正涵　《大堰河——我的保姆》《我爱这土地》
2. 土地　光明　太阳　火把
3. 大堰河
4. 《雪落在中国的土地上》
5. 《鱼化石》

二、简答题。

1. “土地”这个意象，凝聚着诗人对祖国、人民以及对大地母亲深沉的爱，对祖国命运深沉的忧患意识。(《我爱这土地》等)“太阳”的意象表现了诗人对于光明、理想、美好生活热烈的不息的追求。(《向太阳》和《黎明的通知》等)
2. 艾青早期的诗歌，注重通过描写具体可感的事物来引起感觉、发挥联想、捕捉和选择意象以凝结成形象，形成了他早期诗歌艺术最显著的特征之一。
3. 大堰河是作者的乳母。作者通过对自己的乳母的回忆与追思，抒发了对贫苦农妇大堰河的怀念之情、感激之情和赞美之情，从而激发人们对旧中国广大劳动妇女悲惨命运的同情，对这“不公道的世界”的强烈仇恨。
4. 由艾青出生封建家庭以及这句“活着就要斗争，在斗争中前进”可以体会到诗人对革命的崇高热情、不懈努力，对革命的奉献，生命的伟大等思想感情。“在死亡没有来临，把能量发挥干净”，从这两句可以看出诗人对生命的热爱、对生命的赞叹、赞赏，以及奉献自己、贡献力量的伟大情怀。
5. 显然，此诗咏礁石，并非以咏礁石为目的，而是借咏礁石而咏人抒怀。诗中的形象具有象征意义。向礁石“无休止地扑过来”的浪，象征着迫害他人的人；而伤痕累累，却依然挺立，“含着微笑，看着海洋”的礁石，则象征着坚韧不拔、乐观自信的人们。赋予礁石以生命，使之人格化，并将其长期受浪迫害却依然坚强不屈、乐观自信的精神形象生动地表现了出来。
6. 拟人的修辞手法，便于运用对话和呼告的方式来抒发感情，使语气显得更亲切，更容易与读者亲近。
7. 这种忧郁里，浸透了诗人对国家、人民的极其深沉的爱，更表现了诗人对生活的忠实和深刻的思索。但艾青的忧郁并不是消极的，其所给予读者的是一种“深沉”的力量，表现的是他对美好生活的执着追求和坚定的信念。
8. 爱国主义。

三、重点情节阅读

【情节一】

1. 写诗人在清晨漫步原野看到的景象及产生的感受。
2. 运用比喻的手法，把烟的流动感，质感以及烟的美妙描绘出来，给人以可看可摸的体验。
3. 两个“看”字：前一个“看”字，是引起读者注意，而后一个“看”字，则是一种感叹，分量很重，似乎有斩钉截铁之力。这两个“看”字，同是一个字，但在不同的位置，则有了不同的作用和分量。可见，诗人在用这两个“看”字时，是经过认真思考的。写诗最忌重复，但这两个“看”字“重复”得好！

【情节二】

1. 千百年来，中华民族经受了无数次的苦难，默默地在社会的最低层生活。然而，他们并没有“死”，一旦遇到新的契机，遇到新的思想，他们便会揭竿而起，燃烧起涤荡旧世界的冲天大火。煤长期埋藏在地下，普普通通，默默无闻，然而，它们具有一种优秀的品格——遇着火就会燃烧，就会发光发热。诗人以“煤”来写苦难的中华民族，这真是再贴切不过了。
2. 采用了对话的形式，使诗歌更加灵活、有趣、吸引人，使煤的内心世界得以表白。
3. 诗人以“煤”来写苦难的中华民族，从而赞颂了不甘平庸，不愿受压迫，抓住就会执着进取的精神！

【情节三】

1. 全诗可分为两个部分：第一部分（从开头至“北国人民的悲哀”），大意是围绕手推车的“尖音”进行艺术渲染，与北国人民的“悲哀”相呼应；第二部分（从“在冰雪凝冻的日子”至结尾），大意是紧扣手推车留下的“辙迹”进行铺陈，与北国人民的“悲哀”相交织，从听觉到视觉给人以强烈的触动。
2. 诗中的手推车是一种象征的意象，首先，它体现出我们中华民族历史命运和所遭受的深重灾难。其次，诗人借助手推车表现了“北国人民的悲哀”，同时也蕴含着对保守、呆板、落后的生活方式的悲哀。
3. 诗人通过对生活中捕捉的具体可感的形象——手推车，进行艺术刻画，传达出自己独特的感受：手推车既是诗人对苦难制造者的一个平静又悲怆的抗议，也是对改变手推车的生活方式，振奋民族精神的哲理性启示。

【情节四】

1. 荒漠、羊群、笳笛、大漠、黄土；营造了苍凉的气氛，表现了作者对古老而苍茫的国土的爱恋。
2. 使用反复和直抒胸臆的手法，强化了作者对苦难国度的不离不弃与热忱之情。
3. 《北方》这首诗最为鲜明的艺术特色就是语言平白如话，自然朴素，情感毫无遮蔽。

【情节五】

1. 桥是一个默默无闻，无私奉献者，服务他人的形象。
2. 作者赞美桥是想表达希望众人尊重社会中那些普通的，默默无闻，为社会做出巨大贡献的劳动者们的愿望。
3. 示例：旧时茅店社林边，路转溪桥忽见；枯藤老树昏鸦，小桥流水人家；鸡声茅店月，人迹板桥霜；驿外断桥边，寂寞开无主。

【情节六】

1. 中华民族的凝聚力。
2. 反映了中华民族遭受凌辱的精神受到扭曲的现象。
3. 化静为动，运用了对比的手法，写地面上树的间隔，地面下根的纠缠，这更体现了革命者们在敌人的威胁下不出卖同伴，表现出革命者的神态与行为，揭示人民的群体特征与生命活力。

【情节七】

1. “乞丐用最使人厌烦的声音/呐喊着痛苦/说他们来自灾区/来自战地”
2. A. 眼睛　C. 声音　D. 手
3. 憎恨战争、憎恨侵略者。

【情节八】

1. “我将带光明给世界/又将带温暖给人类。”“告诉他们/说他们所等待的已经要来。”
2. 时间　方位地点　迢迢长路和惊涛骇浪
3. 诗人希望借助黎明的通知，去打破反动派对敌占区人民的蒙蔽和谎骗，扫除萦绕在那些人们心头的迷雾、悲观论，让所有正遭受着苦难的人民立即行动起来，准备迎接这“白日的先驱，光明的使者”——黎明。

【情节九】

1. “像云一样柔软，像风一样轻”，用自然界的风和云来比喻，使读者形象地感受到舞姿的轻盈、柔软；“人体在太空里游行”，体现了诗人丰富的想象力，给人以舒展，自由之感，引起人无限遐想。
2. 对比。展示了人与月相交辉，人比月更圣洁的优美意境。
3. （1）用仙女，女神做比喻，描绘了舞蹈者圣洁、美丽的形象。 （2）指出芭蕾舞艺术是劳动的成果，由对芭蕾舞艺术的赞颂，升华到对劳动创造的赞颂，深化了主题，是全篇点睛之笔。

【情节十】

1. 这两句问题在诗中起到了承上启下的作用，引起读者的疑问和思考。为下文黑人姑娘悲惨生活与歌唱形成对比，做了铺垫。
2. 比喻和对比。作者通过描写姑娘的黑与孩子的白形成对比，使诗十分鲜明地勾画出一幅图画，而且有声有色。从这反差中，使人深切感到这世界的不公道，使人同情黑人姑娘，使人产生关心黑人命运的感情。
3. 表达了作者对这不公道世界的揭露和控诉，特别是对不人道的种族歧视进行了揭露和谴责。

【情节十一】

1. 打开读者思维，使读者和作者一起去想象亿万年前那神秘的世界，去倾听化石讲述那奇幻的神话。
2. 最后一节。
3. 在生活中如果遇到痛苦和挫折，要勇敢地抗争，生命的意义在抗争中得到升华。

【情节十二】

1. 伞代表了社会中无私奉献的人。
2. 歌颂奉献精神。
3. 运用了拟人和排比的修辞手法，并且通过物品自述，在诗的结尾升华了主题思想，即卒章显志。

【情节十三】

1. 主要采用了比喻和拟人的手法。用光、风、飞鸟、流云、蝴蝶来比喻希望。把抽象的感觉具体化了，读起来生动明了。形象地强调出“希望”没有又多变、若即若离的特点。运用拟人的修辞手法，如：“你不理她，她撵你”等等。将蕴含的哲理用浅显易懂的方式表达出来，使诗歌活泼晓畅。
2. 人的一生中，一直有希望陪伴，它引领人们努力奔向目标又与人们若即若离。希望是美好的，引入追求的，在不同的人生阶段有不同内容的希望。
3. 希望的美好就在于我们努力实现的过程，人如果没有希望就失去了生活的动力，生活就会暗淡无光。(意对即可)

【情节十四】

1. 浪花　喧哗
2. 浪花代表的期盼是对航海事业的热情和奉献，对新中国海员乐观、豪迈的性格和敢于斗争、敢于胜利的英雄气概的赞扬。喧哗代表的期待与向往，胜利地到达目的地。对困难的回答是战斗，对战斗的回答是胜利。

【情节十五】

1. 对比，有力突出奴隶的悲惨命运和奴隶主的残忍冷酷，增强了艺术感染力，给人以震撼。
2. 奴隶与奴隶主不同的身份（阶级）。
3. 强烈表达了诗人对奴隶主令奴隶血肉相搏以供其取乐的不公道现象的抨击与控诉，以及愤慨之情。

【情节十六】

1. 这被暴风雨所打击着的土地，这永远汹涌着我们的悲愤的河流，这无止息地吹刮着的激怒的风，和那来自林间的无比温柔的黎明　《我爱这土地》
2. 光象征着真理、正义以及人类一切光辉的创造和伟大的理想。
3. 诗人告诉世人，虽然自己经历二十年的磨难，但追求光的信念并没有丝毫改变，反而更加增强了。表达了他要和全国人民一道，和世界人民一道，为了人类的新光明的到来而高歌猛进，一起投身光明的事业的慷慨激昂感情。

水浒传

一、填空题

1. 施耐庵　元末明初　章回体长篇白话
2. 晁盖
3. 吴用　智取生辰纲

4. 史进　九纹龙
5. 一百零八　三十六　七十二
6. (1) 鲁提辖　(2) 林冲　杨志
7. 时迁　花荣　戴宗
8. 杀人者，打虎武松也。
9. 鲁智深（或“鲁达”。答“鲁提辖”也可）
10. 李鬼
11. 宋江　武松　鲁智深

二、简答题

1. 扈三娘、一丈青；孙二娘、母夜叉；顾大嫂、母大虫。
2. 爱打抱不平，重友情，讲义气。
3. (1) 鲁智深　嫉恶如仇，侠肝义胆。(2) 武松　智勇双全。(3) 吴用　足智多谋。

三、重点情节阅读

【情节一】

1. 第一拳：扑的只一拳，正打在鼻子上，打得则进流，鼻子歪在半边，却便似开了个油酱铺，咸的、酸的、辣的一发都滚出来。　第二拳：打得眼棱缝裂，乌珠并出，也似开了个彩帛铺，红的、黑的、紫的都绽将出来。　第三拳：又只一拳，太阳穴上正着，却似做了一个全堂水陆的道场，磬儿、钹儿、铙儿一齐响。
2. 三拳均是先骂后打，骂的话不同，打的方式也不同。第一拳：先写打的落拳点和外观，然后从味觉角度写打的感觉。第二拳：先写打的落拳点和外观，然后从视觉角度写打的色彩。第三拳：先写打的落拳点，再从听觉角度写打的感受。　三拳的描写，基本格式相同，比较起来，有同有异，同中求异。　同的是：鲁提辖怎么骂他，打在什么地方，打得怎么样，好像什么，镇关西外观如何，或什么感觉，格式一致。句式也一致，构成排比。　异的是：三次骂法各不相同，三次打的地方也不同，三次打的感觉也不相同。　三拳三个比喻，三个喻体分别从味觉、视觉、听觉角度去形容，三拳三个落点，一拳比一拳厉害。
3. 一位嫉恶如仇、扶危济困、重义轻财、粗中有细、勇而有谋的肝胆英雄活生生地显现在我们的面前。

【情节二】

1. 在下山打兵器的时候，禁不住美酒诱惑，大喝了一顿，已起醉意，回到寺庙，又不让进门，一时气愤而大闹五台山。
2. 把寺门给毁了，还打伤了两个看门小和尚，结果被给方丈赶下了山。
3. 为鲁智深被逼上梁山，追求自由自在的生活以及归属佛门做铺垫。

【情节三】

1. (1) 写泼皮与鲁智深的冲突，是为了引发鲁智深嫉恶如仇的本性，表现了他的正义感和侠义精神。(2) 从他后来对待众泼皮的态度，可以看出他性格豪爽、不计前嫌、智勇双全的英雄好汉形象。(3) 用泼皮的挑衅来衬托鲁智深粗中有细、机警敏捷，正因为如此，才没中泼皮的圈套。如不穿插描写泼皮这一群体形象，则不能达到这种表达效果。
2. 插进老鸦啼叫的细节有两个作用：一是为人物活动找到出发点，渲染气氛；二是推动情节的发展。
3. “智深相了一相，走到树前，把直裰脱了，用右手向下，把身倒缴着，却把左手拔住上截，把腰只一趁，将那株绿杨树带根拔起。”这一处行动描写，展示出鲁智深力大无穷、武艺高强、英武勇猛的英雄形象，同时显现出其直率的性格。

【情节四】

1. 高俅陷害林冲因为高衙内看上了林冲的夫人林娘子。高俅设计让林冲带宝刀误入商议军机大事的白虎节堂，落入了其设好的陷阱里。按大宋律法，任何人不得携带兵刃进入白虎堂，否则论罪。于是高太尉以“故入节堂，欲杀本官”为由，拿下林冲，解往开封府勘理判决。
2. 这段话表现了林冲紧张、猛省、害怕的心理，他明白自己被人陷害了。
3. 当时是在白天，林冲作为八十万禁军教头应该知道太尉府是什么地方，应该知道白虎堂是不可以随便携带武器进入的，应怀有警惕性，可他忽略了这些应该遵守的法度，给高太尉等人以可乘之机。

【情节五】

1. 这是东京往沧州路上的第一个险峻去处，是一座险恶的林子。野猪林烟笼雾锁、阴风惨惨，令人魂飞魄散。

2. 从表达方式的角度赏析或者从修辞方法的角度赏析均可。示例：（1）运用了精彩的细节描写，用“飞”“隔”“丢”“跳”等一系列动词，生动形象地描绘了鲁智深武功高强、豪爽仗义的特点。（2）运用语言描写，表现了鲁智深粗中有细、有勇有谋的特点。（3）运用夸张的修辞方法，以“雷鸣”突出他的声音洪亮，以“飞将来”表现他的力大无穷，以“丢去九霄云外”极写他的神勇无比，非常生动地表现了鲁智深武功高强、豪侠仗义的特点。
3. 他们是受别人指使，替别人杀人。

【情节六】

1. 林冲还以为给他一个好的差事，到那儿去过得比较安稳。因此打算雪过天晴找个泥水匠修理草屋。
2. 觉得身上寒冷，想买些酒吃取暖。一方面表现了林冲此刻的心情，另一方面，说明林冲已经接受这种现状，只要能够平安度日，不再无事生非就好。反映了其面对现实内心隐忍妥协的一面。
3. 就情节而言，盖上火盆，火种浸灭，是说明草场起火，不是因火盆引起失火，而是陆谦等人蓄意放火。无此交代，读者会生疑问；经此轻轻点笔，就让人不生歧义，明了必是陆谦蓄意放火。补此一节，情节就合情合理，严密周到，无懈可击。再就性格而言，林冲盖上火盆，说明他做事细心、缜密。他管草料场，仍然是战战兢兢，不敢造次，事事留意，处处小心，他生怕由于自己不慎而酿成大祸，吃罪不起。长期的曲折遭遇，培养了他心细如发的性格特征。这里写火盆这一细节，来表现情节的合理性和人物性格的丰富性。

【情节七】

1. 作为八十万禁军教头，林冲武艺高强，有斗争的经验，有性格，有思想，此时他是为正义而杀人，不是不明不白，随随便便地去杀人。所以此刻关于杀人过程的描写，写得详略得当，层次清楚，很有章法。
2. 草料场火起，林冲在山神庙里听到了陆虞候等人的对话，知道了高俅指使人谋害自己的真相，这时，他才清醒地认识到，高俅一伙留给他的只有一条死路。这残酷的现实促使他觉醒，认清了反动统治者的狰狞面目，幻想彻底破灭了。与其坐以待毙，不如反抗斗争。于是，林冲毅然杀死了仇人，投奔梁山，走上了反抗统治者的道路。
3. 林冲性格的转变，关键在于一个“逼”字，正是“官逼民反”“逼上梁山”。从林冲的遭遇我们可以看到加害于他的封建统治阶级的凶残、卑劣、阴险、狠毒。八十万禁军教头林冲，虽然安分守己，忍辱求全，也被逼得走投无路，愤然而起；生活在水深火热之中的人民群众，他们所遭受的迫害，所承受的痛苦，可想而知。因此，只有奋起反抗，进行斗争，才是唯一出路。林冲由逆来顺受、委曲求全，到走向反抗道路，体现了作品的中心思想——“官逼民反”。从能忍到不能忍、从懦弱到坚强、从屈辱到反抗，这就是林冲的思想转变过程。

【情节八】

1. 牛二抢到杨志面前，就手里把那口宝刀扯将出来，缠住他反复无理取闹，还要夺这把宝刀，杨志不肯，他钻入杨志怀里，挥拳袭击。杨志拿他没办法，盛怒之下，一时性起，杀了这个凶悍的恶霸。
2. 小说描写京师里的泼皮，闹得街市不宁，市民闻风而逃，连堂堂京城的官府也无可奈何，充分显示了当时社会人群复杂，社会混乱，无人管理，地痞无赖仗势欺人，横行霸道的社会现状。
3. 杨志面对牛二的纠缠束手无策，显示了他的两个弱点：一是性格急躁，缺乏耐心。二是缺乏计谋，只会硬拼。他给牛二缠住后，竟然一筹莫展，无法脱身，只能怒极而乱施杀手。

【情节九】

1. 王伦嫉妒晁盖等人的名气与才干，担心晁盖等人留下后会取而代之，不想收留他们，引起了林冲的义愤，杀了王伦。道不同不相为谋，此等狭隘小人，众英雄不愿与之为伍。
2. 王伦是嫉贤妒能，无大量之才的人，难以担当山寨之主的重任。晁盖勇猛威武，是宽宏大量、有远大志向的人。
3. 火并王伦，一是因为林冲的性格和遭遇，以及以前对王伦的不满的堆积。二是因为吴用的有意相激，这点很重要。吴用等人的话语激起了林冲的怒气，想起自己以前走投无路的时候的无奈。三是林冲觉得晁盖等英雄与自己是一路人，有意气相投的感觉。

【情节十】

1. “扑”“掀”“剪”三个字，一方面生动刻画出老虎动作的灵活连贯和老虎的凶猛，同时传神地再现了一只处于饥渴状态下急于吃人的老虎的情态，进一步反衬出武松的高超武艺。
2. 这些动作描写，非常逼真地写出了武松在老虎发威阶段与老虎周旋的一系列动作；表现出了武松胆大心细、武艺高强、反应机敏的特点。
3. “那武松尽平昔神威，仗胸中武艺，半歇儿把大虫打做一堆，却似躺着一个锦布袋。”

【情节十一】

1. 因为西门庆勾结潘金莲毒死武大郎，武松杀其是替兄报仇。
2. 一是冤魂缠身，二是天理难容，三是不敌武松神勇。
3. 武松杀死西门庆替兄报仇，是彰显正义的行为，但未经官审，自己擅自做主杀人略显鲁莽。

【情节十二】

1. 武松为帮助施恩夺回被蒋门神霸占的快活林，醉打蒋门神。
2. 武松先是“猛一回身踢中小腹”，痛得蒋门神双手按住肚子蹲下去，可见武松踢得有多重。武松又“飞起右脚，踢在蒋门神额头正中”，蒋门神顿时倒在地上动弹不得，可见武松踢得有多狠。最后，武松一脚踏在蒋门神的胸脯上，提起醋钵儿大小的拳头，往蒋门神脸上打，打得蒋门神连声求饶，可见武松的拳法很了得。
3. 是一位嫉恶如仇、扶危济困 、重义轻财、有勇有谋的肝胆英雄。

【情节十三】

1. 因为这三人设计陷害武松，又差人在飞云浦埋伏，想要取武松性命。
2. 体现了武松好汉做事好汉当，英勇无畏，嫉恶如仇的性格特点。
3. 武松虽是惩戒恶人，但是擅自杀人却坏了法度，他的做法合情而不合理。

【情节十四】

1. 此句运用了动作描写。表现出张顺高超的水上本领。
2. 李逵虽然识得水性，但是水性一般。被张顺引到水里交手，一定会吃亏的。
3. 李逵：有勇无谋、耿直莽撞。张顺：勇武、彪悍。

【情节十五】

1. 宋江上梁山前，作者为他设置了浔阳楼题写《西江月》和一首《七绝》的情节，用特殊的内心独白，来表现宋江的命运发展的重大转折，反映宋江由忠义到反叛的性格转变。
2. 上阕自述才干，明言忍受，等待时机。下阕发泄不平，抒发胸怀，立志复仇。
3. 宋江要效法黄巢，扫荡天下不平之事，创万世基业。从这首诗中，我们可以很清楚地看到他的对建功立业的渴望，以及对不公平命运的反抗和对黑暗社会不满的反叛思想。因此，这首诗被称为反诗。

【情节十六】

1. 可以看出李逵是一个孝顺、善良的人。
2. 他编造“自己家中有九十岁的老母需要赡养，生计所迫，才来剪径”的谎言，利用李逵善良的个性，不但保住了性命，还从李逵那里骗得了银子。
3. 李鬼善于察言观色，他从李逵的言行中，看出其是一个有勇无谋而本性善良的鲁莽之人，他利用了李逵的这一弱点，编造悲苦身世博得同情，最终得以脱身。

【情节十七】

1. 对武松打虎的描写，多是从细节处着眼，详写了打虎的过程；对李逵打虎的描写，大处着眼，简单写打虎的场面，主要是以打虎情节，反衬李逵的艺高胆大。
2. 先杀两个小虎，然后钻入洞穴寻虎，又追虎到洞外。
3. 这样的描写突出了老虎的庞大和其来势的凶猛，进而反衬李逵臂力千钧、艺高胆大的勇猛神武。

【情节十八】

1. 从中可见晁盖堂堂正正、可敬可畏的英雄豪杰形象。
2. 宋江要打祝家庄，一来是因为祝家庄与梁山为敌；二来是要为未来的发展扫平障碍，同时可以将梁山的威声传播出去。
3. 一则是要笼络人心，为自己未来做寨主铺好路；

二则是为了让二人在祝家庄做内应，方便攻打祝家庄。

【情节十九】

1. 衬托扈三娘的武艺高强，为后文做铺垫。
2. 宋江此言对扈三娘勇武善战的形象起到侧面烘托作用。
3. 扈三娘武艺高强，骁勇善战。

【情节二十】

1. 开始不愿意放弃官位，但是在顾大嫂的软硬兼施下，迫于形势，最终参加劫牢。
2. 选文中运用正面描写和侧面描写相结合，以及语言描写和动作描写的方法，塑造了顾大嫂这一人物形象。顾大嫂的性格火爆、直率、有情有义，为救兄弟想尽一切办法。
3. 示例：(1) 正确。自家兄弟被陷害，甚至要被杀人灭口，他们去劫狱也属人之常理。(2) 不正确，劫狱属违法行为，即使有冤情也要用合理的手段解决。

【情节二十一】

1. 因为殷天锡要来侵占家宅，而其背后所依仗的势力大，柴进怕依靠一己之力阻止不了，所以要借助先皇所赐“丹书铁券”的威力进行阻止。
2. 倚仗他姐夫高廉的权势，为所欲为。对“丹书铁券”不理会，不放在眼里。
3. 使人回沧州家中去取“丹书铁券”来，和他理会。说明其时他对统治者还抱有幻想，希望借助国法保护自身利益。

【情节二十二】

1. 鼓上蚤；偷盗。
2. 旨在诱使徐宁上山破敌，因知徐宁不会答应，方使此计。
3. 可以看出他足智多谋，知人善用。吴用其人有远见卓识，能够运筹帷幄，决胜千里。

【情节二十三】

1. 指孔明、孔亮占据的白虎山。
2. 所聚众人戮力同心，众志成城，怀着大干一场的激情走向梁山。即将开始的崭新的生活，是他们所向往、追求的，今日终于实现了，定是无比珍惜，自然会遵守梁山所定规矩，纪律严明，分毫不犯。
3. 说明当朝统治弊端甚多，人民深受其害，迫切希望梁山“贼寇”的反抗斗争能使自己的命运有所好转。因此他们欢迎、支持梁山义军。

【情节二十四】

1. 宋江：及时雨；花荣：小李广。以“及时雨”的绰号称呼宋江，说明他仗义疏财，救人危难，朋友需要帮助时，他都会及时加以援手。以“小李广”的绰号称呼花荣，是借李广的神勇和善射，状花荣射箭的精准和英勇善战。
2. 梁山义军的阵势吓倒了朝廷命官，宿太尉等人贪生怕死，不得不答应出来相见。
3. 先礼后兵。宋江先与太尉商量，以期用兵不血刃的方法解决问题。当然，如果此法不能奏效，他们也准备好了以一场血战，夺到想要的东西。

【情节二十五】

1. 晁盖轻率行事，不听劝谏造成的后果。
2. 晁盖此时行事急于求成，想向梁山众人面前证明自己的英明。
3. 意在说明敌方了解梁山众人的行踪，并且已经做好充分的准备。晁盖一干人在不清楚敌方动向的情况下仓促上阵，失败是必然的。

【情节二十六】

1. 吴用改容变色，急取原银付还，起身便走，嗟叹而言：“天下原来都要人阿谀谄佞。罢，罢！分明指与平川路，却把忠言当恶言。小生告退。”
2. 他认为自己家境好，做事谨慎，没有做过坏事，不能有灾祸降临。
3. 吴用神机妙算，事前推测出卢俊义会中计；善于表演，采用欲擒故纵的方法使卢俊义就范。

【情节二十七】

1. 由此可见关胜对于如何捉拿张横一伙已成竹在胸。
2. “帐中灯烛荧煌，关胜手捻髭髯，坐看兵书。”选文中此处的描述可以体现出关胜颇具关羽之风。
3. 表现了张横有勇无谋、行事鲁莽的个性。侧面烘托关胜足智多谋，具备卓越的军事才能。

【情节二十八】

1. “当晚彤云四合，纷纷雪下，吴用已有计了。”“是夜雪急风严，平明看时，约有二尺深雪。”文中对下雪的描写既突显了天气寒冷，推动了情节的发展，又为后文擒索超计策的实施创设了条件。

2. 宋江军马四散奔波而走，却教水军头领李俊、张顺，身披软战，勒马横枪，前来迎敌。却才与索超交马，弃枪便走，特引索超奔陷坑边来。这里一边是路，一边是涧。李俊弃马跳入涧中去了，向着前面，口里叫道："宋公明哥哥快走！"索超听了，不顾身体，飞马抢过阵来。最终中计落入陷坑中。
3. 以此制造逼真的落败逃跑的假象，引得索超中计来追。

【情节二十九】

1. 宋江要让卢员外坐前位，卢俊义不允。
2. （1）粗鲁、忠义、直率。（2）一部分人深受官府迫害，对朝廷不再抱有任何幻想；另一部分人支持招安，对朝廷抱有幻想，想要报效朝廷。两方矛盾不可调和，梁山泊的起义行动终将失败。
3. 无论受到多少迫害，宋江都对朝廷抱有幻想，希望能够图个官名，封妻荫子。他领导的起义必将失败。

【情节三十】

1. 宋江让贤。
2. 因为晁天王遗言，但有人捉得史文恭者，不拣是谁，便为梁山泊之主。卢员外生擒史文恭，正当为尊。并且宋江认为卢俊义多方面优于自己，以后在招安方面会有极大的帮助。
3. 抓阄。谁先攻破东平府，谁就为梁山泊之主。

【情节三十一】

1. 李逵大闹忠义堂
2. 李逵为人坦率真诚，嫉恶如仇，又与宋江关系极其不一般。武松胸怀坦荡，讲信义，与封建势力不共戴天，与李逵相比，他有勇有谋，"是个晓事的人"。
3. 宋江始终认为梁山聚义不是正道，是贼寇行为。"冷了众人的心"是因为大家来到梁山是受大大小小统治者的压迫，走投无路时，被"逼上梁山"。他们各自都有自己的辛酸经历，已对宋王朝失去信心。

儒林外史

一、填空题

1. 吴敬梓　敏轩　安徽全椒　清　章回体讽刺 56　科举制度的腐朽黑暗，假名士的庸俗不堪，贪官污吏的卑鄙刻薄
2. 众多故事连缀　普通士人的生存状态与精神世界　写实
3. 知识分子　鲁迅　中国古代最优秀的讽刺小说
4. 王冕　5. 周进、范进　6. 严监生（严致和）
7. 王玉辉　8. 杜少卿　9. 沈琼枝　10. 周进
11. 成老爹　12. 严贡生　云片糕事件
13. 张铁臂　14. 牛浦

二、简答题

1. 季遐年写得一笔好字，王太下得一手好棋，盖宽画得一幅好画，荆元弹得一手好琴。
2. 示例（1）喜欢：因为他淡泊功名、傲视权贵；慷慨仗义、乐善好施；尊重妇女，讲求地位平等；敢于挑战封建权威和封建礼俗。　示例（2）不喜欢：他不善识人。正因为他慷慨仗义，但凡有人求于他，他都倾囊相助，这样也给很多卑劣小人以可乘之机。不会持家，把祖宗留下的财产随意挥霍，最后背井离乡，靠卖文墨为生。
3. "学而优则壮"这句话泯灭了多少读书人的良知！正如鲁迅所说："机锋所向，尤在士林"。而现在现实生活中，虽没有人因中了举人而疯疯癫癫，但却有人为了考博士、硕士而不择手段；虽没有人仗着学识换来的权势蛮横乡里，但却有人卖弄自己的知识来换取财富。我们学习不该为了名利，而是为了祖国的繁荣富强。

三、重点情节阅读

【情节一】

1. 王冕　外貌描写
2. 辍学放牛、湖边画荷、拒赴官约、指陈八股之弊、躲官会稽山
3. 懂事孝顺，勤奋好学　性情孤傲，蔑视权贵

【情节二】

1. "童生"的称呼与年龄无关，清人为了取得参加科举考试的资格，先要参加童试，参加童试的人叫儒生或童生。
2. 外貌描写。　穷困潦倒、凄凉可怜。
3. 只有通过科举才可以改变自己的生活境况、社会地位。

【情节三】

1. 为了赖船钱，把云片糕说成是名贵药材，骗吃

云片糕的掌舵人。第一招就是假装发病，第二招就是故意留下“云片糕”，诱使船家偷吃。第三招使出杀手锏，讹诈船家。

2. 体现了严贡生恐吓诈骗、巧取豪夺、无恶不作的性格特点，将其无赖、欺压的本性刻画得栩栩如生。

3. （1）讹诈王小二。（2）讹诈黄梦统。

【情节四】

1. 形象逼真地刻画出了范进当时紧张的心理。因为他唯恐辜负了老师周进的所托，以后无颜见自己的老师。

2. （1）提及苏轼的事例，是为了说明范进作为进士，竟然不知道苏轼，讽刺了他的浅薄无知；同时也是为了说明范进时刻将老师的嘱托记在心上。（2）反映了当时读书人为了功名而死读书，没有什么真才实学，从一个侧面讽刺了封建科举制度的腐朽与罪恶。

3. （1）对荀玫时刻放在心上，找不到他的卷子时心急如焚，找到并发现高中后喜逐颜开，大加称赞，鼓吹相送；对梅玖开始大加斥责，并要责罚，后来听到是周进的门生，将他赶出去。（2）说明了当时社会官官相托，不讲真才实学，人情关系严重。

【情节五】

1. 淡泊古雅，不慕名利，主张无为而治。

2. 是一个贪官的典型。他贪狠、蛮横，凭借科举得意，升官发财，作威作福。

3. 对比。（1）蘧太守在位时“讼简刑清”，常闻“吟诗声，下棋声，唱曲声”，幕宾先生吟啸自若；太守王惠上任后常闻“戥子声，算盘声，板子声”，“一个个被他打得魂飞魄散，全城的人，无一不知道太守的利害，睡梦里也是怕的。”（2）蘧太守在南昌为官数年，布衣蔬食，依旧是“儒生行径”；王太守念念不忘“三年清知府，十万雪花银”的通例，他上任的第一件事，不是询问当地的治安，不是询问黎民生计，不是询问案件冤情，而是查询地方人情，了解当地有什么特产，各种案件中有什么地方可以通融。

【情节六】

1. 写了权勿用与张铁臂相遇的过程。为下文写权勿用带张铁臂去娄家做铺垫。

2. 这一小举动，可见杨执中对世俗礼仪的讲究。杨执中本是草根，却自视甚高，不愿把自己定位为草民，企图通过名士的做派来摆脱原来的身份，显得十分可笑。

3. 这与后文他骗取二位老爷五百两银子形成鲜明对比，有强烈的讽刺意味。

【情节七】

1. 没有获取功名的人。

2. 他们故弄风雅，空虚做作，不学无术。明明是趋势之徒，却伪装不叩权门；明明是不学无术之徒，却故弄风雅。愚蠢自嘲，使人发笑。

3. 范进　范进飞黄腾达了；鲁编修死了。

【情节八】

1. 匡超人　孝顺、懂事、勤学。

2. 所宣扬的都是通过科举考试而“显亲扬名”“荣宗耀祖”，他是八股制度的虔诚信徒，被封建科举制度毒害而迂腐僵化。

3. 出自宋真宗赵恒的《励学篇》。意思是：读书考取功名是当时人生的一条绝佳出路，考取功名后，才能得到财富和美女。

【情节九】

1. 杀猪，磨豆腐卖钱，逗乐太公，帮助出恭，服侍睡觉，勤奋读书。

2. 运用了细节描写、动作描写来表现人物的形象。目的是要写出匡超人是个非常孝顺的读书人，从《儒林外史》全篇来看，还可以看出作者有意通过写这样一个善良的孝子在儒林中混迹后，变为一个狡猾、奸诈、虚伪的人，来表现作者所处的儒林已经是一个大染缸。

3. 内容：潘老爹看相，认为匡超人有贵相，妻、财、子、禄都是会有的。结构：可推动情节发展。“不日就有个贵人星照命”，为下文匡超人受到知县的提拔，中了秀才做铺垫。

【情节十】

1. 匡超人进学后择日摆酒贺学，拜望老师，其父病逝。

2. 进学之人要拜见提拔栽培自己的老师，不愿承认学里的老师；进学之人要拜望学里朝廷制下的老师，还要拿进见礼，这是当时的社会风气，不可破。

3. （1）功名是身外之物，不要过分追求，德行更重要；即使日子过得顺利，也不可沾染势力的习气，改变初衷；寻穷人家女儿结亲，不可贪图富贵，攀高结贵；敬重哥哥，如同侍父。(2) 把匡超人之前细心照料卧病在床的父亲的侍亲孝顺行为，在兄长面前的谦卑和中了秀才之后的势力、贪婪、虚伪无情作对比，突出其前后的巨大变化，极尽讽刺，丰满人物形象；为下文内容做铺垫。

【情节十一】

1. 吓唬老婆时的那种蛮横不讲理；有妻再娶时的那种厚颜无耻。
2. 心理描写。表现了匡超人是一个厚颜无耻、自欺欺人的卑鄙小人。
3. 说明作者所处时代的儒林已经是一个大染缸，匡超人的变质堕落的过程正是儒林熏染的结果。

【情节十二】

1. 在寺庙夜读，是个勤奋好学，很刻苦的年轻人。
2. 他平日读的诗是唐诗，文理深奥，他不甚懂；这个是时人的诗，他看着就有五六分解的来，故此欢喜。而且他见牛布衣的两本诗集题目上都写着现任老爷们的称呼，认为只要会作诗不进学、不中举，也能结交这些老爷们，何等荣耀。
3. 盘算自己和牛布衣同姓，且牛布衣的诗集上没有写名字，可以把自己的名字合着牛布衣的号，刻起两方图书来印在上面，这两本诗就算自己的了！自己从今就号做牛布衣！冒名顶替，不费工夫就能骗来名望，攀上达官贵人，获得荣耀好处。(假冒牛布衣，将其遗作据为己有，据此结交官绅老爷，获得荣耀好处。)

【情节十三】

1. 原因：久仰大名，又读佳作，想慕之极。意外的是：以为牛布衣是个“宿学”（学识渊博，修养有素的老学者），不想却是个青年，觉得这么年轻就有如此才学，更可敬。
2. 语言描写；——虚伪，无耻——明知诗集是自己盗名而来，却恬不知耻接受董瑛慕名拜会。
   ——虚荣，攀附权贵——让董瑛到卜家来拜会自己，借此向卜家兄弟炫耀自己有本事。且结交上董瑛达到了攀附权贵的目的。狐假虎威借势力吓唬卜家兄弟。
3. 这是董瑛临别说的话，意思是自己早点到任，就可接牛布衣到府上，随时请教。为后文牛浦郎投奔董瑛以及一路上的起起落落的际遇做铺垫。

【情节十四】

1. 牛浦郎忘恩负义与卜家兄弟闹翻，去投奔董瑛，船上认识了牛玉圃，牛玉圃将其认作侄孙。
2. 将其载到没人烟的地方，叫两个夯汉把牛浦衣裳剥尽了，帽子鞋袜都不留，拿绳子捆起来，臭打了一顿，抬着往岸上一掼，他那一只船就扯起篷来去了。
3. 被安东县姓黄的小生意人救下，住在他家，后得到董知县的照顾。招赘黄家过快活日子。后被石老鼠告发，衙役帮助解脱，牛布衣妻子告他冒名害死牛布衣，也被向知县压下。

【情节十五】

1. 鲍文卿曾替向知县向崔按察求情成功，崔按察推荐鲍文卿拿信去县衙，鲍文卿被向知县礼遇，谢恩。
2. 见那些童生，也有代笔的，也有传递的，大家丢纸团，掠砖头，挤眉弄眼，无所不为。到了抢粉汤、包子的时候，大家推成一团，跌成一块；有一个童生，推着出恭，走到察院土墙眼前，把土墙挖个洞，伸手要到外头去接文章。
3. 从鲍文卿的性格特征看，他对读书人十分敬重，又待人宽厚，他不肯让一个苦读多年的读书人轻易丧失了仕进的机会，所以规劝之后又“把那个童生送进号去”。

【情节十六】

1. 去岁申学台在敝府合考二十七州县诗赋，是杜十七先生的首卷。
2. 谦逊中带有傲慢，张扬。
3. 杜慎卿是杜家兄弟中的佼佼者。

【情节十七】

1. 风流自赏或者自恋。
2. 方孝孺、永乐大帝
3. 在文章中指到永宁泉吃一壶水，回来再到雨花台看看落照，南京人不俗的气质和品味，南京人久经历史风雨后所具有的淡泊物质利益、追求心灵满足的个性特征。

【情节十八】

1. 《儒林外史》　吴敬梓
2. 慷慨仗义、怜贫惜贱（怜悯贫苦人，同情地位低下的人）。

3. 担心杜少卿因轻财好士，但不辨贤否而受累。

【情节十九】

1. 清　吴敬梓
2. 不想限制自由、束缚个性。
3. 不愿为官，淡泊（不屑）功名富贵。

【情节二十】

1.《桃花源记》
2. 自由自在、悠然自得（或无名利挂碍、无世俗所累）。
3. 性情恬淡，淡泊名利。

【情节二十一】

1. 泰伯祠的主祭。
2. 真诚无私。
3. 宽仁爱人、施恩不图报，注重德行教化，礼让忠恕，不重功名富贵，乐天知命。

【情节二十二】

1. 郭孝子寻父。
2. 在半里路外租了一间房屋住下。买通了这道人，日日搬柴运米，养活父亲。只得左近人家佣工，替人家挑土、打柴，每日寻几分银子，养活父亲。
3. 这种近乎发痴的孝敬，是封建社会思想的体现，在家痴孝，在国必愚忠，这是封建专制国家的统治者最欣赏的。在这个人物身上，可以看出一种专制社会中的扭曲人格。

【情节二十三】

1. 表明萧云仙的功劳，为引出下文萧云仙与南京众名士相见做铺垫。
2. 萧云仙武艺高强，有军事才能，治理有方，是一个忠孝之人。
3. 萧云仙施行的是儒家礼乐兵农的政策是作者提倡的，萧云仙攻下的青枫城是吴敬梓塑造的一个理想世界，他远离尘世，是作者心中的桃花源。

【情节二十四】

1. 从“尊府大家，园亭花木甲于江北”，可以看出他的家境原本富有，从“而今黄金已随手而尽”，可知他如今已是资财散尽，变得贫穷了。
2. 乐善好施，仗义疏财，但是他的施与没有原则。
3. 在鸡鸣山修曹武惠王庙，并做一个大祭。

【情节二十五】

1. 盐商宋为富告他不守闺范，偷了他家的银两，私自逃出。
2. 沈琼枝和宋盐商有不共戴天之仇，强占她为妾，又买通知县让沈的父亲输了官司；沈琼枝有才学，知文墨，宋配不上她。
3. 曹植。才貌双全、镇定自若、不慌不忙、从容应对、不卑不亢。

【情节二十六】

1. 野羊塘偷袭苗兵巢穴。
2. 他想趁苗兵过年出其不意，攻其无备。
3. （1）兵分三路：遣清江参将带领本协人马，从小石崖穿到鼓楼坡，以断其后路；遣铜仁守备带领本协人马，从石屏山直抵九曲岗，以遏其前锋。汤镇台自领本标人马，在野羊塘作中军大队。又怕从大路去惊动了苗兵，又从小路穿到敌人的后面。（2）汤镇台用兵有方，智谋过人，具有军事才能。

【情节二十七】

1. 扮鬼捉拿冯君瑞
2. 装扮成地方鬼来捉拿冯君瑞。因为听说冯君瑞要利用正月十八镇远的风俗，装扮成鬼怪来打劫报仇，就“将计就计，以鬼治鬼”拿住了冯君瑞。
3. 知己知彼，敌情掌握的准；智谋过人，善于用兵。

【情节二十八】

1. 王蕴，字玉辉　六十多岁　秀才　家境清贫
2. 为亡夫殉节而死　肯定
3. 一个狂热信奉封建礼教，被封建道德扭曲了人性的迂腐儒生形象。

【情节二十九】

1. 徽州府烈妇殉夫
2. 知县祭，本学祭……祭了一天，在明伦堂摆席。作者对吃人的封建礼教的愤怒抨击。
3. 心伤；到外面去作游几时。

【情节三十】

1. 秦中书等人觉得和自己无关，大家又坐着看戏，只有凤四老爹远远坐着。望着众人冷笑。　世态炎凉，人与人之间冷漠。
2. 替他买了真官。
3. （1）为万青云买了个真中书，免了官司。（2）在途中帮助丝客人设巧计要回被拐的四封银子。　（3）到杭州替陈正公向无赖毛二胡

子讨债。 从中可以看出凤四老爹是一个身上很少受到科举制度的熏染，路见不平拔刀相助，有勇有谋，有胆有识，济困扶弱，性格豪爽，为朋友两肋插刀的侠客。

简·爱

一、填空题

1. 夏洛蒂·勃朗特 英 现实主义 19 40
2. 简·爱 雷沃德学校 桑菲尔德庄园
3. 夏洛蒂·勃朗特 艾米莉·勃朗特 安妮·勃朗特 勃朗特
4. 敢于反抗 敢于争取自由、平等地位
5. 小学教员 她的叔叔 她的表哥和两个表姐
6. 英格拉姆小姐 金钱
7. 桑菲尔德庄园 罗切斯特 梅森
8. 人间自由幸福的渴念 更高精神境界的追求
9. 罗切斯特 圣·约翰
10. 海伦 谭波尔小姐 谭波尔小姐 肺病 谭波尔老师
11. 登广告 桑菲尔德庄园 家庭教师 阿黛勒 罗切斯特 罗切斯特 圣·约翰

二、简答题

1. 独立自主、自强不息的精神品格，丰富、明确、坚定的个性，追求平等和尊严等。
2. 有点怪、冷漠、变化无常、自负。
3. 自尊、自爱、追求平等自由与人格独立，敢爱敢恨、坦率真诚、勇于追求幸福等。
4. 一个小人物，依靠自己正直品质和聪明才智，以及坚忍不拔的艰苦奋斗、勇往直前，最终能够冲破重重险阻，到达自己理想的目的地。

三、重点情节阅读

【情节一】

1. 简·爱的表哥约翰·里德。约翰·里德是简·爱舅舅的儿子，是一个又胖又大、蛮横无理的禽兽。他经常无缘无故地打骂简·爱。
2. 尼禄、卡利古拉等人都是暴君，欺压百姓，野蛮残暴，简·爱把他们和约翰·里德类比，说明他们都是同样的人，表现对他们的憎恨。
3. 勇敢坚强，有反抗精神。

【情节二】

1. 我会记住你怎么推搡我，粗暴地把我弄进红房子，锁在里面，我到死都不会忘记。
2. 不是不敬。里德太太虐待简·爱，简·爱这样做是表现她的尊严与反抗精神。
3. 简·爱从小就表现出强烈的反抗精神，与表哥、舅妈以及学校校长对抗，为写长大后又以其独立人格和勇敢个性赢得了罗切斯特的爱情做铺垫。

【情节三】

1. (1) 勃洛克赫斯特先生用不能让学生“养成娇奢纵欲的习惯”的理由来要求坦普尔小姐不能给学生增加点心。(2) 勃洛克赫斯特先生责令剪掉朱莉娅的卷发，并要求学校里的姑娘不能留长发、不梳辫子、不穿贵重的衣服。
2. 侧面烘托了勃洛罗克赫斯特的伪善，他崇尚节俭，要求学校里的姑娘剪掉卷发，却放任自己的妻女娇奢纵欲。
3. 冷酷，残忍，伪善。

【情节四】

1. 我在谭波尔小姐那儿得到了辩解的机会，并最终获得了她的信任。
2. 两处景物（环境）描写都营造出了美好温暖的氛围，体现出人物内心美好的感受，对下文“我”与谭波尔小姐的对话过程与结果有暗示作用（暗示了情节发展的良好结果）。
3. 从“谭波尔小姐叫海伦·彭斯坐在火炉一边的低靠手椅里”中，可见她对海伦的细心呵护。从“那你就在我面前尽力为自己辩护吧”中，可见她是一个尊重事实的人。从“我很乐意站在那里”中，侧面表现出谭波尔小姐的和蔼可亲。

【情节五】

1. 是一封求职信。 家庭教师。
2. 海伦去世；谭波尔小姐结婚后去了遥远的地方；简·爱是个愿意冒险，热爱自由、幸福、勇于反抗的人。
3. 当她终于能有机会改变自己命运后的轻松愉快的心情。

【情节六】

1. 罗切斯特 天冷路滑，马摔倒了，把主人也带倒了。
2. 外貌描写，严厉、粗犷。
3. 善良、勇敢、乐于助人。
4. 简·爱的话让罗切斯特先生刮目相看。

【情节七】

1. 简·爱；简·爱是一个孤苦伶仃、相貌平平的家庭教师。
2. 动作描写、外貌描写。 坚毅、严厉、傲慢、脾气暴躁等。
3. 简·爱貌不惊人；罗切斯特态度傲慢，不动声色观察简·爱。

【情节八】

1. 格莱思·普尔是看管罗切斯特前妻伯莎·梅森的女仆。秘密是夜里，简·爱被一阵奇怪的笑声惊醒，发现罗切斯特的房门开着，床上着了火，她叫醒罗切斯特并扑灭火。火是伯莎·梅森放的，她有家族遗传的精神病史。
2. 简·爱懂得一会儿惹恼罗切斯特，一会儿安慰他的乐趣。
3. 盼望见到罗切斯特先生，想和他亲近，开始爱上他。

【情节九】

1. 他的嗓子的确很好，是圆润浑厚的男低音，再加上他自己的感情、他自己的力量，会通过人们的耳朵进入人们的心灵，神奇地在那儿唤醒人们的激情。
2. 示例（1）“你比以前苍白多了——我第一眼就看出来。怎么回事？”罗切斯特一眼就看出简·爱比以前苍白多了，关切地询问原因。示例（2）他盯住简·爱看了一分钟。发现简·爱还有一点忧郁，希望简·爱告诉他原因。
3. 描写了罗切斯特的语言、动作和神态，写出罗切斯特欲言又止，差点说出“我的爱人”之类的话，从他“咬住嘴唇、猝然离去”可见他极力控制自己的情感，生怕仆人看见说闲话。

【情节十】

1. “许多令人失望的东西”指上文中写的罗切斯特已经不再注意简·爱，即使她在他面前待上几个小时，他也不会朝自己这方向看一眼，他的注意力完全被一位高贵的小姐占据了，而这位小姐却傲慢对待简·爱。简·爱肯定罗切斯特不久就要和这位小姐结婚了。“没有一样东西能冷却或消除爱情”说明简·爱对罗切斯特的爱是真心、热烈、执着的。
2. 她很喜欢卖弄，可是她没有真才实学；她长得挺美，也有很多出色的技艺，但她的见解浅薄，她的心灵天生贫瘠；她并不善良，也没有独特的见解；她鼓吹高尚的情操，却不能理解同情与怜悯之情，而且也没有温柔和真诚。
3. 简·爱觉得罗切斯特能完全清楚地看到英格拉姆小姐的缺点并且对她缺少爱情，还要娶她，一定是为了她的容貌和贵族地位，所以简·爱才感到无穷无尽的痛苦。

【情节十一】

1. 动作描写，神态描写 恐慌（害怕）
2. 罗切斯特在年轻时缔结了一桩建立在门第财富交换上的婚姻，他看中妻子的美丽容貌，父兄看中的是财富，他们都对罗切斯特隐瞒了妻子家族有精神病史这一情况，婚后生活不如意，妻子发疯。
3. 梅森是罗切斯特疯妻的兄弟，他怕梅森揭露自己已婚的事实，毁灭自己追求新生活（娶简·爱）的希望，同时被周围人嘲笑自己有一位疯妻。

【情节十二】

1. 简·爱回到盖茨黑德庄园探望病危的里德舅妈。
2. 弯下身子吻里德舅妈；叫她“亲爱的舅妈”；“手指紧紧地握住她那只放在被单外面的手”。
3. 对比，突出简·爱的宽容、善良；里德舅妈的固执、冷酷、愚蠢。

【情节十三】

1. 英国 夏洛蒂·勃朗特
2. 因为简·爱已经爱上了罗切斯特，而罗切斯特却要和别人结婚了。
3. 感情丰富，善于思考，勇敢，自尊。

【情节十四】

1. 简·爱 罗切斯特 《简·爱》 夏洛蒂·勃朗特
2. 她勇敢追求爱情、幸福，女性的尊严；追求精神上的独立、自由、平等。
3. 性格倔强、勇敢、感情丰富、自尊独立。

【情节十五】

1. 简·爱发现罗切斯特有妻子，不能与他结婚。
2. 一种声音是不能离开罗切斯特，失去爱情的痛苦。另一种声音是离开罗切斯特，追求自由的自尊坚强。
3. 敢于反抗，敢于追求自由和平等，坚强勇敢。自尊，自爱，自重，富于激情。

【情节十六】

1. 简·爱离开桑菲尔德，失去生活来源，变得一无所有。
2. 简·爱乞讨是不得已，说明简·爱为了追求自由、自尊独立，遭受困难折磨，从而更加突出她意志坚强。
3. 圣·约翰·里弗斯先生一家人。

【情节十七】

1. 她发现罗切斯特已婚，而且家有结发妻子，她出于自尊自重，不顾罗切斯特的挽留和恳求，离开了桑菲尔德。
2. 让那些天生的美德、雅致，智慧、善良的情感，在学生的心田里发芽，我的职责是帮助这些萌芽成长。
3. (1)“有二十个学生，但只有三个能读，没有人会写会算，有几个能编织，少数几个会一点缝纫，她们说起话来地方口音很重。我和她们彼此难以听懂对方的语言。其中有几个没有礼貌，十分粗野，难以驾驭，同时又很无知。但其余的却容易管教，愿意学习。”(2)“尽职责时感到了愉快，也觉得有些孤寂，感到有失身份，甚至怀疑所跨出的一步降低了自己的社会地位。对周围见到和听到的无知、贫穷和粗俗略微有点失望。但我知道这些情感是不对的，要努力驱除。相信明天我将部分地战胜它们；几周之后或许完全征服它们；几个月后，我会高兴地看到进步，看到学生们大有进展，于是满意就会取代厌恶了。”

【情节十八】

1. 她们对“我”的语言、习惯和生活方式不再感到惊讶；由神态呆滞、目光迟钝的乡巴佬，蜕变成了头脑机灵的姑娘；很多人亲切可爱很有礼貌，而且不少人天性就懂礼貌，自尊自爱，很有能力，赢得了“我”的好感和敬佩；她们很乐意把工作做好，保持自身整洁，按时做功课，养成了斯斯文文有条有理的习惯；在某些方面，她们进步很快。
2. 教育是个循序渐进的过程，不能一蹴而就；学情是多样性的，学生的个性也是丰富多彩的，因而教师不可能一下子就了解。
3. (1) 赢得了学生的好感，她们喜欢“我”；学生渴求知识，进步很快。(2) 赢得了学生父母的好感，对“我”很殷勤。(3) 生活在众人的关心之下。觉得自己成了附近地区的宠儿，无论什么时候出门，都会处处听到亲切的招呼，受到满脸笑容的欢迎。

【情节十九】

1. 心理描写。渴望看到桑菲尔德，渴望看到罗切斯特先生的紧张，热切与之见面的狂喜及对罗切斯特的挚爱。
2. (1) 心灵的呼唤，爱情的力量。(2) 选择了罗切斯特。因为他认为爱情应该建立在精神平等的基础上，而不应取决于社会地位、财富、外貌，只有男女双方彼此真正相爱，才能得到真正的幸福。他和罗切斯特是彼此相爱，而圣·约翰只是认为他适合做教士的妻子而已。
3. 火灾；罗切斯特夫人放了一把火；罗切斯特为了救妻子受了伤，眼睛瞎了，手残疾了。

【情节二十】

1. 语言描写。用一连串的追问，写出罗切斯特重见简·爱后的紧张、兴奋、喜悦之情，以及对简爱无微不至的关怀和担心，难以相信的患得患失的心情。
2. (1) 他坐在椅子上——虽然一动不动，却并不安分，显然在企盼着。如今，习惯性的愁容，已镌刻在他富有特色的脸庞上。他的面容令人想起一盏熄灭了的灯，等待着再度点亮。(2) 这位坚强的人那副软弱无力的样子触动了简·爱的心。
3. 他们结了婚，后来罗切斯特眼睛被治好，并有了一个可爱的有着又黑又明亮的眼睛的儿子。